新選明文東洋古典大系

新完譯
한글판

孟 子

車柱環 譯著

明文堂

◀**맹자상**(孟子像)

▼**만리장성**(萬里長城)
춘추시대에서 전국시대 즉 맹자가 살아가던 시대에 걸쳐, 흉노(匈奴) 등 이민족의 침입을 막기 위해 연(燕)나라 조(趙)나라 진(秦)나라 등이 장성을 쌓았는데 진시황제(秦始皇帝)가 중국을 통일한 다음 성을 이어서 쌓았고 증축도 했다. 총길이는 2천4백km.

[上] **맹자** 주희집주(朱熹集注) 1894년 간본(刊本). 국립도서관 소장

[下左] **맹자언해**(孟子諺解) 선조명편(宣祖命篇). 제1권 양혜왕장구(梁惠王章句) 상(上). 국립도서관 소장

[下右] **맹자언해**(孟子諺解) 선조명편. 제11권 고자장구(告子章句) 상(上). 국립도서관 소장

孟子
朱熹集註序說
史記列傳曰孟軻는 騶人也
受業子思之門人 道旣通
游事齊宣王宣王
不能用適梁梁惠王不果所言則見以爲
迂遠而闊於事情

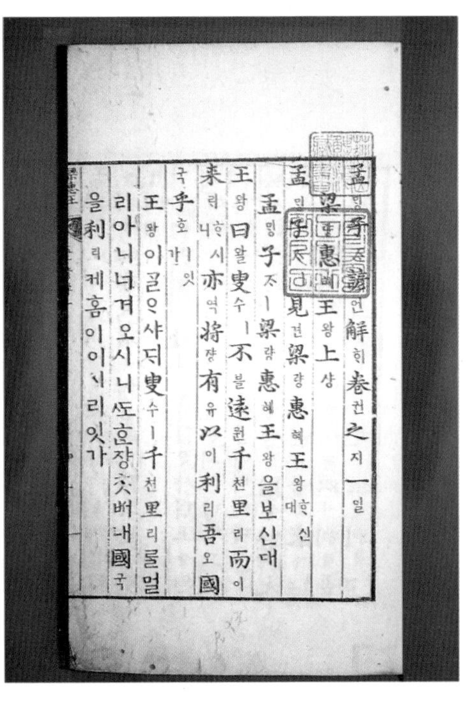

孟맹子ᄌᆞ諺언解ᄒᆡ卷권之지一일
梁량惠혜王왕上상
孟맹子ᄌᆞ見견梁량惠혜王왕ᄒᆞ신대
王왕曰왈叟수ㅣ不블遠원千쳔里리而이來ᄅᆡᄒᆞ시니亦역將쟝有유以이利리吾오國국乎호잇가
孟맹子ᄌᆞㅣ梁량惠혜王왕을보신대
王왕이ᄀᆞᆯᄋᆞ샤ᄃᆡ叟수ㅣ千쳔里리ᄅᆞᆯ멀리아니너겨오시니ᄯᅩᄒᆞᆫ쟝ᄎᆞᆺᄡᅥ내國국을利리케ᄒᆞᆷ이이시리잇가

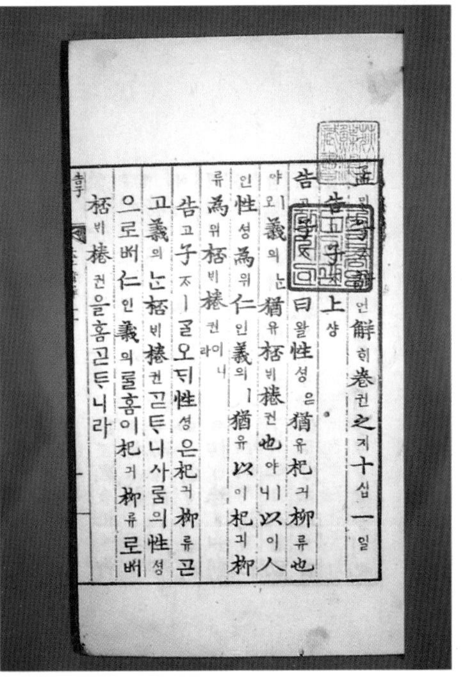

孟맹子ᄌᆞ諺언解ᄒᆡ卷권之지十십一일
告고子ᄌᆞ上상
告고子ᄌᆞ曰왈性셩은猶유杞긔柳류也야ㅣ오義의ᄂᆞᆫ猶유桮비棬권也야ㅣ니以이人인性셩爲위仁인義의ㅣ猶유以이杞긔柳류爲위桮비棬권이니라
告고子ᄌᆞㅣᄀᆞᆯ오ᄃᆡ性셩은杞긔柳류ᄀᆞᆮ고義의ᄂᆞᆫ桮비棬권ᄀᆞᆮᄐᆞ니사ᄅᆞᆷ의性셩으로ᄡᅥ仁인義의ᄅᆞᆯᄒᆞᆷ이杞긔柳류로ᄡᅥ桮비棬권을ᄒᆞᆷᄀᆞᆮᄐᆞ니라

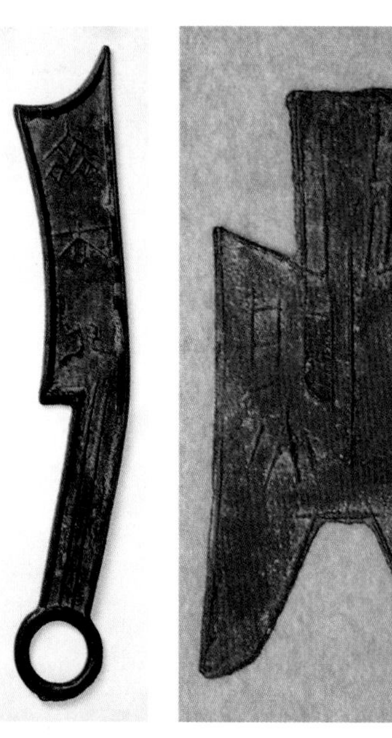

[上左] **도전**(刀錢)
맹자가 살던 전국시대의 도전. 전국시대에는 각 나라마다 갖가지 화폐가 사용되었었다. 칼 모양의 청동제(靑銅製)이다.

[上右] **포전**(布錢)
농기구 모양의 청동제 화폐로서 도전보다 앞서 사용되었다고 한다.

[下左] **성선설**(性善說)**을 설명하는 맹자**

[下右] **호연지기**(浩然之氣)**를 설명하는 맹자**

한글판 맹자를 출간하면서

호연지기(浩然之氣)를 스스로 기르고 잘 다스린 맹자(孟子)는 그의 나이 40세가 되어서부터는 마음이 동요되지 않았다고 한다. 맹자는 극도로 혼란했던 시대에 태어나 여러 나라를 돌아다니면서 사회악(社會惡)에 정면으로 도전하여 그것을 바로잡아 보려고 열의에 찬 노력을 기울였다. 그리고 온 세상을 인의(仁義)의 대도(大道)에 되돌아오게 하여 민생을 안정시키고 민의를 창달시키는, 국민을 위주로 한 정치를 실현하게 되기를 염원했다.

당시의 제후국군(諸侯國君)들은 저마다 권모술수를 다하여 남보다 부강(富强)해지고 나아가 천하에 군림하려는 욕망에 사로잡혀 있었으므로 인의의 대도를 내세우는 맹자의 주장이 그들의 욕망을 실현시키기에는 쓸모가 없다고 여겨져, 어느 제후국군에게도 전폭적으로 받아들여지지 못했다.

그러나 맹자는 많은 경험을 쌓아 사상(思想)이 원숙해진 그의 만년에 《맹자》 7편을 저술해서 후세에 세찬 영향력을 행사하게 되었다.

맹자는 사람의 본성이 선(善)하다는 확신을 기본으로 해서, 인간이 선해질 수 있다는 가능성에 무한한 기대와 변함없는 신심(信心)을 붙이고 모든 일에 임했다. 그는 패도(覇道)를 배격하고 국민 위주의 인의에 입각한 왕도정치(王道政治)를 실시하기를 역설하는 한편, 반성과 자책을 통해 잃어버린 양심을 되찾아 선으로 복귀하기를 권면했다. 《맹자》 7편에는 이러한 티 없는 선의에서 우러난 사상을 토대로 하여 설정된, 다방면에 걸친 방책(方策)들이 활기 있게 논의되어 있으며, 또한 그것에 따른 여러 가지 비판이 전개되어 있다.

《맹자》는 2천 수백 년 전에 저술되었으므로 오늘날의 관점으로서는 그대로 받아들이기 힘든 부분이 없지 않다. 그러나 《맹자》를 통해 인격의 향상을 기하고 사회 개선을 위한 불굴의 성의를 갖게 되고, 나아가서는 인간의 가능성에 고무되어 선으로 화합된 세계의 실현을 바라게 되기만 한다 하더라도 우리는 이미 지대한 수확을 거둔 것이 된다고 하겠다.

일찍이 좀더 평이하게 번역한 '한글판' 《맹자》를 집필하여 여러 독자들의 호응을 받았던 필자는 일부 독자들의 요구에 부응하기 위하여 원문도 함께 수록한 '한글판' 《맹자》를 내놓게 되었음을 기쁘게 생각한다. 이번의 책을 계기로 《맹자》가 더욱 많이 읽혀지게 되기를 바란다.

2002년 11월

차 주 환

차 례

제3장 공손추장구(公孫丑章句)·상

제4장 공손추장구(公孫丑章句)·하

제5장 등문공장구(滕文公章句)·상

제6장 등문공장구(滕文公章句) • 하

제7장 이루장구(離婁章句) • 상

제8장 이루장구(離婁章句) • 하

제9장 만장장구(萬章章句)·상

제10장 만장장구(萬章章句)·하

제11장 고자장구(告子章句)・상

제12장 고자장구(告子章句) • 하

제13장 진심장구(盡心章句)·상

第14장 진심장구(盡心章句)·하

제1장 양혜왕장구(梁惠王章句)・상

1. 하필이면 이(利)를 말씀하십니까

맹자께서 양(梁)나라 혜왕을 만났을 때 혜왕이 물었다.
"노인께서는 천리 길을 멀다 하지 않고 저를 찾아와 주셨으니 역시 우리나라를 이롭게 해주시려는 것이겠지요?"
맹자께서는 그 말에 이렇게 대답하셨다.
"왕께서는 하필이면 이롭게 한다고 말씀하십니까? 오직 인(仁)과 의(義)가 있을 뿐인데요. 한 나라에서 왕이 '어떻게 하면 내 나라를 이롭게 할까?'하고 말한다면, 그 나라의 대부들은 '어떻게 하면 내 가문을 이롭게 할까?'하고 말할 것이고, 그 밑의 사(士)・서인(庶人)들은 '어떻게 하면 나 자신을 이롭게 할까?'하고 말할 것입니다. 이렇게 위아래가 서로 이익을 취하게 되는 날이면 나라가 위태로워질 것입니다.

만승(萬乘)의 나라에서 그 임금을 시해하는 인간은 반드시 천승(千乘)의 가문에서 나오는 법이고, 천승의 나라에서 그 임금을 시해하는 인간은 반드시 백승(百乘)의 가문에서 나오는 법입니다.

만승의 나라에서 천승을 자기의 것으로 취하고 천승의 나라에서 백승을 자기의 것으로 취하는 것이 적은 것은 아닙니다만, 만약 정의를 뒤로 미루어 놓고 이익을 앞세운다면 아랫사람이 윗사람의 자리를 빼앗지 않고서는 만족해하지 않을 것입니다. 여태껏 사람됨이 인자하면서 자기 어버이를 버린 사람이 없었고, 정의에 따라 살면서 자기의 임금을 뒤로 미루어 버린 사람은 없었으니, 왕께서는 오직 인의를 말씀하시기만 하면 될 뿐 하필 이익에 대해 말씀하실 것이 있으시겠습니까?"

原文 孟子見梁惠王,하신데 王曰:"叟, 不遠千里而來,하시니 亦將有以利吾國乎?이까" 孟子對曰:"王은 何必曰利?이꼬 亦有仁義而已矣.니이다. 王曰何以利吾國,고하면 大夫曰何以利吾家,오하며 士庶人曰何以利吾身,고하야 上下交征利,면 而國이 危矣.리이다."

"萬乘之國,에 弑其君者,는 必千乘之家.요 千乘之國,에 弑其君者,는 必百乘之家.니 萬取千焉,하며 千取百焉,이 不爲不多矣.언마는 苟爲後義而先利,면 不奪하야는 不饜.이니이다. 未有仁而遺其親者也,ㅣ며 未有義而後其君者也.ㅣ니이다. 王은 亦曰仁義而已矣,요 何必曰利?이꼬"

2. 백성과 더불어 즐거워하라

맹자께서 양나라의 혜왕을 만나러 갔다. 왕은 늪가에 서서 크고 작은 기러기들과 사슴들을 돌보면서 말했다.

"현량한 사람도 역시 이런 것을 즐깁니까?"
맹자께서는 이렇게 말씀하셨다.
"현량한 사람이 된 후에야 나라를 잘 유지해 나갈 수 있으므로 비로소 이런 것을 즐길 수 있습니다. 현량하지 않은 사람은 나라를 유지시키지 못하므로 그런 것을 가지고 있다 해도 즐기게 되지 않을 것입니다.

《시경》에 이런 대목이 있습니다. '영대(靈臺)의 기지(基地)를 측량하기 시작하여 잰 뒤 그 둘레에 표를 하였다. 여러 백성들은 그것을 건축하여 며칠도 안 가서 그것을 완성시켜 놓았다. 기지를 재며 서두르지 말도록 하였으나 여러 백성들은 자원하여 모여들었다. 왕께서 영유(靈囿)에 계시면 암사슴은 엎드려 있다. 암사슴은 몸에 윤기가 돌고 백조는 희디희다. 왕께서 영소(靈沼)에 계시면 아아, 그득하니 물고기들이 뛰어오른다.'

문왕(文王)은 백성들의 힘을 가지고 대(臺)를 만들고 늪을 만들었건만, 백성들은 문왕을 위해 그러한 것들을 만드는 일을 기쁘고 즐겁게 여겼습니다. 그리하여 그 대를 불러 영대라 하고 그 늪을 불러 영소라 하였으며, 거기에 크고 작은 사슴들, 그리고 물고기와 자라들이 있는 것을 문왕과 함께 즐거워하였습니다. 옛날의 사람들은 이 문왕의 경우같이 백성들과 더불어 함께 즐겼기 때문에 능히 즐거워할 수 있었던 것입니다.

〈탕서(湯誓)〉에는 이런 말이 있습니다. '이 해는 언제 없어지려나? 나는 너와 함께 죽어 버리겠다(여기서 해는 桀王을 비유한 것).' 백성들이 함께 죽어 버리기를 바란다면, 대(臺)와 못과 새와 짐승이 있다 한들 어찌 혼자서 그런 것들을 즐길 수 있겠습니까?"

原文 **孟子見梁惠王,**하신대 **王**이 **立於沼上,**이러니 **顧鴻鴈麋**

鹿曰 : "賢者도 亦樂此乎?이까" 孟子對曰 : "賢者而後에 樂此.니 不賢者,는 雖有此,나 不樂也.ㅣ니이다"

"詩云 : '經始靈臺,하야 經之營之.하니 庶民攻之,하야 不日成之.로다 經始勿亟,이나 庶民子來.로다 王在靈囿,하시니 麀鹿攸伏.이로다 麀鹿濯濯,이어늘 白鳥鶴鶴.이로다 王在靈沼,하시니 於牣魚躍.이로다' "

"文王이 以民力爲臺爲沼,하시나 而民이 歡樂之,하야 謂其臺曰靈臺,라하고 謂其沼曰靈沼,라하야 樂其有麋鹿魚鼈.하니 古之人,은 與民偕樂,이라 故로 能樂也.니이다"

"湯誓에 曰 : '時日은 害喪?고 予及女로 偕亡.이라하니' 民欲與之偕亡,이면 雖有臺池, 鳥獸,나 豈能獨樂哉?리이꼬"

※ 탕서(湯誓)는 《서경(書經)》의 편명(篇名)임.

3. 흉년을 탓하지 마라

양나라 혜왕이 맹자에게 물었다.

"과인은 나라를 위해서는 온 마음을 다해 일할 뿐입니다. 하내(河內) 지방에 흉년이 들어 살기 어렵게 되면, 그곳 사람들을 하동(河東) 지방으로 옮기고 하동 지방의 곡식을 하내 지방으로 옮겨다 줍니다. 하동 지방에 흉년이 들어 살기 어렵게 되면, 역시 같은 방법으로 구제해 줍니다. 그러나 이웃 나라에서 하는 정치를 살펴보면, 과인이 마음을 쓰는 것같이 백성을 돌보는 예가 없는데도 이웃나라 백성들의 수효가 더 줄지 않고, 과인의 백성들 또한 그 수효가 더 늘지 않습니다. 그 이유는 어디에 있습니까?"

"왕께서는 전쟁을 좋아하시니 전쟁을 예로 들어 설명해 드리겠습니다. 둥둥 하고 진격 신호의 북이 울려 그 신호에 따라 적진에 다가가 적과 단병접전(短兵接戰)이 벌어지게 되었습니다. 싸움에 진 군사들이 장비를 내버리고 무기를 끌고 뒤로 달아났는데, 어떤 군사는 1백 보(步)를 달아난 후에 멈추고, 어떤 군사는 50보를 달아난 후에 멈추었습니다. 50보밖에 달아나지 않았다며 1백 보 달아난 것을 비웃는다면〔五十步笑百步〕 어떻겠습니까?"

"그럴 수야 없습니다. 단지 1백 보가 아니란 것뿐이지 50보 역시 달아난 것은 달아난 것이지요."

"왕께서 만약에 그 점을 아신다면, 백성의 수효가 이웃나라보다 많아지기를 바라지 마십시오. 전쟁이니 부역이니 하는 일로 농사철을 놓쳐 농사를 못 짓게 되지만 않는다면, 곡식은 다 먹을 수 없을 정도로 많이 생산될 것입니다. 눈이 촘촘한 그물을 써서 웅덩이와 못의 물고기 씨를 말려 버리지만 않는다면, 물고기와 자라는 다 먹지 못할 만큼 많이 번식될 것입니다. 남벌을 하지 않고 시기를 맞춰서 산림을 벌채한다면, 재목은 다 쓸 수 없을 정도로 많이 생산될 것입니다. 곡식·물고기·자라가 다 먹을 수 없을 정도로 많고, 재목이 다 쓸 수 없을 정도로 많다는 것은, 백성들로 하여금 산 사람들을 양육하고 죽은 사람들을 장사지내는 데 유감이 없게 해주는 것입니다. 산 사람들을 양육하고, 죽은 사람들을 장사지내는 데 유감이 없게 해주는 것이 왕도정치(王道政治)의 시초입니다.

택지에 딸린 다섯 이랑의 땅에 뽕나무를 심어 누에를 치게 하면, 적어도 쉰 살 된 사람들까지는 그것에서 생산된 명주로 옷을 해 입고 살 수 있게 될 것입니다. 닭이니, 새끼돼지니, 큰돼지니, 개니 하는 가축을 무절제하게 도살하지 않고, 또 그것들이 번식할 시기를 놓치지 않고 기르게만 한다면, 적어도 70대의 사람들은 고기를 먹고 살 수 있게 될 것입니다.

경작지로 가지고 있는 백 이랑의 땅에다 농사를 짓는 데 농사철에 노동력을 빼앗아 가지 않는다면, 적어도 수명의 식구를 가진 집안은 굶주리지 않고 살 수 있을 것입니다. 학교의 교육을 근엄하게 해 가지고 효성과 우애의 뜻을 반복하여 가르치신다면, 젊은 사람들이 자진해서 힘든 일을 돕고 나서게 되므로 반백이 된 나이든 사람들이 길에서 무거운 짐을 이고 다니거나 지고 다니지 않게 될 것입니다.

70대의 사람들이 명주옷을 입고 고기를 먹으며 살 수 있도록 해주고 일반 백성들을 굶주리게 하지 않고 춥게 살지 않게 해주고도 천하에 왕 노릇 하지 못한 예는 일찍이 없었습니다. 그렇게만 해주면 틀림없이 천하의 왕 노릇을 하게 됩니다.

지나치게 풍년이 들어 개나 돼지까지도 사람이 먹을 곡식을 먹게 될 만큼 곡식이 천해져도 그것을 거둬들여 비축할 줄 모르고, 무서운 흉년이 들어 길가에 굶어 죽은 시체가 널려 있을 정도로 사태가 심각해져도 비축한 곡식을 풀어서 구제해 줄 줄도 모르고, 사람들이 죽게 되어도 아무 대책도 없이 '그것은 내가 죽인 것이 아니라 흉년 때문이다'라고 말한다면, 그것이 어찌 사람을 무기로 찔러 죽여 놓고 '내가 죽인 게 아니라 무기가 그렇게 한 것이다'라고 말하는 것과 다를 바가 있겠습니까? 왕께서 백성이 고생하는 것은 흉년 때문이라고 흉년을 탓하지 않고 민생의 안정을 위해 힘쓰신다면, 그때는 온 세상 사람들이 왕의 덕을 사모하여 왕께 모여들 것입니다."

原文 梁惠王이 曰:"寡人之於國也,ㅣ에 盡心焉耳矣.로니 河內凶, 則移其民於河東,하며 移其粟於河內,하고 河東凶,이

면 亦然.이나 察鄰國之政,하니 無如寡人之用心者,로대 鄰國之民이 不加少,하고 寡人之民이 不加多,는 何也?니이꼬"

孟子對曰 : "王이 好戰,하시니 請以戰喩.하리이다 塡然鼓之,하야 兵刃旣接,에 棄甲曳兵而走.하되 或百步而後에 止,하며 或五十步而後에 止.하야 以五十步로 笑百步,면 則何如?니이꼬" 曰 : "不可.라 直不百步耳,요 是亦走也.니이다" 曰 : "王如知此,면 則無望民之多於鄰國也.하소서"

"不違農時,면 穀不可勝食也.ㅣ며 數罟를 不入洿池,면 魚鼈을 不可勝食也.ㅣ며 斧斤을 以時入山林,이면 材木을 不可勝用也.ㅣ니 穀與魚鼈을 不可勝食,하며 材木을 不可勝用,이면 是는 使民養生喪死에 無憾也.ㅣ니 養生喪死에 無憾,이 王道之始也.ㅣ니이다"

"五畝之宅,에 樹之以桑,이면 五十者可以衣帛矣.며 雞豚狗彘之畜,을 無失其時,면 七十者可以食肉矣.며 百畝之田,을 勿奪其時,면 數口之家可以無飢矣.며 謹庠序之敎,하야 申之以孝悌之義,면 頒白者不負戴於道路矣.리니 七十者衣帛食肉,하며 黎民이 不飢不寒,이오 然而不王者,는 未之有也.ㅣ니이다"

"狗彘食人食而不知檢,하며 塗有餓莩而不知發,하고 人死,則曰 : '非我也,ㅣ라 歲也.ㅣ라하나니' 是는 何異於刺人而殺之曰 : '非我也,ㅣ라 兵也.ㅣ리오 王無罪歲,하시면 斯天下之民이 至焉.하리이다"

※ 以五十步笑百步(이오십보소백보)—이 말에서 오십보백보(五十步百步), 즉 낫고 못하고 차이는 있으나 서로 비슷비슷하다는 고사

성어가 생겼고 오늘날에도 흔히 사용된다.

4. 칼로나 정치로나 사람을 죽이는 것은 한가지다

양혜왕이 맹자에게 물었다.
"선생님의 가르침을 받기를 바랍니다."
맹자께서는 대답 대신 혜왕에게 반문했다.
"사람을 죽이는 데 몽둥이로 쳐죽이는 것하고 칼로 찔러 죽이는 것하고 다른 점이 있습니까?"
"다른 점이 없습니다."
"그러면 사람을 죽이는 데 칼로 찔러 죽이는 것하고 정치를 잘 못해서 죽이는 것하고 다른 점이 있습니까?"
"다른 점이 없습니다."
"왕의 음식을 장만하는 주방에는 살진 고기가 걸려 있고, 마구간에는 살진 말이 매여 있습니다. 그런데 이와는 대조적으로 백성들의 얼굴에는 굶주린 기색이 돌고 들판에는 굶어 죽은 송장이 쓰러져 있다면, 이것은 결국 짐승들을 몰아다가 사람을 잡아먹게 한 꼴이 됩니다. 짐승들이 저희들끼리 잡아먹는 것조차도 사람들은 끔찍하게 여기는데, 백성의 부모인 왕이 되어서 정치를 해나가는 마당에 짐승들을 몰아다가 사람들을 잡아먹게 하는 일을 면치 못한다면 그가 백성의 부모 노릇을 하는 보람이 어디에 있겠습니까?
공자께서는 '최초에 나무사람을 만들어서 죽은 사람과 함께 묻은 자는 인간의 존엄을 무시한 위인이므로 복을 받지 못해서 그 후손이 끊어졌을 게다'라고 말씀하셨습니다. 그런데 그런 과격한 말씀을 하신 것은 다만 그자가 사람의 형상을 만들어서 장사에 썼다는 데서였습니다. 그러니 어떻게 이 산 백성들을 굶주려서 죽게 만들 수 있겠습니까?"

原文 梁惠王이 曰:"寡人이 願安承敎.하나이다" 孟子對曰:"殺人以梃이 與刃,으로 有以異乎?이까" 曰:"無以異也.ㅣ니이다" "以刃은 與政,으로 有以異乎?이까" 曰:"無以異也.ㅣ니이다"

曰:"庖有肥肉,하며 廐有肥馬,요 民有飢色,하며 野有餓莩,면 此는 率獸而食人也.ㅣ니이다 獸相食,을 且人惡之,하나니 爲民父母行政,하야 不免於率獸而食人,이면 惡在其爲民父母也?ㅣ리이꼬"

"仲尼曰:'始作俑者,는 其無後乎!인저'하시니 爲其象人而用之也.ㅣ라 如之何其使斯民飢而死也?ㅣ리이꼬"

5. 어진 자에게는 적이 없다

양혜왕이 맹자에게 물었다.

"우리 조상 때의 진(晋)나라는 이 세상에서 상대가 없을 만큼 강했었다는 것을 선생님께서도 아시고 계십니다. 그러던 것이 과인의 대에 내려오자, 동쪽에서는 제(齊)나라와의 싸움에서 패전하여 과인의 맏아들이 그 전투에서 죽었고, 서쪽에서는 진(秦)나라한테 땅을 7백 리나 빼앗겨 버리고, 남쪽에서는 초(楚)나라에게 욕을 보았습니다. 과인은 이것을 수치스럽게 생각하여 전쟁에서 죽어간 자들을 위해 그 치욕을 깨끗이 씻어 버리고 싶습니다. 어떻게 하면 좋겠습니까?"

맹자께서는 양혜왕의 질문에 다음과 같이 대답하셨다.

"그것은 힘들지 않습니다. 영토가 사방 1백 리만 되어도 이상적인 왕 노릇을 할 수 있습니다. 그러니 그 이상의 큰 영토를 가진 위(魏)나라에서 왕 노릇을 할 수 있다는 것은 더 말할 나위도 없습니다.

왕께서 만약 백성을 아끼는 인자한 정치를 실시하여 번거로운 형벌을 줄여 간단히 만드시고, 백성들에게서 거둬들이는 세금을 줄여 백성의 부담을 경감시키고, 밭을 갈 때는 철저하게 깊이 갈도록 하고, 김을 맬 때는 얌전하게 풀을 뽑도록 하고, 장정들은 일이 없는 날을 이용해서 효제충신(孝悌忠信)의 도리를 배워 익히게 하고, 집에 들어가서는 부형을 올바로 섬기고 집 밖에서는 연장자와 윗자리에 있는 사람들을 올바로 섬기게 하신다면, 왕께서는 백성들로 하여금 몽둥이를 들고 가서라도 진나라와 초나라의 튼튼한 장비와 예리한 무기로 무장한 군대를 쳐서 굴복시킬 수 있을 것입니다.

저들 적국의 임금들은 자기네 백성이 생업에 종사해야 할 시간을 빼앗아 버림으로써 백성들이 농경에 종사하여 자기 부모를 봉양할 수 없게 만들고, 그로 말미암아 부모는 입을 게 없어 추위에 떨며 먹을 게 없어 굶주리게 되고, 형제와 처자들은 정착하여 살 수 없어 뿔뿔이 흩어져 버리게 됩니다.

저들 적군의 임금들이 자기네 백성들을 곤궁 속에 빠뜨려 버리는데, 왕께서 군대를 거느리고 가셔서 그네들을 정벌하신다면 대체 누가 나서서 왕과 맞서 싸우겠습니까? 그래서 '인자한 사람에게는 적이 없다[仁者無敵]'고 말하는 것이니, 왕께서는 이 점을 의심하지 마십시오."

原文 梁惠王이 曰: "晉國,이 天下에 莫强焉,은 叟之所知

也.ㅣ라 及寡人之身,하야 東敗於齊,에 長子死焉,하고 西喪地於秦七百里,하고 南辱於楚,하니 寡人이 恥之.하야 願比死者一洒之,하나니 如之何則可?니이꼬"

孟子對曰 : "地方百里而可以王.이니이다 王如施仁政於民,하사 省刑罰,하고 薄稅斂,하고 深耕易耨,하고 壯者,는 以暇日로 修其孝悌忠信,하야 入以事其父兄,하며 出以事其長上,이면 可使制梃하야 以撻秦楚之堅甲利兵矣.리이다"

"彼奪其民時,하고 使不得耕耨하야 以養其父母,하면 父母凍餓,하며 兄弟妻子離散.하리니 彼陷溺其民,에 王은 往而征之,면 夫誰與王敵?이리이꼬 故로 曰 : '仁者는 無敵.이라'하나니 王請勿疑!하소서"

※ 仁者無敵(인자무적)—이 말에서 어진 사람은 모든 사람을 사랑하므로 천하에 대적(對敵)하는 사람이 없다는 고사성어가 생겼으며 오늘날에도 흔히 사용된다.

6. 살인을 즐기지 않는 자는 천하를 통일할 수 있다

맹자께서 양나라의 양왕(襄王)을 만난 후, 밖의 사람들을 보고 양왕을 만난 이야기를 이렇게 말씀하셨다.

"좀 거리가 떨어진 곳에서 그를 바라보니 그 기품이 왕 같지가 않았다. 그 앞으로 가까이 가서 보아도 두려운 마음을 갖게 할 만한 데를 찾아볼 수 없었다. 그런데 왕이 느닷없이 '천하는 어떻게 낙착되겠소?'하고 물었다. 그래서 나는 '하나로 낙착될 것입니다'하고 대답하였다. '누가 천하를 하나로 만들 수 있을까요?'하고 묻기에

'사람 죽이기를 좋아하지 않는 사람이 천하를 하나로 만들 수 있을 것입니다'라고 대답하였다.

이번에는 '누가 그의 편이 되어 줄 수 있을까요?'하기에 이렇게 대답하였다. '이 세상에서 그의 편이 되어 주지 않는 사람이라고는 없을 것입니다. 왕께서는 저 곡식의 싹이 자라는 것을 알고 계시는지요? 7, 8월경에 날씨가 가물면 곡식의 싹들이 마릅니다. 그랬다가 하늘에 뭉게뭉게 구름이 일어나서 쏴 하고 비가 쏟아지면 곡식의 싹들은 힘차게 뻗어오릅니다. 곡식의 싹이 이렇게 뻗어오르는 것을 막아낼 사람이 어디 있겠습니까? 지금 온 천하의 사람 기르는 것을 사명으로 하는 군주들 가운데는 아직 사람 죽이기를 좋아하지 않는 이가 나오지 않고 있습니다. 만약 사람 죽이기를 좋아하지 않는 군주가 나타난다면, 온 천하의 사람들이 다들 목을 길게 빼고 그를 바라보게 될 것입니다. 정녕 그렇게 살인하기를 싫어하는 군주가 생겨난다면, 사람들이 그에게로 귀순하여 돌아가는 것이 마치 물이 낮은 곳으로 흘러 내려가듯이 몰려들 것이니, 누가 그것을 막아낼 수 있겠습니까? 막아낼 사람이 없을 것입니다.'"

原文 **孟子見梁襄王,**하시고 **出語人曰:"望之不似人君,**이오 **就之而不見所畏焉.**이라 **卒然問曰:'天下**는 **惡乎定?**고'하야 **吾對曰:'定于一.**이라'하니라 **'孰能一之?**오'하야 **對曰:'不嗜殺人者能一之.**라'하니라 **'孰能與之?**오'하야 **對曰:'天下莫不與也.**라'"

"**王**은 **知夫苗乎?**이까 **七八月之間**에 **旱, 則苗槁矣.**라가 **天**이 **油然作雲,**하야 **沛然下雨, 則苗浡然興之矣.**하나니 **其如是,**를 **孰能禦之?**리오 **今夫天下之人牧,**에 **未有不嗜殺人者也.**니

如有不嗜殺人者, 則天下之民,이 皆引領而望之矣.리라 誠如是也,면 民歸之, 由水之就下沛然,이리니 誰能禦之?리오"

7. 제(齊)나라의 환공과 진(晋)나라의 문공

제나라의 선왕(宣王)이 맹자에게 물었다.

"패업을 이룩한 것으로 이름난 제나라 환공과 진나라 문공의 사업에 관해 선생님의 말씀을 들어볼 수 있겠습니까?"

맹자께서는 선왕이 패제후(覇諸侯)가 되고 싶어하는 마음이 있음을 알아차리고 이렇게 대답하셨다.

"공자의 제자들 중에는 환공과 문공의 패도정치를 이야기한 사람이 없었습니다. 그래서 그 일에 관한 이야기가 후세에 전해지지 않았습니다. 저도 오늘날까지 그 일에 관한 이야기를 들어 본 적이 없습니다. 이야기를 그만두지 않으시려거든 천하에 왕 노릇을 하는 이야기나 하도록 하시지요."

선왕은 맹자가 왕도정치에 관한 이야기를 꺼내자 조심스레 물었다.

"덕행이 어떠해야 천하에 왕 노릇을 할 수 있겠습니까?"

"백성들을 편안히 살게 하면 왕 노릇을 못하도록 아무도 막지 못합니다."

선왕은 다시 자기 자신의 예를 들어서 물었다.

"과인과 같은 사람도 백성을 편안히 살게 해줄 수 있겠습니까?"

"하실 수 있으십니다."

"어떻게 내가 천하에 왕 노릇을 할 수 있으리라는 것을 아시는 겁니까?"

맹자께서 이렇게 말씀하셨다.

“저는 호흘(胡齕)에게서 이런 이야기를 들었습니다. 왕께서 대청에 앉아 계실 때에 어떤 사람이 소를 끌고 대청 아래를 지나가는 것을 보시고 ‘그 소를 어디로 끌고 가는 거냐?’하고 물으셨습니다. 그 사람이 대답하기를, ‘종이 다 주조되었기에 이 소를 잡아서 그 피를 종에 바르는 의식을 치르려는 것입니다’라고 대답하였습니다. 그랬더니 왕께서는 ‘그 소를 잡지 말고 내버려 두라. 나는 그 소가 겁을 집어먹고 죽을상을 하는 게 죄없이 죽을 곳에 나가는 것 같아 그 꼴을 차마 눈뜨고 볼 수가 없구나’하고 말씀하셨습니다.

그 소를 끌고 가던 사람이, ‘그러시다면 종에다 피 바르는 의식은 그만두라는 분부십니까?’라고 물으니, 왕께서 ‘어떻게 그 의식을 그만둘 수 있겠느냐? 소는 그만두고 그 대신 양을 써서 하여라’하고 말씀하셨습니다. 그런 일이 있으셨는지 모르겠습니다.”

“그런 일이 있었습니다.”

왕의 대답에 맹자께서 대답하셨다.

“그러한 마음을 가지셨으면 천하에 왕 노릇 하시기에 충분합니다. 백성들은 모두 왕께서 소를 아까워해서 그런 것이라고들 합니다만, 저는 왕께서 그 소의 꼴을 차마 보실 수 없어서 그러신 것임을 잘 알고 있습니다.”

제선왕은 이렇게 말했다.

“그렇습니다. 정말로 백성들이 그렇게 생각하는 모양입니다. 그러나 우리 제나라가 비록 쪼그라들어 작은 나라이기는 합니다만, 제가 어찌 소 한 마리를 아끼겠습니까? 아끼기 위해서였다는 것은 과인의 본심이 아니고, 다만 그 소가 겁에 질려 죽을상을 하는 것이 죄없이 사지에 끌려가는 것 같아 그 꼴을 차마 볼 수 없었기 때문에 양으로 바꾸라고 하였던 것입니다.”

맹자께서는 이 말을 듣고 이렇게 말씀하셨다.

"왕께서는 소가 아까워 그렇게 했다는 백성들의 말을 괴이하게 여기지 마십시오. 작은 것을 큰 것 대신 쓰게 하셨으니, 그들 백성이 어떻게 왕의 본심이 그렇지 않다는 것을 알겠습니까? 문제는, 왕께서 만약 그 소가 죄없이 사지에 끌려가는 것을 측은하게 생각하셨다면, 그것은 소나 양이나 다를 바가 없지 않겠느냐는 점에 있습니다."

왕은 웃으면서 말했다.

"그건 그렇군요. 그런데 그것은 대체 무슨 마음이었을까요? 소라는 재물을 아까워하지 않았으면서도 그것을 양과 바꿔 썼으니, 백성들이 나를 보고 아낀다고 말하는 게 당연합니다."

맹자께서는 이렇게 말씀하셨다.

"그 일을 가지고 괴로워하지 마십시오. 그것이야말로 인을 실천하는 방법입니다. 왕께서는 소는 보시고 양은 보시지 않았기 때문에 그렇게 하신 것입니다. 군자는 금수에 대해서는 그것이 살아있는 것을 보고서는 차마 그것이 죽는 것을 보지 못하고, 그 우는 소리를 들으면 차마 그 고기를 먹지 못합니다. 그러한 까닭에 군자는 금수를 다뤄 음식을 마련하는 주방을 멀리하는 것입니다."

제선왕은 맹자의 설명을 듣고 기뻐하며 말했다.

"《시경》에 '남이 마음 속에 지니고 있는데 나는 그것을 헤아려서 안다'고 한 구절이 있는데 바로 선생님을 두고 한 말입니다. 나 자신이 그 일을 해놓고도 왜 그렇게 했는지 그 이유를 알아내지 못했는데, 이제 선생님께서 말씀을 해주시는 것을 들으니 이해가 가서 마음에 감동이 옵니다. 그런데 그러한 마음이 천하의 왕 노릇하는 데 합당한 까닭은 무엇인지 말씀해 주십시오."

그래서 맹자께서는 이렇게 말씀하셨다.

"지금 여기에 어떤 사람이 왕께 여쭙기를, '내 힘은 백 균(百鈞), 즉 3천 근의 무게는 들어올리기에 충분하지만 새털 하나를 들어 올리기에는 부족하고, 시력은 가을철의 가느다란 털끝을 살펴보기에는 충분하지만 수레에 실어놓은 땔나무는 보이지 않는다'고 한다면 왕께서는 그 사람의 말을 곧이들으시겠습니까?"

"곧이듣지 않습니다."

선왕이 그것을 부인하는 말을 듣고 맹자께서는 이런 말씀을 하셨다.

"그런데 지금 흔종(釁鐘)을 위해 끌려가던 소에 대한 경우에도 나타나 있듯이, 왕의 은혜가 금수에까지 미치기에 충분하면서도 백성들에게 그들을 편안하게 해주기 위한 노력이 베풀어지지 않는 것은 대체 무엇 때문입니까? 그러하온즉 새털 한 오라기도 들어 올려지지 않는 것은 그것을 들어올리는 데 힘을 쓰지 않기 때문이옵고, 수레에 실어 놓은 땔나무가 보이지 않는 것은 그것을 보는 시력을 쓰지 않기 때문이오며, 백성들이 편안하게 살지 못하는 것은 그들을 편안케 해주는 왕의 은혜를 베풀지 않으시기 때문입니다. 그러므로 왕께서 천하의 왕이 되지 않는 것은 하시지 않는 것이지 못하는 것은 아닙니다."

제선왕은 이 말씀을 듣고 물었다.

"하지 않는 것과 못하는 것은 어떻게 다릅니까?"

맹자께서는 그 물음에 다음과 같은 대답을 하셨다.

"이를테면 태산을 겨드랑이에 끼고 북해를 뛰어넘는다는 등 사람의 힘으로는 가당치도 않은 일을 두고 사람들더러 '나는 못한다'고 한다면 그것은 정말로 못하는 것입니다. 그러나 어른을 위해서 팔다리를 주물러 주는 극히 쉬운 일을 두고 사람들더러 '나는 못한다'고 말한다면, 그것은 자기가 하지 않는 것이지 결코 못하는 것은 아닙니다. 그러므로 왕께서 천하의 왕이 되지 않는 것은 태산을 겨드랑이에 끼고 북해를 뛰어넘는 종류, 즉 못하는 일에는 속하지 않는 것입니다. 왕께서 천하의 왕이 되지 않는 것은 팔다리를 주물러 주는 종류로서, 하시면 되는 일에 속합니다.

만약 자기의 늙은 부형을 공경스럽게 섬기고, 그 마음을 널리 펼치어 남의 늙은 부형들에게까지 미치게 하고, 자기의 어린 자제들을 아껴 길러 주고 그 마음을 널리 펼치어 남의 어린 자제들에게까지 미치게 한다면, 천하가 아무리 넓다 해도 온 천하의 백성들이 모두 스스로 따라오게 될 것이므로 손바닥 위에서 움직이는 것같이 수월하게 천하를 다스리어 이상적인 왕 노릇을 할 수 있게 될 것입니다.

《시경》에 문왕의 덕을 칭송한 노래로 '우선 큰마누라를 올바르게 대해 주어 그와 그에 따른 첩들을 은덕으로 교화하였고, 이어 형제를 비롯한 집안의 혈육들에게 은덕이 미치게 하였는데, 이리하여 마침내 집안과 나라를 잘 다스려 거기서 돌아오는 복을 누렸다'라고 한 것이 있는데, 이 노래는 결국 이곳 자기 가까이에 있는 집안을 다스리는 은혜로운 마음을 가져다 저곳 온 천하의 백성들에게 베풀어 주었음을 말한 것에 지나지 않습니다. 그래서 은혜로운 마음을 널리 펴나가기만 하면 사해 안의 사람들을 모두 편안히 살게 해줄 수 있을 것이고 그 반대로 은혜로운 마음을 펴나가지 않으면 자기에게 딸린 처자들조차도 편안하게 해줄 길이 없게 됩니다.

이 문왕의 경우와 같이 옛날의 성왕(聖王)들이 남보다 월등하게 뛰어났던 것은 별다른 이유가 있어서가 아니었습니다. 다만 그들이 자기 측근에 있는 사람들에게 해주는 마음을 널리 확충해 나가 온 천하의 백성들에게 미치게 하였을 따름입니다. 이제 왕께서는 은혜가 소에게까지 미칠 정도로 넉넉하시면서도 그 은혜를 베푸시는 힘이 백성들에게까지는 미치지 않는 것은 대체 무엇 때문입니까?"

맹자께서는 계속하여 말씀하셨다.

"물건이란 저울로 달아 본 연후라야 그것이 가볍고 무거운 것을 알게 되고, 자로 재어 본 연후라야 그것이 긴가 짧은가를 알게 됩니다. 물건이란 어느 것이나 모두 그렇습니다만, 사람의 마음은 더욱 그런 것이어서 스스로 반성하여 살펴보지 않으면 백성보다도 소에게 더 은혜를 베푸는 따위의 본말을 전도하는 사례가 생기게 되니, 왕께서는 왕의 마음을 헤아려 보시기 바랍니다. 그런데 왕께서 군대를 일으키시어 전쟁을 하시면 왕의 군사들과 조정의 신하들의 생명을 위태롭게 만들고 다른 제후들과 원수가 됩니다. 왕께서는 그렇게 하셔야 마음이 통쾌해지십니까?"

이 말씀을 듣고 제선왕은 말했다.

"그렇지 않습니다. 내가 왜 그런 것에 통쾌해지겠습니까만, 전쟁을 통해서 장차 내 큰 소망을 달성하려는 것입니다."

"왕의 소망을 좀 들어 볼 수 있겠습니까?"

맹자의 질문에 왕은 어색해져서 웃기만 하고 말을 하지 않았다.

맹자께서는 이런 말씀을 하셨다.

"왕께서는 살진 고기와 맛있는 것으로 만든 음식이 잡수시기에 부족하기 때문에 전쟁을 하려는 것입니까? 가볍고 따뜻한 의복이 몸에 입으시기에 부족하기 때문에 그러시는 것입니까? 그렇지 않다면 채색을 한 의복이나 단장한 미희(美姬)들이 눈으로 보시기에 부족하기 때문에 그러시는 것입니까? 음악이 귀로 들으시기에 부족하기 때문에 그러시는 것입니까? 가까이 데리고 있는, 총애하는 자들을 앞에서 부리시기에 부족하여서 그러시는 것입니까? 제 생각으로는 왕의 여러 신하들이 넉넉히 그러한 것들을 왕께 드릴 수 있을 터인데, 왕께서 이런 일로 전쟁을 일으키려는 것은 아니지 않습니까?"

"예, 그런 것들을 위해서 전쟁을 하자는 건 아닙니다."

맹자께서는 왕의 큰 소원이 무엇인가를 지적하여 이렇게 말씀하셨다.

"그렇다면, 저는 왕께서 품고 계신 큰 소원이 무엇인지 알 수 있겠습니다. 영토를 확장하고, 진나라·초나라와 같은 강대국을 굴복시켜 내조(來朝)케 하고, 천하의 중심지에 군림하셔서 사방의 다른 민족들을 복종시키기를 원하시는 것임에 틀림없습니다. 그러나 전쟁 수단에 호소하는 그와 같은 방법을 가지고 그와 같은 소원을 추구하는 것은 나무에 올라가서 물고기를 찾는 것[緣木求魚]과 같이 도저히 실현 불가능한 일입니다."

왕은 맹자의 이러한 비판을 듣고 반문했다.

"내 생각이 그토록 엉뚱한 것입니까?"

"그렇습니다. 거의 그 정도로 빗나가셨습니다. 나무에 올라가 물고기를 찾는 것은, 물고기를 못 얻게 된다 해도 뒤따르는 재앙은 없습니다. 그러나 전쟁 수단에 호소하는 그러한 방법을 가지고 천하를 복종시키려 한다면 온갖 마음과 힘을 모두 쏟아 그 일을 해 본다 한들 그 뒤에는 반드시 재앙이 생겨날 것입니다."

제선왕은 잠자코 듣고 있다가 물었다.

"그 뒤따르는 재앙에 관한 말씀을 들어 볼 수 있겠습니까?"

"약소국인 추(鄒)나라와 강대국인 초나라가 전쟁을 한다면 어느 쪽이 승리하겠습니까?"

맹자의 되물음에 제선왕은 서슴지 않고 대답했다.

"초나라가 이깁니다."

그 말을 받아 맹자께서는 이렇게 말씀하셨다.

"그 말씀대로라면 작은 나라는 본래 큰 나라에 맞설 수 없는 것이고, 수가 적은 병력은 본래 수가 많은 병력에 맞설 수 없는 것이며, 약한 나라는 본래 강한 나라에 맞설 수 없는 것입니다. 생각해 보십시오. 사해 안의 땅에 사방 천 리가 되는 것이 도합 아홉이 있는데, 그 중에서 제나라의 땅은 구석진 데 모난 데 좁은 데 험한 데 할 것 없이 두루 모아 보아야 겨우 그 9분의 1밖에 안 됩니다.

그것을 가지고 그 여덟 배나 되는 것을 굴복시키려 든다면 약소국인 추가 강대국인 초에 맞서는 것과 무엇이 다르겠습니까? 반드시 패전의 처참한 고배를 마시게 될 것입니다. 그러니 왕께서는 왜 천하의 왕 노릇하게 되는 근본, 즉 인정(仁政)을 베푸는 것으로 돌아가지 않으십니까?"

맹자께서는 계속해서 말씀하셨다.

"이제 왕께서는 전쟁의 수단을 써서 패권을 잡으시려는 생각을 버리십시오. 그리고 인정을 베푸시어 널리 왕의 덕을 사모하도록 하여 온 천하의 벼슬 사는 사람들이 모두 왕의 조정에서 벼슬을 살고 싶어하게 만드시고, 온 천하의 밭가는 사람들이 모두 왕의 영토 안의 농지에서 농사짓고 싶어하게 만드시고, 온 천하의 상인들이 모두 그들의 상품을 왕의 영토 안의 시장에 건사하고 싶어하게 만드시고, 온 천하의 길가는 사람들이 모두 왕의 영토 안의 길로 나서고 싶어하게 만드시고, 온 천하의 자기 임금을 미워하려는 사람들을 모두 왕께 나와 호소하고 싶어하게 만드십시오.

그렇게만 된다면, 왕께서 천하에 왕 노릇 하는 것을 그 누가 못하게 막을 수 있겠습니까? 틀림없이 천하에 왕 노릇하게 될 것입니다."

제선왕이 이 말씀을 듣고 이렇게 말했다.

"나는 머리가 혼미해서 그 구체적인 방법을 알지 못하겠습니다. 바라건대 선생님께서는 제 뜻하는 바를 도와 구체적으로 인정을 베풀어 나가는 길을 가르쳐 주십시오. 그렇게 해주신다면 제가 비록 똑똑하지는 못하나 말씀해 주신대로 해보도록 하겠습니다."
맹자께서는 선왕에게 이렇게 설명해 주셨다.
"이 세상에서 일정한 수입을 가져오는 생활 근거가 없으면서도 그릇된 데로 쏠리지 않고 한결같이 변하지 않는 마음을 지니고 산다는 것은 오직 학문과 수양이 잘 되어 있는 선비만이 해낼 수 있는 일입니다. 저 일반 백성들로 말할 것 같으면, 일정한 수입을 가져오는 생활 근거가 없으면 그것으로 인해 그릇된 데로 쏠리지 않고 한결같이 변하지 않는 마음이 없어집니다[無恒產者無恒心]. 만약 한결같이 변하지 않는 마음이 없어진다면, 방탕한 짓, 편벽한 일, 사악한 짓, 사치스러운 짓 등등 대체로 못하는 짓이 없게 됩니다. 그들이 그러한 짓을 저질러 죄를 범하게 된 후에 그 죄에 따라 형벌을 가한다면, 그것은 마치 미리 그물을 쳐놓고 백성들을 그 그물로 잡는 것이나 마찬가지입니다. 어떻게 인자한 사람이 임금의 자리에 있으면서 백성들을 그물로 잡는 일을 할 수 있겠습니까?

그러한 까닭에, 옛날의 명철한 임금이 백성의 생활 근거를 마련해 줄 경우에는, 거기서 생산되는 수입이 반드시 위로는 자기 부모를 봉양하기에 충분하게 해주고, 아래로는 자기 처자를 양육하기에 충분하게 해주며, 풍년이 든 해에는 내내 배불리 먹고, 흉년이라 할지라도 죽는 것을 면하게 해줍니다. 그렇게 해주고 나서 비로소 그들을 뒤에서 몰다시피 권면하여 선한 길로 가게 만듭니다. 그래서 명철한 임금의 선한 가르침은 백성들이 따라가기에 수월합니다.

그런데 지금의 여러 제후들은 백성의 생활 근거를 마련해 준다는 게, 거기서 나오는 수입으로는 위로는 자기 부모를 봉양하기에 부족하고, 아래로는 자기 처자를 양육하기에 부족하며, 풍년이 든

해에도 내내 고생스럽게 지내고, 흉년이 들면 죽음을 면치 못하게 되니, 백성의 수입이란 게 이러해서야 다른 것은 그만두고 죽는 목숨을 구해 주기에도 모자랄까 두려울 지경인데 어느 여가에 예와 의를 배우고 행하게 되겠습니까? 그런 것을 닦을 여가란 전연 있을 수 없습니다. 왕께서 인정(仁政)을 행하여 천하에 왕 노릇을 하실 생각이 있으시다면 왜 그 근본 되는 것으로 돌아오시지 않는 것입니까?

택지에 딸린 다섯 이랑의 땅에 뽕나무를 심어 누에를 치게 하면, 적어도 50대의 사람들까지는 그것에서 생산된 명주로 옷을 해 입고 살 수 있게 될 것입니다. 닭이니 새끼돼지니 개니 큰 돼지니 하는 가축을 무절제하게 도살하지 않고 그것들이 번식할 시기를 놓치지 않고 기르게 하면, 적어도 70대의 사람들은 고기를 먹고 살 수 있게 될 것입니다. 경작지로 가지고 있는 1백 이랑의 땅에서 농사를 짓는데 거기에 필요한 시기의 노동력을 빼앗아가지 않는다면, 적어도 여덟 식구인 집안은 굶주리지 않고 먹고 살 수 있을 것입니다. 학교의 교육을 근엄하게 해나가고 효성과 우애의 뜻을 반복하여 가르친다면 젊은 사람들이 자진해서 힘든 일을 돕고 나서게 되므로, 반백이 된 나이든 사람들이 길가에서 무거운 짐을 이고 다니거나 지고 다니지 않게 될 것입니다. 늙은이들이 명주옷을 입고 고기를 먹으며 살게 하여주고, 일반 백성들이 굶주리지 않고 춥게 살지 않게 하여주고서도 천하에 왕 노릇하지 못한 사람은 여태껏 보지 못했습니다. 그렇게 해주게 되면, 틀림없이 천하의 왕 노릇을 하게 됩니다."

原文 齊宣王이 問曰："齊桓·晉文之事,를 可得聞乎?이까" 孟子對曰："仲尼之徒,는 無道桓·文之事者.라 是以로

後世에 無傳焉,하야 臣未之聞也.ㅣ니이다 無以則王乎!인저" 曰:"德이 何如, 則可以王矣?리이꼬" 曰:"保民而王,이면 莫之能禦也.리이다" 曰:"若寡人者,는 可以保民乎哉?이까" 曰:"可하니이다"

曰:"何由로 知吾可也?ㅣ이꼬" 曰:"臣聞之胡齕.하니 曰:'王이 坐於堂上,이어시늘 有牽牛而過堂下者.러니 王이 見之曰:'牛는 何之?오' 對曰:'將以釁鍾.이니이다' 王曰:'舍之!하라 吾不忍其觳觫若無罪而就死地.하노라' 對曰:'然則廢釁鍾與?이까' 曰:'何可廢也?ㅣ리오 以羊易之.하라 하샤소니' 不識케이다 有諸?이까" 曰:"有之.하니이다" 曰:"是心은 足以王矣.니이다 百姓은 皆以王爲愛也,ㅣ어니와 臣은 固知王之不忍也.ㅣ하나이다"

王曰:"然.하니이다 誠有百姓者.니이다 齊國이 雖褊小,나 吾何愛一牛?리이까 卽不忍其觳觫若無罪而就死地,라 故로 以羊易之也.ㅣ하니이다" 曰:"王은 無異於百姓之以王爲愛也.하소서 以小易大,어니 彼惡知之?리이꼬 王若隱其無罪而就死地, 則牛羊을 何擇焉?이리이꼬" 王이 笑曰:"是誠何心哉?아 我非愛其財,나 而易之以羊也.ㅣ하니 宜乎百姓之謂我愛也.로다" 曰:"無傷也!하소서 是乃仁術也.니 見牛,요 未見羊也.ㅣ일새니이다 君子之於禽獸也ㅣ에 見其生,하고 不忍見其死,하며 聞其聲,하고 不忍食其肉.하나니 是以로 君子는 遠庖廚也.ㅣ니이다"

王이 說曰:"詩云:'他人有心,을 予忖度之.라'하니 夫子之謂也.ㅣ로소이다 夫我乃行之,하고 反而求之,나 不得吾心,이러

니 夫子言之,하사 於我心에 有戚戚焉.하여이다 此心之所以合於王者,는 何也?ㅣ이꼬" 曰:'有復於王者曰:"吾力足以擧百鈞, 而不足以擧一羽,하며 明足以察秋毫之末, 而不見輿薪.이라면' 則王은 許之乎?이까" 曰:"否라."

"今에 恩足以及禽獸, 而功不至於百姓者,는 獨何與?이꼬 然則一羽之不擧,는 爲不用力焉,이며 輿薪之不見,은 爲不用明焉,이며 百姓之不見保,는 爲不用恩焉.이니 故로 王之不王,은 不爲也,언정 非不能也.ㅣ니이다" 曰:"不爲者,와 與不能者之形,은 何以異?이꼬" 曰:"挾太山하야 以超北海,를 語人曰我不能,이라 하면 是는 誠不能也.ㅣ어니와 爲長者折枝,를 語人曰我不能,이라 하면 是는 不爲也,ㅣ언정 非不能也,ㅣ니 故로 王之不王,은 非挾太山以超北海之類也,ㅣ요 王之不王,은 是는 折枝之類也.ㅣ니이다"

"老吾老,하야 以及人之老,하며 幼吾幼,하야 以及人之幼,면 天下를 可運於掌.이니이다 詩云:'刑于寡妻,하야 至于兄弟,하고 以御于家邦.이라'하니 言擧斯心,하야 加諸彼而已.니 故로 推恩,이면 足以保四海,요 不推恩,이면 無以保妻子.니이다 古之人이 所以大過人者,는 無他焉.이오 善推其所爲而已矣.니 今에 恩足以及禽獸, 而功不至於百姓者,는 獨何與?이니꼬"

"權, 然後에 知輕重,하며 度, 然後에 知長短.이니 物皆然,이어니와 心爲甚,하니 王請度之,하소서 抑王은 興甲兵,하며 危士臣,하야 構怨於諸侯, 然後에 快於心與?이까" 王曰:"否.라 吾何快於是?리오마는 將以求吾所大欲也.ㅣ로이다" 曰:"王之所大欲,을 可得聞與?이까" 王이 笑而不言하니 曰:

"爲肥甘이 不足於口與?이까 輕煖이 不足於體與?이까 抑爲采色이 不足視於目與?이까 聲音이 不足聽於耳與?이까 便嬖不足使令於前與?이까 王之諸臣,이 皆足以供之,리니 而王은 豈爲是哉?시리이꼬" 曰:"否,라 吾不爲是也.ㅣ로소이다"

曰:"然則王之所大欲,을 可知已.니 欲辟土地,하며 朝秦楚,하야 莅中國, 而撫四夷也.로소이다 以若所爲,로 求若所欲,은 猶緣木而求魚也.ㅣ니이다" 王曰:"若是其甚與?이까" 曰:"殆有甚焉.하니 緣木求魚,는 雖不得魚,나 無後災.어니와 以若所爲,로 求若所欲,이면 盡心力而爲之,라도 後必有災.리이다" 曰:"可得聞與?이까" 曰:"鄒人이 與楚人戰, 則王은 以爲孰勝?이니이꼬" 曰:"楚人勝.하리이다" 曰:"然則小固不可以敵大,며 寡固不可以敵衆,이며 弱固不可以敵强.이니 海內之地, 方千里者九,에 齊는 集有其一.하니 以一服八,이 何以異於鄒敵楚哉?리이꼬 蓋亦反其本矣?니이꼬"

"今王이 發政施仁,하사 使天下仕者,로 皆欲立於王之朝,하며 耕者로 皆欲耕於王之野,하며 商賈로 皆欲藏於王之市,하며 行旅로 皆欲出於王之途,하며 天下之欲疾其君者로 皆欲赴愬於王,하소서 其如是,면 孰能禦之?리이꼬" 王曰:"吾惛하야 不能進於是矣.니이다 願夫子는 輔吾志,하사 明以敎我.어다 我雖不敏,이나 請嘗試之.리이다"

曰:"無恒産而有恒心者,는 惟士爲能.이오 若民則無恒産,이면 因無恒心.이니 苟無恒心,이면 放辟邪侈,를 無不爲已.니 及陷於罪, 然後에 從而刑之,면 是는 罔民也.ㅣ니 焉有仁人이 在位,하야 罔民而可爲也?ㅣ리오 是故로 明君은 制民之産,하되

必使仰足以事父母,하며 俯足以畜妻子,하야 樂歲에 終身飽,하고 凶年에 免於死亡,하나니 然後에 驅而之善,이라 故로 民之從之也ㅣ輕,하니이다 今也에 制民之産,하되 仰不足以事父母,하며 俯不足以畜妻子,하야 樂歲에 終身苦하고 凶年에 不免於死亡.하나니 此는 惟救死而恐不贍,이어니 奚暇에 治禮義哉?리오 王欲行之, 則盍反其本矣?니이꼬"

"五畝之宅,에 樹之以桑,이면 五十者可以衣帛矣.며 鷄豚狗彘之畜,을 無失其時,면 七十者可以食肉矣.며 百畝之田,을 勿奪其時,면 八口之家, 可以無飢矣.며 謹庠序之敎,하야 申之以孝悌之義,면 頒白者不負戴於道路矣.리니 老者衣帛食肉,하며 黎民이 不飢不寒,이오 然而不王者,ㅣ 未之有也.ㅣ니이다"

※ 緣木求魚(연목구어)—나무에 올라가 물고기를 구하다, 즉 불가능한 일을 무리하게 한다는 뜻의 이 말은 여기서 생겨났다.

※ 無恒産者無恒心(무항산자무항심)—일정한 재산이나 생업이 없으면 굳건한 마음을 가질 수 없다는 말은 여기서 생겨났으며 오늘날에도 흔히 사용된다.

제2장 양혜왕장구(梁惠王章句)·하

1. 백성들과 함께 음악을 즐겨라

제선왕의 신하 장포(莊暴)가 맹자를 찾아와서 말했다.

"제가 국왕을 뵈었더니 국왕이 저에게 자기는 음악을 좋아한다는 말씀을 하셨습니다. 저는 국왕이 음악을 좋아하는 것이 좋은 일인지 나쁜 일인지 아는 바가 없어서 아무런 대답도 드리지 못했습니다. 국왕이 음악을 좋아하신다는 것은 어떻게 생각할 문제이겠습니까?"

이 말을 들은 맹자께서는 장포에게 이렇게 일러주었다.

"국왕께서 음악을 좋아하는 정도가 대단하시다면 이 제나라는 잘 다스려지게 될 것이오."

다른 날, 맹자께서는 제선왕을 뵙고 물었다.

"왕께서 장씨에게 음악을 좋아하신다는 말씀을 하셨다는데, 그런 일이 있으셨습니까?

제선왕은 이 말씀에 얼굴을 붉히면서 변명하듯 말했다.

"나는 옛날 선왕들이 제정하여 쓰던 정아한 음악을 좋아한다는 것은 아닙니다. 단지 일반에 유행하는 음악을 좋아하는 것뿐입니다."

맹자께서는 선왕을 위로해 주듯 말씀하셨다.

"왕께서 음악을 좋아하시는 정도가 대단하면, 이 제나라는 잘 다스려지게 될 것입니다. 지금의 음악도 옛날의 음악의 경우나 일반입니다."

"그것은 또 왜 그런가요? 그 말씀을 더 자세히 들려주실 수 있으시겠습니까?"

"혼자서 음악을 즐기는 것과 사람들과 함께 음악을 즐기는 것과 어느 쪽이 더 즐겁겠습니까?"

"그야 사람들과 함께하는 편이 더 즐겁겠습니다."

"소수의 사람들과 함께 음악을 즐기는 것과 많은 사람들과 함께 음악을 즐기는 것과 어느 쪽이 더 즐겁겠습니까?"

"그야 많은 사람들과 함께하는 편이 더 즐겁습니다."

"제가 왕께서 이해하시도록 음악에 관해 설명해 드리지요." 맹자께서는 계속 말을 이었다.

"가령 왕께서 지금 여기서 음악을 연주하시는데, 백성들이 거기서 울려나오는 타악기 치는 소리와 관악기 소리를 듣고 다들 골치를 앓고 상을 찌푸리면서 서로들 하는 소리가 '우리 임금은 음악 연주는 좋아하면서 대체 어쩌자고 우리를 이런 더할 수 없는 괴로운 지경에까지 몰아넣는 것인가? 아비와 자식간에는 서로 만나보지도 못하게 만들어 놓고, 형제와 처자는 제각기 헤어져 뿔뿔이 흩어지게 만들었으니'하고 말하게 된다고 하십시다.

또 가령 왕께서 지금 여기서 사냥을 하시는데, 백성들이 왕의 거마(車馬) 달리는 소리를 듣고 깃발과 깃털의 아름다운 것을 보고는, 다들 골치를 앓고 상을 찌푸리면서 '우리 임금은 사냥은 좋아하면서 대체 어쩌자고 우리를 이런 더할 수 없는 괴로운 지경에까지 몰아넣는 것인가? 아비와 자식간에는 서로 만나보지도 못하게 만들어 놓고, 형제와 처자는 제각기 뿔뿔이 흩어져 헤어지게 만들었으니'라고 말하게 된다고 하십시다. 그렇게 되는 데에는 다른 이유는 없고, 다만 백성들과 함께 즐기지 않아서입니다.

또 이제, 왕께서 지금 여기서 음악을 연주하시는데 백성들이 거기서 울려나오는 타악기 치는 소리와 관악기 소리를 듣고서 다들 기뻐서 얼굴에 희색을 나타내고 서로들 이렇게 말한다고 하십시다. '우리 임금님께서는 제발 편찮으시지 말아야지. 편찮으시면 음악을 연주하지 못하신다구.' 가령 왕께서 지금 여기서 사냥을 하시는데 백성들이 왕의 거마 달리는 소리를 듣고, 깃발과 깃털의 아름다운 것을 보고는 다들 기뻐 얼굴에 희색을 나타내고 서로들 이렇게 말한다고 하십시다. '우리 임금님께서는 제발 편찮으시지 말아야지. 편찮으시면 사냥을 하지 못하신다구.' 이렇게 되는 것에는 다른 이유는 없고, 다만 백성들과 함께 즐기기 때문입니다.

그러므로 왕께서 음악을 즐기시는 경우, 그것들을 백성들과 함께만 즐기신다면 훌륭한 왕이 되실 것입니다."

原文 **莊暴見孟子曰**: "**暴見於王,**하니 **王**이 **語暴以好樂,**이시어늘 **暴未有以對也.**니이다" **曰**: "**好樂**이면 **何如?**이니까" **孟子曰**: "**王之好樂甚, 則齊國**은 **其庶幾乎!**인저" **他日**에 **見於王曰**: "**王**이 **嘗語莊子以好樂,**하사소니 **有諸?**이까" **王**이 **變乎色曰**: "**寡人**은 **非能好先王之樂也.**ㅣ요 **直好世俗之樂耳.**로이다" **曰**: "**王之好樂甚, 則齊其庶幾乎!**인저 **今之樂,**은 **由古之樂也.**ㅣ니이다" **曰**: "**可得聞與?**이까" **曰**: "**獨樂樂,**

과 與人樂樂,이 孰樂?이니이꼬" 曰 : "不若與人.이니이다" 曰 : "與少樂樂,과 與衆樂樂,이 孰樂?이니이꼬" 曰 : "不若與衆.이니이다"

"臣請爲王言樂.하리이다 今王이 鼓樂於此,어시든 百姓이 聞王鍾鼓之聲,과 管籥之音,하고 擧疾首蹙頞而相告曰 : '吾王之好鼓樂,이어 夫何使我至於此極也?ㅣ오 父子不相見,하며 兄弟妻子離散!이라'하고 今王이 田獵於此,어시든 百姓이 聞王車馬之音,하며 見羽旄之美,하고 擧疾首蹙頞而相告曰 : '吾王之好田獵,이어 夫何使我至於此極也?ㅣ오 父子不相見,하며 兄弟妻子離散!이라'하면 此는 無他,라 不與民同樂也.니이다

"今王이 鼓樂於此,어시든 百姓이 聞王鍾鼓之聲,과 管籥之音,하고 擧欣欣然有喜色而相告曰 : '吾王은 庶幾無疾病與!인저 何以能鼓樂也?ㅣ오하며' 今王이 田獵於此,어시든 百姓이 聞王車馬之音,하며 見羽旄之美,하고 擧欣欣然有喜色而相告曰 : '吾王은 庶幾無疾病與!인지 何以能田獵也?ㅣ오하면' 此는 無他,라 與民同樂也.니이다 今王이 與百姓同樂, 則王矣.리이다"

2. 폭군의 원유(苑囿)는 백성이 원망한다

제선왕이 맹자에게 이런 질문을 했다.

"주나라 문왕의 원유는 그 크기가 사방 70리나 되었다고 하는데, 그게 사실입니까?"

"전해 내려오는 글에 그러한 기록이 보입니다."

"문왕의 원유가 그렇게까지 대단했었습니까?"
선왕의 계속되는 물음에 맹자께서 대답하셨다.
"주문왕의 백성들은 그 사방 70리나 되는 원유조차도 작다고 여겼습니다."
"제가 가지고 있는 원유는 사방 40리의 크기에 불과한데도 백성들은 여전히 그것이 크다고들 생각하니 왜 그럴까요?"
"주문왕의 원유는 사방 70리나 되는 큰 것이었으나, 목초를 베고 땔나무를 하는 사람들이 그곳에 들어갈 수 있었고, 꿩이나 토끼를 잡는 사람들이 그곳에 들어갈 수 있었으며, 그 원유를 백성들과 함께 활용하였습니다. 그러니 백성들이 그 원유 있는 것을 좋아하여 그것이 더 컸으면 하고 생각한 것은 오히려 당연한 일이 아니겠습니까? 그런데 제가 처음 이 나라의 국경에 당도하였을 때, 저는 제나라의 큰 금령이 무엇인가를 물어보고 나서야 감히 들어올 수 있었습니다만, 그때 제가 듣기에는 관문 안 근교에 원유가 있고 그 크기가 사방 40리가 되며, 거기에 있는 크고 작은 사슴을 죽이는 사람은, 사람 죽인 죄와 똑같이 다룬다는 것이었습니다. 그러고 보면 그 원유가 차지한 사방 40리는 나라 가운데에 파놓은 함정이 되는 것입니다. 그러니 백성들이 그 원유가 크다고 생각하는 것은 당연하지 않겠습니까?"

原文 齊宣王이 問曰:"文王之囿,는 方七十里,라하니 有諸?이까" 孟子對曰:"於傳에 有之.하니이다" 曰:"若是其大乎?이까" 曰:"民이 猶以爲小也.ㅣ니이다" 曰:"寡人之囿,는 方四十里,로대 民이 猶以爲大,는 何也?ㅣ이꼬" 曰:"文王之囿,는 方七十里,나 芻蕘者往焉,하며 雉兎者往焉,하야 與民同之,하니 民이 以爲小, 不亦宜乎?이까 臣이 始至於境,하야

問國之大禁, 然後에 敢入.하니이다 臣은 聞郊關之內,에 有囿, 하니 方四十里,요 殺其麋鹿者,를 如殺人之罪.라하니 則是는 方四十里,로 爲阱於國中.이니 民이 以爲大, 不亦宜乎?이까"

3. 참다운 용맹은 백성들이 좋아한다

제선왕이 맹자에게 물었다.
"이웃나라와 외교를 하는 데에도 방법이라는 게 있습니까?"
"있습니다. 오직 인자한 군주만이 자기 나라가 큼에도 불구하고 이웃의 작은 나라들을 깔보거나 오만하게 굴지 않고 예를 갖추어 외교를 할 수 있습니다. 은(殷)나라 탕왕(湯王)이 갈백(葛伯)을 섬기고 주(周)나라 문왕이 혼이(昆夷 : 昆과 混은 통용)를 섬긴 것이 그 좋은 예입니다. 오직 지혜로운 군주만이 자기 나라가 작아도 버젓이 큰 나라들에 대해 예를 갖추어 외교를 할 수 있습니다. 주의 태왕(大王)이 훈육(獯鬻)을 섬기고 구천(勾踐)이 오나라를 섬긴 것이 그 좋은 예입니다.

큰 나라이면서 소국을 예를 갖추어 섬기는 군주는 작은 것도 버리지 않고 온갖 물건을 용납하는 하늘의 뜻에 즐겨 순종하는 인물이고, 소국의 입장에서 큰 나라를 예를 갖추어 섬기는 군주는 항거할 수 없는 시세를 만든 하늘의 뜻을 두려워하는 인물입니다. 하늘의 뜻에 즐겨 순종하는 군주는 천하를 편안하게 만들고, 하늘의 뜻을 두려워하는 군주는 자기 나라를 편안하게 만듭니다. 《시경》에는 '하늘의 위엄을 두려워하나니, 이리하여 나라를 편안하게 하도다'라고 하였습니다."
제선왕은 맹자의 근린외교에 관한 이야기를 듣고 이렇게 말했다.

"정말 훌륭한 말씀이십니다. 그러나 나는 병이 한 가지 있습니다. 나는 용맹한 것을 좋아합니다. 그래서 선생님 말씀같이 큰 나라를 섬기고 작은 나라를 도와주는 외교를 못하는 것입니다."

이에 맹자께서는 이렇게 대답하셨다.

"왕께서는 쩨쩨한 용맹을 좋아하지 마십시오. 대체로 검을 거머잡고 사나운 눈초리를 지으며 '저자가 어찌 감히 이 나라를 당해내, 어림없다'라고 나서는 것 따위는 하찮은 필부의 용맹〔匹夫之勇〕이고, 겨우 한 사람을 대적하는 것에 불과합니다. 왕께서는 그런 필부의 용맹은 버리시고 제발 용맹을 크게 가지십시오.

《시경》에 이런 구절이 있습니다. '문왕께서는 불끈하고 성을 마음대로 내시고, 이에 그의 군대를 정돈하여, 거(莒)를 치려던 난폭한 밀수씨(密須氏) 나라의 군대를 들어가지 못하게 막아 주나라의 복지를 두터이하셨고, 온 천하의 사람들이 주나라에 부칠 희망에 대답하셨도다.' 이것은 문왕의 용맹입니다. 문왕은 한번 성을 냄으로써 온 천하의 사람들을 편안하게 해주었습니다.

《서경》에도 이런 말이 있습니다. '하늘이 이 땅에 사람을 내리고, 그들을 위해 임금을 내고, 그들을 위해 스승을 냈다. 하늘의 뜻은, 임금과 스승을 겸한 그가 하늘의 상제를 도와 사람들을 다스림으로써 그를 빛나게 해주는 것이다. 사방에 죄가 있어서 처벌해야 할 것과 죄가 없어서 편안하게 해줘야 할 것은 오직 내가 살피고 있으니, 천하에 어찌 감히 하늘의 뜻을 무시하고 포악하게 굴 자가 생겨날 수 있으랴! 그런 자는 감히 나타나지 못하리라.'

이것은 주무왕의 용맹입니다. 그리고 무왕 역시 한번 성을 냄으로써 온 천하의 사람들을 편안하게 해주었습니다. 만약 왕께서도 역시 한번 성을 냄으로써 온 천하의 사람들을 편안하게 해주신다면, 사람들은 오히려 왕께서 용맹한 것을 좋아하지 않으실까 두려워할 것입니다. 그들은 왕께서 용맹한 것을 좋아하시기를 바랄 것입니다."

原文 齊宣王이 問曰:"交鄰國에 有道乎?이까" 孟子對曰:"有.라 惟仁者아 爲能以大事小,하나니 是故로 湯이 事葛,하고 文王이 事昆夷,하니이다 惟智者아 爲能以小事大,하나니 故로 大王이 事獯鬻,하고 句踐이 事吳.하니이다 以大事小者,는 樂天者也.ㅣ요 以小事大者,는 畏天者也.ㅣ니 樂天者는 保天下,하고 畏天者는 保其國.하니이다 詩云:'畏天之威,하야 于時保之.라'하니이다"

王曰:"大哉로다 言矣!이어 寡人이 有疾,하니 寡人은 好勇.하노니다." 對曰:"王은 請無好小勇.하소서 夫撫劍疾視하야 曰:'彼惡敢當我哉?아하면' 此는 匹夫之勇,이오 敵一人者也.ㅣ니 王은 請大之!하소서 詩云:'王赫斯怒,하야 爰整其旅,하고 以遏徂莒,하야 以篤周祜,하고 以對于天下.로다'하니 此는 文王之勇也.ㅣ라 文王은 一怒而安天下之民.하니이다. 書曰:'天降下民,하야 作之君,하고 作之師,나 惟曰其助上帝라사 寵之.하나니라 四方有罪無罪는 惟我在,니 天下曷敢有越厥志.리오' 一人이 衡行於天下,를 武王이 恥之.하니 此는 武王之勇也.ㅣ요 而武王이 亦一怒而安天下之民.하니이다 今王이 亦一怒而安天下之民.하시면 民이 惟恐王之不好勇也.ㅣ리이다"

※ 匹夫之勇(필부지용)-깊은 생각 없이 혈기만 믿고 함부로 부리는 소인의 용기란 뜻의 이 말은 여기서 생겨났으며 오늘날에도 흔히 사용된다.

4. 백성들과 함께 즐기고 함께 근심하라

제선왕이 설궁(雪宮)에서 맹자를 만났을 때, 선왕이 맹자에게 물었다.

"현량한 사람도 이러한 이궁(離宮)에서와 같은 즐거움을 가지십니까?"

맹자께서는 다음과 같은 대답을 하셨다.

"가집니다. 세상 사람들은 자기가 이러한 이궁에서의 화사한 즐거움을 갖지 못하면 자기의 임금을 비난합니다. 그러나 이러한 즐거움을 갖지 못한다고 자기 임금을 비난하는 것은 옳지 않습니다. 반면에 백성들의 윗사람인 임금이 되어 가지고서 백성들과 더불어 즐거움을 같이하지 않는 것 역시 옳지 않습니다. 만약 임금이 자기 백성들이 즐거워하는 것을 자기의 즐거움으로 여기고 즐거워한다면 백성들 역시 그들의 임금이 즐거워하는 것을 그들의 즐거움으로 여기고 즐거워할 것이고, 임금이 자기 백성들이 근심하는 것을 자기의 근심으로 여기고 근심한다면 백성들 역시 그들의 임금이 근심하는 것을 그들 자신의 근심으로 여기고 근심할 것입니다. 온 천하 사람들과 더불어 같이 즐거워하고, 온 천하 사람들과 더불어 같이 근심하면서도 천하의 왕 노릇하지 못한 사람은 여태껏 한 번도 없었습니다. 그렇게 한다면 틀림없이 천하의 왕 노릇을 하게 될 것입니다."

맹자께서는 이야기를 계속하셨다.

"옛날 제나라 경공(景公)이 그의 신하인 안자(晏子)에게 이런 질문을 하였습니다. '나는 전부산(轉附山)과 조무산(朝儛山)을 유람하고 동해를 따라 남쪽으로 가서 낭야읍(琅邪邑)까지 가 보고 싶은데, 이 경우에 나는 무슨 일을 해야 내 유람한 것이 선왕들의 유람한 것에 견줄 만큼 훌륭한 것으로 알려질 수 있겠소?' 이 질문에 대해 안자는 이렇게 대답하였습니다.

'지금 그 질문은 참 잘한 질문이십니다. 천자가 제후 있는 곳으로 가는 것을 순수(巡狩)라고 합니다. 순수라는 것은 지키고 있는 곳을 돈다는 뜻입니다. 제후들이 천자에게 입조(入朝)하는 것을 술직(述職)이라고 합니다. 술직이라는 것은 맡은 바의 직책을 보고한다는 뜻입니다. 그러고 보면 천자가 제후에게로 가 보고 제후가 천자를 조현(朝見)하는 것은 모두 일 아닌 게 없습니다. 거기다 또 봄이 되면 농경지를 돌며 백성들의 경작하는 것을 살피되 그들에게 부족한 것이 있으면 그것을 보충해 주고, 가을이 되면 그들의 추수하는 것을 살펴서 그들에게 모자라는 것을 도와줍니다. 하대(夏代)의 속담에, 우리 임금께서 봄에 경작하는 것을 시찰하러 나오지 않으시면 우리가 어떻게 쉬게 되랴? 우리 임금께서 가을에 추수하는 것을 시찰하러 나오지 않으시면 우리가 어떻게 도움을 받으랴?라는 말이 있습니다. 결국 왕의 한 차례의 나다님과 한 차례 다니며 즐기는 것이 제후들의 법도가 되었던 것입니다.'

안자가 계속해서 말했습니다. '그런데 지금 세상의 임금들은 그렇게 하지를 않습니다. 군대를 움직여서 양곡을 멀리까지 운반시켜다 먹는데, 그로 인해 굶주린 사람들은 먹지 못하게 되고, 무거운 양식을 나르며 애써 일하는 사람들은 쉬지 못하게 되고, 그래서 흘겨보면서 서로를 헐뜯고, 백성들은 이리하여 나쁜 짓을 저지릅니다. 한편 임금들은 선왕의 올바른 가르침에는 아랑곳하지 않고 도리어 백성들을 학대하는 정치를 하고, 음식을 아끼지 않고 도리어 흐르는 물같이 낭비하고 유련(流連) 황망(荒亡)하게 굴어,

결국은 제후들의 근심거리가 되고 맙니다. 유련 황망의 뜻은 이렇습니다. 흐르는 물을 따라 배를 타고 내려가며 돌아가기를 잊는 것을 유(流)라고 합니다. 흐르는 물을 거슬러 배를 타고 올라가며 돌아가기를 잊는 것을 연(連)이라고 합니다. 사냥하러 나가 짐승을 따라다니며 싫증나는 줄을 모르는 것을 황(荒)이라고 합니다. 술을 좋아하여 싫증나는 줄을 모르는 것을 망(亡)이라고 합니다. 선왕들은 이러한 유련의 낙을 추구하거나 황망한 행동을 하는 일이 없었습니다. 그것을 임금께서 하시려고 드십니다.'

경공이 안자의 이 말을 듣고 기뻐하여 유람 계획을 버리고 전국에 포고하여 구황 준비를 시키고 나서 교외에 나가 머물러 있었습니다. 그때부터 경공은 백성들에게 은덕을 베푸는 선정을 시작하여 양곡을 풀어 백성들의 부족한 양식을 보급해 주는 일을 했습니다. 그러고는 악사장을 불러다 '임금과 신하가 서로 기뻐하는 것을 다룬 음악을 만들어 주오'라고 말했는데, 치초(徵招)와 각초(角招)는 그렇게 하여 만든 음악의 가사 가운데 '임금의 욕구를 막는 것을 어찌 허물하리요?'라고 한 구절이 있습니다. 임금의 욕구를 막는다는 것은 결국 임금을 좋아하는 것입니다."

原文 **齊宣王**이 **見孟子於雪宮,**이러니 **王曰:"賢者**도 **亦有此樂乎?**이까" **孟子對曰:'有.**하니이다 **人不得則非其上矣.**니이다 **不得而非其上者.**도 **非也.**ㅣ며 **爲民上而不與民同樂者,**도 **亦非也.**ㅣ니이다 **樂民之樂者,**는 **民亦樂其樂.**하고 **憂民之憂者,**는 **民亦憂其憂.**하나니 **樂以天下,**하며 **憂以天下,**하고 **然而不王者,**는 **未之有也.**ㅣ니이다

昔者에 **齊景公**이 **問於晏子曰:'吾欲觀於轉附, 朝儛,**하고 **遵海而南,**하야 **放於瑯邪.**하노니 **吾何修而可以比於先王觀**

也?ㅣ오' 晏子對曰 : '善哉라 問也!ㅣ여 天子適諸侯를 曰巡狩,니 巡狩者,는 巡所守也,ㅣ요 諸侯朝于天子를 曰述職,이니 述職者,는 述所職也,ㅣ요 無非事者,라 春省耕而補不足,하며 秋省斂而助不給.하나니 夏諺에 曰 : "吾王이 不遊,면 吾何以休?며 吾王이 不豫,면 吾何以助?리오"하니 一遊一豫,는 爲諸侯度.니이다'

'今也에는 不然.이라 師行而糧食,하야 飢者弗食,하며 勞者弗息,하니 睊睊胥讒,하야 民乃作慝.이라 方命虐民,하야 飮食若流,하며 流連荒亡,하야 爲諸侯憂.하나이다 從流下而忘反을 謂之流,요 從流上而忘反,을 謂之連,이오 從獸無厭,을 謂之荒,이오 樂酒無厭,을 謂之亡,이니 先王은 無流連之樂,과 荒亡之行이니 惟君所行也.ㅣ니이다' 景公이 說,하야 大戒於國,하고 出舍於郊.하야 於是에 始興發,하야 補不足.하고 召大師曰 : '爲我作君臣相說之樂.하라'하니 蓋徵招, 角招, 是也.ㅣ라 其詩에 曰 : '畜君何尤?리오'하니 畜君者,는 好君也.ㅣ니이다"

5. 백성들과 함께 색(色)을 즐겨라

제선왕은 맹자에게 이런 질문을 했다.
"여러 사람들이 모두 우리 영토인 태산 동북 기슭에 있는 명당을 이제는 주 천자가 순수(巡狩)하여 그곳에서 정령을 발포하는 일도 없어졌으니 헐어 버리라고들 하는데, 그것을 헐어 버릴까요, 헐어 버리지 말까요? 선생님의 의견을 말씀해 주시기 바랍니다."
이 질문을 받은 맹자께서는 이렇게 대답하셨다.

"명당이라는 것은 천하를 다스리는 왕자(王者)가 그곳에서 각지의 제후를 회합시켜 정령을 발포 시행했던 집이었습니다. 그러니 왕께서 천하를 편안하게 해줄 수 있는 왕도정치를 해보실 의욕이 계시다면, 왕도정치의 상징이라고 할 수 있는 그 명당을 헐어 버리지 말도록 하십시오."

제선왕은, 왕도정치를 할 생각이 있거든 명당을 헐지 말라는 맹자의 대답을 듣고, 이번에는 왕도정치에 관해 물었다.

"그 왕도정치에 관한 말씀을 들어볼 수 있겠습니까?"

"옛날 문왕(文王)이 서백(西伯)으로 있으면서 기(岐)를 다스렸을 때 다음과 같이 하였습니다. 농경자에게는 정전법(井田法)을 실시하여 수확의 9분의 1을 바치게 하였고, 벼슬을 산 사람들에게는 그 자손들에게 땅을 주어 대대로 그 녹을 먹게 해주었으며, 관문과 시장에는 관원을 두어 비상 사태의 발생을 막기 위해 통행자와 상인들을 조사하기는 하였으나, 그들로부터 통행세나 물품세 같은 세금을 징수하지는 않았고, 강이나 못 같은 곳에서 보를 사용하여 물고기를 잡는 것을 금하지 않았으며, 범죄자를 처벌할 때에는 범인의 처가에까지 벌을 주는 일을 하지 않았습니다.

늙고 아내 없는 사나이를 홀아비[鰥]라고 합니다. 늙고 남편 없는 여인을 과부[寡]라고 합니다. 늙고 자식 없는 것을 외로운 사람[孤]이라고 합니다. 어리고 아비 없는 아이를 고아[獨]라고 합니다. 이 홀아비, 과부, 외로운 사람, 고아, 네 종류의 사람들은 천하에 곤궁한 백성들이고 괴로움을 호소할 곳 없는 자들입니다. 문왕이 정치를 하면서 인정을 실시할 때에는 반드시 이 네 종류의 사람들을 우선적으로 구원해 주었던 것입니다. 《시경》 〈소아(小雅)〉 정월편(正月篇)에 '괜찮도다, 부유한 사람들은. 이 외로운 사람들이 불쌍하구나'라고 한 부분이 있습니다. 외로운 사람들을 긍 훌륭히 여긴 말입니다."

제선왕은 맹자의 대답을 듣고 감탄했다.

"정말 훌륭하신 말씀입니다."

"왕께서 만약 제가 말씀드린 것이 좋다고 여기신다면, 무엇 때문에 그것을 실천에 옮기지 않으시는 겁니까?"

맹자의 물음에 선왕은 이렇게 말했다.

"나는 한 가지 병이 있어서 그럽니다. 나는 재물을 좋아하기 때문에 그런 일을 해낼 것 같지 않습니다."

맹자께서는 그 말을 받아 다음과 같이 말씀하셨다.

"옛날에 주나라 민족을 중흥시킨 공유(公劉)가 재물을 좋아했습니다. 그를 노래한 《시경》〈대아(大雅)〉 공유편(公劉篇)에 이런 말이 있습니다. '공유는 곡식을 날라다 노적해 놓기도 하고 창고에 채워 놓기도 함으로써 남아 있는 사람들의 양식을 확보해 두었다. 그러고서는 휴대용의 마른 양식을 쌌는데, 그것을 전대에도 넣고 자루에도 넣었다. 공유는 사람들을 편안하게 해주고 나서 나라를 훌륭하게 빛내려고 생각하였기 때문에 먼저 그렇게 하였던 것이다. 이런 준비가 다 된 후에 활과 화살을 펴서 손보고 방패·창·크고 작은 도끼 등의 무기를 마련해 가지고, 그제야 비로소 태(邰)에서 빈(豳)으로 옮겨가는 길을 출발하였다.'

그러니까 태에 남아 있는 사람들은 노적하고 창고에 채운 양곡이 있어 먹는 데 근심이 없게 해주고, 빈으로 향해 떠나가는 사람들은 휴대용의 마른 양식이 담긴 자루가 있어 역시 먹는 데 근심이 없게 해주고, 그러고 나서야 비로소 길을 떠날 수 있었던 것입니다. 왕께서는 재물을 좋아하시되 이 공유의 경우같이 재물을 백성들과 더불어 함께 가지신다면, 천하의 왕 노릇 하는 데 무슨 곤란이 있겠습니까? 아무런 곤란도 없이 잘 될 것입니다."

선왕은 맹자의 대답을 듣고 나서 또 이렇게 말했다.
"나는 그밖에 또 한 가지 좋지 못한 성벽이 있습니다. 다름아니라 나는 여색을 좋아합니다. 그러니 선생께서 권하는 왕도정치를 해내기 어려울 것 같습니다."
맹자께서는 이 말을 받아 다음과 같이 대답하셨다.
"옛날 주나라를 중흥시킨 태왕은 여색을 좋아하여 그의 왕비인 태강(太姜)을 무척 사랑하였습니다. 주나라 민족의 서사시인 《시경》 〈대아〉 면편(綿篇)에 이런 말이 있습니다. '고공(古公) 단보(亶父), 즉 태왕은 아침에 와서 적인(狄人)의 난리를 피해서 말을 달려 서쪽 칠저(漆沮)의 물가를 동쪽으로 가서, 기산(岐山) 밑에 다다랐다.

그러고서 태왕은 그의 왕비인 강씨의 딸 태강을 데리고 그곳에 와서 부부생활을 하며 같이 살았다.'

태왕이 그의 왕비 태강과 기산 밑에서 부부생활을 즐길 때, 태왕은 자기가 왕비를 좋아하는 마음을 백성들에게까지 미치게 하여 모든 백성들이 모두 배필을 얻어 부부생활을 즐기게 되었기 때문에, 안에는 남편이 없어 원한에 잠겨 있는 여인이 없고, 밖에는 아내가 없어 괴로워하는 사나이가 없었던 것입니다. 왕께서 만약 여색을 좋아하시되 이 태왕의 경우같이 백성들과 더불어 함께 좋아하신다면, 왕도정치를 펴서 천하의 왕자 노릇 하는 데 무슨 어려움이 있겠습니까? 오히려 그로 인해 왕도정치는 더 잘 되어 나갈 것입니다."

原文 齊宣王이 問曰:"人皆謂我毁明堂.하니 毁諸,아 已乎?이까" 孟子對曰:"夫明堂者,는 王者之堂也.ㅣ니 王欲行王政, 則勿毁之矣.하소서"

王曰:"王政을 可得聞與?이까" 對曰:"昔者文王之治岐也,ㅣ에 耕者를 九一,하며 仕者,를 世祿,하며 關市를 譏而不征,하며 澤梁을 無禁,하며 罪人을 不孥.하니이다 老而無子妻曰鰥,이오 老而無夫曰寡.요 老而無子曰獨,이오 幼而無父曰孤.니 此四者,는 天下之窮民而無告者.어늘 文王이 發政施仁,하되 必先四斯四者.하니이다 詩云:'哿矣富人,이어니와 哀此煢獨'.이라하니이다"

王曰:"善哉,라 言乎!여" 曰:"王如善之, 則何爲不行?이니이꼬" 王曰:"寡人이 有疾,하니 寡人은 好貨.하노이다" 對曰:"昔者에 公劉好貨.하니이다 詩云:'內積乃倉,이어늘 乃裹糇糧,을 于槖于囊.이오 思戢用光,하야 弓矢斯張,하며 干戈戚揚,하야 爰方啓行.이라'하니 故로 居者는 有積倉,하며 行者는 有裹囊也,ㅣ 然後에 可以爰方啓行.이라 王如好貨,하사 與百姓同之,하시면 於王에 何有?리이꼬"

王曰:"寡人이 有疾,하니 寡人이 好色.하노이다" 對曰:"昔者에 大王이 好色,하야 愛厥妃.하니이다 詩云:'古公亶父,來朝走馬.하야 率西水滸,하고 至于岐下.하야 爰及姜女,로 聿來胥宇.라'하니 當是時也,하야 內無怨女,하며 外無曠夫.라 王如好色,하사 與百姓同之,하시면 於王에 何有?리이꼬"

6. 위정자의 책임

맹자께서는 제나라 선왕에게 이렇게 물어보았다.
"왕의 신하로 자기 처자를 그의 친구에게 맡겨 놓고 초나라에 가서 돌아다니던 사람이 있다고 하십시다. 후에 그 사람이 초나라에서 돌아왔을 때, 그의 친구가 자기 처자를 추위에 얼고 굶주리게 해놓고 있다면, 그 친구라는 자를 어떻게 하면 좋을까요?"

그 물음에 선왕은 서슴지 않고 대답했다.

"그자와 절교하고 말지요."

곧이어 맹자는 또 다른 질문을 던졌다.

"전국의 옥사(獄事)를 맡아보는 사사(士師)가 그의 밑에서 일하는 여러 사(士)들을 통솔해 나가지 못한다면 어떻게 하면 좋을까요?"

선왕은 이번에도 역시 서슴지 않고 말했다.

"그자를 파면시켜 버리지요."

맹자께서는 다시 이렇게 물으셨다.

"사방 국경 안의 땅이 제대로 다스려지지 않는다면, 그런 경우 어떻게 하면 좋을까요?"

선왕은 자기의 책임을 추궁당하게 되어 답변할 길이 없게 되자, 맹자의 질문에는 답하지 않고 좌우에 있는 다른 사람을 돌아보고 딴전을 부렸다.

原文 **孟子謂齊宣王曰：“王之臣**에 **有託其妻子於其友而之楚遊者,**하야 **比其反也**ㅣ에 **則凍餒其妻子,**면 **則如之何？**이꼬” **王曰：“棄之.**니이다” **曰：“士師不能治士,**면 **則如之何？**이꼬” **王曰：“已之.**니이다” **曰：“四境之內不治,**면 **則如之何？**이꼬하니” **王**이 **顧左右而言他.**러라

7. 백성의 여론을 존중하라

맹자께서 제선왕을 만나서 이런 말씀을 하셨다.

"우리가 전통이 긴 나라라고 하는 것은 그 나라에 교목(喬木)이 서있는 것을 두고 하는 말은 아니고, 그 나라에 대대로 나라를 위해 공훈을 세워 그 나라와 운명을 같이하는 신하들이 있는 것을 두고 하는 말입니다. 왕께서는 지금 가까이하여 신임하고 의지할 만한 신하가 없으십니다. 오래 전에 등용하셨던 사람들로 오늘날에 이르러서도 그들을 제거시켜야 할 대상임을 모르고 계시니 말입니다."

선왕은 맹자의 이 말을 듣고 물었다.

"내가 무엇을 근거삼아 그들이 인재가 아님을 알아내어 그들을 제거해 버립니까?"

그러자 맹자께서는 다음과 같이 자세히 설명해 주셨다.

"한 나라의 임금이 훌륭한 인물을 등용할 때에는 그렇게 하지 않을 수 없다고 누구나 인정하도록 자연스럽게 이루어져야 하는 법입니다. 새로 훌륭한 인물을 등용한다는 것은, 비천한 사람을 존귀한 사람의 자리를 넘어 높은 자리에서 일하게 해주고 혈연이 먼 자를 가까운 사람 이상으로 발탁하는 일이니 어찌 신중을 기하지 않아서야 되겠습니까? 극도로 신중을 기해야 합니다.

사람을 등용하고 제거하는 데에 기본이 되는 방법을 말씀드리기로 하겠습니다. 인재를 등용하는 경우, 좌우의 측근자들이 모두 입을 모아 그 사람이 훌륭한 인물이라고 하더라도 그것만으로 그를 등용할 수는 없습니다. 측근자들보다 비교적 냉철한 판단을 할 수 있는 여러 대부들이 다들 입을 모아 그 사람이 훌륭한 인물이라고 하더라도 그것만으로도 그를 등용할 수는 없습니다. 전국의 사람들이 다들 입을 모아 그 사람이 훌륭한 인물이라고 한 연후에, 다시 그가 실제로 훌륭한가를 살펴보아, 과연 그가 훌륭하다는 것을 알게 된 연후에 비로소 그를 등용해야 합니다.

등용했던 사람을 사형에 처할 경우, 좌우의 측근자들이 모두 입을 모아 그 사람을 그냥 두어서는 안 된다고 하더라도 그 말만으로 그 사람을 파면시키지 마십시오. 여러 대부들이 다들 입을 모아 그 사람을 그냥 두어서는 안 된다고 하더라도 그 말만으로 그 사람을 파면시키시지 마십시오. 전국의 사람들이 모두 입을 모아 그 사람은 그냥 두어서는 안 된다고 한 연후에 다시 그가 실제로 그냥 두어서는 안 될 사람인가를 살펴보되, 과연 그가 그냥 두어서는 안 될 사람임을 알게 된 연후에 비로소 그를 파면시켜 버리십시오.

등용했던 사람을 사형에 처할 경우, 좌우의 측근자들이 입을 모아 그 사람을 죽이라고 말하더라도 그 말만으로 그 사람을 죽이지 마십시오. 여러 대부들이 입을 모아 그 사람을 죽이라고 말하더라도 그 말만으로 그 사람을 죽이지 마십시오. 전국의 사람들이 모두 입을 모아 그 사람을 죽이라고 말한 연후에 다시 그가 실제로 죽여야 마땅할 사람인가를 살펴보되 과연 그가 죽여야 할 사람임을 알게 된 연후에 비로소 그를 죽이십시오. 그래서 백성들이 그를 죽였다고 말하게 되는 것입니다. 이와 같이 한 연후라야 비로소 백성의 마음을 자기 마음으로 하는 왕이 되어, 백성들의 부모 노릇을 할 수 있게 되는 것입니다."

原文 **孟子調齊宣王曰："所謂故國者,**는 **非謂有喬木之謂也,**ㅣ요 **有世臣之謂也.**ㅣ니 **王無親臣矣.**시니이다 **昔者所進,**을 **今日**에 **不知其亡也.**ㅣ하시니이다" **王曰："吾何以識其不才而舍之?**이꼬" **曰："國君**이 **進賢,**하되 **如不得已,**니 **將使卑踰尊,**하고 **疏踰戚,**이면 **可不愼與?**이까 **左右皆曰賢,**이라도 **未可也.**ㅣ요 **諸大夫皆曰賢**이라도 **未可也.**ㅣ요 **國人**이 **皆曰賢, 然**

後에 察之,하사 見賢焉, 然後에 用之.하소서"

"左右皆曰不可,라도 勿聽.하며 諸大夫皆曰不可,라도 勿聽.하고 國人이 皆曰不可, 然後에 察知,하야 見不可焉, 然後에 去之.니이다 左右皆曰可殺,이라도 勿聽.하고 諸大夫皆曰可殺,라도 勿聽.하고 國人이 皆曰可殺, 然後에 察之,하야 見可殺焉, 然後에 殺之,니 故로 曰國人이 殺之也.ㅣ라하니이다 如此然後에 可以爲民父母.니이다"

8. 인과 의를 해치는 임금은 다만 필부일 뿐이다

제선왕이 맹자에게 이런 질문을 했다.

"옛날 은나라 탕(湯)임금이 하(夏)나라 걸왕(桀王)을 남소(南巢)로 쫓아내고, 주나라 무왕(武王)이 은(殷)나라 주왕(紂王)을 토벌했다고 하는데, 그런 일이 실제로 있었습니까?"

"전해 내려오는 글에 그러한 일이 실려 있습니다."

맹자의 대답에 선왕은 다그쳐 물었다.

"탕은 걸왕의 신하였고 무왕은 주왕의 신하였는데, 신하로서 자기 임금을 죽여도 좋습니까?"

그러자 맹자께서는 이렇게 대답하셨다.

"신하로서 자기 임금을 죽인다는 것이 도리에 어긋나는 일임은 말할 것도 없습니다. 무도한 짓을 해서 인(仁)을 손상시키는 것을 적(賊), 즉 흉포하다고 하고, 잔인한 짓을 해서 의(義)를 손상시키려는 것을 잔(殘), 즉 잔학하다고 합니다. 이렇게 흉포하고 잔학한 인간은 이미 천하 만민의 부모 노릇을 하는 천자가 아니고 한 명의 단순한 사나이에 지나지 않습니다. 저는 백성들로부터 버림을 받은 한 사나이인 주(紂)를 무왕이 죽였다는 말은 들은 일이 있습니다만 자기 임금을 죽였다는 말은 아직 들어 본 적이 없습니다."

原文 齊宣王이 問曰: "湯이 放桀,하고 武王이 伐紂,라하니 有諸?이까" 孟子對曰: "於傳에 有之.하니이다" 曰: "臣弑其君이 可乎?이까" 曰: "賊仁者,를 謂之賊.이오 賊義者,를 謂之殘.이오 殘賊之人,을 謂之一夫.니 聞誅一夫紂矣,요 未聞弑君也.ㅣ니이다"

9. 옥은 옥 다듬는 사람에게 맡겨야 한다

맹자께서 제선왕에게 이런 말씀을 하셨다.

"거대한 궁전을 짓게 되면 반드시 도목수를 시켜서 그 궁전을 짓기에 충분한 큰 나무를 구해 오게 해야 합니다. 도목수가 그런 큰 나무를 얻어 오게 되면, 왕께서는 기뻐하시고 그 나무가 궁전을 짓는 구실을 감당해 내리라고 생각하실 것입니다. 한편 그 도목수 밑에서 일하는 목수가 그 큰 나무를 쪼개서 작게 만들어 놓으면, 왕께서는 성을 내시고 그 작아진 나무가 궁전을 짓는 구실을 감당해 내지 못하리라고 생각하실 것입니다. 그런데 사람이 어려서 선왕의 위대한 도리를 배워 가지고 장년이 되어서 자기가 배운 것을 실행해 보려고 하는데, 왕께서는 그 사람을 보고 '잠시 네가 배운 왕도(王道)는 내버려두고 내가 하는 패도(霸道)를 따르라'하고 말씀하신다면 어떻겠습니까?

만약 캐낸 대로의 돌이 섞여 있는 박옥(璞玉)이 여기에 있다고 한다면, 그 박옥이 만일(萬鎰)이 되는 엄청나게 큰 것이라 해도 반드시 옥을 다루는 사람을 시켜서 그것을 깎고 다듬어서 좋은 옥을 만들어 내게 하실 것입니다. 그런데 국가를 치리(治理)하는 일에 이르러서는 '잠시 네가 배운 왕도는 버려 버리고 내가 행하는 패도를 따르라'하고 말씀하신다면, 그것이 옥 다루는 사람에게 옥을 깎고 다듬는 것을 가르치는 경우와 무엇이 다르겠습니까? 하나도 다를 바가 없습니다."

原文 孟子見齊宣王曰 : "爲巨室, 則必使工師로 求大木. 하시리니 工師得大木, 則王喜,하야 以爲能勝其任也. ㅣ라 하시고 匠人,이 斲而小之, 則王은 怒,하야 以爲不勝其任矣.라 하시리이다 夫人이 幼而學之,하고 壯而欲行之,어늘 王曰 : '姑舍女所學,하고 而從我.하라'하시면 則何如?리이꼬 今有璞玉於此,면 雖萬鎰,이라도 必使玉人彫琢之.나 至於治國家,하야는 則曰 : 姑舍汝所學하고 而從我.하라하면' 則何以異於教玉人彫琢玉哉?이꼬"

10. 연(燕)나라 백성들이 기뻐하면 빼앗으라

제나라 사람들이 연나라를 공격해서 승리하자, 신이 난 선왕이 맹자에게 이런 질문을 했다.

"어떤 사람은 나를 보고 연나라를 빼앗아서 제나라의 땅으로 만드는 일을 하지 말라고 하고, 또 어떤 사람은 나를 보고 연나라를 빼앗아 버리라고 말합니다. 솔직히 말씀드리자면, 이 만승(萬乘)의 제나라의 힘을 가지고 같은 만승의 연나라를 공격했는데 불과 50일만에 해치워 버렸으니, 이것은 도저히 인간의 힘만으로는 해낼 수 없는 일이라 하겠고, 결국 하늘이 시켜서 그렇게 되었음이 분명합니다. 그런데 그러한 하늘의 뜻을 거역하고, 연나라를 제나라의 땅으로 만들어 버리지 않는다면 틀림없이 하늘에서 무서운 재앙이 내리게 될 것입니다. 연나라를 이 기회에 아주 빼앗아 버리는 것이 어떻겠습니까?"

맹자께서는 선왕의 질문에 다음과 같이 대답하셨다.

"왕께서 연나라를 빼앗아 버렸을 때 연나라의 사람들이 그렇게 되는 것을 기뻐할 것 같으면 빼앗아 버리십시오. 옛날에 훌륭한 임금 가운데 그렇게 한 분이 있으니, 다름 아닌 주무왕이 그분입니다. 왕께서는 연나라를 빼앗아 연나라의 사람들이 그렇게 되는 것을 기뻐하지 않을 것 같으면 빼앗지 마십시오. 옛날의 훌륭한 임금 가운데 그렇게 한 분이 있으니, 다름 아닌 주문왕이 그분이올시다.

만승의 제나라의 힘을 가지고 만승의 연나라를 공격하였는데 연나라의 사람들이 대 그릇과 물 그릇에 담은 음식을 들고 나와서 왕의 군대를 환영했던 것이 어찌 하늘이 시켜서 그렇게 한다든지 하는 따위의 다른 이유가 있었겠습니까? 다만, 그들은 홍수나 화재에 비길 포악한 정치를 피해 보자는 것 이외에는 아무런 다른 이유는 없는 것입니다. 만약 새로 맞은 임금의 정치가 더욱 포악해서 겪어야 할 물과 불의 재난이 더 깊어지고 더 뜨겁게 된다면, 그때는 그 새 임금을 버리고 다시 다른 데로 돌아가 버리게 될 것입니다."

原文 **齊人**이 **伐燕勝之.**어늘 **宣王**이 **問曰:"或謂寡人勿取,**라하고 **或謂寡人取之.**라하나 **以萬乘之國,**으로 **伐萬乘之國,**하야 **五旬而擧之.**하니 **人力**으로 **不至於此.**라 **不取,**면 **必有**

天殃.이리니 取之,면 何如?니이꼬"

孟子對曰 : "取之而燕民悅, 則取之.하소서 古之人이 有行之者,하니 武王이 是也.니이다 取之而燕民不悅, 則勿取.하소서 古之人이 有行之者,하니 文王이 是也.ㅣ니이다 以萬乘之國,으로 伐萬乘之國,이어늘 簞食壺漿,으로 以迎王師,는 豈有他哉?리오 避水火也.ㅣ니 如水益深,하며 如火益熱,이면 亦運而已矣.니이다"

11. 인정(仁政)으로 연나라 백성들의 마음을 사라

제나라 사람들은 연나라를 쳐서 마침내 연나라를 빼앗아 버렸다. 그래서 제후들은 그것이 불의한 짓이라 규탄하고 합력하여 제나라를 치려고 하였다. 이러한 사태에 직면한 선왕은 맹자에게 의논했다.

"제후들 가운데 나를 치려고 계획을 짜고 있는 자들이 많은데, 이것을 어떻게 대처하였으면 좋겠습니까?"

맹자께서는 다음과 같이 대답하셨다.

"저는 불과 70리의 땅을 가지고서 온 천하를 다스렸던 예를 알고 있습니다. 은(殷)의 탕왕이 바로 그렇게 한 분이었습니다. 그러나 사방 1천 리라는 큰 국토와 거기에 있는 인적, 물적 자원을 옹유(擁有)하고 있으면서 다른 나라들의 내침을 두려워했다는 이야기는 여태껏 들어 보지 못했습니다.(그러니 사방 1천 리나 되는 큰 국토를 지니고 계시는 왕께서, 제후들이 내침을 모의하고 있다고 하여 겁을 내실 것까지야 없지 않겠습니까?) 《서경》에 이런 말이 있습니다. '은나라 탕왕(사방 70리밖에 안 되는 亳에 있다가 천하를 차지하게 되기까지 무려 열한 번의 정벌을 감행하였는데)은 그의 이웃나라였던 백국(伯國)인 갈(葛)나라에서부터 정벌해 나가기 시작하였다. 그랬더니 온 천하의 사람들은 탕왕의 정벌이 악을 제거하고 죄 없는 백성들을 구원하기 위한 정의의 전쟁임을 믿고서 탕왕이 동쪽으로 향해 정벌을 나가면 서쪽에 있는 족속들이 자기네 고장부터 해방시켜 주지 않는다고 원망하였고, 남쪽을 향해 정벌해 나가면 북쪽에 있는 족속들이 역시 자기네 고장부터 해방시켜 주지 않는다고 원망하였는데, 그들은 모두, 왜 우리 고장을 먼저 해방시켜 주지 않고 뒤로 돌리는 거냐면서 불평을 하였던 것이다.'

당시 포악한 정치에 시달리던 백성들은 탕왕이 와서 그들을 해방시켜 주기를 바라는 것이 마치 큰 가뭄에 비를 가져오는 구름을 애타게 바라는 것과 같았습니다. 탕왕이 정벌군을 거느리고 한 지방에 달려와도 그 지방의 백성들은 그가 자기들을 학정에서 해방시켜 주기 위해 그곳에 왔음을 믿고 의심하지 않았기 때문에, 시장으로 물건 바꾸러 가는 사람들이 보통 때와 다름없이 연달아 끊어지지 않았고, 들에서 밭 가는 농부들도 동요하지 않고 그들의 일을 전과 다름없이 하고 있었으니, 그 고장의 임금을 죽여서 그 고장의 백성들이 학정에 시달리는 것을 위로해 주는 것이 마치 제때에 와 주는 비같이 반가워서 백성들이 대단히 기뻐했던 것입니다. 《서경》에 '우리는 임금을 기다린다. 임금님이 오셔야 우리가 살아난다'는 말이 있습니다.

이제 연나라의 위정자가 자기 백성들을 포학하게 다루었기에 왕께서 군대를 거느리고 가서 연나라를 정벌하셨습니다. 연나라의 백성들은 왕의 연나라 정벌이 자기들을 홍수나 화재에 비길 학정의 고난 속에서 구출해 주리라고 생각하여, 음식들을 그릇에 담아 들고 나와서 왕이 거느리고 간 군대를 환영하였던 것입니다. 그런데 만약에 왕께서 이들이 기대했던 바와는 정반대로 그들의 부형을 학살하고, 그들의 자제들을 여러 가지 이유를 붙여 묶어 놓아 움직이지 못하게 하고, 그들의 조상을 모신 종묘를 허물어 없애고 그들이 소중하게 보존해 오던 기물을 제나라로 옮겨가 버리신다면 어떻게 아무 일 없이 평탄할 수가 있겠습니까? 반드시 큰 변고가 생기고 말 것입니다.

그리고 온 천하 사람들은 그렇지 않아도 본래부터 제나라가 강성한 것을 꺼리고 두려워해 온 터에 지금 또 연나라를 빼앗아서 영토를 배로 확장시켜 놓고도 인정(仁政)을 실시하지 않으면 그것은 결국 왕께서 온 천하의 군대를 동원시켜 쳐들어오게 만드는 것입니다. 왕께서 속히 명령을 내리셔서 연나라에서 잡아온 늙은이와 어린것들을 그들 나라로 돌려보내 주시고, 그들이 소중히 보존해 온 기물을 연나라에 그대로 두게 하시고, 연나라 사람들과 의논하여 그들이 원하는 임금을 세워 놓은 후에 연나라에서 철수하신다면, 그것이 반드시 만족한 방법이라고까지는 말할 수 없으나, 그래도 그만하면 온 천하의 제후들이 연합하여 군대를 동원해 가지고 왕을 공격해 오는 것을 중지시킬 수는 있을 것입니다."

原文 齊人이 伐燕, 取之,하니 諸侯將謀救燕.이라 宣王이 曰:"諸侯多謀伐寡人者,하니 何以待之?리이꼬" 孟子對曰:"臣聞七十里로 爲政於天下者,하니 湯이 是也.ㅣ요 未聞以千里로 畏人者也.ㅣ니이다 書에 曰:'湯이 一征,을 自葛始.하니 天下信之,라 東面而征,하면 西夷怨,하며 南面而征,하면 北狄怨,하야 曰:"奚爲後我?오"하야' 民이 望之, 若大旱之望雲霓也.ㅣ하야 歸市者不止,하며 耕者不變.이라 誅其君而弔其

民.하니 若時雨降,하야 民이 大悅,이라 書에 曰:'徯我后,하나니 后來其蘇.라하니이다'

今燕虐其民,하야 王往而征之,하시니 民이 以爲將拯己於水火之中也,ㅣ하야 簞食壺漿,으로 以迎王師,어늘 若殺其父兄,하며 係累其子弟,하며 毁其宗廟,하며 遷其重器,면 如之何其可也?리이꼬 天下는 固畏齊之彊也,하니 今又倍地而不行仁政,이면 是는 動天下之兵也.니이다 王速出令,하사 反其旄倪,하시며 止其重器,하시고 謀於燕衆,하야 置君而後去之,하시면 則猶可及止也.리이다"

12. 악을 뿌린 자는 악을 거둔다

추(鄒)나라가 노(魯)나라와 전쟁을 했다(그리고 추나라는 패전의 고배를 마셨다). 추나라 목공(穆公)은 맹자에게 이런 질문을 했다.

"이번 노나라와의 싸움에서 내 유사(有司)들로 전사한 사람이 무려 33인이나 됩니다. 그런데 백성들 중에서 징집하여 데리고 갔던 졸병들은 하나도 그들의 윗사람을 위해 죽은 자가 없습니다.

이런 고약한 졸병들을 모조리 죽여 버리자니 그 수효가 많아서 다 죽여 없앨 수 없고, 그렇다고 그 자들을 살려 주자니 그 자들이 자기네 윗사람들 죽는 것을 빤히 보고서도 뛰쳐나가 구해 주지 않은 것이 분해서 못견디겠습니다. 이 일을 어떻게 처리하였으면 좋겠습니까?"

이 말을 들은 맹자께서는 다음과 같이 답하셨다.

"흉년과 기근이 들어 살기 어려운 해에, 임금님의 백성들 가운데에는 노약자가 먹지 못하여 정처없이 전전하다가 도랑이나 골짜기에 처박혀 죽고, 장정들은 먹을 것을 찾아서 사방으로 흩어져 가버리고 한 것이 거의 1천 명에 달합니다. 그런데 그때 임금님의 양곡 창고에는 곡식이 가득 차 있었고, 임금님의 물자 창고에는 물건이 꽉 들어차 있었습니다만 유사들은 백성들의 이러한 처참한 사정을 임금님께 말씀드려 구제해 주는 일을 하지 않았습니다. 이것은 실로 윗자리에 있는 사람이 교만하여 아래 백성들을 잔인하게 해친 것입니다.

증자(曾子)가 이런 말을 했습니다. '조심하고 또 조심해야 한다. 그대에게서 나간 것은 반드시 그대에게로 다시 돌아오는 법이다.' 저 백성들은 당시 그들이 전에 당했던 억울함을 되갚을 수 있게 된 것입니다. 그들에게 해준대로 그들로부터 되받은 것이니, 임금님께서는 백성들을 나쁘다고 허물하지 마십시오. 만약 임금님께서 인정(仁政)을 베푸셔서 백성들을 편안하게 해주신다면, 그때는 백성들이 그들의 윗사람들에게 친절하게 굴고, 그들의 장(長)들을 위해 목숨을 내놓고 죽게 될 것입니다. 그것을 바라시거든 먼저 인정을 펴서 백성들로 하여금 잘살게 해주십시오."

原文 鄒與魯鬨.이러니 穆公이 問曰:"吾有司死者三十三人,이로대 而民이 莫之死也.하니 誅之, 則不可勝誅,요 不誅, 則疾視其長上之死而不救,하니 如之何則可也?이꼬" 孟子對曰:"凶年饑歲,에 君之民,이 老弱은 轉乎溝壑,하고 壯者는 散而之四方者, 幾千人矣.요 而君之倉廩實,하며 府庫充,이어늘 有司莫以告.하니 是는 上慢而殘下也.니이다 曾子曰:'戒之戒之!하라 出乎爾者,는 反乎爾者也.ㅣ라' 夫民이 今而後에 得反之也.ㅣ로소이다 君은 無尤焉.하소서 君行仁政,하시면 斯

民이 親其上,하야 死其長矣.리이다"

13. 제(齊)·초(楚)를 섬기느니 백성들과 같이 사력으로 방위하라

등(滕)나라의 문공(文公)이 맹자에게 이러한 질문을 했다.

"우리 등나라는 작은 나라로 제와 초, 큰 두 나라 틈바구니에 끼여 있습니다. 그 중 어느 나라든 하나를 섬겨야 나라의 명맥이 유지될 것 같은데, 대체 제나라를 섬겨야 되겠습니까, 그렇지 않으면 초나라를 섬겨야 하겠습니까? 고견을 좀 말씀해 주시기 바랍니다."

맹자께서 다음과 같이 답하셨다.

"그러한 종류의 계책은 어떻게 하는 것이 좋겠다고 판단을 내릴 수 있는 성질의 것이 아닙니다. 부득이 꼭 말씀드려야 한다면, 저에게 한 가지 계책이 있습니다. 그것은 다름아니라, 이 나라에 못을 파고 성을 쌓아 방위 태세를 갖추고 백성들과 함께 이 나라를 지키되, 비상 사태에 직면하여 죽음에 이르더라도 백성들이 이 나라를 버리고 다른 나라로 가 버리지 않게 하십시오. 그렇게 할 수만 있다면, 그 방법은 해볼 만한 것입니다."

原文 滕文公이 問曰:"滕,은 小國也,ㅣ로 間於齊楚.하니 事齊乎?이까 事楚乎?이까" 孟子對曰:"是謀,는 非吾所能及也.로소이다 無已, 則有一焉.하니 鑿斯池也,하며 築斯城也,하야 與民守之하야도 效死而民弗去, 則是可爲也.니이다"

14. 오직 선정을 베풀라

등(滕)나라 문공(文公)이 맹자에게 이런 질문을 했다.
"우리와 인접한 대국인 제나라 사람들이 우리의 동남쪽에 접경한 설(薛) 땅에 군사기지를 만들기 위해 성을 쌓으려고 합니다. 이것은 분명 우리 등나라에 대한 큰 위협이 아닐 수 없습니다. 나는 이 때문에 몹시 두려워하고 있는데, 이 일을 어떻게 처리하였으면 좋겠습니까?"
맹자께서 다음과 같이 대답하셨다.
"옛날 주(周)나라 민족을 중흥시킨 태왕은 처음 빈(邠)에서 살았는데, 그때 적인(狄人)들이 그곳을 침입해 왔었으나 태왕이 백성을 희생시키지 않기 위해 적인과 대항해 싸우지 않고, 살던 빈 땅을 버리고 기산(岐山) 밑으로 피하여 그곳에서 살았습니다. 이렇게 태왕은 선을 행했으므로, 그의 자손 가운데서 문왕과 무왕 같은 위대한 왕자가 나왔습니다. 이와 같이 선을 행한다면, 후세의 자손 가운데 반드시 위대한 왕자가 나오게 될 것입니다.

군자가 나라를 세워 국통(國統)을 전하는 것은, 다만 그 국통을 후세의 자손들이 계승해 나갈 수 있게 하기 위한 것입니다. 그러나 그 국통을 자손들이 성공적으로 계승해 나가느냐의 여부는 오직 하늘에 달려 있지, 지금 근심한다고 해서 뜻대로 되는 것은 아닙니다. 왕께서 강성한 대국인 제나라 사람들이 설(薛) 땅에 군사기지를 구축한다고 해서 두려워하신다 한들 저들을 어떻게 하실 수 있으시겠습니까? 그들이 자기네 영토에 군사 기지를 구축하는 것이니, 임금님으로서는 저들이 하는 대로 내버려 두시는 수밖에 없습니다. 그러니 쓸데없이 두려워하고 근심하는 일일랑 그만두시고, 먼 장래를 위해 힘을 내셔서 선을 행하시도록 하십시오. 오직 그 길뿐입니다."

原文 滕文公이 問曰:"齊人이 將築薛,하니 吾甚恐,이라 如之何則可?이꼬" 孟子對曰:"昔者에 大王이 居邠,할새 狄人이 侵之,어늘 去之岐山之下하야 居焉,하니 非擇而取之,요 不得已也.니이다 苟爲善,이면 後世子孫에 必有王者矣.리이다 君子創業垂統,은 爲可繼也.ㅣ나 若夫成功則天也.ㅣ니 君은 如彼何哉?리오 彊爲善而已矣.니이다"

15. 군자는 땅보다 백성을 더 귀히 여긴다

등(滕)나라 문공(文公)이 맹자에게 이런 질문을 했다.
"우리 등나라는 작은 나라입니다. 그래서 온 힘을 다해 큰 나라의 비위를 맞춰 가며 받들어도 그 위협에서 벗어날 수가 없습니다. 이 일을 어떻게 해결하였으면 좋겠습니까? 고견을 말씀해 주십시오."
맹자께서는 다음과 같이 대답하였다.
"옛날 이야기입니다만, 주(周)나라 태왕(太王)이 빈(邠)에 살고 있을 때의 일입니다. 그때 적인(狄人)들이 빈을 침략하므로 태왕은 그들의 침략을 그만두게 하려고 피물(皮物)과 견직물을 주면서 그들을 공손히 받들어 보았습니다. 그러나 태왕은 그들의 침략에서 벗어날 수가 없었습니다. 개와 말을 주면서 그들을 공손히 받들어 보았으나, 역시 그들의 침략에서 벗어날 수가 없었습니다. 구슬과 옥을 주면서 그들을 공손히 받들어 보았으나, 그래도 그들의 침략에서 벗어날 수 없었습니다. 결국 태왕은 연로한 인물들을 모아 놓고는 이런 말을 했습니다.

'내가 그 동안 겪어 온 일을 가지고 판단해본다면, 적인들이 원하는 것은 피물·견직물·견마·주옥 같은 물건이 아니라 바로 우리가 살고 있는 이 토지요. 내가 들은 바로는, 군자는 사람을 길러 주는 땅 때문에 사람을 해치지는 않는다고 하오. 이제 이 땅을 안 내주려고 적인들과 싸우면 무수한 인명을 희생시킬 것이 불가피하니, 나는 차마 그런 일은 못하겠소. 당신네들이야 내가 사라지고 임금이 없다 한들 무슨 탈이 있겠소? 내가 없어도 다 잘 해나갈 수 있을 터이니, 나는 이 빈을 버리고 딴 곳으로 떠나겠소.' 그런 뒤에 태왕은 빈 땅을 버리고 양산(梁山)을 넘어 기산 밑에까지 와서 그곳에다 읍을 만들고 살았습니다.

빈에 살던 사람들 중에는 '태왕은 인자한 사람이니 그를 놓쳐서는 안 된다'고 말하면서 태왕을 따라 나서는 사람들이 마치 장으로 물건을 사러 가는 사람들같이 많았습니다. 이 태왕의 경우같이 땅을 내주고 가는 것이 한 방법입니다. 혹 어떤 사람은 이렇게 말하기도 할 것입니다. '이곳은 조상 대대로 지켜 내려온 땅이므로, 우리들이 마음대로 처리할 수 있는 성질의 것이 아니다. 최후까지 목숨을 걸고 지킬 것이지 떠나면 안 된다.' 이렇게 목숨을 걸고 지키는 것도 또 한가지 방법입니다. 임금님께서는 이 두 가지 방법 가운데에서 어느 한 가지를 택하도록 하시지요."

原文 滕文公이 問曰："滕은 小國也.ㅣ라 竭力하야 以事大國,이라도 則不得免焉,이로소니 如之何則可?이꼬" 孟子對曰："昔者에 大王이 居邠,할새 狄人이 侵之,어늘 事之以皮幣,라도 不得免焉,하며 事之以犬馬,라도 不得免焉.하며 事之以珠玉,이라도 不得免焉하야 乃屬其耆老而告之曰：'狄人之所欲

者,는 吾土地也.ㅣ라 吾聞之也하니 君子,는 不以其所以養人者로 害人.이라 二三子는 何患乎無君?이리오 我將去之.리라' 하고 去邠,하야 踰梁山,하고 邑于岐山之下하야 居焉.이라 邠人이 曰:'仁人也,ㅣ니 不可失也.ㅣ라'하고 從之者如歸市.러니이다 或曰:'世守也,ㅣ요 非身之所能爲也,ㅣ니 效死勿去.라'하리니 君은 請擇於斯二者.하소서"

16. 하나의 인간이 어찌 천의(天意)를 막으랴

어느 날 노(魯)의 평공(平公)이 외출을 하려는데, 평공의 애첩인 장창(臧倉)이라는 자가 평공에게 물었다.

"다른 날 임금님께서 외출하시게 되면 반드시 유사에게 가시는 곳을 말씀하곤 하셨는데, 오늘은 타실 것이 모두 준비되어 곧 거동하시게 되었는데도 유사가 임금님의 가실 곳을 모르고 있으니, 부디 일러주십시오."

평공은 이렇게 답했다.

"맹자를 만나 보려는 거다."

그랬더니 장창이 말했다.

"그게 대체 무슨 일입니까? 임금님께서 당신을 가볍게 여기시고 일개 필부에 불과한 맹자를 먼저 찾아가서 만나 보시다니요? 대체 맹자를 현자라고 여기셔서 그러시는 것입니까? 맹자는 결코 현자가 아닙니다. 본래 예의라는 것은 현자가 행하는 데 따라나오게 마련인데, 맹자는 뒤에 치른 그의 모친의 상례(喪禮)가 먼저 치른 그의 부친의 상례보다 훨씬 훌륭하였으니, 어디 맹자가 예의를 아는 사람이라고 하겠습니까? 맹자는 현자도 아무것도 아니니

임금님께서는 맹자를 만나지 마시옵소서."

그러자 평공은 이 말을 듣고 이와 같이 답했다.

"그래 나가지 않겠다."

그런 일이 있은 후에 악정자(樂正子)가 들어가 평공을 알현하고 물었다.

"임금님께서는 왜 맹가(孟軻)를 만나지 않으셨습니까?"

평공은 이렇게 대답했다.

"어떤 사람이 맹자는 뒤에 치른 그의 모친 상례를 먼저 치른 그의 부친 상례의 정도를 넘어서 훨씬 융숭히 했다고 일러 주기에, 그것은 예법을 아는 현자가 행하는 도리가 아니라고 생각되어 그를 찾아가는 일을 그만두었소."

그러자 악정자가 말했다.

"임금님께서 정도를 넘어섰다고 하는 것은 무엇을 가지고 하시는 말씀입니까? 먼저는 사(士)의 예로 치르고, 뒤에는 대부(大夫)의 예로 치렀던 것입니다. 먼저는 삼정(三鼎)의 제물을 쓰고, 뒤에는 오정(五鼎)의 제물을 쓴 것을 가지고 말씀하시는 것입니까? 이것은 자기 신분에 맞게 한 처사이고 예법에 어긋나지 않으니 비난할 거리가 못 됩니다."

평공은 난처해하며 다시 말했다.

"그 점을 가지고 그러는 것이 아니오. 맹자가 그의 모친상에 쓴 관과 수의가 부친상에 쓴 것보다 좋았다는 것을 말하는 것이오."

악정자는 말했다.

"그것도 정도를 넘어섰다고 할 것은 못 됩니다. 전후의 상례를 치르는 데 있어 빈부의 차이가 있어서 그랬던 것입니다. 부친상 때에는 사(士)의 신분으로 빈한했고, 모친상 때에는 대부의 신분으로 부유했기 때문이지요."

그런 일이 있은 후에 악정자는 맹자를 찾아가 이렇게 말했다. "제가 선생님의 이야기를 임금님께 말씀드렸더니, 임금님께서도 선생님을 찾아와 뵙기로 하셨던 것입니다. 그런데 임금의 애첩 중에 장창이란 자가 있어 임금님이 나올 채비까지 모두 차리셨을 때 임금님이 나가지 못하도록 막았습니다. 임금님은 그래서 선생님을 찾아와 보려던 계획을 실현하지 못하고 말았습니다."

이 말을 들은 맹자께서는 다음과 같은 말씀을 하셨다.

"사람이 어디를 갈 때, 혹 그렇게 하도록 만드는 계기를 마련하는 수가 있고, 또 사람이 행동을 멈출 때, 혹 멈추도록 만드는 계기를 마련하는 수가 있기는 하지만, 실제로 가게 하고 멎게 하고 하는 것은 인간의 마음대로 할 수 있는 성격의 것이 아닐세. 내가 이번에 노후(魯侯)를 만나지 못하는 것은 하늘의 뜻이지, 일개 하찮은 장씨의 딸이 어찌 나로 하여금 노후를 만나지 못하게 만들 수가 있겠는가? 그에게 그렇게 할 힘이 있는 것이 아닐세."

原文 魯平公이 將出,할새 嬖人臧倉者請曰 : "他日에 君이 出, 則必命有司所之.러시니 今乘輿已駕矣,로대 有司未知所之.하니 敢請.하노이다" 公이 曰 : "將見孟子.니라" 曰 : "何哉?이꼬 君所爲輕身,하야 以先於匹夫者,는 以爲賢乎?이까 禮義는 由賢者出,이어늘 而孟子之後喪이 踰前喪,하니 君은 無見焉.하소서" 公이 曰 : "諾.다"

樂正子入見하야 曰 : "君은 奚爲不見孟軻也?ㅣ이꼬" 曰 : "或이 告寡人曰, 孟子之後喪이 踰前喪,이라하야 是以로 不往見也.ㅣ라" 曰 : "何哉?이꼬 君所謂踰者.는 前以士,요 後以大夫,며 前以三鼎,이오 而後以五鼎與?이까" 曰 : "否.라 謂棺

椁衣衾之美也.ㅣ라" 曰:"非所謂踰也,요 貧富不同也.ㅣ니이다"

樂正子見孟子曰:"克이 告於君,하니 君이 爲來見也,러시니 嬖人에 有臧倉者하야 沮君,이라 君이 是以로 不果來也.ㅣ니이다" 曰:"行或使之,며 止或尼之,나 行止는 非人所能也.ㅣ라 吾之不遇魯侯,는 天也.ㅣ요 臧氏之子, 焉能使予不遇哉?리오"

제3장 공손추장구(公孫丑章句)・상

1. 인정(仁政)을 베풀면 천하를 얻는다

맹자의 제자 공손추가 이런 질문을 했다.

"선생님께서 만약 제(齊)나라의 당로자(當路者)가 되셔서 제나라의 정치를 선생님 뜻대로 처리하신다면, 환공(桓公)을 도와 패(覇)를 칭하게 한 관중(管仲)과, 경공(景公)을 도와 역시 패를 칭하게 한 안자(晏子) 같은 공적을 다시 이룩하실 수 있겠습니까?"

이 말을 들은 맹자께서는 본래 패도정치를 싫어하는 터였으므로 이렇게 말씀하셨다.

"자네는 그야말로 에누리 없는 제나라 사람이군그래. 겨우 제나라를 도와 패를 칭하게 하는 데 그친 관중과 안자밖에 모르네그려. 내가 이야기를 하나 해줌세. 어떤 사람이 증자의 손자인 증서(曾西)에게 이렇게 물었더라네. '선생과 자로(子路)를 비교한다면 어느 쪽이 훌륭합니까?' 그랬더니 증서는 불안해하면서 '내 조부님조차도 두려워하시던 분인데, 그분을 나에게 비교하다니 가당치도 않소'라고 말했더라네.

그래서 이번에는 그 사람이 '그러시다면 선생과 관중을 비교한다면 어느 쪽이 훌륭합니까?'하고 물었더라네. 증서는 이 말을 듣고는 성난 기색을 나타내고 기분 나빠하며 이렇게 말했다는 것일세. '그대는 어쩌자고 나를 관중과 비교하는 건가? 관중은 환공의 신임을 받아 그토록 정치를 전단(專斷)하였고, 또 제나라의 정치를 맡아서 해나가기를 그토록 오래 했는데 그가 이룩해 놓았다는 공적은 겨우 환공으로 하여금 패를 칭하게 한 것으로 그토록 비루(卑陋)한데, 그대는 어쩌자고 나를 그 사람자 비교하는 건가?' "

이어 맹자께서는 이렇게 말씀하셨다.

"관중이란 인물은 증서마저도 그렇게 되기를 원치 않았던 터인데, 그래 자네는 내가 관중처럼 되기를 원한단 말인가?"

그 말씀을 들은 공손추는 다시 이렇게 물었다.

"관중은 그의 임금인 환공을 패로 칭하게 해주었고, 안자는 그의 임금인 경공의 명성을 천하에 드러나게 해주었습니다. 그만하면 관중과 안자는 훌륭한 인물인데, 선생님께서는 그래도 그들이 이룩한 사업을 할 만한 게 못 된다고 생각하시는 겁니까?"

이 말을 맹자께서는 이렇게 받으셨다.

"제나라의 모든 조건을 가지고 천하에 왕자로 군림하는 일은 손바닥을 뒤집는 것같이 수월한 일일세(그런데 관중과 안자는 그처럼 쉬운 일을 해내지 못하고 겨우 패를 칭하고 國君의 명성을 올리는 일을 돕는 데 그쳤으니 대수로울 게 없지 않은가?)"

공손추는 물었다.

"그렇게 말씀하신다면 저는 더욱 이해가 가지 않습니다. 거기다 문왕 같은 위대한 덕을 가지고 1백 년 동안이나 인정(仁政)을 실시하여 덕화(德化)를 편 후에야 세상을 떠났는데도 여전히 천하에 그의 덕화가 흡족하게 펴지지 못했으며 그의 두 아들 무왕(武王)과 주공(周公)이 그의 사업을 계승해나간 연후에야 비로소 덕화가 크게 행하여져 주실(周室)이 천하의 종주가 되었습니다. 그러한데, 지금 선생님께서는 천하에 왕 노릇 하는 일을 말씀하시는 게 수월하게 되는 것 같으니, 정말 그렇다면 저 문왕조차도 본받을 분이 못 된다는 것입니까?"

맹자께서는 다음과 같이 말씀하셨다.

"위대한 문왕을 어찌 나 같은 사람이 감당해낼 수 있겠나? 당시 은(殷)나라로 말할 것 같으면, 은을 창업한 탕왕부터 그 나라를 중흥시킨 무정(武丁)에 이르는 동안 현성한 임금이 6, 7명이나 나와 나라를 다스렸으므로 온 천하가 은으로 돌아간 지 이미 오래되었고, 그래서 무정이 은을 중흥시켰다고는 하지만 그때 은의 조건을 가지고서 무정이 천하의 제후들을 내조케 하여 천하를 차지한 일이란 마치 손바닥 위에 놓고 움직이는 것같이 용이한 일이었네.

은의 마지막 왕으로, 포악하였던 주(紂)는 무정의 대에서 멀리 떨어져 있지 않았고, 예로부터 전해 내려오는 그 집안의 습속과 아름다운 기풍과 좋은 정치는 여전히 그때까지도 보존되어 있는 것이 있었고, 또 미자(微子)·미중(微仲)과 왕자 비간(比干)·기자(箕子)·교력(膠鬲) 같은 인물이 있었는데, 이들은 모두 현능(賢能)한 인재들이었는데, 이들이 함께 주(紂)를 도와주었기 때문에 주는 천하를 잃지 않고 오랫동안 포악한 짓을 한 후에 천하를 잃게 되었던 것일세. 주가 천하를 차지하고 있었을 때로 말하면, 한 자밖에 안 되는 땅이라 할지라도 주의 소유가 아닌 게 없었고 백성 한 사람이라 할지라도 주의 신하가 아닌 사람이 없는 실정이었는데, 그러한 꼼짝할 수 없는 실정 밑에서 문왕은 그래도 사방 1백 리밖에 안 되는 땅을 발판으로 하여 일어났던 것이야. 그래서 힘이 들었던 거라네.

제나라 사람들의 속담에 '아무리 지혜가 있다 하더라도 시국의 추세를 잘 파악하고 그것에 편승하여 일을 처리하는 것에는 따라가지 못한다. 또 아무리 농기구가 마련되어 있다 하더라도 적합한 시기를 기다려서 경작하는 것에는 따라가지 못한다'라는 말이 있지. 그런데 지금 우리가 처해 있는 이 시기는 인정(仁政)을 베풀어 천하의 왕 노릇 하기에 쉬운 때일세.

이상적인 왕도정치를 구현시킨 하·은·주 3대의 흥성했던 시기에도 땅이 사방 1천 리를 넘는 경우가 없었는데, 지금 제나라는 사방 1천 리의 땅을 차지하고 있네. 그리고 그 땅에는 사람들이 가득 살아서 닭 우는 소리와 개 짖는 소리를 계속 들으면서 사방의 국경지대까지 갈 수 있는데, 제나라는 그 백성들을 백성으로 옹유하고 있네. 이제 국토를 다시 넓히고, 백성을 다시 모으는 수고를 할 필요 없이 곧장 인정을 베풀어서 천하의 왕자로 임할 수 있게 되는 경우라면 그것을 못하게 막아낼 수는 없는 것일세.

그리고 또 천하에 훌륭한 왕자가 나타나지 않기가 이렇게 오래된 적이 없었으며, 세상 사람들이 포악한 정치에 시달린 것이 이렇게 심한 적이 없었으니, 지금이야말로 인정을 베푸는 왕도정치가 행해지기를 애타게 기다리고 있는 것이네. 굶주린 사람에게는 이를 만족시킬 음식을 만들어 주기 쉽고, 목마른 사람에게는 이를 만족시킬 음료를 만들어 주기 쉬운 것일세.

그와 같이 인정에 굶주린 백성들은, 인정을 행하는 사람에게는 그것이 비록 가장 이상적인 것이 못 된다 하더라도 쉽사리 귀순해 올 것일세. 공자께서는 '덕치의 힘이 퍼져 나가는 것은 역마를 갈아타고 명령서를 전달하는 것보다도 빠르다'고 말씀하셨네. 오늘날 제나라 같은 만승의 대국에서 인정을 행하게 되면, 백성들이 그것을 기뻐하는 정도가 마치 거꾸로 매달아 놓은 형틀에서 해방된 것을 기뻐하는 것과 같을 것이야. 그러므로 옛날 성왕들의 반만 노력하고도 그 효과는 그들이 거둔 성과의 갑절을 가져오게 될 것일세. 그리고 오직 이 때만이 그렇게 할 수 있는 절호의 기회일세."

原文 公孫丑問曰:"夫子當路於齊,하시면 管仲・晏子之功,을 可復許乎?이까" 孟子曰:"子誠齊人也.ㅣ로다 知管仲・晏子而已矣.라 或이 問乎曾西曰:'吾子與子路孰賢?고' 曾西蹵然曰:'吾先子之所畏也.ㅣ라' 曰:'然則吾子與管仲孰賢?고' 曾西艴然不悅曰:'爾何曾比予於管仲?고 管仲은 得君,이 如彼其專也.ㅣ며 行乎國政,이 如彼其久也.ㅣ며 行乎國政,이 如彼其久也.ㅣ로대 功烈이 如彼其卑也.ㅣ어늘 爾何曾比予於是?오'하니라" 曰:"管仲,은 曾西之所不爲也,ㅣ어늘 而子는 爲我願之乎?아"

曰:"管仲은 以其君霸,하고 晏子는 以其君顯.이어늘 管仲・晏子,를 猶不足爲與이까?" 曰:"以齊로 王,은 由反手也.니라" 曰:"若是, 則弟子之惑이 滋甚.하니이다 且以文王之德,으로 百年而後崩,하야도 猶未洽於天下,하야 武王・周公이 繼之, 然後에 大行.하니 今言王若易然,하시면 則文王은 不足法與?이까" 曰:"文王을 何可當也.ㅣ리오 由湯으로 至於武丁,히 賢聖之君,이 六七이 作,하야 天下歸殷이 久矣,니 久則難變也.ㅣ라 武丁이 朝諸侯,하고 有天下,는 猶運之掌也.ㅣ라 紂之去武丁,이 未久也,ㅣ하야 其故家遺俗,과 流風善政,이 猶有存者.며 又有微子・微仲,과 王子比干,과 箕子・

膠鬲,하니 皆賢人也.ㅣ라 相與輔相之,라 故로 久而後失之也.ㅣ라 尺地도 莫非其有也.며 一民도 莫非其臣也.ㅣ어늘 然而文王이 猶方百里起,하니 是以로 難也.러니라"

"齊人이 有言曰:'雖有智慧,나 不如乘勢.며 雖有鎡基,나 不如待時,라하니' 今時則易然也.ㅣ니라 夏后·殷·周之盛,에 地未有過千里者也.ㅣ나 而齊有其地矣.며 鷄鳴狗吠相聞而達乎四境, 而齊有其民矣.니 地不改辟矣,며 民不改聚矣,요 行仁政而王,이면 莫之能禦也.ㅣ라 且王者之不作,이 未有疏於此時者也.ㅣ하며 民之憔悴於虐政이 未有甚於此時者也.ㅣ하니 飢者는 易爲食,하며 渴者는 易爲飮.이라 孔子曰:'德之流行,이 速於置郵而傳命,이라' 當今之時,하야 萬乘之國,이 行仁政,이면 民之悅之, 猶解倒懸也.ㅣ리니 故로 事半古之人,이오 功必倍之,는 惟此時爲然.이라"

2. 호연지기를 기르라

맹자의 고제(高弟) 공손추가 이런 질문을 했다.

"만약 선생님께서 제나라의 정치를 좌우할 수 있는 경상(卿相)의 지위에 올라 제나라에서 성현의 정도를 실천에 옮길 수 있게 되신다면, 그렇게 함으로써 제왕으로 하여금 패(覇)를 칭하거나 천하의 왕자로 군림할 수 있도록 만든다 하더라도 선생님의 실력은 그렇게 만들기에 충분하므로 조금도 이상하게 여길 여지가 없습니다. 그러나 그렇게 된다면 부하(負荷)한 책임이 중대하므로 두려워하셔서 마음이 동요하게 되시지는 않을까요?"

이 질문을 받고 맹자는 이렇게 대답하셨다.

"그렇게 될 경우라 하더라도 내 마음은 동요하지 않을 것일세. 나는 마흔 살부터 어떠한 경우라 하더라도 마음이 동요하지 않게 되었네."

"만약 그러시다면 선생님께서는 저 옛날의 용사인 맹분(孟賁)보다도 훨씬 더 용맹하십니다."

"마음이 동요되지 않는다는 것은 그리 어려운 일이 아닐세. 저 고자(告子) 같은 사람조차도 나보다 먼저 마음이 동요되지 않는 수양이 되어 있었네."

"마음을 동요시키지 않는 무슨 방법이라도 있습니까?"

맹자께서는 그 질문에 이렇게 대답하셨다.

"방법이 있지. 북궁유(北宮黝)라는 사람은 이렇게 용기를 단련했다고 들었네. 즉, 칼 같은 것에 자기 살을 찔린다 하더라도 뻣뻣이 견디고 몸을 움츠리거나 그것을 피하려 들지 않고, 눈을 찔릴 지경에 이르러서도 눈을 똑바로 뜬 채로 눈동자를 움직이지 않으며, 남에게 털 한 오라기만큼이라도 꺾이는 것을 치욕으로 생각하는 것을 마치 뭇사람이 들끓는 시장 한복판에서 남에게 매를 맞는 것 같이 여기고, 몸에도 맞지 않는 헐렁헐렁한 헌 옷을 입은 보잘것없는 비천한 사나이에게도 모욕을 당하지 않았지. 또한 만승 대국의 국군(國君)에게도 모욕을 당하지 않고, 만승 대국의 국군을 찔러 죽이는 것 보기를 마치 하찮은 헌 옷 입은 사나이를 찔러 죽이는 것과 같이 대수롭지 않게 여겨 겁내지 않았어. 그리고 그에게 두려움을 느껴 겁이 날 만한 제후라고는 하나도 존재하지 않았고, 또 자기에게 사나운 소리를 하는 말이 들려오면 반드시 그것을 사나운 소리로 되받아 넘겼던 것일세.

맹시사(孟施舍)라는 사람이 용기를 기르는 경우는, 그의 말을 빌린다면 이러했네. '이기지 못하는 경우라도 그것 보기를 이기는 경우와 같이 하고, 조금도 겁내지 않고 나섭니다. 적의 병력을 살펴서 그 강약의 정도가 감당해낼 만하다고 여겨진 후에 비로소 전진하고, 꼭 이기리라는 승산이 선 후에 비로소 적군과 회전(會戰)한다면 그것은 삼군을 두려워하는 사람의 짓입니다. 저인들 어찌 전쟁에서 꼭 이길 수만 있겠습니까? 다만 두려워하는 마음이 없을 따름이지요' 이 두 사람의 용기는 과연 어느 쪽이 나은지 아직 모르겠네마는, 맹시사의 용기는 그가 지키는 것에 요점이 있어 절대로 기(氣)가 꺾이지 않았네.

옛날 증자께서는 그의 제자인 자양(子襄)에게 이런 말씀을 하셨네. '자네는 용기를 좋아하나? 전에 나는 공자께서 큰 용기에 관해서 말씀하시는 것을 들은 일이 있네. 그 말씀은 이러했네. 〈스스로 반성해서 자기가 옳지 못한 경우에는, 비록 상대방이 헐렁헐렁한 헌 옷을 입은 비천한 사나이라 할지라도 나는 그에 대해서는 겁내지 않을 수 없지만, 스스로 반성해서 자기가 옳다면야 비록 상대방이 천만인의 군중이라 할지라도 나는 겁내지 않고 꿋꿋이 나아갈 것이다.〉' 이것이 증자의 용기였네. 맹시사가 언제나 기가 꺾이지 않고 단지 두려워하지 않기에 힘쓰는 용기는 실상 증자가 자신을 반성해서 바른 것을 관철해 나가는 것의 요점을 얻은 것에 견주어 본다면 비교가 안 되네."

공손추는 계속하여 이렇게 말했다.

"감히 여쭈어 보겠습니다마는, 선생님께서 마음을 동요하지 않으시는 것과 고자(告子)가 마음을 동요하지 않는 것에 무슨 차이가 있는지, 선생님의 말씀을 들어 볼 수 있는지요?"

그 질문에 맹자께서는 이렇게 대답하셨다.

"고자는 이런 말을 했네. 즉 '남의 말에 이해가 가지 않을 경우, 그것을 이해하려고 해서 애써 그 해결을 자기 마음에 촉구하여 마음을 괴롭히지 마라. 자기 마음에 맞지 않는 경우, 그것을 감정을 발동시키는 힘인 기(氣)에 호소해서 성을 내거나 근심하는 결과를 가져와 마음을 어지럽히지 마라.' 그런데 고자의 이 말에서, 마음에 맞지 않는 경우 기에 호소하지 말라는 것은 그래도 괜찮다고 하겠지만, 남의 말에 이해가 가지 않을 경우 마음을 촉구하지 말라는 것은 안 될 말일세(내가 마음을 동요시키지 않는 것을 설명해 보자면 대체로 이러하네).

마음이 움직이는 방향인 지(志)는 감정을 발동시키는 힘인 기의 통수자(統帥者)이고, 또 기는 사람의 몸에 가득 차 있는 것일세. 그러니 지가 도달하는 곳에는 기가 따라오게 마련이지. 그래서 나는 '자기의 지, 즉 마음이 움직이는 방향을 올바로 지키고, 자기의 기, 즉 감정을 발동시키는 힘을 마구 부리는 일이 없도록 하라(그래서 마음의 동요를 초래하지 않도록 하라)'고 말한 것일세."

이 말씀을 들은 공손추는 다시 따지는 듯한 어조로 물었다.

"선생님께서는 지가 도달하는 곳에는 기가 따라오게 마련이라고 말씀하시고 나서 또 자기 지를 올바로 지키고 자기 기를 마구 부리는 일이 없도록 하라고 말씀하셨는데 그것은 무슨 뜻입니까?"

맹자께서는 이렇게 대답하셨다.

"지가 어느 일에 한결같이 집중되게 되면 기를 움직이는 결과를 초래하게 되고, 기가 어느 일에 한결같이 발동하게 되면 지를 움직이는 결과를 초래하게 되는 것일세. 이를테면 걸려 넘어지는 것, 달려가는 것은 기를 발동시키는 일이기는 하나 도리어 당사자의 마음을 동요시키기에 이르는 것일세(그래서 지를 올바로 지키고 기를 마구 발동시키는 일이 없어야 마음을 동요시키지 않게 된다고 하는 것일세)."

공손추는 다시 질문했다.

"감히 여쭈어 보겠습니다. 선생님께서는 어느 점을 특별히 잘하십니까?"

맹자께서는 다음과 같이 대답하셨다.

"나는 남이 하는 말을 잘 알아듣네. 나는 내 호연지기(浩然之氣)를 잘 기르네."

"무엇을 호연지기라고 합니까?"

"그것은 내가 혼자서 심득(心得)한 것이기 때문에 말로 형용하기는 어렵네. 호연지기의 기는 다시없이 크고 다시없이 강한 것으로 곧음, 즉 정의에 따라 행동하는 것인데, 그 곧음을 기르고 해가 없으면 넓게 퍼져 하늘과 땅 사이에 빈틈없이 들어차게 되네. 호연지기의 기는 정의와 정도가 합쳐져 병행하는 것이니, 이 호연지기가 없게 되면 허탈이 오네. 이 호연지기는 집적된 정의에서 생겨나는 것이지 결코 일시적으로 정의가 외부에서 엄습해 와서 그 정의를 약간 행함으로써 호연지기를 얻게 되는 것은 아닐세. 사람이 행동하는 데 있어 마음에 통쾌하지 못한 점이 있으면 그것은 호연지기가 결여된 탓이므로 허탈이 오게 되네. 그래서 나는 고자(告子)는 아직 정의를 모른다는 것인데, 그것은 그가 정의를 외재적인 것으로 처리해 버리기 때문일세. 어떤 사태에 임해서 거기에 반드시 의로운 일이 있다면 그것을 제쳐놓고 그만두어 버리는 일을 하지 말고, 마음가짐을 망령되게 하지 말며, 무리하게 잘 되도록 성급히 굴지 말게. 저 송나라 사람같이 하지는 말게. 송나라 사람 가운데 자기가 심은 곡식의 싹이 자라나지 않는 것을 근심한 나머지 그 곡식의 싹을 하나하나 뽑아 올려 늘려 준 자가 있었네. 그러고 나서는 지쳐서 집으로 돌아와 자기 집 사람들에게 '오늘은 피곤하다. 나는 곡식의 싹이 빨리 자라도록 도와주었다[助苗長

矣]'라고 말했는데, 그 사람의 아들이 이상하게 여긴 나머지 뛰어가서 본즉 싹이 다 말라 버렸더라네.

이런 이야기가 있지만, 사실인즉 온 천하의 호연지기를 기르는 사람들을 살펴보면 송나라 사람의 식으로 싹이 자라나라고 도와주는 것같이 무리한 방법을 쓰지 않는 사람은 그 수효가 적네. 정의와 정도에 병행하는 호연지기를 기른다는 것은 무익한 짓이라 생각하고, 노력하지 않고 내버려두는 사람은 싹이 자라도록 김을 매주는 일을 하지 않는 사람과 다를 바 없네. 그리고 호연지기를 무리하게 빨리 길러 내려고 하는 사람은 싹을 뽑아 올려서 늘려주는 사람과 같은 것으로, 비단 무익할 뿐만 아니라 도리어 호연지기를 해치게 되네."

공손추는(맹자의 호연지기의 설명을 듣고 나니, 이번에는 맹자가 我知言이라고 한 뜻을 알고 싶어져서) 다시 물었다.

"남이 하는 말을 안다는 것은 무슨 말입니까?"

맹자께서는 다음과 같이 대답하셨다.

"편파적인 말을 들으면 나는 그 말을 하는 사람의 마음을 가리고 있는 것이 무엇인가를 아네. 지나치게 늘어놓는 말을 들으면 나는 그 말을 하는 사람이 무엇에 빠져 있는가를 알지. 사악하고 이치에 맞지 않는 말을 하는 것을 들으면 나는 그 말을 하는 사람이 누구를 이간시키려는가를 아네. 도피하는 말을 하는 것을 들으면 나는 그 말을 하는 사람이 궁지에 몰려 있다는 것을 아네. 위정자의 마음에 위와 같은 말을 하게 만드는, 좋지 못한 생각이 들면 정치를 해치게 되고, 정치에 그런 생각이 나타나게 된다면 나라의 일들을 해치게 되는 것일세. 옛 성인들이 다시 나온다 하더라도 그분들도 틀림없이 내 말에 찬성할 것일세."

이 말씀을 들은 공손추는 성인이 언급한 것에 대해 다시 이런 말을 했다.

"공자의 제자들 중에서 재아(宰我)와 자공(子貢)은 언어에 뛰어난 재주가 있었고, 염우(冉牛)와 민자건(閔子騫)과 안연(顔淵)은 덕행이 뛰어났었습니다. 공자께서는 언어와 덕행 두 가지의 장점을 겸하고 계셨으면서도 '나는 언어에 있어서는 능란하지 못하다'고 말씀하셨습니다. 그러고 보면 선생님께서는 이미 성인이 되신 게 아니겠습니까?"

이 말을 들은 맹자께서는 놀라며 말했다.

"하아, 그게 무슨 말인가? 옛날에 자공이 공자께 '선생님께서는 성인이시지요?'하고 여쭈어 보자, 공자께서는 '성인은 내가 감당해 낼 수 없다. 나는 나 자신이 배우는 일에 물리지 않고, 남을 가르쳐 주는 데 지치지 않는다'라고 말씀하셨네. 그랬더니 자공은 '자신께서 배우시는 일에 물리지 않는 것은 지혜로움이고, 남을 가르치시는 데 지치지 않으시는 것은 인자한 것이옵니다. 인자하신 데다 또 지혜로우시니 선생님께서는 이미 성인이십니다'라고 말했지. 공자께서도 성인으로는 자처하지 않으셨는데, 나 같은 사람을 성인이라고 하다니, 그게 무슨 당치도 않은 말인가?"

공손추는 또 이렇게 질문했다.

"전에 혼자서 들은 이야기인데, 공자의 제자 중에 자하(子夏)·자유(子游)·자장(子張) 세 사람은 모두 성인의 덕의 일부를 지니고 있었고, 염우·민자건·안연 세 사람은 모두 성인의 덕 전체를 갖추고 있었으나, 그 정도가 미약했다 합니다. 선생님께서는 그 어느 쪽에 자비(自比)하고 계신지 감히 여쭈어 보겠습니다."

맹자께서는 다음과 같이 말씀하시고 자기 생각은 피력하지 않으셨다.

"잠시 그 이야기는 내버려두기로 하세."

공손추는 다시 질문했다.

"백이(伯夷)는 어떻게 평가하십니까?"

맹자께서는 다음과 같이 대답하셨다.

"백이는 처세하는 방법이 다르네. 자신이 섬길 임금이 올바르지 않을 경우에는 그 임금을 섬기지 않고, 자기가 부릴 백성이 올바르지 않을 경우에는 그런 백성은 부리지 않으며, 세상이 잘 다스려지면 나아가서 정치에 관계하나, 세상이 혼란해지면 물러나서 숨어 버리는 것이 백이의 방법이었네. 이와는 대조적으로, 어떠한 임금을 섬기든 그 임금은 자기가 섬겨야 할 임금이라 생각하고 섬기고, 어떠한 백성을 부리든 자기가 부려야 할 백성이라고 부리며, 세상이 잘 다스려져도 나아가서 정치에 참여하고 세상이 혼란해도 정치에 참여하는 것은 이윤(伊尹)의 방법이었네. 이 두 사람과는 달리 벼슬 살기에 적당한 때에는 벼슬을 살고, 벼슬을 그만두기에 적당할 때에는 그만두며, 벼슬자리에 오래 머물러 있어도 좋을 경우에는 오래 머물러 있고, 빨리 물러나는 것이 좋을 경우에는 빨리 물러나고 하는 것은 공자의 방법이었네. 이분들은 모두 옛날의 성인들이었네. 나는 여태껏 이분들처럼 할 수는 없었지만, 내가 소원하는 것은 공자께서 처세하신 방법을 본받는 것일세."

이 말을 들은 공손추가 의아해하며 물었다.

"백이와 이윤이 훌륭한 인물이라고는 하지만, 그래도 그들이 공자와 그토록 비등합니까?"

"그렇지는 않네. 이 세상에 인류가 생겨난 이래로 공자같이 위대한 인물은 나타나지 않았네."

공손추는 다시 물었다.

"그러시다면 그 세 분 사이에는 공통점이 있습니까?"

맹자께서는 이렇게 대답하셨다.

"공통점은 있네. 사방 1백 리가 되는 땅을 얻어서 그곳의 군주가 되어 정치를 하게 된다면, 이 세 분은 모두 제후들을 내조(來朝)케 하고 온 천하를 차지하여 왕자(王者)로 군림할 수 있을 것일세. 그러나 단 한 가지의 불의한 일을 행하고, 단 한 사람의 무죄한 사람을 죽임으로써 천하를 차지할 수 있게 된다 하더라도 그런 일은 이들 세 분은 하지 않았을 것일세. 이런 것이 세 분들의 공통점일세."

"그럼 세 분 사이에 서로 다른 점을 감히 여쭈어 보겠습니다."

맹자께서는 다음과 같은 긴 설명을 하셨다.

"공자의 고제(高弟)인 재아와 자공과 유약(有若), 이 세 사람은 그들의 지혜가 성인의 위대한 점을 이해하기에 충분하였기 때문에 자기네가 개인적으로 좋아하는 것을 아첨할 정도로 과장해서 말할 단계까지 야비하지는 않았을 걸세. 그런데 재아는 공자를 이렇게 말했네. '내가 우리 선생님을 살펴본 것을 가지고 말한다면 그분의 덕은 요(堯)·순(舜)보다도 훨씬 위대하시다.'

그리고 자공은 이렇게 말했네. '한 사람이 후세에 남겨 놓은 예(禮)를 보고서는 그 사람의 정치가 어떠하였나를 알 수 있게 되고, 그가 남긴 음악을 들어 보고서는 그 사람의 덕이 어떠하였나를 알 수 있게 되는 것인데, 백 대 후인 오늘날의 시점에서부터 소급하여 백 대에 걸친 동안의 여러 왕들을 평정(評定)해 본다면, 이 표준에서 벗어나지 못한다. 그런데 이 세상에 인류가 생겨난 이래로 우리 선생님 같은 위대한 인물은 아직 나와 본 적이 없다.'

또 유약은 이렇게 말했네. '동류(同類) 가운데서 특히 뛰어난 것이 있는 것은 반드시 사람의 경우에만 국한하는 것은 아니다. 기린은 땅에서 뛰어다니는 짐승 가운데서 가장 뛰어난 것이고, 봉황은 날짐승 중에서 가장 뛰어난 것이며, 태산은 언덕 중에서 가장 뛰어난 것이고, 황하나 바다는 괸 물 중에서 가장 뛰어난 것인데, 위에 비교한 것들은 모두 동류의 것들이다. 성인도 일반 사람과 역시 동류인데, 그 동류에서 벗어나 그 가운데서 훌륭한 인물들 위에 빼어난 듯이 뛰어나 있다. 그런데 이 세상에 인류가 생겨난 이래로 동류 가운데서 뛰어난 정도가 공자의 경우보다 더 대단한 인물은 아직 본 일이 없었다.' 이러한 공자의 고제들의 말을 가지고도 공자가 백이나 이윤 같은 다른 성인들보다 얼마나 더 훌륭했나를 알 수 있게 되는 것일세."

原文 **公孫丑問曰**："**夫子加齊之卿相,**하사 **得行道焉,**하시면 **雖由此霸王,**이라도 **不異矣.**리니 **如此則 動心,**가 **否乎?**이까"
孟子曰："**否,**라 **我**는 **四十不動心**이니라" **曰**："**若是, 則夫子**는 **過孟賁**이 **遠矣!**이시니이다" **曰**："**是不難,**하니 **告子**도 **先我不動心.**하니라"

曰："**不動心**에 **有道乎?**이까" **曰**："**有.**하니라 **北宮黝之養勇也,**는 **不膚撓,**하며 **不目逃,**하야 **思以一毫挫於人,**을 **若撻之於市朝,**하야 **不受於褐寬博,**하며 **亦不受於萬乘之君,**이라 **視刺萬乘之君,**을 **若刺褐夫,**하며 **無嚴諸侯,**하야 **惡聲至**면 **必反之**하니라 **孟施舍之所養勇也,**는 **曰**：'**視不勝,**을 **猶勝也.**ㅣ하나니 **量敵而後進,**하며 **慮勝而後會,**면 **是**는 **畏三軍者也.**ㅣ라 **舍豈能爲必勝?**리오 **能無懼而已矣.**라" **孟施舍**는 **似曾子,**하고 **北宮黝**는 **似子夏.**하야 **夫二子之勇,**이 **未知其孰賢.**이어니와 **然而孟施舍**는 **守約也.**ㅣ니라 **昔者**에 **曾子謂子襄曰**：'**子好勇乎?**아 **吾嘗聞大勇於夫子矣.**로니 **自反而不縮**이면 **雖褐寬博,**이라도 **吾不惴焉.**이어니와 **自反而縮,**이면 **雖千萬人,**이라도 **吾**

往矣.라'하시니라 孟施舍之守氣,는 又不如曾子之守約也.ㅣ니라"

曰:"敢問,하노니 夫子之不動心,과 與告子之不動心,을 可得聞與?이까" "告子曰:'不得於言,이어든 勿求於心.하며 不得於心,이어든 勿求於氣.라'하니 不得心,이어든 勿求於氣,는 可.커니와 不得於於言,이어든 勿求於心,은 不可.하니 夫志,는 氣之帥也.ㅣ오 氣,는 體之充也.ㅣ니 夫志至焉,이오 氣次焉.이니 故로 曰:'持其志,요 無暴其氣.라'하나니라" "旣曰志至焉,이오 氣次焉.이라하시고 又曰持其志,요 無暴其氣者,는 何也?ㅣ이꼬" 曰:"志壹則動氣,하고 氣壹則動志也.ㅣ니 今夫蹶者趨者,는 是氣也,ㅣ而反動其心.이니라"

"敢問,하노니 夫子는 惡乎長?이시니이꼬" 曰:"我는 知言,하며 我는 善養吾浩然之氣.하노라" "敢問,하노니 何謂浩然之氣?이꼬" 曰:"難言也.니라 其爲氣也ㅣ 至大至剛,하니 以直養而無害,면 則塞于天地之間.이니라 其爲氣也,ㅣ 配義與道,하니 無是면 餒也.ㅣ니라 是는 集義所生者,요 非義襲而取之也.ㅣ니 行有不慊於心, 則餒矣.니 我故로 曰:'告子는 未嘗知義,라'하나니 以其外之也.ㅣ일새라 必有事焉而勿正,하야 心勿忘하며 勿助長也.ㅣ하야 無若宋人然.하라 宋人에 有閔其苗之不長而揠之者,라 芒芒然歸,하야 謂其人曰:'今日病矣!라 予助苗長矣!라'하야늘 其子趨而往視之,하니 苗則槁矣.러라 天下之不助苗長者.는 寡矣.라 以爲無益而舍之者,는 不耘苗者也.ㅣ요 助之長者,는 揠苗者也.ㅣ니 非徒無益,이요 而又害之.니라"

"何謂知言?이니이꼬" 曰:"詖辭,에 知其所蔽.하며 淫辭,에 知其所陷,하며 邪辭,에 知其所離.하며 遁辭,에 知其所窮.이라 生於其心.하야 害於其政.하며 發於其政,하야 害於其事.하나니 聖人이 復起,라도 必從吾言矣!리라" "宰我・子貢,은 善爲說辭,하고 冉牛・閔子・顔淵,은 善言德行,이러니 孔子,는 兼之,하사대 曰:'我於辭命, 則不能也.로다'하시니 然則夫子는 旣聖矣乎,이까" 曰:"惡,라 是何言也?ㅣ오 昔者에 子貢이 問於孔子曰:'夫子는 聖矣乎?이까'하니 孔子曰:'聖則吾不能.이어니와 我는 學不厭, 而敎不倦也.ㅣ로다' 子貢이 曰:'學不厭,은 智也.ㅣ요 敎不倦,은 仁也.ㅣ니 仁且智,하시니 夫子는 旣聖矣.시니이다'하니라 夫聖,은 孔子도 不居.하시니 是何言也?ㅣ오" "昔者에 竊聞之,하니 子夏・子游・子張,은 皆有聖人之一體,하고 冉牛・閔子・顔淵,은 則具體而微.라하니 敢問所安.하노이다" 曰:"姑舍是.하라"

曰:"伯夷〔・伊尹〕,는 何如?니이꼬" 曰:"不同道.라 非其君不事,하며 非其民不使,하야 治則進,하고 亂則退,는 伯夷也.ㅣ요 何事非君,이며 何使非民,이리오하야 治亦進,하며 亂亦進은 伊尹也.ㅣ요 可以仕則仕,하며 可以止則止,하며 可以久則久,하며 可以速則速,은 孔子也.ㅣ시니 皆古聖人也.ㅣ라 吾未能有行焉,이어니와 乃所願, 則學孔子也.ㅣ로다" "伯夷・伊尹,이 於孔子에 若是班乎?이까" 曰:"否.라 自有生民以來,로 未有孔子也.ㅣ니라" 曰:"然則有同與?이까" 曰:"有,라 得百里之地而君之,면 皆能以朝諸侯, 有天下;어니와 行一不義,하며 殺一不辜, 而得天下,는 皆不爲也.리니 是

則同.하니라" 曰:"敢問其所以異.하노이다" 曰:宰我·子貢·有若,은 智足以知聖人,이오 汙不至阿其所好.라 宰我曰:'以予觀於夫子,컨대 賢於堯·舜이 遠矣.시니라' 子貢이 曰:'見其禮而知其政,하며 聞其樂而知其德,하나니 由百世之後,하고 等百世之王,이라도 莫之能違也.ㅣ니 自生民以來,로 未有夫子也.라' 有若이 曰:'豈惟民哉?리오 麒麟之於走獸,와 鳳凰之於飛鳥,와 泰山之於丘垤,과 河海之於行潦,는 類也.ㅣ며 聖人之於民,도 亦類也.ㅣ라 出於其類,하고 拔乎其萃,론 自生民以來,로 未有盛於孔子也.ㅣ니라'"

※ 浩然之氣(호연지기)-하늘과 땅 사이에 넘치도록 가득한 넓고도 큰 원기. 또는 도의에 뿌리를 박고 공명정대하여 조금도 부끄러울 바 없는 도덕적 용기란 뜻의 이 말은 여기서 생겨났으며 오늘날에도 흔히 사용된다.

※ 助苗長矣(조묘장의)-도와서 더 자라게 한다는 말로 오늘날에도 흔히 사용되는 '조장(助長)'은 이 말에서 나왔다.

3. 왕도정치와 패도정치

맹자께서는 이런 말씀을 하셨다.

"실제로는 무력으로 해나가면서 표면적으로는 인정(仁政)을 하는 듯이 꾸미는 것은 패도(覇道)다. 패도정치를 하는 데는(남을 굴복시킬 힘을 끌어낼 물질적 근거가 있어야 하므로) 반드시 큰 나라를 가지고 있어야 한다. 은덕으로 인정을 시행하는 것은 왕도다. 왕도정치를 하는 데는(남이 자진해서 悅服해 오게 되므로) 큰 나라가 필요 없다. 예컨대 탕왕(湯王)은 불과 사방 70리의 땅을 가지고 왕도정치를 시작하여 천하에 왕자로 임하게 되었고, 문왕(文王)은 사방 1백 리의 땅을 가지고 그렇게 했다. 무력을 가지고 남을 굴복시킨다면, 그것은 마음속으로부터 우러나 복종케 하는 것이 아니고, 대항할 만한 힘이 없기 때문에 굴복하는 데 불과하다.

은덕으로 남을 복종시킨다면 그것은 공문(孔門)의 70제자들이 공자에게 복종한 것같이 마음속에서 기뻐하여 성심성의로 복종해 오는 것이다. 《시경》〈대아〉 문왕(文王) 유성편(有聲篇)에 '서쪽으로부터, 그리고 동쪽으로부터, 남쪽으로부터, 또한 북쪽으로부터 덕을 사모하여 심복해 오지 않는 사람은 없었노라'고 한 것은 곧 은덕으로 남을 복종시켜 충심으로 열복해 오게 한 예이다."

原文 **孟子曰："以力假仁者**는 **霸,**니 **霸必有大國.**이오 **以德行仁者**는 **王,**이니 **王不待大.**라 **湯**은 **以七十里,**하고 **文王**은 **以百里.**라 **以力服人者,**는 **非心服也,**ㅣ요 **力不贍也.**ㅣ라 **以德服人者,**는 **中心悅而誠服也,**ㅣ니 **如七十子之服孔子也.**라 **詩云：'自西自東,**하며 **自南自北,**이 **無思不服,**이라'하니 **此之謂也.**ㅣ니라"

4. 인정을 베풀면 큰 나라도 두려워한다

맹자께서는 이런 말씀을 하셨다.

"나라를 치리(治理)하는 데 있어서 인자한 정치를 실시하면 그 나라는 번영하고, 인자하지 않은 정치를 하면 외국의 침공이나 국내의 반란 등을 유발하여 치욕을 당하게 된다. 치욕당하기를 싫어하면서도 인자하지 않은 상태에 머물러 있다면, 그것은 습기를 싫어하면서도 물이 흘러내리는 낮은 곳에 머물러 있는 것과 다를 바 없다. 만약 치욕당하기를 싫어한다면 덕이 있는 사람을 귀하게 여기고 또 인격 있는 선비를 존중하는 것보다 더 좋은 방법은 없는 것이니, 그렇게 함으로써 현량한 인물이 그에 합당한 벼슬자리에 있고 유능한 인재가 그에 상응한 직책을 맡아보게 되면 나라에 우환이 없어 한가하게 된다. 그렇게 된 때에 가서 정사와 형벌을 똑똑히 밝히어 시행한다면 국위가 진작되므로 제아무리 큰 나라라 할지라도 반드시 그 나라를 두려워하게 될 것이다.

〈빈풍(豳風)〉 치효편(鴟鴞篇)에 이런 구절이 있다. '하늘에 구름이 끼고 비가 내리기 전에, 저 뽕나무의 뿌리를 뽑아 그 껍질을 벗겨다가 살창문과 지게문을 단단히 얽어서 비가 와도 괜찮도록 잘 손질해 놓았다. 이제 이 밑에 살 백성들이 감히 나를 모욕할 수 있으랴, 모욕할 자가 없다.' 공자께서는 '이 시를 지은 사람은 아마도 나라 다스리는 도리를 잘 알고 있었을 게다. 자기 국가를 미리미리 잘 다스려 두면 누가 감히 그 나라를 모욕하랴, 모욕하지 못한다'고 평하셨던 것이다.

그런데 만약 국가가 소강 상태에 들어가 한가한 터에 계속하여 정치에 힘쓰지 않고 방심하여 대대적으로 즐기고 게으름을 피우며 논다면, 그것은 자진해서 화를 초래하는 짓이라 하겠다. 화와 복은 예외없이 자신으로부터 비롯되는 것이다. 〈대아〉 문왕편에 '도래한 천명을 오래오래 받들어 나가기 위하여, 자진해서 많은 복을 찾을지어다'라고 하였고, 태갑(太甲)은 '하늘이 가져온 화는 그래도 피할 수 있지만, 자기가 재화(災禍)를 불러일으키면 그것에서 도피하여 살아날 수는 없다'고 말했는데, 이것들은 화복이란 모두 자신이 불러오는 것임을 일러주는 말들이다."

原文 孟子曰 : "仁則榮,하고 不仁則辱.하나니 今에 惡辱而居不仁,이 是猶惡濕而居下也.ㅣ니라 如惡之,인댄 莫如貴德而尊士.니 賢者在位,하고 能者在職,하면 國家閒暇라 及是時,하야 明其政刑,이면 雖大國이라도 必畏之矣.리라 詩云 : '迨天之未陰雨,하야 徹彼桑土,하야 綢繆牖戶.면 今此下民,이 或敢侮予.리오' 孔子曰 : '爲此詩者, 其知道乎!인저 能治其國家,면 誰敢侮之?리오'하시니라 今國家閒暇,어든 及是時,하야 般樂怠敖,하나니 是는 自求禍也.ㅣ니라 禍福이 無不自己求之者.니라 詩云 : '永言配命.이 自求多福.이라'하고 太甲에 曰 : '天作孼,은 猶可違.어니와 自作孼은 不可活.이라'하니 此之謂也.ㅣ니라"

5. 천하에 적이 없도록 하려면

맹자께서는 이런 말씀을 하셨다.
"한 나라의 군주가 현량한 인물을 존경하고 유능한 인재에게 일을 시키는 등 재덕이 남달리 뛰어난 사람이 주요한 벼슬자리에 있게 된다면, 온 천하의 선비들이 모두 기뻐하여 그러한 재능을 인정해 주는 나라의 조정에서 일하기를 원하게 될 것이다. 시장에 대해서는 점포세만 징수하고 상품에는 세금을 붙이지 않거나, 쌓여 있는 상품을 사들이고 점포세마저 징수하지 않는다면, 온 천하의 상인들은 모두 기뻐하여 상인을 보호 육성해 주는 그러한 시장에 자기의 상품을 저장하기를 원하게 될 것이다.

관문에서는 통과하는 사람이나 물품을 검사하는 데 그치고 관세나 통행세 같은 세금을 징수하지 않는다면, 온 천하의 여행자들은 그와 같은 부담이 없는 길로 가기를 원하게 될 것이다. 농경자에 대해서는 정전법(井田法)에 의한 공전(公田) 공동 경작의 의무를 과하여 그곳에서 한 수확만 세(稅)로 바치게 하고, 그밖의 세는 징수하지 않으면 온 천하의 농민들은 모두 기뻐하여 그러한 농민 보호정책을 쓰는 나라의 땅에서 농사짓기를 원하게 될 것이다. 거주지에 대해서 인구세·가구세 같은 특별한 세를 부과하지 않는다면, 온 천하의 백성들은 모두 기뻐하여 백성을 아끼는 그러한 나라의 백성 노릇 하기를 원하게 될 것이다.

한 나라의 국군(國君)이 정말로 앞에서 말한 다섯 가지의 일을 실천에 옮길 수 있다면, 그 인접국의 백성들도 그 국군을 마치 자기네 부모같이 우러러 사모하게 될 것이다. 대체로 자제들을 거느려 가지고 그 자제들의 부모를 공격하는 일은 이 세상에 인류가 생겨난 이래로 여태껏 성공해 본 일이 없었다. 부모로 우러러보는 이웃나라의 자제들을 동원시키어 그러한 군왕을 공격해서 성공할 도리는 없는 것이다. 그러고 보면, 그러한 국군은 온 천하에 한 사람의 적도 없게 되는 것이다. 온 천하에 한 사람의 적도 없는 군주는 결국 천명을 받들어 행하는 하늘의 일꾼이다. 그러한 군주로서 천하에 왕자로 군림하지 못한 예는 지금껏 있어 본 일이 없다. 틀림없이 천하의 왕자로 군림하게 될 것이다."

原文 **孟子曰 : "尊賢使能,**하야 **俊傑**이 **在位, 則天下之士皆悅, 而願立於其朝矣,**리라 **市,**에 **廛而不征,**하며 **法而不廛·則天下之商**이 **皆悅, 而願藏於其市矣.**리라 **關,**에 **譏而不征, 則天下之旅皆悅, 而願出於其路矣.**리라 **耕者**를 **助而不稅, 則天下之農**이 **皆悅, 而願耕於其野矣**리라 **廛無夫里之**

布，則天下之民,이皆悅，而願爲之氓矣.리라 信能行此五者，則鄰國之民,이 仰之若父母矣.리라 率其子弟.하야 攻其父母，는 自生民以來,로 未有能濟者也.ㅣ니 如此則無敵於天下.하리라 無敵於天下者,는 天吏也.ㅣ니 然而不王者·未之有也.ㅣ니라”

6. 인·의·예·지는 누구나 가지고 있는 정서

맹자께서는 다음과 같은 말씀을 하셨다.
“사람이라면 누구나 차마 남에게 잔학하게 굴지 못하는 마음을 가지고 있게 마련이다. 옛날의 현성(賢聖)한 왕들은 차마 남에게 잔학하게 굴지 못하는 마음을 지니고 있었는데, 그 마음을 나라 다스리는 데에까지 써서 백성들에게 차마 잔학하게 굴지 못하는 훌륭한 정치가 생겨나게 되었던 것이다. 차마 남에게 잔학하게 굴지 못하는 인자한 마음을 가지고서 남에게 잔학하게 굴지 못하는 인자한 정치를 한다면, 천하 만민이 절로 열복하게 되므로 천하를 다스리는 일은 손바닥 위에서 그것을 움직일 수 있는 것같이 수월하게 해낼 수 있을 것이다.

사람이면 누구나 남에게 잔학하게 굴지 못하는 마음을 가지고 있다는 것은 다음과 같은 점을 보아도 알 수 있다. 만약 사람이 졸지에 어린아이가 우물에 빠지려고 하는 것을 보게 되면 다들 놀라서 무서워하고 측은해하는 마음을 갖게 된다. 이것은 그 아이를 구해 준 인연으로 하여 그 아이의 부모와 친교를 맺으려고 하기 때문에 그러한 것도 아니요, 한동네 사람들과 벗들에게 인명을 구해 주었다는 칭찬을 받으려고 하기 때문에 그러는 것도 아니요,

그렇다고 또 그 아이의 아우성치는 소리가 역겨워서 그러는 것도 아니다. 그것은 다만, 차마 남에게 잔학하게 굴지 못하는 마음의 자연스런 발동의 소치인 것이다.

이러한 점에서부터 살펴본다면, 측은해하는 마음은 사람이 타고난 것이니, 측은해하는 마음을 가지고 있지 않다면 그것은 사람이 아니다. 이와 마찬가지로 불의한 것을 부끄러워하는 마음이 없다면 그것은 인자한 사람이 아니다. 남에게 사양하는 마음이 없다면 그것은 사람이 아니다. 옳고 그른 것의 시비를 가리는 마음이 없다면 그것은 사람이 아니다.

측은해하는 마음은 인(仁)으로 발전할 단서이고, 부끄러워하는 마음은 의(義)로 발전할 단서이며, 사양하는 마음은 예(禮)로 발전할 단서이고, 시비를 가리는 마음은 지(智)로 발전할 단서인 것이다. 사람들이 이 네 가지 단서를 가지고 있는 것은 사지를 가지고 있는 것과 다를 바 없는 것처럼 태어나면서부터 갖추고 있는 것이다. 그런데 이 같은 네 가지 단서를 지니고 있으면서 인·의·예·지가 뒷받침되어 있는 선한 일을 하지 못한다고 스스로 말한다면, 그것은 자기 자신의 본질이나 능력을 해치는 것이다. 무릇 자기 마음에 이 네 가지 단서를 갖추고 있는 사람이면 누구나 그것을 잘 확충시켜 나갈 줄 알게 마련이다. 이 네 가지의 단서는 마치 불이 처음 타오르거나 샘이 처음 솟아나는 것 같아서, 만약에 그것을 확충시킬 수 있다면 인·의·예·지는 널리 행해져서 온 세상을 널리 편안하게 하기에도 넉넉하려니와, 만약에 그것을 확충시키지 못한다면 가까운 자기의 부모를 올바로 섬기기에도 부족한 것이다."

原文 孟子曰 : "人皆有不忍人之心.하니라 先王이 有不忍

人之心,하야 斯有不忍人之政矣.니 以不忍人之心,으로 行不忍人之政,이면 治天下.는 可運之掌上.이니라 所以謂人皆有不忍人之心者,는 今人이 乍見孺子將入於井,하면 皆有怵惕惻隱之心,하나니 非所以內交於孺子之父母也,ㅣ며 非所以要譽於鄕黨朋友也,ㅣ며 非惡其聲而然也.ㅣ니라 由是觀之,컨대 無惻隱之心,이면 非人也,ㅣ며 無羞惡之心,이면 非人也,며 無辭讓之心,이면 非人也,ㅣ며 無是非之心,이면 非人也,ㅣ니라 惻隱之心은 仁之端也,ㅣ요 羞惡之心,은 義之端也,ㅣ요 辭讓之心,은 禮之端也,ㅣ요 是非之心,은 智之端也.ㅣ니라 人之有是四端也,ㅣ는 猶其有四體也.ㅣ니 有是四端而, 自謂不能者,는 自賊者也,ㅣ요 謂其君不能者,는 賊其君者也,ㅣ니라 凡有四端於我者,를 知皆擴而充之矣,면 若火之始然,하며 泉之始達.이니 苟能充之,면 足以保四海,요 苟不充之면 不足以事父母.니라"

※ 四端(사단)—사람의 본성에서 우러나오는 네 가지의 마음씨. 곧 인(仁)에서 우러나오는 측은지심(惻隱之心), 의(義)에서 우러나오는 수오지심(羞惡之心), 예(禮)에서 우러나오는 사양지심(辭讓之心), 지(智)에서 우러나오는 시비지심(是非之心) 등 네 가지. 이 말들의 출전은 바로 맹자가 말한 이 대목이다.

7. 직업을 잘 선택하라

맹자께서는 다음과 같은 말씀을 하셨다.
"화살 만드는 것을 직업으로 하는 사람은 결코 갑옷을 만드는 사람보다 그 본심에 있어서 인자스럽지 않다고는 할 수 없다. 그렇기는 하지만, 화살 만드는 사람은 자기가 만드는 화살이 전쟁에서 사용될 때 그것이 혹시나 사람을 상하지 않게 할까 하고 언제나 걱정한다. 이와는 대조적으로 갑옷을 만드는 사람은 자기가 만든 갑옷이 전쟁에서 사용될 때 그것을 입은 사람이 혹시 상하게 되지 않을까 하고 언제나 걱정한다. 사람의 목숨을 보전하게 되기를 빌어 주는 것을 직업으로 하는 무당과, 사람이 죽으면 그것을 담아 내는 데 쓰는 관을 짜는 목수의 경우 역시 그렇다. 관이 많이 팔리기를 바라는 목수가 남의 생명의 보전을 위해 빌어 주는 무당보다 그 본심에 있어 인자하지 못하다고는 말할 수 없는 것이다.

그렇기 때문에 사람이 기술이나 직업을 선택할 때에는 극도의 신중함을 기해야 하는 것이다. 기술이나 직업의 선택 관계로 본의 아니게 인자하지 못한 처지에 놓이는 수가 있기 때문이다.

공자께서는 이런 말씀을 하셨다. '사람이 인자한 고장에 사는 것은 좋은 일이다. 자기가 살 고장을 택하는 데 있어서 인자한 데 살 것을 고려하지 않는다면 어찌 지혜롭다고 할 수 있겠는가? 도저히 지혜롭다고는 할 수 없다.' 대체로 인(仁)이란 하늘에서 내려 주는 높은 작위인 것이니, 그것은 인을 실천하는 사람은 사람들이 높은 작위를 가진 사람에 대한 것 이상으로 그를 존경하기 때문이다. 또 인은 사람이 안주할 수 있는 집이라고도 하겠는데, 그것은 인을 실천하게 되면 언제나 화평한 마음을 가지고 살 수 있기 때문이다. 하늘이 내려 주는 높은 작위이고 사람이 안주할 수 있는 집이라고 할 수 있는 이러한 인은 누구에게나 받아들여지도록 되어 있고, 아무도 그것을 못하게 막지 않는데도 인을 실천하는 생활을 하지 않는 것은 결국 지혜롭지 못한 탓이다.

인·의·예·지, 이 네 가지의 덕이 모두 부족한 사람은 남에게 부림을 받는 것을 면치 못한다. 남에게 부림을 받아야 할 입장에 놓여 있으면서 그 부림받는 것을 수치스럽게 여기는 것은 마치 활을 만드는 사람이 활 만드는 것을 수치스럽게 여긴다든가, 화살 만드는 사람이 화살 만드는 것을 수치스럽게 여기는 경우와 같은 것이다. 그러므로 남에게 부림받는 것을 수치스럽게 여긴다면 무엇보다도 인을 실천하라. 인의 실천이야말로 남에게 부림받는 부끄러움을 모면하는 가장 좋은 길이다.

인을 실천하는 사람의 태도는 마치 활 쏘는 경우와 같다. 첫째로, 활 쏘는 사람은 자기의 자세를 바로잡고 난 연후에 활을 쏜다.

그리고 화살을 쏘아서 그것이 과녁에 맞지 않는다 하여 결코 자기를 이긴 사람을 원망하지 않고, 자기 자신을 반성하여 맞추지 못한 이유를 자기 자신 속에서 찾아볼 뿐이다. 그와 같이 인을 실천하는 사람은 모든 결함의 원인을 자기 자신 속에서 찾는다."

原文 **孟子曰："矢人**이 **豈不仁於函人哉?** 리오마는 **矢人**은 **惟恐不傷人,** 하고 **函人**은 **惟恐傷人.** 하나니 **巫·匠**도 **亦然.** 이라 **故**로 **術不可不愼也.** ㅣ니라 **孔子曰：'里仁**이 **爲美,** 하니 **擇不處仁,** 이면 **焉得智?** 리오'하시니 **夫仁,** 은 **天之尊爵也,** ㅣ며 **人之安宅也.** ㅣ어늘 **莫之禦而不仁,** 하니 **是**는 **不智也.** ㅣ니라 **不仁不智,** 하고 **無禮無義,** 면 **人役也.** ㅣ라 **人役而恥爲役人,** 은 **由弓人而恥爲弓,** 하며 **矢人而恥爲矢也.** ㅣ니라 **如恥之,** 인댄 **莫如爲仁.** 이니라 **仁者**는 **如射.** 니 **射者**는 **正己而後**에 **發,** 하야 **發而不中,** 이라도 **不怨勝己者,** 하고 **反求諸己而矣.** 니라"

8. 천한 일은 남과 같이 하라

맹자께서는 다음과 같은 말씀을 하셨다.

"공자의 제자인 자로는, 남이 그에게 '당신은 이러이러한 과오가 있소'하고 그의 과오를 충고해 주면 그렇게 충고해 주는 것을 기뻐하였다. 하(夏)나라 우(禹)임금은 자기에게 교훈이 될 만한 좋은 말을 들으면 절을 하고 고마워했다. 그런데 위대한 순(舜)임금은 이 두 사람이 행한 것보다 더 훌륭한 점이 있었다. 즉 그는 남의 좋은 의견에 동조하기를 잘해서 자기의 생각을 버리고 남의 좋은 의견에 따라가고, 남의 의견에서 좋은 점을 취하여 선을 행하기를 즐거워하였다. 순임금이 몸소 농사를 짓고, 질그릇을 굽고, 물고기를 잡았던 미천했던 시점부터 시작하여 천자가 되기에 이르기까지 남의 의견에서 좋은 점을 취해서 하지 않은 일이라고는 없었다. 남의 의견에서 좋은 점을 취하여 선을 행하는 것은 곧 자기 한 사람에 그치지 않고 남과 함께 선을 행하는 것이다. 그러므로 군자에게 있어서는 무엇보다도 남과 함께 선을 행하는 것이 중대한 일인 것이다."

原文 **孟子曰:"子路,**는 **人**이 **告之以有過則喜,**하고 **禹,**는 **聞善言則拜.**나 **大舜**은 **有大焉.**이라 **善與人同,**하야 **舍己從人,**하며 **樂取於人**하야 **以爲善.**이라 **自耕稼陶漁,**로 **以至爲帝,**히 **無非取於人者.**라 **取諸人以爲善,**은 **是**는 **與人爲善者也.**ㅣ라 **故**로 **君子**는 **莫大乎與人爲善.**이니라"

9. 백이와 유하혜(柳下惠)

맹자께서는 다음과 같은 말씀을 하셨다.

"백이는 자기가 섬길 만하다고 좋게 생각하는 올바른 임금이 아니면 섬기지 않았다. 자기가 사귈 만하다고 생각하는 올바른 벗이 아니면 벗으로 사귀지 않았다. 악인이 정사에 참여하고 있는 조정에는 나서지 않았다. 그리고 악한 사람과는 말조차도 하지 않았다. 그는 악한 사람이 참여하고 있는 조정에 들어가거나 악한 사람과 더불어 이야기하는 것을 마치 조정에서 입는 훌륭한 의관을 차리고서 진흙탕이나 숯검정 같은 더러운 곳에 앉는 것과 같이 끔찍하게 생각하였다.

그는 악한 것을 미워해서 심지어는 향리의 사람과 같이 서기를 생각하다가도 그 사람이 쓴 관이 바르지 않으면 그만 부끄러운 기색을 하고 피해 가 버리는데, 마치 그것에 더럽혀지게 될까 두려워하는 것 같았다. 그러했기 때문에 그는 제후 국군(國君)이 초빙하는 말을 그럴 듯하게 잘 만들어 가지고 그를 초빙해 와도(당시의 국군들은 악을 자행하는 터였으므로) 그러한 초빙은 받아들이지 않았던 것이다. 제후의 초빙을 받아들이지 않았다는 것은 결국 그가 제후에게 가는 것을 떳떳하게 여기지 않은 것이다.

이와는 대조적으로 유하혜는 악을 자행하는 더러운 임금 섬기는 것을 부끄럽게 여기지 않았다. 자기가 대수롭지 않은 벼슬자리에서 일하게 되어도 그것을 비속하게 여기지 않았다. 그리고 자기가 벼슬하러 나가게 되면 그 자리가 대단하건 대단하지 않건 간에 자기의 우수한 면을 감추고 발휘하지 않는다거나 하는 일이 없이, 반드시 자기의 이념대로 일을 해나갔다. 자기가 임용되지 않고 버려져도 자기를 몰라 주거나 돌보지 않는다고 원망하는 일이 없었고, 곤경과 빈궁 속에 빠져 있어도 자기를 그런 곤경에 몰아넣었다고 성내는 일이 없었다.

그래서 그는 이런 말을 했던 것이다. '너는 너고, 나는 나다. 네가 아무리 옷을 벗어 버리고 내 곁에서 몸뚱이를 내놓고 있다 한들 네 자신이나 더럽히면 더럽혔지 어찌 나를 더럽힐 수야 있겠는가? 그래서 그는 득의한 기색을 하고 그런 추잡한 인간들과 함께 있으면서도 그 자신이 자기의 올바름을 잃어버리는 일이 없었던 것이다. 그는 누구든지 남이 끌어당겨 머물러 있게 하면 언제까지나 머물러 있었다. 남이 끌어당겨 머물러 있게 하여 머물러 있는다는 것은, 다시 말해 마구 그런 자리를 버리고 가 버리는 일을 그가 떳떳하게 생각하지 않았다는 것일 뿐이다."

맹자께서는 이 두 사람의 처세하는 태도를 다음과 같이 비평하셨다. "백이는 사람이 좁고 결벽이 지나쳐 도량이 협소하고, 유하혜는 사람됨이 남을 대수롭게 여기지 않아 불공스럽다. 군자는 도량이 협소하고 불공스러운 것은 취하지 않는다."

原文 孟子曰："伯夷는 非其君不事,하며 非其友不友,하며 不立於惡人之朝,하며 不與惡人言.하니라 立於惡人之朝,하고 與惡人言,을 如以朝衣朝冠.으로 坐於塗炭.하니라 推惡惡之心하야 思與鄕人立,이라가 其冠이 不正,이어든 望望然去之,하야 若將浼焉.하니라 是故로 諸侯雖有善其辭命而至者,라도 不受也,ㅣ하니 不受也者,ㅣ는 是亦不屑就已.니라 柳下惠,는 不羞汙君,하며 不卑小官,하야 進不隱賢,하고 必以其道,하며 遺佚而不怨,하며 阨窮而不憫.하니라 故로 曰：'爾爲爾,요 我爲

我,니 雖袒裼裸裎於我側,이라도 爾焉能浼我哉?리오'하니라 故로 由由然與之偕而不自失焉.하며 援而止之而止.하니라 援而止之而止者,는 是亦不屑去已.니라" 孟子曰:"伯夷는 隘,하고 柳下惠는 不恭,하니 隘與不恭,은 君子不由也.ㅣ니라"

제4장 공손추장구(公孫丑章句)·하

1. 인화(人和)는 천시(天時)와 지리(地利)에 앞선다

맹자께서는 이런 말씀을 하셨다.
"나라를 다스리는 데 있어서 시일(時日)·간지(干支)·방위(方位) 등의 유리한 조건이 갖추어진 천시는 산악(山岳)·강하(江河)·성지(城池) 등의 유리한 조건이 갖추어진 지리에 비한다면 도움을 받는 것이 적다. 또 지리는 백성들이 마음으로부터 기꺼이 화합하여 협력하고 나서는 인화에 비한다면 도움을 받는 것이 적다.

그러고 보면 나라를 다스려 나가는 데 있어서 가장 중요한 조건은 인화다. 사방 3리의 땅을 둘러싼 내성과, 그것을 중심으로 하여 사방 7리의 땅을 둘러싼 외성을 포위 공격하였으나 승리를 거두지 못하는 경우가 있다. 남의 나라의 성을 공격할 수 있게 되었다는 것은 천시를 얻었다는 증거다. 천시를 얻어 포위 공격하여도 그 성을 함락시키지 못하는 것은 결국 천시가 지리만 못하기 때문이다. 또 지니고 있는 성이 높지 않은 것도 아니고, 그 성의 둘레에 파놓은 못이 깊지 않은 것도 아니고, 마련해 놓은 병기가 예리하지 않다거나 갑옷이 견고하지 않은 것도 아니고, 그렇다고 비축해 둔 양곡이 많지 않은 것도 아니건만, 그러한 모든 조건이 잘 갖추어진 성을 내버리고 가는 경우가 있는데, 그것은 결국 지리가 인화만은 못하기 때문이다.

그래서 다음과 같은 옛말이 나오게 된 것이다. '백성들을 나라 안에서 밖으로 빠져 나가지 못하게 하기 위해서는, 영토의 경계를 엄중히 단속하는 따위의 방법은 취하지 않는다. 나라의 방위를 견고하게 하기 위해서는 산악이나 계곡 따위의 험준함을 이용하지는 않는다. 천하에 국위를 떨치기 위해서는, 병장기의 예리한 것 따위에 의존하지는 않는다.'

인의의 정도를 행하는 사람에게는 그를 도와주는 사람이 많이 생기고, 인의의 정도를 행하지 않고 포악을 자행하는 사람에게는 그를 도와주는 사람이 적다. 도와주는 사람이 가장 적은 경우에는 응당 도와줘야 할 가장 가까운 친척마저도 배반하게 되고, 도와주는 사람이 가장 많은 경우에는 온 천하의 사람들이 모두 순종해 온다.

온 천하의 사람들이 순종해 오는 막강한 힘을 가지고, 친척에게까지 배반당하는 인간을 공격한다면, 승리를 거두는 것은 당연한 일이다. 그래서 군자는 호전적이지 않아 전쟁하지 않는 수가 있지만, 일단 전쟁을 하게 되면 틀림없이 승리를 거두게 마련이다."

原文 **孟子曰："'天時**는 **不如地利,**요 **地利**는 **不如人和.**니라' **三里之城,**과 **七里之郭,**을 **環而攻之而不勝**하나니 **夫環而攻之,**에 **必有得天時者矣,**언만은 **然而不勝者,**는 **是天時不如地利也.**ㅣ니라 **城非不高也,**ㅣ며 **池非不深也,**ㅣ며 **兵革**이 **非不堅利也,**며 **米粟**이 **非不多也,**로대 **委而去之,**하나니 **是地利**

不如人和也. ㅣ니라 **故**로 **曰**: '**域民**하되 **不以封疆之界,**하며 **固國**하되 **不以山谿之險,**하며 **威天下,**하되 **不以兵革之利.**라'하나니라 **得道者**는 **多助,**하고 **失道者**는 **寡助.**라 **寡助之至,**에는 **親戚**이 **畔之.**하고 **多助之至,**에는 **天下順之.**라 **以天下之所順,**으로 **攻親戚之所畔,**이라 **故**로 **君子有不戰,**이언정 **戰必勝矣.**니라"

※ 天時不如地利(천시불여지리) 地利不如人和(지리불여인화)－천시는 지리만 못하고, 지리는 인화만 못하다. 즉 인화야말로 성공의 요체(要諦)가 된다는 유명한 말은 출전(出典)이 바로 이 대목이다.

2. 임금은 군자에게 도를 배운 후 신하로 삼으라

맹자께서 막 제왕(齊王)을 찾아보러 가려고 하셨을 때, 그것을 모르고 있던 왕은 맹자에게 사람을 보내어 다음과 같은 말로 맹자를 불렀다.

"도리인즉, 과인이 마땅히 선생을 찾아가서 뵈어야 할 것입니다마는, 공교롭게도 감기가 들어서 외출하여 바람을 쐴 수 없습니다. 선생께서 조정에 나오신다면 조회를 보겠습니다."

앉아서 자기를 불러 보려고 하는 왕의 겸허하지 못한 마음을 알아차리게 된 맹자께서는 찾아가 보려던 것을 취소하고 다음과 같이 거절하였다.

"마음은 가 뵈옵고 싶으나, 불행하게도 병이 나서 조정에 나가지 못합니다."

그 이튿날 맹자께서는 제나라의 대부인 동곽씨(東郭氏)의 집까지 문상하러 갔다. 공손추는 이러한 맹자의 처사를 보고 의아해서 물었다.

"어제 편찮으시다고 조정에 나오시라는 왕명을 거절하시고, 오늘 문상하러 나오신다는 건 혹시 잘못하는 일이 아닐까요?"

"어제 앓다가 오늘 나았는데 어떻게 문상하러 나오지 않겠는가?"

맹자께서 앓는다는 말을 들은 왕은 사람을 보내어 문병케 하고 의원을 보내어 진찰케 했다. 그런데 맹자는 이미 집에 없었다. 집에 있던 그의 종제(從弟) 맹중자는 난처해서 다음과 같이 변명했다.

"어제는 들랍시는 황송한 왕명이 있었으나 공교롭게도 형은 병이 나서 조정에 나가지를 못했습니다. 오늘은 병이 좀 나아서 급히 조정으로 갔습니다마는 병후인지라 잘 갈 수 있을지 모르겠습니다."

맹중자는 이렇게 변명해 놓고는 여러 사람을 풀어서 길목을 지켜 맹자를 만나게 하여, '집으로 돌아오지 마시고 조정으로 가십시오'라는 말을 전했다. 맹자는 이 말을 듣자, 조정에는 가기 싫고 집으로 돌아가면 알고도 안 간 게 되므로 그렇게 할 수도 없어서 할 수 없이 경추씨(景丑氏)의 집에 가서 거기서 묵으셨다.

경추씨는 맹자께서 자기를 찾아와 유숙하게 된 경위를 듣고 다음과 같이 힐문하는 어조로 맹자에게 물었다.

"집안에서는 부자의 관계가, 그리고 밖에서는 군신의 관계가 인간관계에 있어서는 가장 큰 것입니다. 부자간의 관계를 유지하는 데는 은혜를 위주로 하고, 군신간의 관계를 유지하는 데는 공경을 위주로 하는 것입니다. 그러한데 저는 여태껏 왕이 선생을 공경하는 것은 본 일이 있는데, 선생께서 왕을 공경하시는 일은 보지 못했습니다(선생께서는 왕에게 지킬 도리를 다하지 않으시고 계시는 것입니다)."

맹자께서는 그 말이 약간 비위에 거슬려서 이렇게 말씀하셨다.

"하아, 무슨 말씀을 그렇게 하시오? 내가 보건대 제나라 사람들 중에는 왕을 보고 인의의 도리를 말해서 그를 인의의 방향으로 선도하려는 사람이 하나도 없는데, 그것은 그들이 인의가 좋지 않다고 여겨서 그러는 것은 아닙니다. 사실인즉 그네들은 마음속으로 제왕이 어찌 함께 인의를 논할 만한 인물이 되겠는가? 인의를 논할 만한 상대가 안 되는 인간이야'라 생각하고, 왕과 함께 인의를 논하지 않는 것에 지나지 않소이다. 그렇게 말한다면 불경함이 그보다 더 큰 것은 없습니다. 그러나 나는 이와는 대조적으로 요·순의 도가 아니면 감히 제왕 앞에 늘어놓지 않습니다. 그러고 보면 결국 제나라 사람들은 제왕을 공경하는 점에 있어서는 나만 못한 것입니다."

경추씨는 맹자의 이 말을 듣고 자기가 말하는 초점을 알아듣지 못한 것으로 알고 다시 이렇게 말했다.

"아니올시다. 그런 것을 가지고 말하는 것이 아닙니다. 고례(古禮)에는 '부친이 부르면 예 하고 대답만 하고 가지 않는 일을 해서는 안 되고, 국군이 들어오라는 명령이 내리면 수레에 말을 달아 출발 준비가 되기를 기다리지 않고 곧장 떠날 것이다'라고 했습니다. 본래 선생께서는 입조하시려고 하였던 것인데, 왕의 소명을 들으시고서는 도리어 가지 않으셨으니, 제 생각으로는 선생께서 하신 일은 아마도 예에 보이는 방법과는 같지 않은 것 같습니다."

이 말을 듣고 난 맹자께서는 다음과 같이 말씀하셨다.

"내가 말하고자 하는 것이 어찌 국군의 소명에 응하는 예법을 가지고 시비하는 것이겠소? 그런 것은 아닙니다. 증자께서 이런 말씀을 하신 일이 있습니다. '진(晋)나라와 초나라, 두 큰 나라의 재부(財富)는 내 실력으로는 물론 따를 수 없음은 말할 것도 없다.

그렇기는 하지만 만약에 그들 두 나라의 국군이 그네들의 재부를 가지고 위세를 부린다면 나는 내 인(仁)의 힘을 가지고 그들을 상대해 줄 수 있고, 그들이 그네들의 작위의 존엄성을 가지고 위세를 피운다면 나는 내 정의의 힘을 가지고 상대해 줄 수 있다. 그러니 어찌 그들과 상대하여 달릴 게 있겠는가? 하나도 달릴 게 없다.' 어찌 정의에 어긋나는 말을 무리하게 증자께서 말씀하셨겠습니까? 그랬을 리가 없습니다. 그런 말씀에는 반드시 한 가지 도리가 들어 있을 것입니다.

이 세상에는 보편적으로 존경받는 것이 세 가지 있습니다. 작위가 그 하나이고, 나이가 그 하나이고, 덕망이 그 하나입니다. 조정에서는 작위 높은 것이 가장 존경받는 대상이 되고, 향리에서는 나이 많은 것이 가장 존경받는 대상이 되며, 세상을 돕고 백성들의 어른 노릇을 하는 데는 덕망 높은 것이 가장 존경받는 대상이 됩니다. 그런데 어떻게 작위라는 그 중의 한 가지를 가지고 나이 많고 덕망이 높은 그 중의 두 가지를 소홀하게 다룰 수 있겠소? 도저히 그래서는 안 될 것입니다. 그렇기 때문에 장차 큰 사업을 하려는 임금은 반드시 자기가 부르지 못한 존경하는 신하가 있게 마련이니, 그러한 신하와 사업을 계획하려고 하면 그가 있는 곳으로 찾아가서 만납니다.

임금이 덕망 높은 인물을 존중하고 도(道) 즐기기를 그와 같이 하지 않는다면, 그러한 임금과는 함께 사업을 할 게 못 됩니다. 그래서 탕왕은 이윤에게 천하를 다스리는 길을 배우고 난 뒤에 그를 자기 신하로 삼았기 때문에 힘들이지 않고 천하의 왕자로 임할 수 있게 되었으며, 제나라 환공은 관중에게 패자가 되는 길을 배우고 난 뒤에 그를 자기 신하로 삼았기 때문에 힘들이지 않고 패(霸)를 칭할 수 있게 되었던 것입니다. 지금 여러 나라의 임금들을 살펴

본다면, 그들이 차지하고 있는 땅의 크기가 서로 비슷하고 그들의 덕이 서로 비등하여 서로간에 월등하게 뛰어나지 못하는 것은 다른 이유가 있는 것이 아닙니다. 국군들이 자기가 가르쳐서 부리는 자기만 못한 인물을 신하로 쓰기를 좋아하고 자기가 가르침을 받는, 자기보다 훌륭한 인물을 신하로 쓰기를 싫어하기 때문입니다. 탕왕은 이윤을, 그리고 제환공은 관중을 감히 불러 보지 못했던 것입니다. 관중 정도의 인물조차도 불러 볼 수 없었거늘, 하물며 관중 정도는 대수롭게 여기지 않는 그러한 인물의 경우에야 더 말할 나위가 없지 않겠습니까?"

原文 **孟子將朝王,**이러니 **王**이 **使人來曰:"寡人**이 **如就見者也,**ㅣ러니 **有寒疾,**하야 **不可以風.**일새 **朝將視朝,**하리니 **不識**케이다 **可使寡人得見乎?**이까" **對曰:"不幸而有疾,**하야 **不能造朝.**로소이다" **明日,**에 **出弔於東郭氏.**러니 **公孫丑曰:"昔者**에 **辭以病,**하시고 **今日弔,**하시니 **或者不可乎**인저" **曰:"昔者疾,**이라가 **今日愈,**어니 **如之何不弔?**리오" **王**이 **使人問疾,**하고 **醫來.**하니 **孟仲子對曰:"昔者**에 **有王命,**이어시늘 **有采薪之憂,**하야 **不能造朝.**러니 **今病小愈,**하야 **趨造於朝,**하니 **我不識**케라 **能至否乎.**아하고" **使數人**으로 **要於路曰:"請必無歸, 而造於朝.**하소서" **不得已而之景丑氏,**하야 **宿焉.**하다

景子曰:"內則父子,요 **外則君臣,**이 **人之大倫也.**ㅣ니 **父子**는 **主恩,**하고 **君臣**은 **主敬.**이라 **丑見王之敬子也,**ㅣ요 **未見所以敬王也.**ㅣ이다" **曰:"惡,**라 **是何言也.**ㅣ오 **齊人**이 **無以仁義與王言者.**는 **豈以仁義**로 **爲不美也?**ㅣ리오 **其心**에 **曰:'是**는 **何足與言仁義也云爾,**니' **則不敬莫大乎是.**라 **我**는 **非**

堯舜之道,면 不敢以陳於王前,하나니 故로 齊人이 莫如我敬王也.ㅣ니라" 景子曰:"否.라 非此之謂也.ㅣ라 禮에 曰:'父召면 無諾,하며 君이 命召,면 不俟駕.라'하니 固將朝也,타가 聞王命而遂不果,하시니 宜與夫禮,로 若不相似然.하니이다"

曰:"豈謂是與?리오 曾子曰:'晉·楚之富,는 不可及也.ㅣ나 彼以其富,어든 我以吾仁,이오 彼以其爵,이어든 我以吾義,니 吾何慊乎哉?리오'하시니 夫豈不義,를 而曾子言之.시리오 是或一道也.ㅣ니라 天下에 有達尊이 三,이니 爵一·齒一·德一.이니 朝廷엔 莫如爵,이오 鄕黨엔 莫如齒,요 輔世長民엔 莫如德,이니 惡得有其一하야 以慢其二哉?리오 故로 將大有爲之君,은 必有所不召之臣,이라 欲有謀焉, 則就之.하나니 其尊德樂道, 不如是면 不足與有爲也.ㅣ니라 故로 湯之於伊尹,에 學焉而後臣之,라 故로 不勞而王,하고 桓公之於管仲,에 學焉而後臣之,라 故로 不勞而覇,하니라 今天下地醜德齊,하야 莫能相尙,은 無他,라 好臣其所敎, 而不好臣其所受敎.니라 湯之於伊尹,과 桓公之於管仲,엔 則不敢召.하니 管仲도 且猶不可召,어든 而況不爲管仲者乎아?"

3. 군자는 뇌물을 받지 않는다

맹자의 제자인 진진(陳臻)이 맹자에게 다음과 같은 비판적인 질문을 했다.

"앞서 선생님께서 제나라에 계실 적에 제나라의 국군이 선생님께 값이 배가 나가는 좋은 황금 2천 냥을 증정했는데도 선생님께서는 그것을 거절하시고 받지 않으셨습니다. 그런가 하면, 그후에 송나라에 계실 적에는 그보다 못한 1천4백 냥을 증정해 왔는데 선생님께서는 그것을 받으셨고, 또 설(薛)나라에 계실 적에는 1천 냥을 증정해 왔었는데 받으셨습니다. 그러고 보면 앞서 받지 않으신 것이 옳았다고 한다면 그 후에 받으신 것은 옳지 않았다고 하겠고, 그후에 받으신 것이 옳았다고 한다면 앞서 받지 않으신 것이 옳지 않았다고 하겠습니다. 선생께서는 이렇게 같은 일에 대하여 받고 안 받는 두 가지 서로 다른 태도를 취하셨으니, 선생께서는 틀림없이 이 세 차례의 일에 있어 각각 옳고 그른 어느 한 가지의 태도를 취하셨음이 분명합니다."

이 질문을 받은 맹자께서는 이런 대답을 하셨다.

"자네가 이야기한 그 세 가지 경우에서 내가 안 받기도 하고 받기도 한 서로 다른 태도를 취한 것은 모두 옳은 것이야. 그것을 설명한다면 이러하네. 송나라에 있을 적에는 내가 때마침 먼 길을 가려던 차였네. 길 떠나는 사람에게는 반드시 전별금(餞別金)을 보내주는 것이 예일세. 송나라 국군이 '전별금을 보냅니다'라는 말과 함께 그 돈을 보내왔으니 내가 무슨 이유로 그 돈을 받지 않겠나? 그런 경우에는 받는 것이 옳은 것이야. 설나라에 있을 적에는 내가 때마침 나를 해치려던 자를 경계하고 있던 차였네. 설나라의 국군이 '경계하고 계신다는 말을 들었기 때문에 이 돈을 보내 드립니다'라는 말과 함께 그 돈을 보내 왔으니 내가 무슨 이유로 그 돈을 받지 않겠나? 그런 경우에는 받는 것이 옳은 것이지.

그런데 내가 제나라에 있을 때에는 이렇다 하게 돈이 필요한 곳이 없었네. 돈이 필요한 곳이 없는데도 돈을 보내주는 것은 뇌물로 사람을 매수하자는 것일세. 어떻게 군자 된 처지에 뇌물로 매수되어서 자기 몸을 내놓는 일을 하겠나. 그렇게는 할 수 없는 일일세. 그러니 제나라에서 돈을 받지 않은 것도 옳았던 것이야."

原文 陳臻이 問曰:"前日於齊,에 王이 餽兼金一百而不受.하시고 於宋에 餽七十鎰而受하시고 於薛에 餽五十鎰而受하시니 前日之不受是, 則今日之受非也.ㅣ요 今日之受是, 則前日之不受非也.ㅣ니 夫子必居一於此矣.시니라" 孟子曰:"皆是也.ㅣ니라 當在宋也,ㅣ하야는 予將有遠行,이러니라 行者는 必以贐,이라 辭曰:'餽贐.이라'하니 予何爲不受?리오 當在薛也,ㅣ하야는 予有戒心,이러니 辭曰:'聞戒,라 故로 爲兵餽之.라'하니 予何爲不受?리오 若於齊, 則未有處也,ㅣ라 無處而餽之,는 是貨之也,ㅣ니 焉有君子而可以貨取乎?리오"

4. 임금은 백성의 목자다

맹자께서 제나라의 평륙(平陸)이라는 고장에 가셔서 그곳을 다스리는 읍재(邑宰)를 만나 다음과 같은 대화를 하셨다.

맹자께서 물으셨다.

"만약에 창을 잡고 근무하는 당신의 부하 병정이, 하루 세 차례씩이나 자기가 지키고 있어야 할 행렬에서 벗어난다면 그런 자를 제거해 버리시겠습니까, 제거해 버리지 않으시겠습니까?"

"그런 자가 있다면 세 차례씩이나 행렬에서 벗어나기를 기다리지 않고 일찌감치 제거해 버리지요."

"그렇다면 당신 자신이 지켜야 할 행렬에서 벗어난 일 역시 그 횟수가 많소. 즉 당신도 당신이 해야 할 직분을 게을리한 일이 많았소. 흉년에 기근이 들어 당신이 맡아 다스리는 이 평륙의 백성들이 먹을 것이 없어서 늙은이와 허약한 사람들은 굶주려 헤매다가 도랑이나 산골짜기에 굴러들어가 죽고, 장정들은 사방으로 먹을 것을 찾아서 흩어진 사람이 거의 천 명에 달합니다."

"그런 큰 문제는 이 공거심(孔距心)으로서는 어떻게 해볼 수 있는 성질의 것이 아닙니다."

"만약 남의 소와 양을 받아 가지고 그것들을 맡아서 길러 주는 사람이 있다고 합시다. 그 사람은 반드시 그 소와 양을 위해 목장과 목초를 구해 주어야 할 것입니다. 그런데 목장과 목초를 구하지 못하게 되었을 경우에는 그 소와 양을 그 주인에게 돌려 주어야 합니까, 아니면 그냥 우두커니 서서 그 소와 양이 죽는 것을 보고만 있어야 합니까?"

"알겠습니다. 그것은 이 공거심의 죄였습니다."

이러한 대화가 있은 후, 맹자께서는 제왕을 만나 이런 이야기를 하셨다.

"왕의 신하로 지방의 도성을 다스리는 사람 중에 제가 알고 있는 이가 다섯이 있습니다. 그런데 그 중에서 자기 죄를 알고 있는 사람은 단지 공거심 하나뿐입니다."

그러고는 제왕에게 평륙의 대부 공거심과의 사이에 있었던 대화를 말해 주었다. 그랬더니 제왕은 이렇게 말했다.

"그 일인즉 과인의 책임이구려."

原文 **孟子之平陸**하야 **謂其大夫曰**: "**子之持戟之士, 一日而三失伍, 則去之**아 **否乎?**아" **曰**: "**不待三.**이니이다", "**然則子之失伍也**ㅣ **亦多矣.**로다 **凶年饑歲,**에 **子之民**이 **老羸**는 **轉於溝壑,**하고 **壯者**는 **散而之四方者, 幾千人矣.**오" **曰**: "**此非距心之所得爲也.**ㅣ니이다" **曰**: "**今有受人之牛羊, 而**

爲之牧之者, 則必爲之求牧與芻矣.리니 **求牧與芻而不得, 則反諸其人乎?**아 **抑亦立而視其死與**아" **曰 : "此則距心之罪也.**로소이다" **他日**에 **見於王曰 : "王之爲都者,**를 **臣知五人焉,**이로대 **知其罪者,**는 **惟孔距心.**이러이다하고" **爲王誦之.**하니 **王曰 : "此則寡人之罪也.** ㅣ로소이다"

5. 직책을 완수하지 못하면 관직을 떠나야 한다

맹자께서 한번은 제나라의 대부인 지와(蚳䵷)에게 핀잔 비슷하게 말씀하셨다.

"당신이 영구(靈丘)라는 지방의 읍재(邑宰)를 그만두고 자청해서 사사(士師) 벼슬을 맡은 것은 내가 보기에는 일리가 있는 것같이 여겨지는데, 그것은 사사라는 직책이 국왕에게 간언을 드릴 수가 있기 때문이오. 그런데 당신을 살펴보건대, 사사가 된 지 이미 수 개월이 지났는데도 아무런 간언이 없으니, 아직도 간언할 만한 기회가 없어서 그랬던가요?"

그후 지와는 제왕에게 그 실정(失政)을 간했다. 그러나 제왕은 지와의 간언을 받아들여 정책에 반영시키는 일을 하지 않았다. 지와는 자기의 간언이 받아들여지지 않자 벼슬을 내놓고 물러갔다.

이러한 일련의 일을 보고 제나라 사람들은 맹자를 비판하여 다음과 같이 말했다.

"맹자가 지와에게 충고하여 자기 직책을 다하고 물러나게 한 것은 잘한 일이다. 그렇지만 맹자 자신은 지와가 사직한 데 대한 자기 책임은 모르는 체하고 있으니, 그 자신의 거취는 과연 잘하는 것인지 모르겠다."

그러자 맹자의 제자인 공도자(公都子)가 제나라 사람들의 말을 맹자께 고했다. 그랬더니 맹자께서는 다음과 같이 말씀하셨다.

"나는 이런 말을 들었다. '관직을 가지고 있는 사람은 자기 직책을 완수하지 못했을 경우에는 그 관직을 내놓고 가야 하고, 국군(國君)을 간하는 책임을 가지고 있는 사람은 자기의 간언이 국군에 의해 받아들여지지 못했을 경우에는 역시 그 자리를 내놓고 가버려야 한다.' 그런데 나로 말하면 이 제나라에서 관직을 가지고 있는 것도 아니고 국군을 간하는 책임을 가지고 있는 것도 아니니, 내가 진퇴하는 데 있어서 어찌 여유 있게 굴지 않겠느냐?"

原文 孟子謂蚳鼃曰:"子之辭靈丘而請士師, 似也,는 爲其可以言也,ㅣ니 今旣數月矣,로대 未可以言與?아" 蚳鼃諫於王而不用,이어늘 致爲臣而去.라 齊人이 曰:"所以爲蚳鼃, 則善矣,어니와 所以自爲, 則吾不知也.ㅣ라" 公都子以告,한데 曰:"吾聞之也,하니 有官守者,는 不得其職則去,하고 有言責者,는 不得其言則去.라 我無官守,하며 我無言責也,ㅣ則吾進退豈不綽綽然有餘裕哉?리오"

6. 맹자는 소인(小人)과는 의논하지 않았다

맹자께서는 제나라의 객경(客卿)이 되어서 제왕의 명으로 출국하여 등(滕)의 국상(國喪)에 조문사로 간 적이 있었다. 그때 제왕은 다시 그의 총신이며 당시 개(蓋)의 읍재로 있던 대부 왕환(王驩)을 시켜 맹자의 조문출행(弔問出行)을 돕게 하였다. 결국 맹자께서는 조문 정사(正使)가 되고, 왕환은 그 부사(副使)가 된 것이다. 왕환은 제왕의 총애를 믿고 아침 저녁으로 정사인 맹자를 만나 국상 조문에 관한 자기 의견이나 주장을 늘어놓았다. 맹자께서는 왕환의 이러한 오만불손한 태도가 미워서 제나라와 등나라 사이의 길을 왕복하는 동안에 왕환과 한 번도 조문출행에 관한 일을 의논하지 않았다. 이 일이 있은 후에 공손추는 왕환에 대한 맹자의 태도에 의문을 품고 다음과 같이 물어보았다.

"제나라의 객경의 지위는 작다고는 할 수 없습니다. 그리고 다녀오신 제나라와 등나라 사이의 길은 가깝다고도 할 수 없습니다. 경의 지위에서 국상 조문이라는 사명을 띠고 등나라를 다녀오시면서, 부사인 왕환과 한 번도 조문출행에 관한 일을 의논하시지 않은 이유는 대체 무엇 때문이십니까? 그 까닭을 모르겠사오니 말씀해 주십시오."

"이미 제가 안다고 나서서 그 일을 처리하는 사람이 있는데 내가 무슨 말을 하겠나? 내가 이러쿵저러쿵 할 필요가 없지 않겠나?"

原文 **孟子爲卿於齊,**하야 **出弔於滕,**할새 **王使蓋大夫王驩**으로 **爲輔行.**이러니 **王驩**이 **朝暮見,**이어늘 **反齊ㅣ滕之路,**하야도 **未嘗與之言行事也.**하다 **公孫丑曰 : "齊卿之位,**는 **不爲小矣,**며 **齊·滕之路,**는 **不爲近矣.**어늘 **反之而未嘗言行事,**는 **何也?**ㅣ이니꼬" **曰 : "夫旣或治之,**어니 **予何言哉**리오"

7. 친상(親喪) 재물을 아끼면 예가 아니다

맹자께서 제나라의 객경으로 있을 때 모친이 제나라 땅에서 세상을 떠나자, 맹자께서는 그의 본국인 노나라로 돌아가 장례를 치르고 다시 제나라로 돌아오는 길에 제나라 남쪽에 있는 영읍(嬴邑)에 잠시 체류했다. 그때 맹자의 제자 충우(充虞)가 이렇게 물었다.

"전날 장례 때에는 제가 못났음에도 불구하고 저에게 관곽(棺槨) 만드는 일을 감독시키셨습니다. 그런데 일이 다급해서 제가 여쭈어 볼 일이 있었으나 감히 여쭈어 보지 못했었습니다. 지금은 바쁜 일이 지나갔으므로 외람되오나 여쭈어 보고자 합니다. 제가 보옵건대 선생님께서 친상에 쓰신 관곽의 목재가 지나치게 좋았던 것 같습니다. 예에 어긋난 것 같은데 괜찮습니까?"

맹자께서는 이렇게 설명하셨다.

"상고시대에는 친상에 쓰는 관곽의 두께에 일정한 법도가 없었고, 중고시대(中古時代)에는 관목의 두께는 7촌이었고 곽의 두께는 관목에 어울리게 썼었다. 이 법은 천자로부터 서민에 이르기까지 모두 공통되었다. 이것은 단지 보기에 좋으라고 그렇게 한 것이 아니고, 그렇게 한 후라야 자식된 사람의 마음을 다하게 되기 때문이었다. 만약에 법으로 정해서 자기의 신분으로는 그렇게 할 수 없다면 마음을 기쁘게 할 수 없게 되고, 또 만약에 재산이 없어서 그런 관곽을 쓸 수 없게 된다면 마음을 기쁘게 할 수 없게 된다. 그런 관곽을 쓸 수 있고 또 그것을 마련할 재산이 있으면 옛날 사람들은 모두 7촌의 관목을 썼던 것이니, 난들 왜 유독 그런 관곽을 쓰지 못하겠는가? 내 재력이 그렇게 하기에 가능한 이상 좋은 관곽을 쓰는 것은 당연한 일이다. 거기다가 또 시체가 변할 때까지는 흙이 살에 닿지 않게 한다면 자식된 사람의 마음인들 좋지 않겠는가? 내가 알고 있기로는 군자는 천하에 도움이 된다 해서 자기의 친상을 검박(儉朴)하게 치르지는 않는 것이다."

原文 孟子自齊葬於魯,하고 反於齊,할새 止於嬴.이러니 充虞

請曰: "前日에 不知虞之不肖,하사 使虞敦匠,이시어늘 事嚴하야 虞不敢請,하고 今願竊有請也.하노니 木若以美然.하더이다" 曰: "古者에 棺椁이 無度타가 中古.에 棺이 七寸,이오 椁은 稱之,하야 自天子로 達於庶人.하니 非直爲觀美也,ㅣ라 然後에 盡於人心.이니라 不得,이면 不可以爲悅,이며 無財,면 不可以爲悅.이니 得之爲有財,하야는 古之人이 皆用之,하니 吾何爲獨不然?이리오 且比化者,하야 無使土親膚면 於人心에 獨無恔乎?아 吾聞之也하니 '君子는 不以天下로 儉其親,이니라' "

8. 하늘의 일꾼이라야 공벌(攻伐)할 수 있다

제나라의 대신인 심동(沈同)이, 이것은 사담이라는 전제하에 맹자에게 물었다.

"지금 상태로 보아 연(燕)나라를 쳐도 괜찮겠습니까?"

맹자께서는 다음과 같이 설명을 붙여 대답하셨다.

"지금 상태로는 연나라를 쳐도 좋습니다. 연왕 자쾌(子噲)는 아무리 국왕이라 해도 마음대로 국토를 남에게 내줄 수 없는 것인데 재상 자지(子之)에게 감히 그것을 내주어 버리고, 또 자지도 자쾌가 내준다고 해서 마음대로 받을 수 없는 것인데 감히 그것을 받아들여 결국 연나라에 대혼란을 가져오게 했습니다. 연나라는 군신이 모두 도리에 벗어난 짓을 하여 난맥상을 빚어냈으니 정벌을 해도 괜찮습니다.

이 일을 다른 예를 들어 설명해 본다면 이렇습니다. 이제 여기에 벼슬을 사는 사람이 하나 있다고 합시다. 당신의 봉록과 작위를 그 사람에게 양도해 주어 버리고, 또 한편 그 사람 역시 아무런 국왕의 명령도 받지 않고서 당신이 준다고 해서 제멋대로 당신으로부터 그 봉록과 작위를 물려받아서 행세한다면 괜찮겠습니까? 괜찮을 리가 없을 것입니다. 연왕 자쾌와 그 재상 자지 사이에 행해진 왕위 수수의 경우도 이 일과 다를 바가 없습니다. 그렇기 때문에 지금의 상태를 가지고 말한다면 연나라를 정벌하여도 괜찮습니다."

이러한 심동과의 이야기가 있은 후, 제나라가 들고 일어나 연나라를 정벌했다. 어떤 사람이 맹자에게 물었다.

"선생께서 제나라에 권고하여 연을 쳤다고 하는데 사실입니까?"

맹자께서는 다음과 같이 대답하셨다.

"그런 일은 없소이다. 대신 심동이 개인의 자격으로 나에게 '현재 상태로 보아 연나라를 쳐도 괜찮을까요?'하고 묻기에 내가 '괜찮다'고 대답하였더니, 그가 옳다고 생각하고 연나라를 친 것입니다. 그러나 그가 만약에 나한테 '어느 나라라야 연을 정벌할 수 있겠습니까?'하고 물었다면, 그 물음에는 '하늘의 일을 맡은 자라면 연나라를 정벌할 수 있을 것입니다'라고 대답했을 것입니다. 이 점을 이해하기는 그리 힘든 일이 아닙니다. 한 가지 예를 들어 설명해 보면 이렇습니다. 지금 여기에 사람을 죽인 자가 있다고 합시다. 어떤 사람이 '저 살인한 사람을 죽여도 괜찮습니까?'하고 묻는다면 '옥사를 처결하는 사사(士師)라면 그 사람을 죽일 수 있습니다'라고 대답하게 될 것입니다. 그렇지만 이번 제나라가 연나라를 정벌한 것은 연나라나 다름없이 무도한 입장에서 연나라를 정벌한 것인데 내가 무엇 때문에 정벌하라고 권고했겠습니까? 내가 그런 것을 권고했을 까닭이 없습니다."

原文 沈同이 以其私問曰："燕可伐與?이까" 孟子曰：

"可.하니라 子噲도 不得與人燕이며 子之도 不得受燕於子噲.니 有仕於此,어든 而子悅之,하야 不告於王而私與之吾子之祿爵,이어든 夫士也亦無王命, 而私受之於子, 則可乎?아 何以異於是.리오" 齊人이 伐燕.이어늘 或이 問曰:"勸齊伐燕.이라하니 有諸?이까" 曰:"未也.ㅣ라 沈同이 問 '燕可伐與?아'하야늘 吾應之曰:'可.라'하니 彼然而伐之也.ㅣ로다 彼如曰:'孰可以伐之?오'하면 則將應之曰:'爲天吏, 則可以伐之.라'하리라 今有殺人者,하야 或이 問之曰:'人可殺與?아'하면 則將應之曰:'可.라'하리라 彼如曰:'孰可以殺之?오'하면 則將應之曰:'爲士師, 則可以殺之.라'하리라 今以燕伐燕,이어늘 何爲勸之哉?오"

9. 과오는 고치고 변명하지 마라

제나라가 연(燕)나라를 공벌하여 빼앗아 버리고 무도한 정책을 써서 연나라 사람들의 반감을 사자, 마침내는 연나라 사람들이 제나라에 반기를 들어 반항하고 나섰다. 제왕은 앞서 맹자의 권고를 무시하고 연나라 사람들을 무도하게 다루고 또한 연나라를 제나라에 합병시켜 버렸던 것이다.

제왕은 이 사태가 벌어지자, 그의 측근 대신들에게 말했다.

"나는 맹자의 충고를 받아들이지 않고 이러한 사태를 초래하게 했으니 맹자에게 부끄럽기 짝이 없다."

제왕의 말을 들은 진가(陳賈)는 왕을 위로할 생각으로 이렇게 말했다.

"왕께서는 그 일을 근심하지 마십시오. 왕께서는 속으로 생각하시기에 주공과 비교했을 때 어느 쪽이 더 인자하고 지혜롭다고 여기십니까?"

"하아, 그게 무슨 말이오? 내가 어찌 감히 주공과 인자하고 지혜로운 점에서 비교가 되겠소? 도저히 비교가 되지 않소."

진가는 이렇게 말했다.

"우리들이 성인으로 높이는 주공이 그의 형인 관숙(管叔)을 시켜 은(殷)의 유민을 감독하게 하였는데, 그 일을 맡은 관숙은 주공이 시킨 유민 감독은 하지 않고 도리어 은의 유민을 규합해 주실에 반기를 들고 나왔습니다. 만약에 관숙이 그런 일을 저지르리라는 것을 주공이 알고서도 관숙에게 은의 유민을 감독시켰다면, 그것은 인자하지 않은 것입니다. 만약 그럴 줄을 모르고 시켰다면 그것은 지혜롭지 못한 짓입니다. 인자하고 지혜로움에 있어서는 주공조차도 미진한 정도인데, 하물며 왕께서 그런 정도의 과오를 범하신 것이야 어디 문제나 되겠습니까? 제가 맹자를 만나서 이 점을 해명하겠으니 염려하지 마십시오."

이런 일이 있은 후, 진가는 맹자를 만나 물었다.

"주공은 어떤 사람입니까?"

"옛날의 성인이오."

"성인인 주공이 관숙을 시켜 은의 유민을 감독하게 했는데 관숙은 주공의 뜻을 어기고 은의 유민을 이끌고 반기를 들고 나섰다고 하는데, 정말 그런 일이 있었습니까?"

"그런 일이 있었소."

"그때 주공은 관숙이 장차 배반하리라는 것을 알고서도 그 일을 시켰던가요?"

"주공은 관숙이 그럴 줄을 몰랐던 것이오."

"과연 그렇다면 성인도 과오를 범하는 일이 있습니까?"

"주공은 동생이었고 관숙은 형이었으니, 동생으로서 형을 믿고 그런 일을 맡겼다가 반란을 초래했으니, 주공의 과오는 있을 법한 일이 아니겠소? 그런 과오는 첩경 있을 수 있는 일이오. 그리고 또 옛날의 군자는 과오를 범하면 그것을 솔직하게 고했는데 요새 군자는 과오를 범하면 그것을 마치 과오가 아닌 것같이 그대로 밀고 나가지요. 옛날의 군자는 그 과오가 일식이나 월식 같아서 사람들이 모두 그것을 뚜렷이 볼 수 있었던 것으로, 그 과오를 고치게 되면 사람들이 모두들 그를 우러러보고 존경하였던 것이오. 그런데 지금의 군자는 자기 과오를 그대로 밀고 나갈 뿐이오. 거기에 더욱 보태어 변명까지 해대니 참으로 한심한 일이오."

原文 燕人이 畔.이어늘 王曰:"吾甚慚於孟子.하노라" 陳賈曰:"王無患焉.하소서 王은 自以爲與周公,으로 孰仁且智?이꼬" 王曰:"惡!라 是何言也!오" 曰:"周公.이 使管叔監殷,이어늘 管叔이 以殷畔.이라 知而使之,면 是는 不仁也,ㅣ요 不知而使之,면 是는 不智也.ㅣ니 仁智,는 周公도 未之盡也,ㅣ어든 而況於王乎?이까 賈請見而解之.하리이다" 見孟子,하야 問曰:"周公은 何人也?ㅣ이꼬" 曰:"古聖人也.ㅣ니라" 曰:"使管叔監殷,이어늘 管叔이 以殷畔也,ㅣ라하니 有諸?이까" 曰:"然.하다" 曰:"周公이 知其將畔而使之與?이까" 曰:"不知也.ㅣ러니라", "然則聖人도 且有過與?이까" 曰:"周公은 弟也ㅣ요 管叔은 兄也,니 周公之過는 不亦宜乎?아 且古之君子,는 過則改之,러니 今之君子는 過則順之.로다 古之君子는 其過也ㅣ 如日月之食,하야 民皆見之,하고 及其更也.하야는 民皆仰之.러니 今之君子,는 豈徒順之리오 又從而

爲之辭로다"

10. 제왕의 청을 거절한 맹자

맹자께서는 제나라에서 자기의 정치에 관한 주장이 받아들여지지 않자 신하 노릇 하는 일을 내놓고 집으로 돌아가 버렸다. 그러자 제왕이 직접 맹자를 집에까지 찾아가서 이렇게 말했다.

"그 전에는 선생님의 덕망을 사모하여 만나 뵙고 싶었는데도 뵐 길이 없었다가 제나라에 와 주셔서 선생님을 모시고 한 조정에서 같이 지낼 수 있어서 퍽 기뻤습니다. 그런데 지금 또 과인을 버리고 돌아가시니 이후에도 계속 만날 수 있을지 모르겠습니다."

맹자께서 대답하셨다.

"제가 감히 만나 뵈옵자고 청하지는 못하겠습니다만 저로서도 물론 만나 뵙게 되기를 바라는 바입니다."

이 일이 있은 후에 제왕은 그의 측근자인 시자(時子)라는 사람에게 이런 말을 하였다.

"나는 우리 제나라의 중심지에다가 맹자에게 집을 마련해 주고, 거기서 그의 제자들을 만종(萬鍾)의 녹을 가지고 기르게 하여 우리나라의 여러 대부들을 비롯, 일반 백성들에 이르기까지 모두 맹자와 그의 제자들을 존경하고 본받도록 해주고 싶소. 맹자에게 나의 이 의사를 전달하여 주오."

시자는 맹자의 제자 진진(陳臻)을 통해 이 제왕의 의사를 맹자에게 전했다. 진진이 시자의 말을 맹자에게 고하자 맹자께서는 이렇게 말씀하셨다.

"그런가? 제왕이 그러한 방법을 써서 나를 제나라에 머물러 있도록 만류할 수 없다는 것을 시자가 어찌 알겠는가? 그의 머리로는 도저히 알지 못하네. 만약 내가 부자가 되고 싶다고 생각한다면 사리에 맞지 않는 것일세. 10만 종의 봉록을 받는 경의 자리를 사퇴하고 그 10분의 1에 불과한 1만 종의 봉록을 받는다면 그게 부유해지기를 원하는 것이 되겠는가? 부유해지기를 원하는 게 될 수는 없는 노릇일세.

계손(季孫)이 이런 말을 한 일이 있네. '자숙의(子叔疑)는 참 이해할 수 없는 사람이다. 처음에 자기가 경상(卿相)의 자리에 올라 정치를 맡아보다가 자기의 의견이 받아들여지지 않으면 경상의 자리를 내놓고 물러나 버리면 그만이다. 그런데 그는 자기가 물러난 뒤에 또 자기의 자제로 하여금 경상 노릇을 하게 했다. 누구인들 부귀를 원하지 않겠는가? 남들도 모두 부귀를 원하고 있다. 그런데 자기 혼자서만 부귀 안에서 유리한 지점을 농단(壟斷 : 壟과 龍은 통용)하고 있다.' (그러니 내가 10만 종의 봉록 자리를 내놓고 가는 마당에 다시 1만 종의 봉록을 받는다고 하면 그것은 자숙의의 경우같이 부귀에 연연하는 태도이므로 나로서는 결코 받아들일 수 없는 일일세.)

농단, 즉 우뚝한 높은 지점을 차지한다는 말의 내력은 이러하네. 옛날에 시장에서 물건을 거래하는 것은 자기가 소유하고 있는 물건을 가지고 자기에게 없는 물건을 바꾸던 것으로서 시장의 관원은 시장의 질서를 정리하였을 뿐이지 세금을 받거나 하지는 않았던 것일세. 그러던 것이 어떤 천한 사나이가 나와서 반드시 농단, 즉 우뚝한 높은 지점을 찾아서 거기에 올라가 좌우를 바라보면서 이익이 남을 만한 것은 모조리 거두어 가 버리곤 하였네. 사람들이 모두 그 자를 천하게 여겼기 때문에, 시장의 관원이 그 사나이에게 세금을 물게 하였던 것일세. 상인에게 세금을 물리는 것은 이 천한 사나이로부터 시작된 것이야."

原文 孟子致爲臣而歸,할새 王이 就見孟子.하야 曰:"前日에 願見而不可得,이라가 得侍同朝,하야 甚喜.러니 今又棄寡人而歸,하시니 不識케이다 可以繼此而得見乎?이까" 對曰:"不敢請耳!언정 固所願也.ㅣ니이다" 他日에 王이 謂時子曰:"我欲中國而授孟子室.하고 養弟子以萬鍾,하야 使諸大夫國人,으로 皆有所矜式,하나니 子盍爲我言之?오" 時子因陳子而以告孟子,어늘 陳子以時子之言으로 告孟子.라 孟子曰:"然.하다 夫時子惡知其不可也ㅣ리오 如使予欲富,인댄 辭十萬而受萬,이 是爲欲富乎?아 季孫이 曰:'異哉,라 子叔疑!여 使己爲政,호대 不用, 則亦已矣어늘 又使其子弟爲卿.이라 人亦孰不欲富貴?리오만은 而獨於富貴之中,에 有私龍斷焉.이라'하니라 古之爲市也,엔 以其所有,로 易其所無者.하고 有司者治之耳.러니 有賤丈夫焉.하야 必求龍斷而登之,하고 以左右望而罔市利,어늘 人皆以爲賤,이라 故로 從而征之.라 征商은 自此賤丈夫始矣.니라"

※ 壟斷(농단)-시장에서 높은 곳에 올라가 좌우를 둘러보고 자기 물건을 팔기 위해 적당한 곳으로 가 시리(市利)를 독점한다. 즉 이익을 혼자 차지한다는 이 말의 출전은 바로 이 대목이다.

11. 군자를 설득하는 방법

맹자께서 객경의 자리를 내놓고 제나라를 떠나 본국으로 돌아가는 도중 주읍(晝邑)에서 유숙하셨다. 그런데 그때 제왕(齊王)을 위해 맹자를 만류하려고 하는 사람이 나타나 맹자 앞에 꿇어앉아서 말했다. 그러나 맹자께서는 그의 말에는 대꾸도 하지 않고 안석에 벌렁 드러누워 못 들은 체하고 있었다. 이러한 맹자의 태도를 보고 그 객은 불쾌해하며 벌떡 일어났다.

"저는 선생님을 찾아뵙기 위해 목욕재계하여 몸을 깨끗이 한 다음 하룻밤을 묵고 감히 와서 말씀드리는 것입니다. 이러한 저의 성의도 모르시고 선생님께서는 자리에 누우셔서 제 말씀을 듣지 않으시니, 다시는 감히 찾아뵙지 않도록 하겠습니다."

맹자께서는 그제야 이렇게 말씀하셨다.

"도로 앉으시오. 내가 대꾸하지 않은 까닭을 분명하게 일러 주리다. 옛날에 이런 일이 있었소. 노나라 목공(繆公)은 공자의 손자이며 도덕과 학문을 갖춘 인물이었던 자사(子思)를 존경하여, 사람을 보내어 자사를 측근에서 시중하게 하여 자사에게 자기의 성의를 알게 하였소. 그렇게 하지 않으면 자사가 편안한 마음으로 노나라에 머물러 있게 해줄 수가 없었소.

그런데 이와는 대조적으로 노나라의 인물이었던 설류(泄柳)와 신상(申詳)은 목공의 측근에서 그들의 존재를 목공에게 일깨워주는 사람이 없으면 그들은 마음이 불안했소. 이제 당신이 이 늙은 나를 위해서 여러 가지로 염려하여 제나라에 머물러 있도록 말해준 것은 고맙다고 하겠으나, 당신은 목공이 자사에게 한 것 같은 태도로 제왕이 나에게 대해 주도록 그렇게 하지는 못하오. 그러고 보면 당신이 이 늙은 나를 내버린 게 되겠소, 그렇지 않으면 이 늙은 내가 당신을 내버린 게 되겠소? 이제는 알게 되었을 거요."

原文 **孟子去齊,**할새 **宿於晝.**러니 **有欲爲王留行者,**하야 **坐**

而言.이어늘 不應,하고 隱几而臥.라 客이 不悅하야 曰: "弟子齊宿而後敢言이어늘 夫子臥而不聽,하시니 請勿復敢見矣.로이다" 曰: "坐!하라 我明言子.하리라 昔者에 魯繆公,이 無人乎子思之側, 則不能安子思,하고 泄柳·申詳,이 無人乎繆公之側, 則不能安其身,이러니라 子爲長者慮, 而不及子思.하니 子絶長者乎아 長者絶子乎?아"

12. 소인이 어찌 나를 알겠는가

맹자께서 제나라를 떠나기는 하였으나 가까운 주읍에서 사흘동안이나 유숙하며 무슨 미련이라도 있는 듯이 머뭇거리다가 갔다. 그 모양을 본 윤사(尹士)라는 사람이 다음과 같은 말을 사람들에게 하면서 맹자를 헐뜯었다.

"지금의 우리 제왕이 은나라 탕왕이나 주나라 무왕 같은 현군이 될 수 없음을 모르고 찾아온 것이었다면 맹자라는 사람은 명철하지 못하다고 할 수밖에 없다. 만약 제왕이 현군이 될 수 없다는 것을 뻔히 알면서도 그가 제왕을 찾아온 것이었다면, 그것은 맹자가 제왕의 은택을 받으려 했던 것으로 이록(利祿)을 탐내는 인간이라 하겠다.

또 거기까지는 그렇다 해도 자기가 천리 길을 무릅쓰고 찾아와서 제왕을 만나 접촉을 가진 결과가 의견이 서로 맞지 않아 떠나가려던 것인데, 그렇게 된 마당에 사흘씩이나 유숙하고 나서 주읍을 떠난다는 것은 실로 늑장을 부리는 것이 이만저만한 게 아니다. 사람이 한번 떠나기로 작정했으면 깨끗이 사라져 버릴 일이지 그게 무슨 꼴인가? 나는 맹자의 그런 태도가 무척 불쾌하다."

맹자의 제자인 고자(高子)가 이 이야기를 듣고 맹자에게 사실대로 고했다. 그랬더니 맹자께서는 이렇게 말씀하셨다.

"그 윤사 정도의 사람이 어떻게 나를 이해하겠는가? 도저히 이해하지 못한다. 천리나 되는 먼 길을 무릅쓰고 제왕을 찾아와 만난 것은, 내가 원해서 그렇게 한 것이다. 그렇지만 제왕과 의견이 맞지 않았기 때문에 제나라를 떠나는 일은 부득이해서 그런 것이다.

어찌 내가 그렇게 되기를 원했겠는가? 내가 제나라의 수도를 떠나 그 가까운 주읍(晝邑)에서 사흘이나 묵고 나서 그곳을 떠났지만 사흘만에 떠난 것도 나로서는 그래도 빠르다고 생각했던 것이다. 왕이여, 제발 마음을 고치시오. 왕이 마음을 고친다면 틀림없이 나를 도로 불러 갈 것이다. 이렇게 마음속으로 나는 생각하고 있었던 것이야.

그러나 내가 주읍에서 사흘동안이나 머물다가 그곳을 떠나도 왕이 나를 불러 가려고 뒤를 좇지 않았으므로 나는 왕이 마음을 고치지 않았음을 알게 되었고, 왕이 마음을 고치지 않는 이상 어쩔 수 없어 그제야 모든 고려(考慮)에서 해방되어 마음이 활짝 풀려 고국으로 돌아갈 생각을 하게 된 것이다. 나는 비록 제왕을 두고 고국으로 돌아간다고는 하지만 어떻게 마음속으로부터 제왕을 포기해 버리겠는가? 결코 제왕을 포기하지는 않을 것이다. 제왕은 지금의 제후들과 비교해 본다면, 그래도 그가 가지고 있는 자질로서 선정을 해내기에 충분하다.

제왕이 만약 나를 써서 내 정치적인 주장을 실천에 옮긴다면 그때는 제나라의 백성들이 편안해지는 데 그칠 뿐만 아니라 천하의 왕자로 군림하여 온 천하의 백성들을 모두 편안해지게 해줄 수 있는 경지에까지 도달할 수 있을 것이다. 그래서 나는 '왕이여, 제발 마음을 고쳐 선정을 실시토록 하시오'하고 매일같이 열망하고 있는 것이다.

내가 어찌 윤사 같은 쩨쩨한 사나이처럼 굴겠는가? 나는 그렇게는 할 수 없다. 그런 쩨쩨한 사나이같이 하자면, 자기 임금에게 간언을 하여 그것이 받아들여지지 않으면 그 즉시 성난 기색을 얼굴에 나타낼 것이고, 또 임금을 버리고 떠나게 되면 하루 종일 갈 수 있는 데까지 멀리 간 후에 그날을 묵고는 할 것이니 내가 어찌 그런 쩨쩨한 흉내를 내겠는가? 나로서는 그런 흉내를 낼 수 없다."

맹자의 이 말을 전해 들은 윤사는 비로소 맹자의 진의의 소재를 이해하게 되어 이렇게 말했다.

"나는 정말 사리를 분별하지 못하는 소인이다. 맹자에 대해서 그런 말을 한 것은 내가 못난 탓이다."

原文 孟子去齊,할제 尹士語人曰:"不識王之不可以爲湯·武, 則是는 不明也,ㅣ요 識其不可,요 然且至, 則是는 干澤也.ㅣ니 千里而見王,하야 不遇故로 去,하되 三宿而後出晝.하니 是何濡滯也?ㅣ오 士則玆不悅.하노라" 高子以告.한데 曰: "夫尹士惡知予哉?리오 千里而見王은 是予所欲也,ㅣ니 不遇故,로 去, 豈予所欲哉?리오 予不得已也ㅣ로다 予三宿而出晝,하되 於予心에 猶以爲速.은 王庶幾改之,니 王如改諸,면 則必反予.리라 夫出晝而王不予追也,ㅣ할새 予然後에 浩然有歸志.라 予雖然이나 豈舍王哉,리오 王由足用爲善,이니 王如用予,면 則豈徒齊民安.이리오 天下之民이 擧安하리라 王이 庶幾改之,를 予日望之.하노라 予豈若是小丈夫然哉?리오 諫於其君而不受, 則怒,하야 悻悻然見於其面,하고 去則窮日之力而

後宿哉?리오" 尹士聞之曰:"士는 誠小人也.ㅣ로다"

13. 나 아니면 누가 그 일을 감당하리요

맹자께서 객경의 자리를 내놓고 제나라를 떠나는 도중에 그의 제자인 충우(充虞)가 물었다.

"선생님께서는 기뻐하지 않는 기색이 있는 듯합니다. 지난날 제가 선생님에게서 들은 말씀입니다마는 '군자란 어떠한 일을 당한다 해도 하늘을 원망하거나 사람을 허물하지 않는다'고 하셨습니다. 그런데 선생님께서는 그 말씀과는 어울리지 않게 즐겁지 않은 기색이 있는 듯하니 어찌된 일이십니까?"

이러한 질문을 받은 맹자께서는 다음과 같이 대답하셨다.

"옛날 현성(賢聖)한 임금이 난 때도 왕자(王者)가 날 만한 때였고, 지금도 왕자가 날 만한 때다. 5백 년이면 반드시 성덕을 갖추고 천하를 다스릴 왕자가 나오게 마련인데 그러한 때에는 반드시 왕자를 보좌하여 이름을 천하에 떨칠 만한 인물이 나오게 마련이다. 그런데 주문왕이 일어난 이후 오늘날까지 이미 7백여 년이나 경과하였으니 연수를 따져 보면 이미 2백여 년을 초과한 것이 된다. 왕자가 나올 때가 되었고, 또 지금의 시대 정세를 미루어 본다 해도 혼란이 극심하여 치세가 와도 좋을 만한 때가 되었다. 그런데 여태껏 왕자가 나오지 않는 것을 보면 하늘이 아직 천하가 평화롭게 다스려지기를 원하지 않는 것이다. 만약 하늘이 천하가 평화롭게 다스려지기를 원한다면 지금 세상에 있어 왕자를 보필할 사람은 나를 제외하고 또 누가 있겠는가? 나 이외에 또 다른 사람이 있으리라고는 생각되지 않는다. 내가 도와서 천하를 평화롭게 다스릴 만한 왕자가 나오지 않는 것은 결국 천명이니 내가 왜 기뻐하지 않거나 하겠는가? 그럴 이유가 없다."

原文 **孟子去齊,**할새 **充虞路問曰 : "夫子若有不豫色然.**하시니이다 **前日**에 **虞聞諸夫子**하니 **曰 : '君子**는 **不怨天,**하며 **不尤人.'**이러이다" **曰 : "彼一時也,** ㅣ며 **此一時也.** ㅣ니라 **五百年**에 **必有王者興,**하나니 **其間必有名世者.**니라 **由周而來**로 **七百有餘歲矣.**니 **以其數, 則過矣,**요 **以其時考之, 則可矣.**니라 **夫天**이 **未欲平治天下也.** ㅣ니 **如欲平治天下**인댄 **當今世**하야 **舍我**면 **其誰也?** ㅣ리오 **吾何爲不豫哉?**리오"

14. 벼슬을 그만두려면 녹을 받지 말라

맹자께서 제나라를 떠나 휴(休)라는 곳에 머물러 있을 때 공손추가 물었다.

"벼슬을 살면서 녹을 받지 않는다는 것은 옛날에 행해지던 정당한 방법입니까?"

"아닐세. 그런 것이 아닐세. 다만 내 경우는 사정이 좀 달라서 그랬던 것일세. 나는 제나라의 숭(崇)이란 곳에서 제왕을 만나볼 수 있었는데, 아무래도 제왕과는 큰일을 해내기가 어렵다는 것을 알았으므로 그곳에서 제왕의 앞을 물러나와 제나라를 떠날 생각을 했던 것일세. 떠나려는 생각이 녹을 받음으로써 변하게 될까 두려워 녹을 받지 않았던 것이고. 이어 군대를 전쟁에 동원하는 명령이 내려 전쟁 상태로 들어갔기 때문에, 그런 비상 상태 밑에서 그만두게 해달라고 청할 수 없었던 것에 불과한 것으로, 제나라에 오래 머물러 있었던 것은 사세가 부득이해서 그랬던 것이지 내 본의에서 그랬던 것은 아닐세."

原文 孟子去齊居休.러니 公孫丑問曰 : "仕而不受祿,이 古之道乎?이까" 曰 : "非也ㅣ라 於崇,에 吾得見王,하고 退而有去志,하니 不欲變,이라 故로 不受也.ㅣ라 繼而有師命,하야 不可以請.이러라 久於齊,는 非我志也.ㅣ니라"

제5장 등문공장구(滕文公章句)·상

1. 도는 하나뿐이다

등(滕)나라의 문공(文公)이 아직 세자였을 때, 초나라에 일이 있어서 가는 길에 송(宋)나라에 들렀다가 당시 그곳에 머물러 있던 맹자를 만났다. 맹자께서는 그에게 인간의 본성은 선하다는 이야기를 해주었는데, 그 이야기를 할 때 말끝마다 요임금과 순임금을 들어서 성선(性善)의 주장이 옳다는 것을 증명하시곤 했다.

세자가 초나라에서 일을 끝내고 귀국하는 길에 다시 맹자를 만났다. 그때 맹자께서는 다음과 같이 말씀하셨다.

"세자께서는 제가 말씀드린 것이 과연 옳은지 의심하고 계십니까? 대체로 도라는 것은 오직 하나일 따름입니다. 요·순 같은 성인의 도나 우리 같은 범인의 도나 지키고 행해 나갈 도에는 다를 바가 없습니다. 선한 본성을 살려서 그것에 따라 행하고 그것을 모든 일에 미루어 나가면 누구나 모두 성인이 될 수 있는 것입니다. 옛날 사람들의 말을 인용해 봐도 그것이 거짓이 아님을 알 수 있습니다. 옛날 제나라 경공(景公) 때의 용맹한 사나이였던 성간(成覸)이 다른 한 용맹한 사나이를 보고 경공에게 '저 사람도 한 사나이이고 저도 한 사나이인데, 제가 어찌 저 사람을 보고 겁내겠습니까? 겁낼 까닭이 없습니다'라고 말했습니다.

또 공자의 애제자였던 안연은 이런 말을 했습니다. '순임금은 어떤 사람이고, 나는 어떤 사람이란 말인가? 모두 같은 사람이다. 보람 있고자 하여 무슨 일을 이룩하려고 크게 힘쓰는 사람이라면 누구든지 순임금같이 훌륭해질 수 있는 것이다.' 노나라의 현자인 공명의(公明儀)는 또 이런 말을 했습니다. '주문왕은 내 스승이다. 내가 그를 본받아 노력하면 그가 도달한 현성한 경지에 도달할 수 있을 것이다. 주공이 어찌 나를 속이겠는가? 주공의 교훈을 믿고 그대로 행하기에 노력하면 주공의 경지에까지도 도달할 수 있을 것이다.'

지금 등나라는 소국이라고는 합니다만 이리저리 두루 합치면 얼추 사방 50리의 영토는 됩니다. 사방 50리의 나라라면 그것을 가지고 훌륭한 정치를 하기만 하면 좋은 나라로 만들 수 있습니다. 그렇지만 그것을 이룩하기 위해서는 분발하여 전력을 다하여 어려운 고비를 넘길 각오를 해야 합니다. 《서경》에도 이런 말이 있습니다. '약이란 것은 그것을 복용했을 때 눈이 캄캄하고 어지럽게 될 정도가 아니라면 그런 약은 복용해도 병이 낫지 않는다.' 괴로움을 무릅쓰고 현성한 선왕의 경지에 도달하기 위해 노력하여야 할 것입니다."

原文 滕文公이 爲世子,에 將之楚,할새 過宋而見孟子.하다 孟子는 道性善,하되 言必稱堯舜.이러라 世子自楚反,하야 復見孟子.하니 孟子曰 : "世子는 疑吾言乎?이까 夫道,는 一而已

矣.니이다 成覸이 謂齊景公曰 : '彼, 丈夫也,ㅣ며 我, 丈夫也.ㅣ니 吾何畏彼哉?리오'하고 顔淵이 曰 : '舜은 何人也?며 予는 何人也?ㅣ오 有爲者亦若是?라'하고 公明儀曰 : '文王,은 我師也?라 周公이 豈欺我哉?리오'하니이다 今滕은 絶長補短,이면 將五十里也,ㅣ니 猶可以爲善國.이니이다 書에 曰 : '若藥이 不瞑眩,이면 厥疾이 不瘳.라'하니이다"

2. 친상은 스스로 마음을 다할 뿐이다

등나라의 정공(定公)이 세상을 떠나자, 그 세자(문공)가 그의 사부로 있던 연우(然友)에게 말했다.

"전에 내가 송나라에 들러 맹자를 찾아보았을 때, 맹자가 나에게 일러준 성선설의 이야기가 아직도 감명 깊게 남아 있어 잊어버릴 수가 없습니다. 그런데 지금 불행하게도 부친상이라는 큰 변고를 당하고 말았습니다. 나는 선생을 맹자에게 보내서 친상에 자식으로서 지켜야 할 여러 가지 일을 물어 본 연후에 상례를 치르고자 하니 다녀와 주십시오."

연우는 세자의 사명을 띠고 추(鄒)나라까지 가서 맹자를 만나, 세자가 지켜야 할 상례에 관해 물어보았다. 맹자께서는 이렇게 일러주셨다.

"세자께서 이렇게 멀리까지 사람을 보내어 친상에 관한 예를 물어 온 것은 실로 잘하시는 일이 아닐 수 없습니다. 본래 친상을 당하면 자식으로서는 자기의 마음을 다해서 상례를 치러야 하는 것입니다. 증자께서는 이렇게 말씀하셨습니다. '부모가 살아 있을 때에는 예로써 섬겨 드리고, 부모가 죽었을 때에는 예로써 장례를 치르고, 장례를 치른 후에 제사를 지낼 때에도 예로써 한다면 효성스럽다고 할 수 있다.' 그런데 나는 제후가 지키는 예를 아직 배우지 않아서 그것을 잘 모르기는 합니다. 그렇기는 하지만 나는 이런 말을 들은 일이 있습니다. 즉 부모의 상을 당해서 3년의 상을 치르고 재소(齊疏), 즉 거친 상복을 입고 전죽(飦粥), 즉 된죽을 먹고 지내는 것은 위로는 천자로부터 아래로는 일반 서민에 이르기까지 하(夏)・은(殷)・주(周) 3대에 걸쳐 변함없이 다같이 지켜오던 일입니다(그러니 세자께서도 3년상을 치르도록 하심이 옳을 것입니다)."

연우는 등나라에 돌아와 세자에게 맹자의 권고를 복명(復命)했다.

맹자의 권고에 따라 세자는 3년상을 치르기로 했다. 그랬더니 동성(同姓)의 노신들과 이성(異姓)의 백관들이 모두 3년상 치르기를 원치 않아 이렇게 말했다.

"우리 등나라의 종국(宗國)인 노나라의 선군(先君)들께서도 3년상은 치르지 않았습니다. 세자의 대에 와서 이러한 고례(古例)에 반해 3년상을 치른다니 안 될 말씀입니다. 그리고 또 전래의 기록에도 '상례와 제례는 선조가 행했던 대로 따라 한다'고 되어 있습니다."

이러한 항의에 접한 세자는 이렇게 대답했다.

"나는 배운 바가 있어서 3년상을 치르기로 정한 것이오."

세자는 연우에게 이렇게 말하고 다시 맹자를 찾아가 교시를 얻어오도록 했다.

"내가 지난날 학문은 돌보지 않고 다만 말이나 달리고 칼이나 쓰는 일을 좋아했기 때문에, 지금 종친들과 백관들은 나를 대단하지 않게 여겨 내 결정을 준행하지 않을 기세를 보이고 있으니 친상의 예를 다해 내지 못하게 될까 두렵소이다. 선생께서는 나를 위해 다시 맹자를 찾아가 그의 교시를 얻어다 주십시오."

그래서 연우는 다시 추나라로 가서 맹자에게 이 사태에 대처할 방도를 물어보았다. 맹자께서는 이렇게 일러주셨다.

"그렇습니까? 하지만 상례라는 것은 자식 된 사람이 자기 마음을 다해서 행할 일이지, 다른 사람에게 어떻게 하기를 요구할 성질의 것이 아닙니다. 공자께서도 이런 말씀을 하셨습니다. '국군이 홍거(薨去)하면 세자는 총재(총리)에게 정사를 맡겨 처리하게 하고 자기는 죽을 마시고 슬픔으로 인해서 아주 꺼멓게 된 얼굴을 하고 상주가 곡하는 자리에서 곡하면, 백관과 유사(有司)들이 감히 슬퍼하지 않을 수 없게 된다. 그것은 위에 있는 세자가 먼저 슬퍼하기 때문이다. 대체로 윗자리에 있는 사람이 어떤 일을 좋아하게 되면 그 아래에 있는 사람들은 반드시 그보다 더 그 일을 좋아하게 되게 마련이다. 윗자리에 서는 군자의 덕은 바람 같은 것이고 아래에 있는 소인의 덕은 풀 같은 것이니, 풀이란 그 위에 바람이 불어 오면 반드시 흔들려 눕게 마련이다(그와 같이 밑에 있는 소인은 위에 있는 군자의 德化 여하에 따라 이렇게도 되고 저렇게도 되고 하는 것이다).' 그러니 다른 사람들의 말에 좌우되지 말고 세자가 남보다 앞서서 슬픈 심정을 다해 상제의 대사를 치러 나가도록 노력할 일입니다. 결국 세자 하기에 달린 것입니다."

연우가 추에서 돌아와 복명하였다. 맹자의 의견을 전해 들은 세자가 말했다.

"그렇소이다. 이 일은 정말로 나 하기에 달렸습니다."

세자는 3년상을 치르기로 하고 장의가 거행될 때까지의 5개월동안 빈소에 마련된 여막(廬幕)에 거처하면서, 명령이나 교계(敎戒) 같은 것을 전연 발포하지 않았다. 그랬더니 백관과 종족들이 세자의 효성에 감동되어 세자의 3년상 결정이 옳다고 여기고 세자가 진정으로 예를 안다고 말하게까지 되었다. 이렇게 5개월을 지낸 후 장의를 치르게 되었을 때 사방에서 사람들이 모여와 장의를 보았는데, 세자의 얼굴에는 슬픈 기색이 돌고, 곡하고 울고 하는 것이 슬픔에 못이겨 하는 것을 보고는 조문하는 사람들은 세자의 효성이 대단함을 알게 되어 매우 기뻐하였다.

原文 滕定公이 薨.커늘 世子謂然友曰:"昔者에 孟子嘗與我言於宋,이어늘 於心終不忘.이러니 今也ㅣ不幸하야 至於大故.하니 吾欲使子로 問於孟子, 然後에 行事.하노라" 然友之鄒,하야 問於孟子.한데 孟子曰:"不亦善乎?아 親喪은 固所自盡也.ㅣ니 曾子曰:'生,엔 事之以禮,하며 死,엔 葬之以禮,하며 祭之以禮,면 可謂孝矣.라'하시니 諸侯之禮,는 吾未之學也.ㅣ어니와 雖然이나 吾嘗聞之矣.로니 三年之喪,에 齊疏之服,과 飦粥之食,은 自天子로 達於庶人,하야 三代共之.하니라" 然友反命,하야 定爲三年之喪.한데 父兄百官이 皆不欲, 曰:"吾宗國魯先君도 莫之行,하시고 吾先君도 亦莫之行也,ㅣ하시니 至於子之身而反之,는 不可.이니다 且志에 曰:'喪祭는 從先祖.라'"하니 曰:"吾有所受之也.ㅣ로다"

謂然友曰:"吾他日에 未嘗問,이오 好馳馬試劍,하야 今也에 父兄百官이 不我足也,ㅣ하니 恐其不能盡於大事,라 子爲我問孟子.하라" 然友復之鄒하야 問孟子.한데 孟子曰:"然,하다 不可以他求者也.ㅣ라 孔子曰:'君薨,커든 聽於冢宰.하나니 歠粥,하고 面深墨,하야 卽位而哭,이어든 百官有司莫敢不哀,는 先之也.ㅣ라 上有好者,면 下必有甚焉者矣.니라 君子之德,은

風也.ㅣ요 小人之德,은 草也.ㅣ니 草尚之風.이면 必偃,이라'하시니 是在世子.하니라" 然友反命,한데 世子曰:"然,하다 是誠在我.라"하고 五月居廬,하야 未有命戒,이어늘 百官族人,이 可謂曰知.라하며 及至葬,하야 四方이 來觀之,러니 顏色之戚,과 哭泣之哀,에 弔者大悅.이러라

3. 정치는 민생을 안정시키는 데서부터

등나라의 문공이 나라 다스리는 방법을 맹자에게 물었다. 그 질문에 맹자께서는 다음과 같이 대답하셨다.

"농사를 중심으로 한 백성들의 생활이나 생존을 위한 일들은 늦춰서는 안 되고 지체없이 행하도록 독려해야 합니다. 그래서 《시경》〈빈풍(豳風)〉 칠월편(七月篇)에도 '낮에는 어서 가서 띠풀을 해오고, 밤에는 또 새끼를 꼬아라. 띠풀과 새끼를 모두 마련하고 나서는 빨리 너희의 지붕에 올라가 띠풀로 지붕을 이어라. 그렇게 서둘러서 지붕을 이고 나면 또 온갖 곡식의 파종이 시작될 테니까'라고 하여 농한기에 집수리하는 것을 권면한 말이 있습니다. 이것은 만사를 소홀히 해서는 안 된다는 것을 말한 것입니다.

일반 백성들의 생태를 말씀드리면, 일정한 수입이 확보된 생활 근거가 있어 변하지 않는 경우에는 꾸준한 마음을 지닐 수 있으나, 이에 반해 일정한 생활 근거가 없는 경우에는 마음이 동요되어 꾸준한 마음이 없게 마련입니다. 만약에 백성들이 변하지 않는 꾸준한 마음이 없게 되면 방탕한 짓, 편벽한 짓, 사악한 짓, 사치한 짓 등등 나쁜 짓을 다 저지르게 되는 것입니다. 그러한 나쁜 짓들을 저질러 죄를 범해 버린 연후에 그 죄에 따라서 형벌을 가

하곤 한다면, 그것은 미리 형벌의 그물을 쳐놓고 백성들이 그것에 걸려들도록 몰아넣는 것이나 다름이 없습니다. 어찌 인자한 사람이 국군(國君)의 자리에 있으면서 백성들을 형벌의 그물에 몰아넣는 그런 잔인한 짓을 할 수 있겠습니까? 인자한 국군이라면 그런 잔인한 짓은 할 수 없는 노릇입니다. 나라를 다스리는 이치가 그러했기 때문에 현명한 군주는 반드시 남을 대할 때에는 공손하게 굴고, 자기 자신을 위해서는 검소하게 살며, 아랫사람들에 대해서는 예로써 대해 주고, 백성들에게서 조세를 받아내는 경우에는 반드시 일정한 제한을 두는 법도가 있어야 합니다.

노나라 계씨(季氏)의 가신이었던 양화(陽貨)는 이런 말을 했습니다. '재부를 이룩하려면 자연 조세 같은 것을 백성들에게서 무리하게 많이 거둬들여야 하므로 인자해질 수 없다. 또 이와 반대로 백성들을 위해 인자한 정치를 하려고 하면 자연 세납을 경감해 주어야 하므로 재부를 이룩할 수 없게 된다.' 그러니 선정을 하시려면 자신의 생활을 검소하게 해야 합니다.

백성들에게서 거둬들이는 조세에 관해서 말씀드리겠습니다. 하후씨(夏后氏)의 시대에는 한 장정에게 10무(畝)씩의 밭을 주고 공법(貢法)에 의한 조세를 받아들였습니다. 은대에는 한 장정에게 70무씩의 밭을 주고 조법(助法)에 의해 조세를 받아들였습니다. 주대에는 한 장정에게 100무씩의 밭을 주고 철법(徹法)에 의한 조세를 받아들였습니다. 공・조・철은 명칭은 다르나 조세율은 결국 모두 수확의 10분의 1이었습니다. 철법은 철취(徹取), 수확의 10분의 1을 징수하는 것입니다. 조법이라는 것은 자(藉), 즉 경작자의 힘을 빌려 공전(公田)을 경작하여 그 수확을 받아들이는 것입니다.

그런데 옛날의 현인인 용자(龍子)는 '토지를 다스리는 법 중에는 조법이 제일 좋고 공법이 제일 나쁘다. 공법은 주어진 밭의 수 년 동안의 수확을 대조 비교해서 그 평균 수확량을 설정해 가지고 풍흉간에 매년 그 10분의 1을 조세로 받아 가는 것이다'라고 말했습니다. 이 공법에 의해 조세를 받아 가게 되면 이런 일이 생깁니다. 풍년에 낟알이 마구 흩어지게 되면 그런 경우에는 조세를 많이 받아 간다 해도 전연 포학한 것이 되지 않음에도 불구하고 도리어 평균 수확량의 10분의 1이라는 소량만을 받아 갑니다. 그런데 이와 반대로 무서운 흉년이 들어 그 밭의 소출로는 거름을 줄 비용에도 모자라는데, 이런 경우에도 반드시 거기서 평균 수확량을 채워서 받아 갑니다.

백성들의 부모인 국군 노릇을 하면서 백성들로 하여금 애쓰며 쉬지 않고 거의 1년 내내 힘들여 움직이며 일하고서도 그들의 부모를 봉양할 수 없게 만들고, 또 그들이 평균 수확량을 모두 바치지 못할 때는 못 낸 것을 대여한 것으로 계산하여 이식을 붙여 늘려나가 백성들을 극도의 빈궁 속에 몰아넣고, 그들의 노약자들이 죽어 도랑이나 골짜기에 굴러들어가는 비참한 꼴을 당하게 만드니, 이런 혹독한 공법에 의해 조세를 받아 간다면 백성의 부모 노릇 하는 보람이 어디 있겠습니까? 백성의 부모 노릇 하는 보람이란 전연 없게 됩니다.

등나라에서는 공로가 있는 신하는 자손 대대로 봉록을 받도록 하는 제도를 이미 실시하고 있습니다. 그러니 지금 등나라에서 행해야 할 것은 조법의 실시입니다. 《시경》〈소아〉 대전편에 '우리 공전에 먼저 비를 내리고, 그러고 나서 우리 개인의 밭에까지 오게 하소서'라고 한 말이 보입니다. 이것을 가지고 살펴보면 조법에만 공전이 있는 것이니, 이 주대(周代)의 시에 공전이란 말이 나오는 것으로 미루어 우리는 주나라 때에도 조법이 시행되고 있었음을 알 수 있습니다. 이러한 조법을 실시하여 백성들의 생활 근거를 확립시켜 놓은 다음에는 백성들을 교육해야 합니다.

상서(庠序)와 학교 등 교육 기관을 설치 운영해서 백성들을 교육해야 합니다. 상(庠)은 양(養)이라는 뜻으로, 연로자를 봉양하는 것입니다. 교(校)는 교(教)라는 뜻으로, 백성들을 가르쳐 올바로 이끈다는 데서 나온 말입니다, 서(序)라는 것은 사(射)의 뜻으로, 사례를 배우게 하여 재능을 기르는 것입니다. 하대에는 교(教), 은대에는 서(序), 주대에는 상(庠)이라 호칭하였는데, 이는 모두 지방 교육 기관이고 학(學), 즉 천자나 제후의 국도(國都)에 있는 학궁(學宮)은 하·은·주 3대에 걸쳐 같은 칭호를 사용하였습니다.

이러한 학교·상서는 모두 그 목적이 군신·부자·부부·형제·붕우 등 인륜관계의 도리를 밝혀 가르치는 데 있었습니다. 인륜관계의 도리가 윗자리에 있는 사람들 사이에서 바로 지켜지면 그 밑에 있는 일반 백성들은 감화를 받아 서로 친목하여 지내게 될 것입니다. 만약에 이렇게 이상적으로 정치가 행해진다면, 천하에 군림하는 왕자가 생길 경우, 그 왕자는 반드시 등나라에 와서 나라 다스리는 법을 본받아 가게 될 것입니다. 그렇게 되면 자신이 왕자가 되는 것은 아니지만 왕자의 스승이 되는 것입니다.

《시경》〈대아〉 문왕편에 '주나라는 후직(后稷) 이래 오래된 나라이기는 하나 천하에 군림하는 왕자가 될 천명을 받은 것은 문왕 때부터이므로 극히 새롭다'라고 하였습니다. 이것은 문왕이 주나라의 정치를 새롭게 하여 국위를 선양시킨 것을 노래한 것으로, 당신께서도 위에 말씀드린 바와 같은 일을 힘써 시행하여 문왕의 경우같이 오래된 당신의 나라를 새롭게 만들도록 하십시오."

등나라 문공은 조법 실시에 관한 지식을 얻기 위해 그의 신하 필전(畢戰)을 보내어 맹자에게 정전법에 관해서 물어보게 했다. 맹자께서는 다음과 같이 일러주셨다.

"선생의 국군께서 장차 등나라에 인정(仁政)을 베푸시기 위해 여러 신하들 가운데서 우수한 인물을 선택하여 보내신 것이 선생이니, 선생은 국군의 기대를 저버리지 않도록 노력해야 할 것입니다. 대체로 인정이라는 것은 예외없이 경작자의 토지 경계의 구획을 바로잡는 데서부터 시작됩니다. 만약 경작자의 토지 경계의 구획이 바르지 않으면 정전의 분배가 고르지 않게 되고, 따라서 거기서 받아들이는 조세 수입도 불공평해지게 됩니다. 그렇기 때문에 포악한 임금이나 탐욕이 심한 관원은 예외없이 토지 경계의 구획을 정확하게 시행하는 일을 마구 하여 백성들로부터 혹심한 수탈을 자행하게 마련입니다. 토지 경계의 구획이 바로 되면 정전의 분배와 조세의 제정은 극히 용이해져서 가만히 앉아 있어도 정할 수 있게 됩니다.

그런데 등나라의 토지는 아주 좁고 얼마 되지 않는다고 하는데, 그래도 틀림없이 거기에는 벼슬 사는 군자도 있을 것이고 농경에 종사하는 야인도 있을 것입니다. 위에 군자가 없으면 아래에서 일하는 야인을 다스릴 수 없게 되고, 또 경작에 종사하는 야인이 없으면 위에서 머리를 써가며 일하는 군자를 먹여 살릴 수 없게 됩니다. 그러므로 정전을 분배 경작시켜 조세 수입을 제정할 필요가 있는 것입니다. 바라건대 등나라에서도 교외의 농지를 9백 무에 한 공전을 두어 정전제도를 실시하여 조법에 의한 조세를 받아들이고 근교의 농지에서는 철법을 실시하여 소출의 10분의 1을 조세로 자진 납입하도록 하십시오.

경(卿) 이하 대부, 사(士)에 이르기까지 반드시 모두 제사에 쓸 비용을 마련하는 규전(圭田)을 갖게 마련입니다. 규전은 50무씩입니다. 그리고 여부(餘夫), 즉 장정만은 못하나 경작 능력이 있는 자에게는 25무씩 분배합니다. 이렇게 하면 백성들은 상하를 막론하고 모두 생활 근거가 확립되어 사람이 죽어서 장사 지내고 사는 곳을 옮기고 하여도 자기가 농사짓는 향리를 떠나 버리는 일이 없어지게 됩니다. 같은 향리의 밭을 경작하는 데 있어 공전을 공동 경작하는 농부들은 자연 평소에 드나들며 일할 때에도 서로 친밀해지고, 도적을 방비하는 데에도 서로 협조하게 되고, 질병이 생겨 신음하게 될 때에도 서로 힘이 되는 것이니, 그렇게 되면 백성들은 서로 화목하게 살아가게 됩니다.

정전제도는 대체로 이러합니다. 즉, 사방 1리에 정전 하나씩을 두는데, 그 정전의 전체 면적은 9백 무입니다. 그 가운데 1백 무의 공전이 있게 마련이고, 여덟 가구가 모두 각자에 분배된 1백 무씩의 사전(私田)을 경작하여 그 소출을 조세로 납입하는 것입니다.

그런데 정전 경작에 있어서는 공전의 일을 먼저 끝내 놓고 나서 사전(私田)의 일을 해야 합니다. 그렇게 하는 것은 야인은 군자를 먹여 살리는 일을 먼저 하여 상하 존비의 도리를 밝히기 위한 것입니다. 이상 말씀드린 것이 정전법 실시의 대략입니다. 이러한 정전법을 토대로 하여 시의(時宜)에 맞도록 잘 조절하여 훌륭한 인정을 베푸는 것은 실로 등나라의 국군과 선생이 하시기에 달려 있으니 노력하여 성공하게 되기를 바랍니다."

原文 滕文公이 問爲國.하니 孟子曰 : "民事는 不可緩也.ㅣ니이다 詩云 : '晝爾于茅,하고 宵爾索綯,하야 亟其乘屋,이오사 其始播百穀.이라'하니이다 民之爲道也,ㅣ 有恆産者는 有恆心,이오 無恆産者는 無恆心.이니 苟無恆心,이면 放僻邪侈,를

無不爲已.니 及陷乎罪, 然後에 從而刑之,면 是는 罔民也.ㅣ니 焉有仁人이 在位,하야 罔民而可爲也?ㅣ리오 是故로 賢君은 必恭儉禮下,하며 取於民이 有制.니이다 陽虎曰 : '爲富면 不仁矣.요 爲仁.이면 不富矣라'하니이다

"夏后氏는 五十而貢,하고 殷人은 七十而助,하고 周人은 百畝而徹,하니 其實은 皆什一也.ㅣ라 徹者,는 徹也,ㅣ요 助者,는 藉也.ㅣ니이다 龍子曰 : '治地는 莫善於助,요 莫不善於貢.이니 貢者,는 校數歲之中하야 以爲常.이라'하니이다 樂歲에 粒米狼戾,하야 多取之而不爲虐,이라도 則寡取之.하고 凶年에 糞其田而不足,이어늘 則必取盈焉.하나니 爲民父母,하야 使民盻盻然, 將終歲勤動,하야 不得以養其父母,하고 又稱貸而益之,하야 使老稚로 轉乎溝壑,이면 惡在其爲民父母也?ㅣ리이까 夫世祿,은 滕이 固行之矣.니이다 詩云 : '雨我公田,하야 遂及我私.라'하니 惟助에 爲有公田,하니 由此觀之,면 雖周나 亦助也.ㅣ로소이다 設爲庠序學校以敎之.하니 庠者,는 養也,요 校者,는 敎也,요 序者,는 射也.라 夏曰校,요 殷曰序요 周曰庠,이오 學則三代共之,하니 皆所以明人倫也.ㅣ라 人倫明於上,이면 小民이 親於下.니이다 有王者起,면 必來取法,하리니 是爲王者師也.ㅣ니이다 詩云 : '周雖舊邦,이나 其命維新.이라'하니 文王之謂也.ㅣ라 子力行之,하시면 亦以新子之國.하시리이다"

使畢戰으로 問井地,하니 孟子曰 : "子之君이 將行仁政,하야 選擇而使子,하시니 子必勉之.어다 夫仁政은 必自經界始.라 經界不正,이면 井地不均,하며 穀祿이 不平,하리니 是故로 暴君汙吏,는 必慢其經界.라 經界旣正,이면 分田制祿,은 可

坐而定也ㅣ니라 夫滕은 壤地褊小,나 將爲君子焉,이며 將爲野人焉,이니 無君子면 莫治野人,이오 無野人이면 莫養君子.니라 請野에 九一而助,하고 國中에 什一하야 使自賦.하야 卿以下는 必有圭田,하니 圭田은 五十畝,요 餘夫는 二十五畝.니라 死徙에 無出鄕,이니 鄕田同井.이라 出入에 相友,하며 守望에 相助,하며 疾病에 相扶持,하면 則百姓이 親睦.하리라 方里而井,이니 井이 九百畝,요 其中이 爲公田.이라 八家皆私百畝,하야 同養公田,하고 公事畢然後에 敢治私事,니 所以別野人也.니라 此其大略也.ㅣ니 若夫潤澤之, 則在君與子矣.니라"

4. 허행(許行)의 학설을 배격한 맹자

상고의 제왕 신농씨(神農氏)의 가르침이라는 한 학설을 세워 그것을 실천하는 허행이라는 사람이 있었다. 이 허행이 초나라에서 등나라로 갔다. 그가 대궐문에 이르러 국군 문공(文公)에게 이런 말을 했다.

"먼 곳에 사는 이 사람은 임금님께서 옛날 성군들의 법도에 따른 인정을 실천하신다는 소문을 듣고 이곳에까지 찾아왔습니다. 바라옵건대 이 나라에서 거처할 집을 한 채 받아 이 나라에 이주하여 백성 노릇을 하고 싶습니다."

문공은 허행의 이 청원을 듣고 그에게 거처할 곳을 주었다. 허행은 그를 추종하는 도당 수십 명을 거느리고 있었는데, 이들은 모두 거칠게 짠 털옷을 입고 살면서 짚신을 두들겨서 삼고 자리를 짜서 그 물건들을 팔아다가 생계를 유지했다.

한편 초나라의 유학자 진량(陳良)의 문도인 진상(陳相)이라는 사람이 자기의 동생 진신(陳辛)과 함께 역시 보습 같은 농구를 짊어지고 송나라에서 등나라로 찾아와 문공에게 다음과 같이 청원했다.

"임금님께서 고대 성인의 인정을 펴고 계시다는 소문을 듣고 찾아왔습니다. 고대 성인의 인정을 실천하신다면 그분 역시 성인이십니다. 바라옵건대 이 나라에 이주하여 성인의 백성 노릇을 하고 싶습니다. 허락하여 주시기 바랍니다."

이렇게 하여 등나라에 이주하게 된 진상은 허행을 만나 그 학설을 듣고 마음에 들어 대단히 기뻐하고, 그 동안 그의 스승 진량에게서 배운 유학은 모두 버리고 새로 허행의 학설을 배웠다. 그렇게 된 후에 진상이 맹자를 만나 허행이 하는 말을 쭉 늘어놓고 나서 이런 말을 했다.

"등나라의 임금으로 말하면 정말 현명한 임금이기는 합니다. 하지만 아직 진실한 도리는 터득하지 못하고 있습니다. 현명한 임금이라면 백성들과 함께 나란히 서서 밭가는 일을 해먹고 살고, 조석의 식사도 손수 해먹으면서 나라를 다스립니다. 그런데 지금 등나라에는 농민에게서 조세로 받아들인 곡물을 저장해 둔 창름(倉廩)이 있고, 역시 백성들에게서 거둬들인 재물을 저장해 둔 부고(府庫)가 있으니, 이런 것을 가지고 본다면 문공 자신은 경작에 종사하지 않고 백성들을 괴롭혀서 자기는 호화스럽게 살아나가는 것입니다. 그러고서야 어떻게 진정 현명한 임금 노릇을 할 수 있겠습니까? 현명한 임금 노릇 하기는 어렵습니다."

진상의 말을 들은 맹자께서는 그에게 다음과 같은 유도 질문을 하였다.

"그 허자(許子)는 반드시 자기 손으로 곡식을 심어서 그것을 거둬들인 후에야 먹던가요?"

"그렇습니다. 자기가 심어서 먹습니다."

"그러면 허자는 반드시 자기 손으로 천을 짜 가지고 그 천으로 옷을 해입나요?"

"아니올시다. 자기 손으로 짠 천으로 옷을 해입지는 않습니다. 허자는 거친 털로 짠 천으로 옷을 해입고 삽니다."

"그렇다면 허자는 머리에 관을 쓰나요?"

"예, 허자는 머리에 관을 씁니다."

"허자는 무슨 관을 쓰나요?"

"허자는 채색이나 장식이 없는 흰 천으로 만든 관을 씁니다."

"그러면 허자는 그 관을 자기가 짜서 쓰나요?"

"아니올시다. 허자는 자기가 관을 짜서 쓰는 것이 아니고 곡식을 가지고 관을 바꿔다 씁니다."

"허자는 왜 자기가 쓰는 관을 손수 짜서 쓰지 않나요? 허자 같아서는 자기 관을 손수 짜서 쓸 텐데요?"

"농사일을 하는 데 방해가 되어 손수 짜 쓰지 않는 것입니다."

"그렇다면 허자는 솥・시루 같은 취사 도구를 가지고 취사를 하고 철제 농구를 가지고 농사를 짓나요?"

"그렇습니다. 그런 기구를 사용합니다."

"그렇다면 그런 기구들을 허자가 손수 만드나요?"

"아니올시다. 허자는 그런 기구는 손수 만들어서 사용하지 않고 곡식을 가지고 그런 기구들을 바꿔다 사용합니다."

"곡식을 가지고 그런 기구들을 바꿔다 사용하는 것은 도공(陶工)이나 야공(冶工)을 괴롭히는 것이 아니오. 그리고 또 도공이나 야공 역시 그들이 만든 기구들을 가지고 곡식을 바꿔다 먹지마는 그것이 어찌 농부들을 괴롭히는 게 되지 않겠소. 그런데 허자가 모든 것을 손수 해야 된다는 주장을 내세우는 터라면 허자는 왜 손수 도공과 야공의 일을 해서 모든 기물을 만들어 놓고 그것을 자기집에서 꺼내다 쓰는 일을 하지 않고 뭣하러 귀찮게 온갖 장인들과 곡식을 가지고 그들의 제품을 교역하는 거요? 허자는 어찌 그리 귀찮은 일을 꺼리지 않는 거요?"

"온갖 장인들이 하는 일은 본래 농사를 지으면서 같이 할 수는 없는 일입니다. 어찌 그런 일을 농사지으면서 같이 할 수 있겠습니까? 허자가 그런 일을 손수 하지 않는 것은 당연한 일입니다."

이러한 유도 질문을 하고 나서 맹자께서는 다음과 같은 긴 말씀을 하여 허자의 주장을 비판하셨다.

"허자가 그렇게 한다면 천하를 다스리는 경우에 한해서만은 유독 농사를 지으면서 같이 해낼 수 있다는 것인가요? 그런 것은 도저히 성립될 수 없는 일이오. 이 세상에는 윗자리에 서서 남을 다스리는 이른바 대인이 할 일이란 게 있고 또 아래서 농사나 기구를 만드는 이른바 소인이 할 일이란 게 있는 거요. 그리고 또 한 사람의 몸을 가지고 말한다 해도 한 사람 한 사람이 온갖 장인들의 기술을 모두 갖추고 있더라도 만약에 모든 것을 자기가 직접 만든 연후에 비로소 사용해야 한다면 그것은 온 천하 사람들을 몰아다 심신을 지치게 만드는 것밖에 되지 않는 거요. 그렇기 때문에 옛말에 '어떤 사람은 마음을 수고롭게 하고 어떤 사람은 몸(체력)을 수고롭게 한다'라고 하여 정신 노동과 육체 노동을 구별하여 분업을 하는 것을 말한 것이 있소.

그리고 마음을 수고롭게 하는 사람은 남을 다스리고, 몸을 수고롭게 하는 사람은 남에게 다스림을 받게 마련이오. 남에게 다스림을 받는 사람은 자기의 체력으로 생산하는 일에 종사하여 남을 먹여 살리고, 남을 다스리는 사람은 직접 체력을 쓰지 않고 남의 노력에 의지하여 먹고 살게 마련인데, 이것은 온 천하에 통용되는 원칙이오(따라서 등나라의 문공은 그의 마음을 수고롭게 하여 백성들을 잘 다스리는 이상 직접 농경에 종사하지 않고 백성들로부터 조세를 받아서 자기의 의식생활에 충당한다 해도 아무런 불합리한 점이 없고, 거기에 현명한 국군이 될 수 없다는 이유는 없는 것이다). 더욱 구체적인 이야기를 가지고 이 점을 설명해 보기로 합시다.

요임금이 제위에 올랐을 당시 천하는 아직 태평하지 못했었소. 홍수가 강줄기를 벗어나 마구 흘러내려 온 천하에 범람하였고, 그 초목은 멋대로 무성하게 자라나고 새와 짐승들은 걷잡을 수 없이 번식했으며 오곡은 여물지 않아 사람은 식량을 마련하기에 힘들었고 새와 짐승들은 달려들어 사람을 해치고 그리고 또한 사람 사는 고장에 마구 돌아다녀 그 발자국으로 이루어진 길들이 나라 복판에 얽혀 있었소. 이처럼 험악한 사태에 대해서 오직 요임금만이 근심을 한 나머지 유능한 순(舜)을 등용하여 그 사태를 수습 정리시켰던 것이오. 순은 요임금에게 발탁되어 대임을 맡게 되자 익(益)을 시켜서 불에 관한 일을 맡아보게 하였소. 익이 산과 뭍에 대대적으로 불을 놓아 무성한 초목을 불살라 버리자 새와 짐승들은 견딜 수 없어 사람 근처에서 도망쳐 먼 곳으로 숨어 버렸소.

한편 우(禹)는 막혀서 범람하는 여러 강물을 뚫어서 물이 제 길을 잡아 빠져 나가도록 하고 제수(濟水)와 탑수(漯水)를 훑어내어 그 물들을 바다로 들어가게 하고, 여수(汝水)와 한수(漢水)를 트고 회수(淮水)와 사수(泗水)를 밀어내고 하여 그 물들을 장강(長江)으로 뽑아 내었소. 우와 익이 이처럼 거대한 작업을 해낸 후에야 비로소 안심하고 경작을 할 수 있게 되었고, 나라 안이 배불리 먹고 살 수 있게 되었던 것이오. 이런 거대한 작업을 할 때에 우는 치수하기 위해 외지에 8년 동안이나 나가 있었는데, 그 동안 자기집 문 앞을 세 차례씩이나 지나가면서도 일이 어찌나 바

뺀지 자기집에 들어가기조차 아니하였으니 우가 그런 때에 농사짓기를 원했다 한들 농사를 지을 수 있었겠소? 도저히 지어내지 못하오. 익과 우의 일에 이어 후직(后稷)은 백성들에게 농사짓는 방법을 가르쳐 오곡을 심어서 가꾸었는데, 그런 후에야 오곡이 잘 여물어서 백성들이 곡식을 먹고 굶주림 없이 살게 되었소.

인간의 자연적인 생활 방도라는 것은 배부르게 먹고 따뜻하게 입고 하여 의식 걱정 없이 안일하게 살면서 올바른 교육을 받지 않게 되면 금수와 가까운 생활을 하게 되는 것이오. 그래서 요·순 같은 성인은 백성들이 그러한 생활을 하게 될까 근심하여 설(契)로 하여금 교육에 관한 일을 관장하는 사도(司徒)의 벼슬을 맡게 하고 백성들에게 인륜에 관한 사항을 가르치게 하였으니, 그 가르친 인륜의 내용인즉 부자간에는 친밀함이 있어야 하고, 군신간에는 의리가 있어야 하며, 부부간에는 다른 남녀간의 분별이 있어야 하고, 연장자와 연소자 사이에는 서열이 있어야 하며, 벗들 사이에는 신용이 있어야 한다는 이른바 오륜에 관한 사항이었소.

방훈(放勳 : 요임금)은 백관들에게 경계하여 다음과 같이 말씀하셨소. '백성들을 위로하여 그들이 따라오게 만들고, 그들을 바로잡아 그들을 곧게 만들며, 그들을 도와 부축하여 그들 스스로 선한 본성을 드러내게 해주고, 또 사정에 따라 그들을 구원해 주고 은덕을 베풀어 주도록 하라.' 성인이 백성들을 근심하는 것이 이러했으므로 그 일을 만족하게 해내기에는 시간이 모자랄 정도였을 것이오. 그러니 그들이 어느 여가에 농사를 직접 짓고 있겠소? 농사를 지을 겨를을 가질래야 가질 수 없었던 거요.

대체로 요임금의 경우에는 순처럼 유능 유덕한 인물, 백성들을 구해 낼 훌륭한 인물을 얻지 못하는 것을 자기의 근심거리로 삼았고, 순의 경우에는 우(禹)와 고요(皐陶) 같은 나랏일을 훌륭하게 해낼 유능한 인재를 얻지 못하는 것을 자기의 근심거리로 삼았던 것이오. 그런데 이와는 달리 1백 무의 농지를 만족하게 농사지어 내지 못할까 하는 것을 자기의 근심으로 삼는 것은 다름아닌 농부요. 그러니 왕자가 근심하는 것이 농부의 그것에 비해 얼마나 큰가를 알 수 있을 것이오.

남에게 재물을 나눠 주는 것을 혜(惠)라 하고, 남에게 선을 가르쳐 주는 것을 충(忠)이라 하고, 천하 만민의 행복을 위해 유능 유덕한 인재를 얻는 것을 인(仁)이라고 하오. 그러니 인의 덕이 가장 크다고 할 수 있소. 그렇기 때문에 자기가 차지하고 있던 천하를 남에게 물려주는 것은 어려운 것 같이 느껴지지만 실상은 쉬운 일이고, 도리어 천하 만민을 위해 유능 유덕한 인재를 얻어내는 것이 어려운 일이오. 그래서 공자께서는 요·순을 다음과 같은 최고의 찬사로 송양(頌揚)하셨던 것이오.

'위대하도다, 요의 임금 됨이여. 오직 하늘만이 위대하다고 하지마는 요임금만은 그 하늘의 위대함을 본받아 천하 만민을 잘살게 해주는 덕을 발휘하였도다. 요임금의 덕은 끝없이 넓게 뻗어 백성들은 그것을 무엇이라 이름짓기조차 못하였도다. 임금답도다, 순이여. 그 덕은 우뚝 높이 솟아올라 위대하도다. 그는 온 천하를 차지하고서도 자기 자신은 아무 정사에도 직접 간여하지 않고 오직 유능한 인재를 등용하여 이상적으로 다스려 냈도다.' 요·순이 천하를 이렇게 이상적으로 다스렸는데 그들이 어찌 그들의 마음을 쓸 곳이 없었겠소? 그들은 마음을 쓸 곳이 많았던 것이오. 다만 그들은 마음을 그들이 직접 농사짓는 일에만 쓰지 않았을 뿐이오(그러니 허행 일파가 경작하면서 나라를 다스려야 현군이라고 하는 주장은 옳지 않은 것이다)."

"나는 진보 발달한 중국의 문화로 이적(夷狄)의 습속을 변개한다는 말은 들었어도 이적의 습속으로 변해 간다는 말은 들어 본 적이 없소. 진량이란 사람은 문화의 정도가 낮은 남방 초나라 출신이었소. 그런데 진량은 주공과 공자의 가르침을 듣고 기뻐하여 북방에 올라와 중국에서 그 학문을 배웠는데, 그 공부가 철저하여 북방의 학자 자신들조차 그를 앞설 수가 없을 정도로 학문이 크게 진보하였소. 진량이란 인물은 이른바 호걸지사요. 당신 형제가 이 훌륭한 학자 진량을 수십 년 동안 스승으로 섬겨 오다가 스승이 죽자 곧 스승의 가르침을 배반하고 허행의 제자가 되었으니 이것은 중국을 버리고 이적으로 변해 버린 게 아니오? 스승을 받드는 가장 모범적인 사례를 한 가지 이야기해 보겠소.

옛날 공자께서 세상을 떠나시자 3년의 상기(喪期)가 끝난 후에 공자의 문인들은 각자의 짐을 모두 꾸려, 자기 고향으로 돌아가려고 자공이 있는 방으로 들어가 자공에게 작별 인사를 하였는데, 이때 그들은 스승이 없어서 흩어지게 되는 것을 슬퍼하여 서로 마주 보고 소리내어 울었소. 다들 목이 쉬도록 울고 난 뒤에 각각 고향으로 돌아가 버렸던 것이오. 그런데 자공은 그것으로도 공자를 사모하는 정을 못이겨 다시 공자의 묘소가 있는 곳으로 돌아와 제단이 있는 곳에 거처할 집을 짓고 혼자 그곳에서 3년을 더 지내고 난 후에 고향으로 돌아갔던 것이오.

또 그후에 자하(子夏)·자장(子張)·자유(子游) 등은 공자를 스승으로 받들던 일을 잊을 수가 없어서 제자 중에서 언어와 용모가 공자와 비슷한 유약(有若)을 공자처럼 섬겨, 마음을 조금이라도 달래 보고자 하여 증자(曾子)를 찾아가 그 일을 찬성하도록 강요하였던 것이오. 그랬더니 공자 이상의 인물이 도저히 다시 있을 수 없음을 믿고 있던 증자는 그들에게 이렇게 말했소. '그런 일을 해서는 안 되오. 공자의 고결한 인격과 위대한 덕은 마치 장강이나 한수 같은 장류수(長流水)가 사물을 철저히 빨아 주는 것 같고, 가을 햇볕이 만물을 폭려하여 결백하게 해주는 것 같으며, 태양이 지극히 흰 것 같아서 그 이상 더 보탤 수 없는 경지에 있소. 유약 같은 사람을 공자에게 견주어 그를 공자 섬기듯이 섬기자는 것은 있을 수 없는 일이오.'"

맹자의 말씀은 계속된다.

"그런데 남방 미개 족속으로 왜가리같이 떠벌리는 인간이 선왕의 대도를 비난하는 것을 듣고서도 그대는 그것을 반박 시정하려고 노력해 보기는커녕 도리어 그대의 스승의 가르침을 배반하고 그 인간의 억설을 배우고 나서니, 그대는 증자의 경우와는 판이하구려. 새가 광명을 찾으려고 깊은 골짜기에서 나와 높은 교목(喬木)으로 옮겨 간다는 말은 들었어도 높은 교목에서 내려와 깊은 골짜기 속으로 들어간다는 말은 여태껏 들어본 적이 없소이다.

《시경》〈노송(魯頌)〉에 '서융(西戎)·북적(北狄) 같은 무도한 미개 민족은 쳐버리고, 형(荊)·서(舒) 같은 야만적인 나라는 징계한다고 하였소. 주공조차도 이러한 미개 야만 족속은 쳐버리라고 하였는데 그대는 도리어 그러한 미개 야만한 고장에서 나온 주장을 옳다고 여기니, 그러고 보면 당신도 좋게 변하지는 않은 것 같소이다그려."

이러한 맹자의 말을 듣고 다시는 그것을 반박할 여지가 없게되어 버린 진상은 화제를 전환시켜 다음과 같은 물품과 가격에 관한 이야기를 늘어놓았다.

"허자의 이론대로 따라 한다면 시장에서 거래되는 물품의 가격은 일정하여 나라 안의 어디를 가든 물가를 속이는 일이 없게 됩니다. 그래서 비록 5척밖에 안 되는 어린아이가 시장에 가서 물건을 산다 해도 그 아이를 속이는 일이 전혀 없게 됩니다. 베와 깁도 길이만 같으면 그 값이 서로 같고, 또 삼실과 명주솜은 그 중량이 같으면 그 값이 서로 같고, 오곡은 그 양이 같으면 그 값이 서로 같고, 신은 크기가 같으면 그 값이 서로 같습니다."

진상의 이 말을 들은 맹자께서는 이렇게 비판하셨다.

"대체로 물건은 품질이 고르지 않다는 것이 자연적인 실정이오. 그 품질 여하에 따라 그 값도 차이가 생기게 마련인데 경우에 따라서는 같은 종류의 물품이라 해도 배 또는 5배, 10배나 100배, 천배나 만 배로 차이가 벌어지게 마련이오. 그런 실정은 묵살하고 그대는 중량이나 장단만을 맞춰서 값을 같게 만드니, 그 이론대로 따라 한다면 결국 천하에 혼란을 가져오는 것 이외에는 아무런 도움도 없을 거요. 굵게 삼은 신과 가늘게 삼은 신의 값이 같다면 사람들이 왜 그런 것들을 구별지어서 만들어내겠소? 그렇게 만들어내지는 않을 것이오. 허자의 이론에 따른다는 것은 서로 끌고 나서서 거짓된 일을 해대는 것이니 그런 이론에 따라서 한다면 어떻게 국가를 올바로 다스릴 수 있겠소? 결코 다스리지 못할 것이오."

原文 有爲神農之言者許行,이 自楚之滕,하야 踵門而告文公曰:"遠方之人,이 聞君行仁政,하고 願受一廛而爲氓.하노이다" 文公이 與之處.하니 其徒數十人,이 皆衣褐하고 捆屨織席하야 以爲食.이라 陳良之徒陳相,이 與其弟辛,으로 負耒耜而自宋之滕.하야 曰:"聞君行聖人之政,하니 是亦聖人也ㅣ시니 願爲聖人氓.하노이다" 陳相이 見許行而大悅,하야 盡棄其學而學焉.이러니 陳相이 見孟子,하야 道許行之言曰:"滕君則誠賢君也,ㅣ라 雖然,이나 未聞道也.로다 賢者는 與民並耕而食,하며 饔飧而治.하나니 今也ㅣ에 滕有倉廩府庫,하니 則是

는 厲民而以自養也,ㅣ니 惡得賢?이리오"

孟子曰 : "許子는 必種粟而後에 食乎?아" 曰 : "然.하니이다", "許子는 必織布而後에 衣乎?아" 曰 : "否,라 許子는 衣褐.이니이다" 曰 : "許子冠乎?아" 曰 : "冠이니이다" 曰 : "奚冠고?" 曰 : "冠素.니이다" 曰 : "自織之與?아" 曰 : "否,라 以粟易之.니이다" 曰 : '許子는 奚爲不自織?고' 曰 : "害於耕.이니이다" 曰 : "許子는 以釜甑爨하며 以鐵耕乎?아" 曰 : "然.하니이다", "自爲之與아?" 曰 : "否,라 以粟易之,니이다", "以粟易械器者,는 不爲厲陶冶,니 陶冶亦以其械器로 易粟者,니 豈爲厲農夫哉?리오 且許子는 何不爲陶冶,하야 舍皆取諸其宮中而用之,하고 何爲紛紛然與百工交易,고 何許子之不憚煩?고" 曰 : "百工之事는 固不可耕且爲也.ㅣ니이다"

"然則治天下,는 獨可耕且爲與?아 有大人之事,하며 有小人之事.하니라 且一人之身, 而百工之所爲備,라도 如必自爲而後에 用之,면 是는 率天下而路也.ㅣ니라 故로 曰·或勞心,하며 或勞力.이니 勞心者는 治人,하고 勞力者는 治於人,이라하나니 治於人者는 食人,하고 治人者는 食於人,이 天下之通義也.ㅣ니라 當堯之時,하야 天下猶未平,하고 洪水橫流,하야 氾濫於天下,하고 草木暢茂,하며 禽獸繁殖,하고 五穀不登,하며 禽獸偪人,하고 獸蹄鳥跡之道交於中國,이어늘 堯獨憂之,하야 擧舜而敷治焉.하니라 舜이 使益掌火.한대 益이 烈山澤而焚之,하니 禽獸逃匿.하고 禹疏九河,하고 瀹濟漯, 而注諸海,하며 決汝漢,하며 排淮泗, 而注之江.하니 然後에 中國이 可得而食也.ㅣ니라 當是時也,하야는 禹八年於外,에 三過其門而不入,하니 雖

欲耕이나 得乎?아 后稷이 敎民稼穡,하야 樹藝五穀,한대 五穀熟而民人이 育.이라

"人之有道也,ㅣ에 飽食煖衣,하야 逸居而無敎,면 則近於禽獸.일새 聖人이 有憂之,하야 使契로 爲司徒,하야 敎以人倫,하니 父子有親,하며 君臣有義,하며 夫婦有別,이며 長幼有序,며 朋友有信.이니라 放勳이 曰 : '勞之, 來之,하며 匡之, 直之,하며 輔之, 翼之,하야 使自得之,하고 又從而振德之.라'하니 聖人之憂民이 如此,하니 而暇耕乎?아 堯는 以不得舜으로 爲己憂,하고 舜은 以不得禹 · 皐陶로 爲己憂,하니라 夫以百畝之不易로 爲己憂者,는 農夫也.ㅣ니라 分人以財를 謂之惠,요 敎人以善,을 謂之忠,이오 爲天下得人者를 謂之仁.이니 是故로 以天下與人은 易,하고 爲天下得人은 難하니라 孔子曰 : 大哉,라 堯之爲君!이어 惟天이 爲大,어늘 惟堯則之.하니 蕩蕩乎民無能名焉.이로다 君哉,라 舜也!여 巍巍乎有天下而不與焉.이라" 하시니 堯 · 舜之治天下,에 豈無所用其心哉?리오만은 亦不用於耕耳!니라

"吾聞用夏變夷者,요 未聞變於夷者也.ㅣ라 陳良은 楚産也.ㅣ라 悅周公 · 仲尼之道,하야 北學於中國,이어늘 北方之學者,도 未能或之先也.ㅣ하니 彼所謂豪傑之士也.ㅣ라 子之兄弟는 事之數十年,이라가 師死而遂倍之.하니라 昔者에 孔子沒,커시늘 三年之外,에 門人이 治任將歸,할새 入揖於子貢,하고 相嚮而哭,하야 皆失聲, 然後에 歸.어늘 子貢은 反, 築室於場,하야 獨居三年, 然後에 歸.하니라 他日,에 子夏 · 子張 · 子游,以有若似聖人,으로 欲以所事孔子로 事之,하야 彊曾子.한데

曾子曰:'不可.하다 江漢以濯之,며 秋陽以暴之.라 皜皜乎不可尚已.니라'하시니라"

"今也에 南蠻鴃舌之人,이 非先王之道,어늘 子倍子之師而學之,하니 亦異於曾子矣로다. 吾聞出於幽谷,하야 遷于喬木者,요 未聞下喬木而入於幽谷者.라 魯頌에 曰:'戎狄是膺,하고 荊·舒是懲,이라'하니 周公이 方且膺之,어늘 子是之學,하니 亦爲不善變矣.로다", "從許子之道, 則市賈不貳,하야 國中이 無僞,하니 雖使五尺之童으로 適市,라도 莫之或欺.라 布帛은 長短同, 則賈相若,하며 麻縷絲絮는 輕重同, 則賈相若,하며 五穀은 多寡同, 則賈相若.하며 屨는 大小同, 則賈相若.이니이다." 曰:"夫物之不齊,는 物之情也.ㅣ니 或相倍蓰,하며 或相什伯,하며 或相千萬.이어늘 子比而同之,하니 是는 亂天下也.로다 巨屨小屨同賈,면 人豈爲之哉?리오 從許子之道,면 相率而爲僞者也,니 惡能治國家?리오"

5. 묵자(墨子)는 이단자이다

묵자의 도를 신봉하는 이지(夷之)라는 사람이 맹자의 제자 서벽(徐辟)을 통해 맹자에게 면회를 요청해 왔다. 맹자께서 말씀하셨다.

"이지가 나와 면회하기를 요청해 왔다고 하니 나도 물론 그를 만나고 싶기는 하네. 그렇지만 지금 나는 아직도 앓고 있으니 병이 완쾌되면 내가 가서 만나 보기로 하겠네. 그러니 이지가 찾아오지 않도록 하게."

그후 또 이지가 맹자와의 면회를 요청해 왔다. 이번에는 맹자께서 이렇게 말씀하셨다.

"나는 병이 나았으니 지금은 이지를 만날 수 있다. 단도직입적으로 급소를 찔러서 옳지 않은 점을 뚜렷이 가려내지 않으면 올바른 도리가 드러나지 않는 법이다. 그러므로 나는 단도직입적으로 급소를 찔러서 이지의 옳지 않은 점을 지적해 내기로 하겠다. 내가 알기로는 이지는 묵자의 가르침을 받드는 사람이다. 그런데 묵가에서 친상을 치르는 데는 모든 것을 검박하게 하는 것을 신조로 삼고 있다. 그러니 묵자의 가르침을 신봉하는 이지의 입장으로 말할 것 같으면, 그렇게 박장(薄葬)하는 도리를 가지고, 온 천하의 풍속을 바꿀 일을 생각할 터이니, 어찌 박장하는 것이 옳지 않다고 생각하여 묵가의 박장하는 일을 존중하지 않겠는가. 결코 그렇지 않을 것이다. 그럼에도 불구하고 이지는 자기 어버이를 장사 지내는 데 비용을 많이 들여서 호화롭게 치렀으니, 그것은 결국 자기가 천하게 여기는 방법으로 자기 어버이를 섬긴 것이다."

서자가 이 맹자의 말씀을 이지에게 일러주었다. 이 말을 들은 이지는 이렇게 말했다.

"유자(儒者)의 도리로는, 옛날 사람들은 아기를 보살펴 주듯이 했다는데, 그것은 무엇을 의미하는 것입니까? 내 생각으로는 사랑에는 본래 차등이라는 것이 없지만, 그 사랑을 가까운 친속(親屬)에서부터 베풀기 시작한다는 뜻인 것 같습니다(그러므로 유가의 도라 할지라도 묵가의 도와 별로 큰 차이는 없는 것으로 압니다)."

서자는 이지가 한 말을 그대로 맹자에게 고했다. 그러자 맹자께서는 다음과 같이 말씀하셨다.

"그 이지라는 사람은 '고지인약보적자(古之人若保赤子)'라고 한 말을 정말로 묵자의 겸애설(兼愛說)과 같은 것으로 여기고, 사람들이 자기 형의 아들을 사랑하는 것이 자기 이웃사람의 아기를 사랑하는 것과 똑같다고 생각한다는 말인가? 인간으로서는 그럴 수 없는 노릇일세. 그 사람은 겸애설의 타당성을 내세워 보려는 속셈이 있어서 그 말을 끌어낸 것일세. 아무것도 모르는 아기가 기어서 우물에 들어가려고 하는 것은 그 위험성을 전연 모르고 하는 짓이므로 그것은 아기의 죄는 아닐세. 그것은 아기를 보호할 책임이 있는 부모의 부주의에서 생긴 잘못에 불과하네. 그런 견지에서 위정자는 백성들을 아기같이 잘 보호해 줄 책임이 있다는 뜻을 나타내기 위해 '약보적자(若保赤子)'라는 말을 한 것이 아니겠나? 거기에는 이지의 말 같은 사랑에 차등이 없다는 뜻은 들어있지 않네. 대체로 하늘이 만물을 생성하는 데는 모두 각각 한 가지 원칙에 따르게 마련일세.

이를테면 애정도 어버이와 자식 사이가 그 근본이 되고, 거기서부터 차차 널리 미루어 나가게 마련으로 거기에는 자연 본말(本末)과 후박(厚薄)의 차별이 없을 수 없는 것일세. 형의 아들이나 이웃의 아들이나 모두 똑같이 사랑한다는 묵가의 차등 없는 사랑이라는 것은 도저히 성립될 수 없는 것이야. 이지는 자기의 어버이와 남의 어버이를 똑같다고 주장하는 식으로 애정 발생의 원칙을 다원적으로 생각하기 때문에 그런 본말도 후박도 없는 이치에 맞지 않는 소리를 하게 되는 것일세. 자기 어버이를 후장하겠다는 것은 자식 된 사람의 자연스러운 정에서 우러난 생각이므로 박장을 주장한다는 것은 인간의 상정에 어긋나는 일이야.

먼 옛날에 자기 어버이를 매장하지 않은 사람이 있었네. 그 사람은 자기 어버이가 죽자 그 시체를 들어다가 골짜기에 버렸다네. 그가 훗날 무심코 자기 어버이를 버린 골짜기를 지나가게 되었는데, 우연히 보니 여우와 너구리가 버려진 자기 어버이의 시체를 뜯어먹고 파리와 모기가 달려들어 그것을 빨아먹고 있는 것이 아닌가? 그 사람은 그 광경을 차마 보지 못하고 이마에 진땀을 흘리면서 시선을 돌려 버렸네. 그 참혹한 광경을 똑바로 보지 못했던 것이지. 그런데 그의 이마에 진땀이 솟은 것은 남이 부끄러웠기 때문에 그런 것이 아니고 그 광경을 차마 볼 수 없고 어버이에게 죄송하다고 느끼는 속마음이 얼굴에까지 나타난 것일세. 그래서 그 사람은 집으로 돌아가 삼태기와 삽을 가지고 와서 흙을 판 후 어버이의 시체를 묻었던 것이야. 이렇게 자기 어버이의 시체를 흙으로 덮는 것이 정말로 옳다면 효자와 인인(仁人)이 그들의 어버이의 시체를 덮는 데에도 반드시 남의 시체를 다루는 것과 다른 방법이 있어야 할 것일세. 어버이를 후장하려는 것은 인간의 상정인 것이네."

서자는 맹자의 이 말씀을 그대로 이지에게 일러주었다. 그러자 이지는 멍하니 한참 동안 있다가 이렇게 굴복하고 말았다.

"옳은 말씀이오. 잘 알았습니다."

原文 墨者夷之·因徐辟而求見孟子.한대 孟子曰:"吾固願見.이나 今吾尚病,이라 病癒,어든 我且往見.하리니 夷子는 不來.니라" 他日에 又求見孟子.한대 孟子曰:"吾今則可以見矣.어니와 不直, 則道不見,하나니 我且直之.하리라 吾聞夷子는 墨者.라 墨之治喪也,ㅣ는 以薄으로 爲其道也.ㅣ라 夷子는 思以易天下,하니 豈以爲非是而不貴也?ㅣ리오 然而夷子葬其親厚,하니 則是는 以所賤으로 事親也.로다" 徐子以告夷子.하니 夷子曰:"儒者之道,에 古之人,이 若保赤子,라 하니 此言은 何謂也?ㅣ오 之則以爲愛無差等,이오 施由親始.라"

徐子以告孟子,하니 孟子曰:"夫夷子,는 信以爲人之親其

兄之子, 爲若親其鄰之赤子乎?아 彼有取爾也,ㅣ니 赤子匍匐將入井,이 非赤子之罪也.ㅣ라 且天之生物也,ㅣ 使之一本,이어늘 而夷子는 二本故也.ㅣ로다 蓋上世에 嘗有不葬其親者,러니 其親이 死,커늘 則擧而委之於壑,하고 他日過之,할새 狐狸食之,하며 蠅蚋姑嘬之,어늘 其顙有泚,하야 睨而不視.러라 夫泚也,는 非爲人泚,요 中心達於面目.이니 蓋歸하야 反虆梩而掩之.하니라 掩之, 誠是也.ㅣ면 則孝子仁人之掩其親,이 亦必有道矣.니라" 徐子以告夷子.하니 夷子憮然, 爲間, 曰:"命之矣!로다"

제6장 등문공장구(滕文公章句)·하

1. 자기를 굽히는 자는 남을 바로잡지 못한다

맹자의 제자인 진대(陳代)가 맹자에게 이런 말을 했다.

"선생님께서 제후를 찾아가서 만나시지 않는 것은 제 소견으로는 선생님께서 고집하시는, 절개가 작은 탓인 것 같습니다. 만약 선생님께서 그 소소한 절개를 버리시고 한번 제후를 찾아가 만나시게 되면 일이 크게 될 경우에는 그 제후를 천하에 군림하는 왕자로 만드시게 될 것이고, 일이 작게 될 경우라 할지라도 그 제후를 패자로 만드실 수 있을 것입니다. 그리고 또 전해 내려오는 옛 목록에도 '한 자 되는 짧은 것을 굽혀서 여덟 자 되는 긴 것을 곧게 만든다'고 하였는데, 제 소견으로는 선생님께서 제후를 찾아가 만나 보시는 것은 해볼 만한 일인 것 같습니다."

맹자께서는 진대의 말을 듣고 다음과 같이 말씀하셨다.

"옛날에 이런 일이 있었네. 제나라의 경공이 사냥을 나가서 원유를 관리하는 사람인 우인(虞人)을 부르려고 정기(旌旗)를 가지고 그에게 신호를 했더니, 그 우인은 국군(國君)이 자기를 부를 때에는 정기로 신호하는 법이 아니었기 때문에 자기를 오라고 부르는 것임을 알면서도 국군에게로 가지 않았네. 그래서 국군은 그 우인을 죽이려고 하다가 그만두었지. 그런데 공자께서는 '정도(正道)를 지키는 데 뜻을 둔 사나이는 그 정도를 수호하기 위해서는 사나운 죽음을 당하여 몸이 시궁창이나 골짜기에 던져 버려질 각오를 언제나 하고 있으며, 용감한 사나이는 목숨을 아끼지 않고 싸우기 위해 자기 목숨을 잃어버릴 각오를 언제나 하고 있다'고 말씀하셨으니, 공자께서는 그 우인의 어떤 점에 대해 그토록 대단한 칭찬을 하신 것이었겠나? 그것은 다름아니라 자기를 부르는 데 있어 정당한 신호로 하지 않으면 가지 않은 점을 취한 것일세.

일개 우인의 경우에도 그렇거늘 하물며 군자로 자임하는 나로서 정당하게 부르는 방법을 기다리지 않고서 내가 앞질러 간다면 어떻겠는가? 그런 일을 나로서는 도저히 할 수 없네. 또 자네가 말하는, 한 자를 굽혀서 여덟 자를 곧게 한다는 것은 본래 이익을 목표로 해서 한 말일세. 그러니 만약 이익을 목표로 달려든다면, 여덟 자라는 큰 것을 굽혀 한 자 정도의 작은 것을 곧게 하여서 이익이 된다 해도 역시 그런 일을 해야 할 건가? 그런 일은 할 수 없을 것일세.

옛날에 진(晋)나라의 대부 조간자(趙簡子)가 마차를 잘 몰기로 이름난 왕량(王良)에게 명하여 자기가 총애하는 신하인 폐해(嬖奚)의 마차를 몰아 주게 하였는데, 그 마차에 탄 폐해는 하루 해가 다 가도록 그 마차에서 활을 쏘았으나 한 마리의 날짐승도 잡지 못하고 말았더라네. 사냥에서 돌아온 폐해가 조간자에게 '그 왕량이라는 사람은 천하에 몹쓸 어자(馭者)입니다'하고 복명하였네. 어떤 사람이 폐해가 복명한 말을 그대로 왕량에게 일러주었더니 왕량은 '다시 한 번 더 몰게 해주시오'하고 폐해에게 청했으나 폐해는 좀체로 왕량이 모는 수레를 타려 하지 않아서 강요하다시피 한 후에 비로소 그 요청에 응해 주었던 것일세.

그런데 이번에는 먼젓번과는 정반대로 아침 나절에만 무려 열 마리의 날짐승을 잡았네. 폐해는 돌아와서 조간자에게 이렇게 복명했네, '그 왕량이라는 사람은 알고 보니 천하에 둘도 없는 훌륭한 어자입니다.' 이 말을 들은 조간자는 폐해에게 '그렇다면 내가 왕량에게 너의 수레를 맡아서 몰도록 해주마'하고, 왕량에게 그렇게 하라고 했더니 왕량은 그렇게 할 수 없다고 그 일을 거절하고 나서 이런 말을 하였네. '제가 폐해를 위해서 수레를 법도에 맞게 몰아 주니 온종일 활을 쏴도 날짐승 한 마리 못 잡고, 그와 반대로 수레를 법도에 어긋나게 몰아 주니 아침 나절에 열 마리를 잡았습니다. 《시경》〈소아(小雅)〉 거공편(車攻篇)에도 수레 달리는 법도를 잃지 않으면서도 화살을 쏘아 새를 터뜨리는 것같이 잡는다고 하였습니다만 저는 폐해 같은 소인의 수레를 몰아 주는 데는 익숙하지 않으니 그 일은 제발 그만두게 해주십시오.'

그 수레를 모는 어자조차도 활 쏘는 사람에게 법도를 어겨 가면서 아부하기를 부끄러워하였고 또 아부함으로써 금수를 산더미같이 잡게 된다 하더라도 그런 일을 하지 않았는데, 하물며 군자된 처지에서 자기가 지켜야 할 정도를 굽히고서 그런 제후를 찾아가 그에게 굴복한다면 무슨 꼴이 되겠나? 왕량만도 못한 위인이 되고 마는 것일세. 그리고 또 자네의 사고방식도 잘못된 것이야. 자기 자신을 굽히고 나서는 사람 가운데에서는 아직 남을 곧게 할 수 있는 사람이 나오지 않았네."

原文 陳代曰："不見諸侯,는 宜若小然.이니이다 今一見之,

하시면 大則以王,이오 小則以覇.리이다 且志에 曰:'枉尺而直尋,이라'하니 宜若可爲也.ㅣ로소이다" 孟子曰:"昔에 齊景公이 田,할새 招虞人以旌.한데 不至,어늘 將殺之.러니 '志士는 不忘在溝壑,이오 勇士는 不忘喪其元,이라'하시니 孔子는 奚取焉?고 取非其招不往也.ㅣ시니 如不待其招而往.이면 何哉?리오 且夫枉尺而直尋者,는 以利言也.ㅣ니 如以利, 則枉尋直尺而利,라도 亦可爲與?아 昔者에 趙簡子使王良으로 與嬖奚乘,한데 終日而不獲一禽,하고 嬖奚反命하야 曰:'天下之賤工也.ㅣ러이다' 或以告王良,한데 良이 曰:'請復之.라' 彊而後可,러니 一朝而獲十禽,하고 嬖奚反命하야 '曰:天下之良工也.ㅣ러이다'하고 簡者曰:'我使掌與女乘.하리라'하고 謂王良,하니 良이 不可, 曰:'吾爲之範我馳驅,하니 終日不獲一.하고 爲之詭遇,하니 一朝而獲十.이라 詩云:"不失其馳,어늘 舍矢如破,라"하니 我는 不貫與小人乘,하니 請辭라'하니라 御者도 且羞與射者比,하야 比而得禽獸,를 雖若丘陵,이라도 弗爲也.ㅣ어늘 如枉道而從彼면 何也?ㅣ아 且子過矣!로다 枉己者,는 未有能直人者也.ㅣ니라"

2. 참다운 대장부란

종횡가(縱橫家)였던 경춘(景春)이라는 사람이 이런 말을 했다. "오국(五國)의 약장(約長)을 한 공손연(公孫衍)과 연횡책(連衡策)으로 명성을 떨친 장의(張儀)가 어찌 진정한 대장부가 아니겠습니까? 진정한 대장부입니다. 이 사람들이 한번 성을 내면 다른 제후들을 설복시켜 성을 나게 한 제후를 공격시키므로 온 천하의 제후들은 그 사람들을 성나게 할까 두려워합니다. 그리고 이와 반대로 이 사람들이 편안하게 가만히 들어앉아 있으면 온 천하의 병란은 가라앉아 잠잠해집니다. 이렇게 온 천하를 마음대로 움직일 수 있다는 것은 진정한 대장부라는 좋은 증거입니다."

이 말을 들은 맹자께서는 다음과 같이 말씀하셨다.

"그렇게 하는 것으로야 어찌 대장부가 될 수 있겠소? 대장부가 될 수 없는 거요. 당신은 예를 배운 적이 없소? 예에 의하면 장부가 성인이 되어 관례를 할 때에는 부친이 그 성인 된 아들에게 성인으로서 올바로 살아가는 데 필요한 훈계를 해주도록 되어 있소. 그런데 여자가 출가할 때에는 모친이 그 출가하는 딸에게, 시집가서 지켜야 할 도리를 일러주는데, 시집으로 떠나갈 때는 모친이 대문까지 나가서 그를 보내 주며 이렇게 딸에게 훈계한다오. '일단 네 시댁으로 가면 반드시 시댁 사람들을 공경하고, 반드시 네 몸가짐을 조심하고, 네 남편의 뜻을 어기는 일이 있어서는 안 될 것이다.' 이와 같이 전적으로 순종하는 것을 올바른 것으로 여기는 것은 남의 아내 노릇 하는 여인네들이 지키는 도리에 불과한 거요. 그런데 공손연이나 장의 같은 사람들은 자기들이 섬기는 제후의 마음에 들기 위해 아첨하고 개인의 영달을 위해 매사에 순종하는 것을 일삼는 데 불과하니, 결국 남의 아내 노릇 하는 여인네들이 하는 방법과 다를 바가 없소. 어디 대장부라고 할 수 있겠소?

진정한 대장부로 말할 것 같으면 넓은 천하를 자기 집으로 인식하면서 살고, 온 천하에 인정되는 올바른 자리에 서고, 천하에 통하는 대도(大道)를 당당히 실천하며, 자기의 뜻을 실천에 옮길 수 있게 될 경우에는 백성들과 함께 그와 같이 해나가고 그렇지 못할 경우에는 물러나서 자기 혼자서 그와 같이 해나가는 것이오. 뜻을 이뤄 부귀를 누리게 되었다 해도 그것으로 말미암아 마음의 혼란을 일으키지 않고, 뜻을 이루지 못해 빈천에 시달려도 그것으로 말미암아 마음이 변하지 않고 어떠한 무서운 무력의 압박이 있다 해도 굴복시켜 내지 못하는 그런 인물이라야 비로소 대장부라고 할 수 있는 거요."

原文 景春이 曰: "公孫衍·張儀,는 豈不誠大丈夫哉?리오 一怒而諸侯懼,하고 安居而天下熄.하니라" 孟子曰: "是焉得爲大丈夫乎?리오 子未學禮乎?아 丈夫之冠也,에 父命之.하고 女子之嫁也,ㅣ에 母命之.하나니 往送之門,할새 戒之曰: '往之女家,하야 必敬必戒,하야 無違夫子.하라'하나니 以順爲正者,는 妾婦之道也.니라 居天下之廣居,하며 立天下之正位,하며 行天下之大道하야 得志하야는 與民由之,하고 不得志,하야는 獨行其道.하야 富貴不能淫,하며 貧賤이 不能移,하며 威武不能屈,이 此之謂大丈夫.니라"

3. 선비는 벼슬을 해야 한다

위(魏)나라 사람 주소(周霄)가 맹자께서 벼슬살이를 할 기회가 있는데도 벼슬살이를 하지 않는 것을 보고 물었다.

"옛날의 군자는 벼슬살이를 하였습니까?"

맹자께서는 다음과 같이 말씀하셨다.

"물론 벼슬살이를 하였지요. 전해 내려오는 글에도 '공자는 석 달 동안이나 그가 섬길 임금이 생기지 않는 경우에는 안타까워하며 불안해하였고, 다른 나라로 가기 위해 국경을 나갈 때에는 임금을 처음 만날 때 들고 나가는 지(質 : 質과 贄는 통용)를 반드시 수레에 싣고 새 임금을 만날 채비를 하고 갔다'고 하였소. 그리고 노나라의 현인이었던 공명의(公明儀)라는 사람은 '옛날 사람들은 누구나 석 달 동안 섬길 임금이 생기지 않는 경우에는, 그 일을 안타깝게 여기고 찾아가 그 사람을 위로해 주었다'고 말했소."

"겨우 석 달 동안 섬길 임금이 생기지 않는다고 해서 위문한다는 것은 너무 조급하게 구는 것이 아닙니까?"

맹자께서는 자세히 설명해 주셨다.

"그렇게 생각하는 것은 큰 오해요. 대체로 선비가 자기가 일하던 벼슬자리를 잃는다는 것은 제후가 그의 나라를 잃는 것과 다를 바 없이 엄중한 일이오 예(禮)에 이런 말이 있소. '제후는 제물을 마련할 때 자작 농지인 자전(藉田)을 부쳐, 거기서 나는 수확을 가지고 제물을 댄다. 그리고 제후 부인은 누에를 치고, 거기서 난 고치로 명주실을 뽑아 제사 때에 입을 의복을 만든다. 제후가 나라를 잃어 제삿상에 진설할 희생으로 쓸 가축이 잘 자라지 않고, 자전의 경작이 잘 안 되어 제사에 괼 곡식이 정결하지 않으며, 양잠과 방적이 안 되어 제사 때에 입을 의복이 갖추어지지 않으면, 그러한 불비한 상태로서는 감히 제사를 드리지 못한다.'

생각하건대 선비의 경우라 해도 사(士)에게 배당되는 제전(祭田)인 규전(圭田)이 없어지면 자연 그 규전에서 나오는 수입이 없어지게 되므로, 역시 제사를 지내지 않는 거요. 희생과 기물과 의복이 불비하면 감히 제사를 드리지 못하는데, 그렇게 되면 제사를 끝낸 후에 종족이 한자리에 모여 베푸는 주연도 갖지 못하게 되니, 이것이 얼마나 엄중한 사태이겠소. 이런 엄중한 사태에 직면하였는데도 찾아가 위로해 줄 만한 게 못 된단 말이오? 이는 찾아가 위로해 줄 만한 충분한 이유가 되는 거요."

주소는 다시 물었다.

"공자께서 다른 나라에 가기 위해 국경을 나갈 때에는 반드시 지를 가지고 간 것은 대체 무엇 때문입니까?"

"선비가 벼슬하는 것은 농부가 농사짓는 것이나 다를 바가 없는 거요. 농부가 국경을 나간다고 해서 자기가 농사일하는 데 쓸 농기구를 버려 두고 맨손으로 가겠소? 그와 마찬가지로 선비는 다른 나라에 가도 벼슬을 해야 하므로 벼슬살이를 시작할 때에 필요한 지는 반드시 가지고 다녀야 하게 마련이오. 그래서 공자께서는 국경을 나갈 때에는 반드시 지를 가지고 가셨던 거요."

이러한 맹자의 설명을 듣고 난 주소는 다음과 같이 맹자 자신에 관련된 일을 물었다.

"진(晋)나라에서 갈려 나온 이 위나라도 군자가 벼슬살이를 할 만한 나라이기는 합니다만, 벼슬 사는 일이 선생께서 말씀하신 것같이 그렇게 다급한 일이라는 것은 여태껏 들어 본 일이 없습니다. 만약에 벼슬 사는 일이 그토록 다급한 것이라면 선생님 같으신 군자께서 벼슬살이를 그토록 어렵게 여기시는 것은 대체 무슨 이유입니까?"

맹자께서는 다음과 같이 설명해 주셨다.

"인간의 상정을 가지고 살펴보더라도, 사나이가 태어나면 그에게 아내를 갖도록 해주기를 원하고, 딸자식이 나면 그에게 남편을 갖게 해주기를 원한다는 것은 부모 된 사람의 공통된 심정일 것이고, 그러한 심정은 모든 사람이 다 가지고 있는 거요. 그렇기는 하지만 만약 자녀 된 자들이 부모의 명령이나 중매의 말을 기다리지 않고 저희들끼리 벽 같은 데에 구멍을 뚫고서 남녀간에 서로 들여다보고 담을 뛰어넘어 가서 접촉한다면 그들 당사자들의 부모나 다른 사람들은 모두 그들의 행동을 비천하게 여기게 마련이오. 옛날 사람들은 벼슬살이하기를 원치 않은 적은 없었지만, 동시에 벼슬살이하게 되는 정당한 방법에 따르지 않는 것도 미워했소. 정당한 방법에 따르지 않고 벼슬살이를 하러 간다는 것은 불륜의 남녀가 벽에 구멍을 뚫고서 서로 들여다보는 따위의 일과 다를 바 없는 비천한 짓이오. 그래서 나는 벼슬살이를 원하기는 하지만 정당한 방법에 의해 벼슬살이를 하게 되는 경우 외에는 나가지 않는 것이오."

原文 周霄問曰:"古之君子는 仕乎?이까" 孟子曰:"仕.니라 傳에 曰:'孔子三月無君, 則皇皇如也,ㅣ하사 出疆에 必載質.하시니라'하고 公明儀曰:'古之人이 三月無君則弔.라'하니라", "三月無君則弔,는 不以急乎?이까" 曰:"士之失位也.ㅣ猶諸侯之失國家也.ㅣ니 禮에 曰:'諸侯는 耕助,하야 以供粢盛,하고 夫人은 蠶繅하야 以爲衣服.이라하니 犧牲이 不成,하며 粢盛이 不潔,하며 衣服이 不備,하면 不敢以祭.라' 惟士無田, 則亦不祭.하나니 牲殺器皿, 衣服不備,하야 不敢以祭, 則不敢以宴,이니 亦不足弔乎?아" "出疆에 必載質은 何也?ㅣ이꼬" 曰:"士之仕也,ㅣ 猶農夫之耕也,ㅣ니 農夫豈爲出疆하야 舍其耒耜哉리오" 曰:"晉國이 亦仕國也,ㅣ로대 未嘗聞仕如此其急.하니 仕如此其急也,인댄 君子之難仕는 何也?ㅣ이꼬" 曰:"丈夫生而願爲之有室,하며 女子生而願爲之有家.는 父母之心,이라 人皆有之.언마는 不待父母之命,과 媒妁之言,하고 鑽穴隙相窺,하며 踰牆相從,하면 則父母國人이 皆賤之.하나니 古之人이 未嘗不欲仕也,언마는 又惡不由其道,하니

不由其道而往者,는 與鑽穴隙之類也.ㅣ니라"

4. 공(功)이 있는 사람은 먹을 권리가 있다

맹자의 제자인 팽경(彭更)이 이런 질문을 했다.

"선생님께서는 수십 량(輛)의 수레를 뒤따라오게 하시고 또 도보로 수종하는 사람들을 수백 명씩이나 거느리고서, 이 제후 군주를 찾아갔다 저 제후 군주를 찾아갔다 하면서 그 제후 군주들에게서 녹을 받아 먹고 사시는데, 그것은 지나치게 사치스러운 일이 아닙니까? 제 생각으로는 지나친 일 같습니다."

맹자께서 대답하셨다.

"만약 정당한 방법에 의해서 받는 것이 아니라면 남에게서 한 그릇의 보잘것없는 밥이라 해도 그것을 받아서는 안 되지만, 정당한 방법에 의해서 받는다면 순임금이 요임금에게서 천자의 지위를 물려받아 그 천하를 차지한다 해도 조금도 지나치지 않네. 그런데도 불구하고 나의 그 정도의 일을 가지고 자네는 지나치다고 말한단 말인가?(나는 정당한 방법에 의해서 그 정도의 대우를 받는 것이므로 결코 지나치다고는 생각하지 않네)"

이러한 맹자의 설명에 팽경은 다시 물었다.

"순임금이 요임금에게서 천하를 물려받은 것이 지나치다고 하는 것이 아닙니다. 선비로서 하는 일도 없이 덮어놓고 남에게서 의식의 공급을 받아 사는 것은 안 된다는 말씀입니다."

"이제 자네가 세상을 다스리는 입장에 서 있다고 가정해 보세. 만약 각자의 노력에 의해서 만들어진 물건을 서로 교환하여 융통해 쓰고 각각 일을 분업하여 처리하여, 남는 것으로 모자라는 부분을 보충하는 유무 상통하는 정책을 쓰지 않는다면, 농사짓는 농부에게는 남아도는 곡식은 있으나 천 같은 자기가 필요로 하는 다른 물건은 없게 되고, 길쌈하는 여인에게는 남아도는 천은 있으나 곡식 같은 자기가 필요로 하는 물건은 없게 마련일세. 자네가 만약 서로 유무 상통하는 정책을 쓴다면 가구를 만들거나 집을 짓거나 하는 목공과, 수레바퀴나 수레틀을 제작하는 수레 만드는 기공들까지도 모두 자네의 정책 덕분에 의식을 장만하여 살아갈 수 있게 되네.

그런데 여기에 이런 사람이 있다고 하세. 어떤 사람이 집에 들어오면 어버이를 효성스럽게 섬기고, 밖에 나가서는 연장자를 공경스럽게 받들고, 선대의 현성한 군왕들의 교훈을 잘 지켜 인의를 실천하여 후세의 배우는 사람들을 위해 그들의 모범이 되도록 노력한다고 하세. 그런데 이 사람은 실제로 일의 성과가 없다고 하여 생활에 필요한 의식을 자네에게서 받지 못한다고 한다면 그것은 크게 잘못된 일이 아닐 수 없네. 자네는 무엇 때문에 목공과 차공(車工)은 존중하면서 그보다 더 귀중한 인의를 실천하는 인물은 도리어 경시하는 건가? 그렇게 해서는 안 되네."

"목공과 차공은, 그들이 그런 일을 하는 목적이 그들이 사는 데 필요한 의식을 구하려는 데 있으니 그들이 일을 해서 의식을 얻는 것은 당연합니다. 그렇지만 선생님 같으신 군자께서 정도를 실천하시는 것 역시 그 목적이 의식을 구하려는 데 있다는 말씀입니까? 그렇지는 않으실 것입니다."

"자네는 왜 목적을 따지는 건가? 그들이 자네에게 해준 일이 있으면 의식을 공급해 줄 만하고 또 실제로 의식을 공급해 주는 것뿐일세. 대체 자네는 목적 여하에 따라 의식을 공급해 주는 건가, 아니면 해준 일 여하에 따라 의식을 공급해 주는 건가? 어느 쪽인가?"
"목적 여하에 따라 의식을 공급해 줍니다."
"그러면 여기 이런 사람이 있다고 하세. 이 사람은 기왓장을 부숴서 담에다 그리는 전연 쓸모없는 일을 하는데, 그의 목적이 의식의 공급을 받는 데 있다면 자네는 그런 사람에게 의식을 공급해 주겠나?"
"그런 사람에게는 의식을 공급해 주지 않습니다."
"과연 그렇다면 자네는 목적 여하에 따라 의식을 공급하는 게 아니라 해놓은 일 여하에 따라서 의식을 공급하는 것일세."

原文 彭更이 問曰 : "後車數十乘,과 從者數百人,으로 以傳食於諸侯,는 不以泰乎?이까" 孟子曰 : "非其道, 則一簞食라도 不可受於人,이어니와 如其道, 則舜受堯之天下,라도 不以爲泰.하니 子以爲泰乎?아" 曰 : "否.라 士無事而食,은 不可也.ㅣ니이다" 曰 : "子不通功易事,하야 以羨補不足,이면 則農有餘粟,하며 女有餘布.어니와 子如通之,면 則梓匠輪輿, 皆得食於子.하리라 於此有人焉,하야 入則孝,하고 出則悌,하고 守先王之道,하야 以待後之學者,로대 而不得食於子,면 子何尊梓匠輪輿而輕爲仁義者哉?오" 曰 : "梓匠輪輿,는 其志將以求食也.ㅣ어니와 君子之爲道也,ㅣ도 其志亦將以求食與?이까" 曰 : "子何以其志爲哉?오 其有功於子,에 可食而食之矣.니 且子는 食志乎?아 食功乎?아" 曰 : "食志.니이다" 曰 : "有人於此,하야 毁瓦畫墁이 其志將以求食也,ㅣ則子食之乎?아" 曰 : "否.라" 曰 : "然則子非食志也,ㅣ라 食功也.로다"

5. 왕도를 베풀면 큰 나라도 따라온다

맹자의 제자인 만장(萬章)이 이런 질문을 했다.

"송(宋)나라는 소국입니다. 그렇기는 하지만 이제 인의에 입각한 왕자의 정치를 실시하려고 합니다. 그런데 그러다가 동쪽과 남쪽에 접경하고 있는 제나라나 초나라 같은 대국이 왕자의 정치를 실시하는 것을 미워하여 송나라를 정벌하려 들면 어떻게 합니까?"

맹자께서는 이 만장의 질문에 대해 다음과 같이 길게 설명해주었다.

"옛날에 탕왕이 작은 제후로 박(亳)에 있을 때에 갈(葛)이라는 나라와 인접해 있었다. 이 갈의 백작은 사람됨이 방종무도하여 조상의 제사를 지내지 않았다. 그래서 탕왕은 갈백에게 사람을 파견하여 '왜 조상의 제사를 지내지 않는 거요?' 하고 그 이유를 묻게 했다. 그랬더니 '제사에 쓸 희생이 없어서 못 지냅니다'라고 대답하는 것이었다. 이 말을 들은 탕왕은 사람을 시켜서 갈백에게 제사의 희생으로 쓰라고 소와 양을 보내주었다. 그러나 갈백은 보내준 소와 양을 먹어 버리고 여전히 제사를 지내지 않았다. 그래서 탕왕은 다시 사람을 보내어 '왜 조상의 제사를 지내지 않는 거요?' 하고 그 이유를 묻게 했다. 그랬더니 이번에는 '제사에 쓸 자성(粢盛)이 없어서 못 지냅니다'하고 대답하는 것이었다. 이번에는 탕왕이 박의 백성들을 시켜 갈 땅에다 갈백의 자성을 마련해 주기 위해 농사를 짓게 하였다. 그리고 늙은이와 어린것들은 갈 땅에서 일하는 사람들의 먹을 것을 운반해 주게 하였다.

갈백은 이러한 친절을 고맙게 받기는커녕 도리어 자기 백성들을 거느리고 나와서 술·수수·쌀 등을 운반해 가는 노약자들을 기다렸다가 그들이 가진 것들을 빼앗고, 가진 것을 주지 않는 사람이 있으면 죽여 버렸다. 한번은 한 어린아이가 수수와 고기를 운반해 갔었는데, 갈백은 그 아이를 죽이고 가지고 가던 수수와 술을 빼앗아 버렸다. 《서경》에 '갈백은 먹을 것을 운반한 사람과 원수가 되었다'고 한 것은 바로 이 일을 두고 한 말아다.

갈백이 그 어린아이를 살해한 것 때문에 탕왕이 갈백을 정벌했다. 그래서 온 세상 사람들 모두 '탕왕은 결코 천하의 재부를 자기 것으로 차지하기 위해 정벌군을 일으킨 것이 아니다. 그는 평민 남녀의 원수를 갚기 위해 그러는 것이다'라고 말했다. 탕왕은 최초로 갈나라를 정벌하였고, 그것에 이어 열한 차례의 정벌을 감행하여 무도한 제후를 토멸해 버렸다. 그러자 천하에 그를 대적하고 나설 상대가 없어져 버려, 탕왕은 마침내 천하에 군림하는 왕자가 되었던 것이다.

탕왕이 동쪽으로 향해 정벌하러 나서면 서이(西夷)가 그것을 원망하였고 남쪽을 향해 정벌하러 나서면 북적(北狄)이 원망하곤 하였는데, 그들은 '왜 우리 땅을 뒤로 미루는 건가? 빨리 우리 땅에 와서 무도한 임금을 처치하고 우리를 도탄 속에서 건져내 주지 않고……'라고 말하는 것이었다.

이처럼 각지의 백성들이 탕왕의 정벌군이 와 주기를 바라는 것이 마치 큰 가뭄이 들었을 때 비가 내려 주기를 바라는 것과 같았다. 그래서 탕왕의 정벌군이 닥쳐와도 사람들은 아무런 두려움도 품지 않고, 시장으로 교역하러 가는 사람들은 평상시와 다름없이 연속부절(連續不絶)하였고, 밭에서 김매는 사람들 역시 평시와 마찬가지로 그냥 일을 했다. 탕왕이 그들 나라의 포악한 임금을 죽이고 그 나라 백성들을 위로해 주는 것이 마치 제때를 찾아 비가 내리는 것 같아서 백성들은 모두 대단히 기뻐하였던 것이다.

《서경》에 '우리 임금님께서 빨리 와 주시기를 고대하고 있다. 우리 임금님께서 와 주셔야 우리들이 이 무서운 형벌을 벗어날 수 있을 것이다'라고 하였는데, 이것은 폭군에 시달리는 백성들의 진실된 외침이었던 것이다.

또 《서경》에는 이런 말이 있다. '은(殷)나라 말에 주무왕이 주(紂)를 토벌할 때 신복(臣服)하지 않는 곳이 있었다. 주무왕이 동쪽으로 가서 그곳을 정벌하여 그곳 남녀 평민들을 학정에서 구출하여 편안하게 해주었다. 그곳의 남녀들은 그들의 적흑(赤黑)과 적황(赤黃)의 비단을 대그릇에 담아 가지고 그것을 선물로 하여 소개를 받아 무왕을 알현하고 무왕의 훌륭한 덕을 우러러 그에게 심복하고, 그들은 위대한 읍(邑)인 주(周)에 신복하기를 바랐다.' 그곳의 군자들은 적흑 적황의 비단을 대그릇에 채워 가지고 정벌군의 군사들을 환영하였고, 그곳의 서민들은 대그릇에 밥을 담고 물그릇에 음료를 담아 가지고 나와 정벌군의 졸병들을 환영하였던 것이다.

이러한 상하의 환영을 받게 된 것은 오직 무왕이 은민(殷民)을 물불의 재난에 못지 않는 학정에서 구출해 주고 백성들에게 잔학하게 구는 자들을 제거해 주었기 때문이다. 《서경》〈태서(太誓)〉에 '우리 주나라는 무위가 크게 선양되어 이 은나라의 땅을 침공해 왔다. 그것은 다름아닌 잔학한 자들을 제거한 것으로 살벌한 무력을 발휘하여 위대한 일을 성취한 것이다. 이 무공은 실로 탕왕의 그것보다도 더 빛난다'라고 하였다. 이와 같이 정말로 왕자의 정치를 하면 온 천하가 귀순해 오는 것이다.

송나라에서 왕자의 정치를 실시하지 않아서 겁을 내는 것이지 만약 송나라에서 왕자의 정치를 실시한다면 사해 안의 사람들이 모두들 고개를 들고 바라보며 송의 국군을 자기의 임금으로 받들려고 할 것이다. 비록 제나라와 초나라가 대국이라고는 하지만 왕자의 정치를 펴는 마당에 있어서야 무엇이 두렵겠는가? 제·초는 두려워할 이유가 아무것도 없다."

原文 萬章이 問曰 : "宋,은 小國也,ㅣ라 今將行王政,이나 齊楚惡而伐之, 則如之何?니이꼬" 孟子曰 : "湯居亳,할새 與葛爲鄰.이러니 葛伯이 放而不祀.어늘 湯이 使人問之曰, '何爲不祀?오'하니 曰 : '無以供犧牲也.ㅣ라' 湯이 使人遺之牛羊.하니 葛伯이 食之,하고 又不以祀.라 湯이 又使人問之曰 : '何爲不祀?오'하니 曰 : '無以供粢盛也.ㅣ라' 湯이 使亳衆.으로 往爲之耕.이어늘 老弱이 饋食.라 葛伯이 率其民,하야 要其有酒食黍稻者하야 奪之.호대 不授者,를 殺之.러니 有童子,하야 以黍肉餉,이어늘 殺而奪之.라 書에 曰 : '葛伯이 仇餉.이라'하니 此之謂也.ㅣ니라 爲其殺是童子而征之,하니 四海之內, 皆曰 : '非富天下也,ㅣ라 爲匹夫匹婦復讎也.ㅣ라'하니라 '湯이 始征,을 自葛載,하야 十一征, 而無敵於天下.라"

東面而征에 西夷怨,하며 南面而征에 北狄怨,하야 曰 : '奚爲後我?오'하야 民之望之, 若大旱之望雨也.ㅣ하고 歸市者弗止,하며 芸者不變.이라 誅其君, 弔其民,한대 如時雨降.하야 民이 大悅.이라 書에 曰 : '徯我后,하나니 后來면 其無罰,이리라' 하고 '有攸不惟臣,이어늘 東征,하야 綏厥士女,하니 匪厥玄黃,하야 紹我周王見休,하고 惟臣附于大邑周.라하니라' 其君子,는 實玄黃于匪,하야 以迎其君子.하고 其小人,은 簞食壺漿으로 以迎其小人.하니 救民於水火之中,하야 取其殘而已矣.니라

太誓에 曰 : '我武를 惟揚,하야 侵于之疆.하고 則取于殘,하야 殺伐用張,하니 于湯에 有光.이라'하니라 不行王政云爾,언정 苟行王政,이면 四海之內, 皆擧首而望之,하야 欲以爲君,하리니 齊楚雖大,나 何畏焉?이리오"

6. 혼자의 힘으로 임금을 선도할 수는 없다

맹자께서 송나라에 계실 때 송의 공족(公族)으로 정사를 맡아보던 대불승(戴不勝)에게 말씀하셨다.

"당신은 당신네 왕이 선량한 임금이 되기를 희망하고 있습니까? 만약 그러시다면 내가 분명히 당신께 일러드리리다. 지금 여기에 초나라의 대부가 있다고 가정하십시다. 그 사람이 만약 자기 아들에게 제나라의 말을 가르치려고 한다면 그가 제나라 사람을 시켜서 자기 아들에게 제나라 말을 가르치게 하겠습니까, 아니면 초나라 사람을 시켜 제나라 말을 가르치게 하겠습니까?"

"그야 제나라 사람을 시켜서 가르치도록 하겠지요."

맹자께서는 대불승의 말을 받아 다음과 같이 말씀하셨다.

"만약의 경우, 한 제나라 사람이 그 아이에게 제나라 말을 가르치고, 여러 초나라 사람들이 그 아이를 둘러싸고 초나라 말로 시끄럽게 떠들어댄다면, 비록 매일같이 그 아이를 때리면서 제나라 말을 하도록 한다 해도 도저히 제나라 말을 하게 만들지는 못할 것입니다. 그러나 이와 반대로 그 아이를 끌어다가 장악(莊嶽) 같은 제나라의 번화한 거리에 수년 동안 둔다면 비록 매일같이 그 아이를 때리면서 초나라 말을 하라고 해도 초나라 말을 하게 만들 수는 없을 것입니다.

그런데 당신은 지금 설거주(薛居州)가 선량한 선비라 해서, 왕이 그의 영향을 받아 선량해지기를 희망하여 그를 왕이 있는 곳에 거처하게 하였습니다. 만약 왕의 주변에 있는 사람들이 노소와 지위의 고하를 막론하고 모두 설거주와 같이 선량한 인물들이라면 설사 왕이 선량하지 않게 굴려 해도 같이 그렇게 할 사람이 없어 선량하지 않게 굴 수가 없을 것입니다.

이와 반대로 왕의 주변에 있는 사람들이 노소 존비를 막론하고 모두 설거주와 같은 선량한 사람이 아니고 악을 자행하는 인간들이라면 설사 왕이 선량하게 굴려 해도 같이 그렇게 할 사람이 없으므로 선량하게 굴 수가 없을 것입니다. 설거주 한 사람이 아무리 선량한 인물이라 한들 그 혼자서 송나라의 왕을 어떻게 선량하게 만들 수 있겠습니까? 그것은 도저히 불가능한 일입니다. 정말로 송나라의 왕을 선도하려면 그의 주변에 선량한 사람을 많이 두어야 할 것입니다."

原文 孟子謂戴不勝曰 : "子欲子之王之善與?아 我明告子.하리라 有楚大夫於此,하야 欲其子之齊語也, 則使齊人傅諸?아 使楚人傅諸?아" 曰 : "使齊人傅之.니라" 曰 : "一齊人이 傅之,하고 衆楚人이 咻之,면 雖日撻而求其齊也,ㅣ라도 不可得矣.어니와 引而置之莊嶽之間數年.이면 雖日撻而求其楚,라도 亦不可得矣.리라 子謂薛居州,를 善士也,ㅣ라하야 使之居於王所.하나니 在於王所者, 長幼卑尊,이 皆薛居州也,ㅣ면 王誰與爲不善?이며 在王所者, 長幼卑尊,이 皆非薛居州也,ㅣ면 王誰與爲善?이리오 一薛居州, 獨如宋王에 何?리오"

7. 예의가 아니거든 찾아보지 마라

맹자의 제자인 공손추가 이런 질문을 했다.
"선생님께서 제후를 만나시지 않는 이유는 무엇입니까?"
"옛날에는 그 신하가 되기 전에는 자기가 자진해서 임금을 찾아가 만나는 일을 하지 않았다. 이를테면 단간목(段干木)은 위문후(魏文侯)가 자기 집에까지 찾아왔을 때, 그를 만나지 않으려고 담을 넘어 피해 버렸고, 설류(泄柳)는 노목공(魯繆公)이 자기 집에 찾아왔을 때 문을 닫고 노목공을 집에 들이지 않았다. 이 두 사람의 경우는 거절하는 정도가 지나친 극단적인 예이므로 찬성할 수는 없다. 그와 같은 부득이한 경우에는 피할 게 아니라 만나 보는 편이 좋다.

노나라의 대부 양화(陽貨)는 공자를 자기 사람으로 만들어 볼 생각으로 공자를 만나기를 원했으나 공자께서는 양화의 무례함을 미워하셔서 그를 만나 주지 않았다. 양화는 공자가 자기를 찾아오게 할 한 가지 묘안을 생각해냈다. 예법에, 대부가 사(士)에게 물건을 내려줄 경우에 외출하여 자기 집에서 직접 그것을 받지 못하게 되면 물건을 준 대부의 집 문에 가서 절하는 것으로 되어 있었다. 양화는 공자가 댁에 계시지 않을 때를 살펴 공자에게 살진 돼지를 보냈다. 양화는 공자가 자기 집에 찾아오면 그때 공자를 설복시켜 자기 사람으로 만들 계획이었던 것이다. 그러나 공자께서는 양화의 그런 불순한 계략을 알아차리고 역시 양화가 집에 없는 때를 골라 그 집에 가서 절하였던 것이다. 그런 경우는 양화가 먼저 손을 썼기 때문에 어쩔 수 없었으므로, 공자라 할지라도 그의 집까지 찾아가 보지 않을 수 없었던 것이다. 그처럼 부득이한 경우를 제외하고는 신하 노릇을 하는 것이 아닌 이상 자기가 제후를 찾아가 보는 일은 하지 않는 것이다.

증자께서는 일찍이 이런 말씀을 하셨다. '양 어깨를 위로 올려 머리를 내려박고 아첨하고 웃음을 짓는 일은 푹푹 찌는 한여름에 밭일을 하는 것보다도 훨씬 고되다.' 자로는 또 이런 말을 했다. '생각이 같지 않으면서도 마치 생각이 같은 듯이 말하는 그런 사람의 얼굴빛을 보면 부끄러워 빨개지는데 나는 그런 짓을 하지 못한다.'

이러한 것을 가지고 생각해 본다면 그것만으로도 군자가 자신을 어떻게 수양하고 있는가를 알 수 있을 것이다(예에 맞지도 않게 자기의 절개를 굽히며 스스로 군주를 찾아가 만나는 일은 도저히 할 수 없는 것이다)."

原文 公孫丑問曰 : "不見諸侯는 何義?이꼬" 孟子曰 : "古者에 不爲臣하야는 不見.하더니라 段干木은 踰垣而辟之,하고 泄柳는 閉門而不內,하니 是皆已甚,이오 迫,이어든 斯可以見矣.니라 陽貨欲見孔子, 而惡無禮.하시다 大夫有賜於士,에 不得受於其家,면 則往拜其門.이라 陽貨瞯孔子之亡也,ㅣ하야 而饋孔子蒸豚,한대 孔子亦瞯其亡也,ㅣ하야 而往拜之.하시니 當是時,하야 陽貨先,이면 豈得不見?이시리오 曾子曰 : '脅肩諂笑,는 病于夏畦라'하며 子路曰 : '未同而言,은 觀其色,컨댄 赧赧然,이라 非由之所知也.ㅣ라'하니 由是觀之, 則君子之所養,을 可知已矣.니라"

8. 옳은 일이면 내일로 미루지 마라

송나라의 대부 대영지(戴盈之)가 맹자에게 말했다.

"수확의 10분의 1을 조세로 하는 십일조를 실시하고 관문과 시장에서의 징세 폐지를 찬성하기는 합니다만 금년에 시행하기에는 시기 상조인 것 같습니다, 금년에는 징세를 약간 경감하고 내년에 관문과 시장에서의 징세를 폐지하도록 하면 어떻겠습니까?"
맹자께서 다음과 같이 말씀하셨다.
"여기 한 사람이 있어 매일같이 자기 이웃의 닭을 훔치는데, 어떤 사람이 그 닭도둑에게 '그런 행위는 군자가 할 짓이 못 되니 그만두도록 하오'라고 충고해 주자, 그 닭도둑이 하는 말이 '좋은 충고입니다. 그러나 지금 당장 그만두기는 곤란하니 우선 한 달에 닭 한 마리씩만 훔치고, 내년에 가서 훔치는 일을 그만두도록 하겠습니다'라고 하였소. 만약 그렇게 하는 것이 도리에 어긋나는 일임을 안 바에야 당장에 그 일을 그만둘 것이지 무엇 때문에 내년까지 기다리는 겁니까?"

原文 戴盈之曰："什一,과 去關市之征,을 今茲未能.이란대 請輕之,하야 以待來年然後에 已,면 何如?니이꼬" 孟子曰："今有人,이 日攘其鄰之雞者.어늘 或이 告之曰：'是非君子之道.라'한대 曰：'請損之,하야 月攘一雞,하고 以待來年然後에 已로다.'하니 如知其非義,인댄 斯速已矣,니 何待來年?이리오"

9. 내가 어찌 논쟁을 좋아하랴

맹자의 제자인 공도자(公都子)가 이런 질문을 했다.
"외부 사람들은 모두 선생님을 논쟁하기 좋아하는 분이라고들 합니다. 죄송하오나 그 사람들이 왜 그러는지 알고 싶으니 말씀해 주셨으면 좋겠습니다."

이 질문에 맹자께서는 다음과 같이 길게 설명하여 자기가 논쟁을 하지 않을 수 없게 된 이유를 밝히셨다.

"내가 어찌 논쟁하기를 좋아하겠는가? 결코 내가 좋아해서 논쟁을 하는 것이 아니다. 부득이해서 논쟁을 하는 것이야. 천하에 사람이 생겨난 이후로 굉장히 오랜 세월이 경과하였고, 그 동안 세상은 한번 다스려졌다가는 한번 혼란해지고 하여 치란이 반복되어 왔다. 이를테면 요임금 때에 와서는 큰 홍수가 나서 수로가 막히고 물이 역행하여 온 나라 안에 물이 넘쳐 들어와 모든 땅을 뒤덮었다. 그리하여 뱀이나 용 같은 짐승들이 사람 사는 곳에 우글거려 사람들은 도리어 정착해서 살 곳이 없어져 버렸다. 그래서 낮은 곳에 사는 사람들은 나무에다 새 둥지 같은 것을 만들고, 높은 곳에 사는 사람들은 혈거할 굴을 파고 하여 불안하게 살 수밖에 없었다. 《서경》에는 이때의 일을 '홍수(洚水 : 洪水와 같은 뜻)가 나의 경각심을 불러일으켰다'고 쓰고 있다. 이것이 혼란했던 한 예이다.

그래서 요임금은 우(禹)에게 명하여 그 홍수를 다스려 수습하도록 했는데 우는 땅을 파고 물길을 내어 범람하는 물을 바다로 흘러들어가게 하고, 뱀이나 용을 몰아내어 풀이 우거진 늪으로 들어가게 하였다. 이리하여 물은 땅과 언덕 사이로 제 길을 찾아 흘러가게 되어 홍수의 피해는 줄어들었고, 그렇게 해서 이루어진 물이 장강(長江)·회수(淮水)·황하(黃河)·한수(漢水) 등 오늘날 큰 물로 알려진 강들이다. 그런 까닭에 홍수의 위험도 사라지고 조수가 사람을 해치는 일도 소멸되어 버린 연후에 비로소 사람들이 안정된 평지를 얻어 살 수 있게 되었다. 이것은 한 번 다스려진 예이다.

요임금 같은 성군이 돌아가시자 성인의 대도는 쇠미해져 버렸다. 그리고 포악한 군주가 뒤따라 나와 백성들이 사는 집들을 허물어 버리고 그 자리에 유흥장소로 쓸 못을 팠다. 백성들은 안식할 곳조차 잃어버렸고, 농지를 몰수하여 사치스러운 원유(苑囿)를 만들게 하여 그들의 의식을 얻을 길을 잃어버리게 하였다. 거기에다 사악한 학설을 내세우는 자들과 난폭한 짓을 자행하는 자들이 일어나 백성들을 괴롭혔다. 원유와 못과 늪이 많아지는 데 따라 멀리 가 버렸던 금수가 다시 사람 가까이 다가오게 되었다. 은나라의 마지막 왕인 주(紂)의 대에 와서 천하가 또 대혼란 속에 빠져 버렸다. 이것이 또 한 번 혼란해진 예이다.

이번에는 주공(周公)이 그의 형 무왕(武王)을 도와 주(紂)를 주살하고 엄(奄)나라를 정벌하였는데 3년이 걸려 그 임금을 토멸해 버렸고, 주왕의 총신(寵臣)인 비렴(飛廉)을 바닷가 한구석으로 몰아 죽여 버렸다. 토멸해 버린 나라가 50개국에 달하고 범과 표범과 외뿔소와 코끼리 등 사나운 짐승들을 멀리 몰아내 버렸다. 이렇게 되자 온 천하가 모두 대단히 기뻐했다. 《서경》에는 이 일이 이렇게 쓰여 있다. '위대하도록 뚜렷하도다. 문왕(文王)이 세운 계획은 위대하도록 하늘의 뜻을 계승한 것이로다.' 이것이 또 한 번 다스려진 예이다.

무왕과 주공이 세워 놓은 주도 세월이 흐름에 따라 세상이 쇠란(衰亂)해지고 성인의 정도도 미약해져 사악한 학설과 포악무도한 행동이 또 일어나게 되었다. 그러자 신하 된 자로서 자기 임금을 죽이는 일, 자식 된 자로서 자기 아버지를 죽이는 일까지 생기는 흉악한 판국이 조성되기에 이르렀다. 그래서 공자께서는 그러한 짐승만도 못한 일이 계속 일어나 세상이 암흑 속에 빠져 버리는 것을 염려하여 《춘추(春秋)》라는 책을 지으셨다. 이 《춘추》는 난신(亂臣) • 적자(賊子)에 필주(筆誅)를 가하고 선인이나 선행에는 찬사를 보내며 대의명분을 밝힌 것으로, 이렇게 천하의 제후를 비롯한 대부 사(士)를 포폄(褒貶)하는 일은 본래 천자가 할 사업이었고, 공자는 다만 붓으로 글을 써서 그러한 일을 행하였을 뿐이다.

그러한 까닭으로 공자는 '세상 사람들 중 진실로 나의 진의를 알아주는 사람이 있게 된다면, 그것은 오직 이 《춘추》를 통해서일 것이다. 그러나 또 내가 천자가 하는, 남을 포폄하는 일을 《춘추》를 지어서 시도하였으므로 나를 비방하고 죄 주는 것 역시 이 《춘추》를 통해서일 것이다'라고 말씀하셨던 것이다.

공자께서 세상을 떠나신 후에는 현성한 왕자는 나오지 않고, 그 반면에 제후들은 못할 짓 없이 방자하게 굴고, 벼슬살이를 하지 않고 민간에 파묻혀 있던 학자들은 제멋대로 이론을 내세우니 양주(楊朱) • 묵적(墨翟)의 편파적인 언론이 온 천하에 가득 차서 천하의 언론이라고 하면 양주의 설에 찬성하지 않으면 묵적의 설에 찬성하는 개탄할 만한 세태가 빚어지고 말았다. 양주는 자아(自我)만을 아끼고 자아만을 위해서 사는 것을 주장하니 그것은 결국 임금을 위해서 일한다는 생각이 전연 없는 것이다. 따라서 그것은 임금을 무시하고 경홀히 여기는 것이 된다. 묵적은 자기의 어버이든 남의 어버이든 무차별하게 사랑하자는 것이니, 결국 자기의 어버이를 특별히 사랑하자는 생각이 없는 것이다. 따라서 자기의 아비를 무시하고 경홀히 여기는 것이 된다. 이렇게 임금을 무시하고 아비를 무시하는 것은 인간의 큰 도를 무시하는 것으로, 그것은 짐승과 마찬가지로 무도한 짓이다.

노나라의 현자인 공명의는 일찍이 이런 말을 한 적이 있다. '임금의 주방(廚房)에는 살진 고기가 걸려 있고, 그 마구간에는 살진 말이 있는데, 이와는 대조적으로 백성들은 굶주린 기색이 돌고, 들판에는 혹독한 굶주림 끝에 죽어 넘어져 있는 시체가 있다면 이것은 결국 짐승들을 몰고 가서 사람을 잡아먹게 하는 것이다.' 양주와 묵적이 주장하는 위아주의(爲我主義)와 겸애설이 없어지지 않고 공자께서 가르치신 인의의 대도가 드러나지 않는 것은, 곧 사악한 학설이 백성들을 속여 인과 의를 꽉 막아 버렸기 때문이다. 인과 의가 꽉 막혀 버리면 짐승을 몰아 사람을 잡아먹게 하고 심지어는 사람들이 서로 잡아먹는 처참한 비극을 자아내게 될 것이다.

나는 이러한 사태 때문에 두려운 마음을 갖게 되어 돌아가신 성인들의 도를 수호하고, 양주와 묵적의 사설(邪說)을 배제하고 방자하고 과격한 언사를 몰아내어 사설을 내세우는 자들이 나오지 못하게 하는 것이다. 사설이 마음에 싹트게 되면 그가 할 일에 해를 가져오게 되고, 할 일에 해가 작용하게 되면 그가 할 정치에 해를 가져오게 되는 것으로, 이 점에 관해서는 옛날의 성인들이 다시 이 세상에 살아난다 해도 내 말이 잘못됐다고 고치려 하지 않을 것이다. 옛날에 우(禹)는 홍수를 잘 다스려서 그 덕택으로 천하가 화평해졌다. 주공은 이적(夷狄)을 회유하여 귀순시키고 맹수들을 몰아내어 온 세상 사람들을 편안히 살게 하였다. 공자께서는 《춘추》를 완성시킴으로써 그로 말미암아 난신적자들이 두려워하게 되어 무도한 짓을 자행하지 않게 되었다.

《시경》 〈노송(魯頌)〉 비궁편(閟宮篇)에 '융적일랑 치고 형서(荊舒)는 징계해 주자. 그렇게 하면 그들은 우리에게 저항하지 못하게 될 것이다'라고 했다. 아비를 무시하고 임금을 무시하는 금수나 진배없는 야만인은 주공의 정벌과 징계의 대상이었다. 나 역시 사람들의 마음을 바로잡아 주고, 사악한 학설을 소멸시키고 편파

한 행동을 배제하며, 방자·과격한 언사를 몰아내어 위에 말한 세 분 성인의 뒤를 잇기를 원하고 있다.

내가 어찌 논쟁하기를 좋아하기야 하겠는가? 내가 논쟁을 하게 되는 것은 위에서 말한 바와 같이 혼란해진 세상을 바로잡기 위한 부득이한 방편에 불과한 것이다. 말을 능란하게 해서 양주와 묵적의 사악한 언론을 막는 사람은 성인의 무리일 것이다. 나는 성인 무리의 하나로 자임하고 있는 터이다."

原文 **公都子曰:"外人**이 **皆稱夫子好辯,**이라하니 **敢問何也?**ㅣ이꼬" **孟子曰:"予豈好辯哉?**리오 **予不得已也.**ㅣ로다 **天下之生**이 **久矣,**니 **一治一亂.**이니라 **當堯之時,**하야 **水逆行,**하야 **氾濫於中國,**하고 **蛇龍**이 **居之,**하니 **民無所定,**하야 **下者**는 **爲巢,**하고 **上者**는 **爲營窟.**하니 **書**에 **曰:'洚水警余.**라'하니 **洚水者**는 **洪水也.**ㅣ니라 **使禹治之,**어늘 **禹掘地而注之海,**하고 **驅蛇龍而放之菹,**한대 **水由地中行,**하니 **江, 淮, 河, 漢**이 **是也.**ㅣ라 **險阻旣遠,**하며 **鳥獸之害人者消, 然後**에 **人得平土而居之.**하니라 **堯·舜旣沒,**에 **聖人之道衰,**하야 **暴君**이 **代作,**하니 **壞宮室以爲汙池,**하야 **民無所安息,**하며 **棄田以爲園囿,**하야 **使民不得衣食,**하고 **邪說暴行**이 **又作,**하야 **園囿汙池, 沛澤多而禽獸至.**하니 **及紂之身,**하야 **天下又大亂.**하니라 **周公**이 **相武王,**하야 **誅紂,**하고 **伐奄三年**에 **討其君,**하고 **驅飛廉於海隅而戮之,**하니 **滅國者五十,**이오 **驅虎豹犀象而遠之,**한대 **天下大悅.**하니 **書**에 **曰:'丕顯哉!**라 **文王謨.**여 **丕承哉**라 **武王烈.**이여 **佑啓我後人,**하되 **咸以正無缺.**이라'하니라"

世衰道微,하야 **邪說暴行**이 **有作,**하니 **臣弑其君者有之,**하며

子弑其父者有之,하야 孔子懼,하사 作春秋.하시니 春秋는 天子之事也,ㅣ라 是故로 孔子曰:'知我者,도 其惟春秋乎?며 罪我者,도 其惟春秋乎?인저'하시니라 聖王이 不作,하야 諸侯放恣,하며 處士橫議,하야 楊朱·墨翟之言이 盈天下,하야 天下之言,이 不歸楊則歸墨.이라 楊氏는 爲我,하니 是는 無君也.ㅣ요 墨氏는 兼愛,하니 是는 無父也.ㅣ라 無父無君,은 是禽獸也.ㅣ니라 公明儀曰:'庖有肥肉,하며 廐有肥馬,요 民有飢色,하며 野有餓莩,면 此는 率獸而食人也.ㅣ라'하니 楊·墨之道不息,이면 孔子之道不著,하리니 是는 邪說이 誣民,하야 充塞仁義也.ㅣ니 仁義充塞, 則率獸食人,이라가 人將相食.하리라 吾爲此懼,하야 閑先聖之道,하고 距楊·墨,하며 放淫辭,하야 邪說者不得作,하나니 作於其心,이면 害於其事,하고 作於其事,면 害於其政,하나니 聖人이 復起,라도 不易吾言矣.리라 昔者에 禹抑洪水而天下平,하고 周公이 兼夷狄驅猛獸而百姓寧,하고 孔子成春秋而亂臣賊子懼.하니라 詩云:'戎狄是膺,하고 荊·舒是懲,하야 則莫我敢承.이라'하니 無父無君,은 是周公所膺也.ㅣ니라 我亦欲正人心,하야 息邪說,하고 距詖行,하며 放淫辭,하야 以承三聖者.로니 豈好辯哉?리오 予不得已也.ㅣ니라 能言距楊·墨者,는 聖人之徒也.ㅣ니라"

10. 진중자(陳仲子)의 청렴은 지렁이와 같은 것

제나라의 광장(匡章)이란 사람이 맹자에게 이런 말을 했다.
"진중자야말로 청렴결백한 사람이 아니겠습니까? 그는 진정 청렴결백한 사람입니다. 왜냐하면 그는 자기 형의 녹이 불의한 것이라 하여 집에서 나와 오릉(於陵)이란 곳에서 살았습니다. 그는 먹을 것이 없어 사흘 동안 굶어 귀가 안 들리고 눈이 안 보일 정도로 허약해졌습니다. 마침 우물 위에 오얏나무가 있었는데, 거기서 떨어진 오얏은 굼벵이가 파먹은 것이 태반이었습니다. 진중자는 엉금엉금 기어가 그 벌레 먹은 오얏을 집어 먹었는데, 세 입을 씹지도 않고 삼킨 후에야 겨우 귀가 들리고 눈이 보였다고 합니다. 그만큼 무섭게 청렴결백했습니다."

이 말을 들은 맹자께서는 다음과 같이 말씀하셨다.

"제나라에는 별로 이렇다 할 인물이 없으므로 나도 제나라의 인물 중에서는 진중자를 엄지손가락으로 꼽소. 그렇기는 하지만 진중자가 어떻게 청렴결백할 수야 있겠소? 진중자는 도저히 청렴결백한 인물이라고 할 수 없소. 진중자는 진정한 청렴결백이라는 것을 알지 못하고 있소. 중자가 생각하는 대로 살자고 들면, 지렁이가 되고 난 뒤에야 비로소 가능하오. 사람으로서는 도저히 해낼 수 없는 노릇이오. 대체로 지렁이는 땅 위에서는 메마른 흙을 먹고 땅 밑에서는 괴어 있는 흐린 물을 마시고 사니 별로 다른 것이 필요 없고, 그대로 만족하고 살 수 있소이다. 그런데 사람이 어디 그렇게 살 수 있겠소이까? 사람이 지렁이같이는 도저히 살 수 없는 거요. 또 심하게 따지고 들면 끝이 없소. 중자가 오릉에서 살고 있는 집이 대체 백이(伯夷) 같은 청렴결백한 사람이 세운 것인가요, 그렇지 않으면 도척(盜跖) 같은 무서운 강도가 세운 것인가요? 이 점은 도저히 가려낼 수 없소(중자가 만약 자기가 생각하는 대로의 절조를 완전히 관철한다면 그런 점까지 조사해서 청렴한 사람이 만든 것에 한하여 자기가 사용하도록 해야 할 게 아니겠소)."

맹자의 말에 광장은 다시 이렇게 대꾸했다.

"집이나 곡식이 백이가 만든 것이든 도척이 만든 것이든 그것이 진중자의 청렴결백한 점에 무슨 영향이 있습니까? 아무런 영향도 끼치지 못합니다. 왜냐하면 진중자는 자기 자신이 직접 신을 삼고, 그분의 아내는 삼실을 뽑고 다듬고 하여 그것으로 자기네가 필요한 물건과 교역해다 쓰니까요(모든 것을 자기 노력에 의해 자급자족하고 사니 결코 자기가 쓰는 물건을 누가 만들었는가 하는 것에 아무런 영향을 받지 않는 것입니다)."

맹자께서는 자기 말을 못 알아듣는 광장을 위해 다음과 같이 설명을 덧붙였다.

"진중자란 사람은 제나라의 세가대족(世家大族)의 집안에서 태어났고, 그의 형 대(戴)는 지금 개읍(蓋邑)에서 받는 식록이 만종(萬鍾)에 달하고 있소. 그런데 중자는 자기 형이 받는 녹이 의롭지 못한, 불순하게 생긴 녹이라고 생각하여 그 녹으로 마련된 음식을 먹지 않고, 자기 형의 집이 의롭지 못한 불순하게 소유한 집이라고 생각하여 거기서 살지 않고 자기의 형을 피해서 자기 생모를 떠나 오릉에서 살고 있는 거요. 그런데 그후 중자는 형의 집에 돌아간 일이 있었는데, 그때 마침 어떤 사람이 그의 형에게 산 거위를 선사해 온 사람이 있었소. 그것을 본 중자는 기분이 나빠 이맛살을 찌푸리면서 '이 따위 꽥꽥거리는 것을 무엇에다 쓰자는 거야? 이런 물건을 보내는 자도 보내는 자이지만 받는 인간도 돼먹지 못했다'라고 말했소.

그후 어느 날 중자의 모친은 그 거위를 잡아 요리를 만들어 중자에게 주어 먹게 하였소. 그러던 중에 중자의 형이 밖에서 돌아와 중자가 먹는 것을 보고 '지금 네가 먹는 것은 꽥꽥거리는 것의 고기다'라고 말했소. 자기 형의 이 말을 들은 중자는 기겁을 해서 밖으로 뛰쳐나가 먹은 거위 고기를 토해 버리고 말았소이다. 자기 모친이 만든 음식이건만 불의한 것이라 하여 먹지 않고, 자기 아내가 만든 음식이면 그런 점을 따지는 일 없이 먹고, 자기 형의 집이면 의롭지 않다고 거처하지 않고 오릉에서는 그런 점을 따지는 일 없이 거처하는 거요. 그렇게 한다고 해서 그 원칙을 그대로 충분히 지켜 나갈 수 있겠소? 도저히 지켜 나갈 수 없을 거요. 중자같이 하려 든다면 지렁이가 된 후에야 그 절조를 충족시킬 수 있을 것이오(인간인 이상, 그런 식의 절조는 도저히 지켜 낼 수가 없소)."

原文 匡章이 曰:"陳仲子,는 豈不誠廉士哉?리오 居於陵,할새 三日不食,하야 耳無聞,하며 目無見也.ㅣ러니 井上에 有李,하야 螬食實者過半矣,어늘 匍匐往將食之,하야 三咽, 然後에 耳有聞하며 目有見.하니라" 孟子曰:"於齊國之士,에 吾必以仲子로 爲巨擘焉.이라 雖然,이나 仲子는 惡能廉?이리오 充仲子之操,면 則蚓而後에 可者也.ㅣ니라 夫蚓,은 上食槁壤,하고 下飮黃泉.하나니 仲子所居之室,은 伯夷之所築與?아 抑亦盜跖之所築與?아 所食之粟,은 伯夷之所樹與?아 抑亦盜跖之所樹與?아 是未可知也.ㅣ로다" 曰:"是何傷哉?리오 彼身織屨,하고 妻辟纑,하야 以易之也.ㅣ니라 曰:"仲子,는 齊之世家也.ㅣ라 兄戴,는 蓋祿萬鍾.이러니 以兄之祿으로 爲不義之祿而不食也,ㅣ하며 以兄之室로 爲不義之室而不居也,ㅣ하고 辟兄離母,하야 處於於陵.이러니 他日에 歸, 則有饋其兄生鵝者,어늘 己頻顣曰:'惡用是鶂鶂者爲哉?리오' 他日에 其母殺是鵝也,ㅣ하야 與之食之.러니 其兄이 自外至,하야 曰:'是는

鶃鶃之肉也.ㅣ라하니' 出而哇之.하니라 以母則不食,하고 以妻則食之,하며 以兄之室則弗居,하고 以於陵則居之하니 是尙爲能充其類也乎?아 若仲子者,는 蚓而後充其操者也.ㅣ니라"

제7장 이루장구(離婁章句)·상

1. 윗사람과 아랫사람이 법도를 지키면 천하가 태평하다

맹자께서 이렇게 말씀하셨다.

"비록 이루(離婁)같이 뛰어난 시력을 가지고 있다 해도, 그리고 공수반(公輸般) 같은 탁월한 기교를 가졌다 해도, 규구(規矩)를 사용하지 않고는 정확한 네모나 원을 만들어내지 못할 것이다. 비록 사광(師曠) 같은 민감한 청력을 가졌다 해도 육률육려(六律六呂)의 기본 음을 사용하지 않고는 오음을 바로 잡아내지는 못할 것이다. 이러한 경우와 마찬가지로 아무리 요·순같이 좋은 정치 방법을 사용할지라도 인정(仁政)을 쓰지 않고는 천하를 화평하게 다스리지 못할 것이다.

만약 한 나라의 국군이 인자한 마음과 인자하다는 평판이 있으면서도 그 백성들이 그의 은택을 입지 못하고 그의 정치가 후세에 모범이 될 수 없다면, 그것은 그가 선왕의 도를 실행하지 않았기 때문에 그런 것이다, 그래서 한갖 선량하기만 하고 선왕의 도에 따르지 않는다면 훌륭한 정치를 해나가기에 부족하고, 한갓 법을 만들기만 하고 선왕의 법도에 따르지 않는다면 그러한 법은 결코 스스로 시행되어 나가지 못한다고 하는 것이다. 《시경》〈대아(大雅)〉 가악편(假樂篇)에 이르기를 '틀리지 않고 잊어버리지 않고 구래의 선왕의 전장(典章)을 준수하여 그것에 따라 모든 일을 해 나간다'라고 하였다.

선왕의 유법을 준수하고서도 과오를 범한 사람은 여태껏 한 번도 나와 본 일이 없었다. 옛날의 성인들은 이미 자기가 가진 눈의 시력이 미치는 대로 다 쓰고, 거기에 다시 규구(規矩)·준승(準繩)을 사용하여 네모·원·평면·직선을 만들었으니 그처럼 정확한 모양은 얼마든지 만들어낼 수 있어 문제도 되지 않았다. 그리고 이미 자기의 청력을 있는 대로 다 쓰고서 거기에 다시 육률육려의 기본음을 사용하여 오음을 바로잡았으니, 정확한 오음을 만들어내는 일은 어려운 일이 아니었다.

그것과 마찬가지로 자기의 마음과 생각을 있는 대로 다 쓰고, 거기에 다시 차마 남에게 악독하게 굴지 못해하는 은혜로운 정치를 베풀었으므로 인덕이 온 천하에 널리 퍼져 나가게 된 것이다.

그래서 높아지려면 반드시 평지보다 높은 구릉을 이용하고, 낮아지려면 평지보다 낮은 천택(川澤)을 이용하라고 하였던 것이다.

정치를 하는 데 선왕의 도에 따르지 않는다면 그러한 사람을 지혜롭다고 할 수 있겠는가? 지혜롭다고 할 수 없다. 그런 까닭에 인심(仁心)과 인문(仁聞)이 있고, 그리고 선왕의 도에 따르는 인자(仁者)만이 국군이라는 높은 자리에 있어야 마땅하다. 그러한 인자가 아니면서 국군이라는 높은 자리에 있는다면, 그것은 자기의 악을 온 천하 사람들에게 뿌려 백성들로 하여금 모두 악해지게 만드는 것이다.

위에 있는 임금이 정당한 도에 의거하여 하늘의 뜻을 헤아려가지고 올바른 정치를 하지 않고, 아래 있는 신하들은 또 법도를 지켜서 일을 올바로 하지 않으며, 조정에서는 거기서 마땅히 행해져야 할 정도를 믿지 않고, 공장(工匠)들은 그들이 반드시 지켜야 할 척도를 믿지 않으며, 벼슬자리에 있는 군자는 군자대로 의리에 어긋나는 짓을 하는 것을 아무렇지도 않게 여기고, 일반 서민은 서민대로 형법을 범하는 행위를 보통으로 알고 행한다면, 그런 상태하에서는 나라가 멸망하지 않고 존속한다는 것이 실로 요행한 일이다. 그러기에 '성곽이 튼튼하지 않고, 무기와 갑주가 많지 않다는 것은 결코 나라의 걱정이라고 할 수 없고, 농지가 개척되지 않아 그 면적이 늘어나지 않고, 재화가 많이 모여들지 않아 물건이 달리는 것은 결코 나라를 해치는 일이 아니다'라고 하였다. 도리어 윗자리에 있는 국군이 무례하게 굴고, 아래에 있는 백성들이 배움이 없으면 사람을 해치는 사나운 백성들이 생겨나게 되어 나라의 멸망이 곧 닥쳐오게 된다.

《시경》〈대아(大雅)〉 판편(板篇)에 '하늘이 바야흐로 움직여서 사악하고 혼탁한 세상을 뒤엎어 버리려고 하는데, 그렇게 왁자지껄 시끄럽게 굴지 마라'고 하였다. 왁자지껄하다는 것은 시끄럽게 군다는 것과 같다. 자기의 국군을 섬기는 데 의리 없이 굴고, 진퇴하는 데 예가 없고, 말을 하면 선왕의 대도를 비난하고 훼방하는 것이 곧 시끄럽게 구는 것이다. 그래서 옛말에, 임금에게 성왕이 이룩한 것 같은 어려운 일을 해내도록 권면하고 책하는 것을 공손하다고 하고, 선한 것을 늘어놓고 사악한 것을 막는 것을 공경스럽다고 하고, 우리 임금은 무능해서 그런 훌륭한 일을 못 해낸다고 하는 것은 임금을 적해(賊害)한다고 했다."

原文 孟子曰: "離婁之明,과 公輸子之巧,로도 不以規矩,면 不能成方員.이오 師曠之聰,으로도 不以六律,이면 不能正五音.이오 堯舜之道,로도 不以仁政,이면 不能平治天下.니라 今有仁心仁聞, 而民不被其澤,하야 不可法於後世者,는 不行先王之道也.일새니라 故로 曰: 徒善은 不足以爲政,이오 徒法은 不能以自行.이라하니라 詩云: '不愆不忘,을 率由舊章.이라'하니 遵先王之法而過者,는 未之有也.니라 聖人이 旣竭目力焉,하고 繼之以規矩準繩,하야 以爲方員平直,하니 不可勝用也.ㅣ며 旣竭耳力焉,하고 繼之以六律,하야 正五音,하니 不可勝用也,ㅣ며 旣竭心思焉,하고 繼之以不忍人之政, 而仁覆天下矣.니라 故로 曰: 爲高엔 必因邱陵,하며 爲下엔 必因川澤.이라하니 爲政에 不因先王之道,면 可謂智乎?아"

"是以로 惟仁者라야 宜在高位.니 不仁而在高位,면 是는 播其惡於衆也.ㅣ니라 上無道揆也,ㅣ하며 下無法守也,ㅣ하야 朝不信道,하며 工不信度,하야 君子犯義,하고 小人犯刑,이면 國之所存者幸也.니라 故로 曰: 城郭不完,하며 兵甲不多,는 非國之災也.ㅣ며 田野不辟,하며 貨財不聚,는 非國之害也.라 上無禮,하며 下無學,이면 賊民興,하야 喪無日矣.라하니라 詩曰: '天之方蹶,니 無然泄泄.라'하니 泄泄,는 猶沓沓也.ㅣ니라 事君無義,하며 進退無禮,하고 言則非先王之道者,는 猶沓沓也.ㅣ니라 故로 曰: 責難於君을 謂之恭,이오 陳善閉邪를 謂之敬,이오 吾君不能을 謂之賊.이라하니라"

2. 훌륭한 임금과 훌륭한 신하가 되는 방법

맹자께서 이런 말씀을 하셨다.

"규구는 네모와 원을 그리는 데 가장 좋은 표준이 되는 것이고, 사람이 살아나가는 데 있어서의 가장 좋은 모범이 되는 것은 옛 성인이다. 대체로 훌륭한 입금이 되기를 원한다면 임금이 지켜야 할 도리를 빠짐없이 철저하게 지켜야 할 것이고, 훌륭한 신하가 되기를 원한다면 신하가 지켜야 할 도리를 빠짐없이 철저하게 지켜야 할 것이다.

그런데 이 훌륭한 임금 노릇을 하고 훌륭한 신하 노릇을 한다는 두 가지 일은 모두 요・순을 모범으로 하여 그들을 본받아 나가면 이상적인 경지에 도달할 수 있게 되는 것이고 그밖에 다른 방법이 있는 것은 아니다. 요는 임금의 도리를 빠짐없이 철저하게 지킨 성인이고, 순은 신하의 도리를 빠짐없이 철저하게 지킨 성인이기 때문이다. 그러므로 순이 요를 섬긴 방법으로 자기 임금을 섬기지 않는다면 그런 신하는 자기 임금을 공경하지 않는 무도한 신하라 하겠고, 요가 백성을 다스린 방법으로 자기 백성을 다스리지 않는다면 그런 임금은 자기 백성을 적해(賊害)하는 포악한 임금이라 하겠다.

공자께서는 '도는 둘이니 인(仁)과 불인(不仁)일 따름이다'라고 하셨다. 즉 요・순을 본받아 임금을 공경하여 섬기고 백성을 해치지 않고 다스리면 인이고, 그렇지 않으면 불인인 것이다. 임금을 섬기고 백성을 다스리는 데 있어서는 이러한 인 아니면 불인이라는 것밖에 다른 도리는 없는 것이다.

만약 임금이 되어서 백성을 다스리는 데 있어 자기 백성들을 포악하게 다룬다면, 거기서 오는 반동은 무서울 것이다. 심한 경우에는 자기 몸이 시해되고 나라가 멸망해 버릴 것이며, 심하지 않은 경우라면 자기 몸이 위태로워지고 국세가 기울어져 나라가 줄어들게 될 것이다. 임금이 그렇게 포악하게 굴어 유(幽)·여(厲) 같은 악시(惡諡)를 받게 되면, 그 자손이 아무리 효성이 지극하고 자애스러워서 자기 조상의 악시를 고쳐 보려고 백 대를 두고 시도해 봐도 고쳐내지 못한다. 한 임금의 행적은 영원히 그대로 후세에까지 전해질 뿐 그것이 고쳐지지는 않는 것이다.

《시경》〈대아(大雅)〉 탕편(蕩篇)에 '은나라의 주왕(紂王)이 거울삼아 자신을 경계할 일은 결코 먼 곳에 있었던 것이 아니고 극히 가까운 자기 앞 조대(朝代)인 하(夏)의 마지막 왕 걸(桀)의 폭정이었던 것이다'라고 하였거니와 이것은 앞에서 말한 그런 점을 지적한 것이다(주가 하걸을 거울삼아 자신을 경계하여 요·순과 같은 인정을 베풀었다면 결코 은나라를 멸망으로 이끌지는 않았을 것이다. 그후의 임금도 마찬가지인 것이다)."

原文 **孟子曰："規矩,**는 **方圓之至也.**ㅣ요 **聖人,**은 **人倫之至也.**ㅣ니라 **欲爲君,**인댄 **盡君道,**요 **欲爲臣,**인댄 **盡臣道.**니 **二者**를 **皆法堯·舜而已矣.**니 **不以舜之所以事堯**로 **事君,**이면 **不敬其君者也.**ㅣ요 **不以堯之所以治民**으로 **治民,**이면 **賊其民者也.**ㅣ니라 **孔子曰：'道二,**니 **仁與不仁而已矣.**라'하시니 **暴其民,**이 **甚則身弑國亡,**하고 **不甚則身危國削,**하나니 **名之曰幽·厲,**면 **雖孝子慈孫,**이라도 **百世**에 **不能改也.**니라 **詩云：'殷鑒不遠,**이라 **在夏后之世.**라'하니 **此之謂也.**ㅣ니라"

3. 인(仁)은 천하와 국가와 자신을 보전한다

맹자께서 이런 말씀을 하셨다.
"하・은・주 3대에 천하를 얻어 군림하게 된 것은 그 초대 왕들, 즉 하의 우왕, 은의 탕왕, 주의 문왕과 무왕이 인정을 폈기 때문이었고, 천하를 잃고 멸망하게 된 것은 그 마지막 왕들, 즉 하의 걸왕, 은의 주왕, 주의 유왕(幽王)・여왕(厲王) 등이 인정을 베풀지 않고 무도하게 굴었기 때문이다. 제후국이 존망 흥폐하는 까닭도 역시 인정을 폈느냐의 여부에 있는 것이다. 만약 천자가 인자하지 않으면 천하를 빼앗기게 되고, 제후가 인자하지 않으면 국가를 보존하지 못하게 되며, 경・대부가 인자하지 않으면 조상의 유업을 잃어 종묘에 제사를 드리지 못하게 되고, 사(士)・서인이 인자하지 않으면 자기의 몸을 보존하지 못하게 된다. 만약 죽는 것을 싫어하면서도 인자하게 행동하려 하지 않는다면, 그것은 마치 술에 취하는 것을 싫어하면서도 무리하게 술을 마시는 것이나 일반으로 극히 모순된 일이라 하지 않을 수 없다."

原文 孟子曰："三代之得天下也,는 以仁,이오 其失天下也,는 以不仁.이니라 國之所以廢興存亡者도 亦然.하니라 天子不仁,이면 不保四海,하고 諸侯不仁,이면 不保社稷,하고 卿大夫不仁,이면 不保宗廟,하고 士庶人不仁,이면 不保四體.니라 今惡死亡而樂不仁,이면 是猶惡醉而强酒.니라"

4. 부족한 원인을 자기 자신에게서 찾으라

맹자께서 이런 말씀을 하셨다.

"남을 아끼고 사랑하여 주어도 그 상대방이 가까이해 주지 않을 경우에는, 상대방을 탓할 것이 아니라 자기의 인애함에 부족이나 결함이 없는지 자기 자신을 반성해 볼 일이다. 남을 다스려 나가는 데 잘 다스려지지 않는 경우에는 남을 탓할 것이 아니라 남을 다스리는 데 있어 자기의 지혜가 부족하지 않은지 자기 자신을 반성하여 볼 일이다. 남에게 예를 다해도 상대방에서 그 예에 대한 응답이 없을 경우에는 상대방을 의심할 것이 아니라 자기가 예를 행하는 데 있어 공경하는 마음이 부족하지 않은지 자기 자신을 반성하여 볼 일이다. 이와 같이 자기가 행해서 기대했던 결과를 얻지 못할 경우에는 언제나 돌이켜 그 원인을 자기에게서 찾아야 할 것이다. 자기 자신이 올바르면 온 천하의 사람들이 귀순해온다. 그래서 《시경》〈대아(大雅)〉 문왕편(文王篇)에도 '영원토록 천명에 합치하게 행하여 그 결과 스스로 많은 복을 구하게 되었다'는 말이 있다."

原文 孟子曰: "愛人不親,이어든 反其仁.하고 治人不治,어든 反其智.하고 禮人不答,이어든 反其敬.하라 行有不得者,어든 皆反求諸己.니 其身正而天下歸之.니라 詩云: '永言配命,이 自求多福.이라'하니라"

5. 먼저 그 근본을 올바르게 하라

맹자께서 이런 말씀을 하셨다.

"세상 사람들이 항용 하는 말이 있다. '천하국가(天下國家)'라는 것이 그것이다. 그런데 그 천하라는 것은 근본이 나라에 있고, 또 나라의 근본은 집에 있고, 집의 근본으로 말하자면 한사람 한사람 자신에 있는 것이다(그러므로 우선 자신의 덕을 닦고 집안을 올바로 다스려야지, 무턱대고 천하국가를 들고 나오는 것은 그 근본을 망각한 짓이 아닐 수 없다)."

原文 **孟子曰:"人有恒言,**하되 **皆曰天下國家.**라하나니 **天下之本**은 **在國,**하고 **國之本**은 **在家,**하고 **家之本**은 **在身.**하니라"

6. 큰 가문이 따르면 천하도 따른다

맹자께서 이런 말씀을 하셨다.

"한 나라의 정치를 한다는 것은 그리 어려운 일이 아니다. 덕을 닦아 자기 자신을 올바르게 하여, 모든 일을 해나가는 데 있어 그 나라가 흥성해지기를 열원(熱願)하는 세가대족(世家大族)들이 원망하거나 분노하지 않게 하고, 그들로 하여금 충심으로 열복하게만 하면 되는 것이다. 왜냐하면 그러한 세가대족의 중신들이 열복하게 되면 그것에 따라 온 나라가 다 열복하게 되고, 나아가서는 온 천하가 열복하게 되며, 그래서 은덕과 교화가 사해에 벅차게 넘쳐흘러 나가게 되기 때문이다."

原文 **孟子曰:"爲政**이 **不難,**하니 **不得罪於巨室.**이라 **巨室之所慕,**를 **一國**이 **慕之.**하고 **一國之所慕,**를 **天下慕之.**하나니 **故**로 **沛然德敎溢乎四海.**하나니라"

7. 인정(仁政)에는 천하에 대적할 자가 없다

맹자께서 이런 말씀을 하셨다.

"이 세상에 정도가 행해질 때에는 유덕 유능한 인물을 존중하게 되기 때문에 덕이 대단치 않은 사람은 덕이 대단한 사람에게 부림을 받게 되고, 현량함이 대단치 않은 사람은 현량함이 대단한 사람에게 부림을 받게 되는 것이다. 그러나 세상이 무도할 때에는 힘이 존중되므로 국력이 부실한 약소국은 강대국에 부림을 받는다. 이 두 가지의 추세는 자연적인 이치인 것이다. 그러므로 이러한 자연적인 이치에 순응해 나가면 명맥을 유지하여 존립하게 될 것이고, 이러한 자연적인 이치에 역행하게 되면 도태되어 패망해 버리게 될 것이다.

옛날 제나라의 경공이 당시 국력이 비교적 강성하여 제나라에 굴복하지 않던 남방의 미개국인 오(吳)나라에서 경공의 딸을 아내로 맞아가겠다고 강요해 왔을 때 그는 이렇게 말했던 것이다. '나는 제나라의 국군으로 있으면서 오나라에 내 뜻대로 명령을 내려 복종하게도 못하는데, 또 오나라의 요구까지도 받아들이지 않는다면 이것은 양국간의 국교를 단절해 버리는 일이 되어 결국 그로 말미암아 나라의 패망을 초래할 우려가 없지 않다. 괴로운 일이지만 어찌할 수 없다.' 이리하여 경공은 눈물을 흘리면서 오나라로 자기 딸을 출가시켰던 것이다. 이것은 당시의 자연적인 추세에 순응한 일로, 제나라를 존속시키기 위해서는 그렇게 하는 것이 극히 당연한 처사였다.

그러나 지금 작은 나라들은 큰 나라를 스승으로 받들 듯이 하여 큰 나라가 하는 일들을 본받아 하면서도 큰 나라의 명령을 받아들이는 것을 치욕으로 생각하여 받아들이지 않고 버티려고 하니, 그것은 마치 제자로 있는 입장에서 자기 스승으로부터 명령을 받는 것을 부끄러워하는 것이나 다를 바 없다. 자연의 추세에 역행하는 극히 모순된 짓이라고 하지 않을 수 없다. 대국의 명령이 극히 무도해서 그 명령을 받아들여 시행하기가 부끄러울 지경이면, 그 명령을 받아들이지 않아도 괜찮은 실력을 양성해야 할 것이다. 그 방법으로는 주문왕을 스승으로 받들어 나라를 다스려 나가는 것이 가장 좋다. 주문왕을 스승으로 받들어 나라를 다스려 나간다면, 대국이면 5년, 소국이면 7년에 반드시 천하에 군림하여 왕자의 정치를 펴게 될 것이다.

《시경》〈대아(大雅)〉 문왕편(文王篇)에 이런 말이 있다. 즉 '은나라의 자손들은 그 수효가 많아서 10만으로 그치지 않을 정도다. 그러나 주왕이 포악무도해서 천명은 이미 은나라에서 옮겨져 버리고, 상제(上帝)는 벌써 그 많은 은나라의 자손들에게 명하여 그들로 하여금 문왕의 정치로 소국에서 일어난 주(周)에 복종하게 하여 버렸다. 이렇게 은의 자손들을 주에 복종케 한 것은 다름이 아니라 천명이란 반드시 일정 불변한 곳에만 머물러 있지 않는다는 것을 나타낸 실례라고 할 수 있다. 이렇듯 천명은 부덕한 자로부터 떠나 유덕한 사람에게로 옮겨가게 마련이다. 은나라의 유신(遺臣)들은 모두 훌륭한 인물들이어서 재지(才智)가 민첩하고 사리에 밝아 활달하지만, 은나라를 위해 일할 기회는 상실해 버리고 이제는 주나라의 수도에서 주나라 종묘에 제사할 때, 울창주(鬱鬯酒)를 부어 강신하는 일을 맡아 제사 의식을 도움으로써 완전히 주나라에 복종하게 되었다.'

공자께서 이 시를 평하여 '인정을 펴서 나라를 다스리는 사람에 대해서는 아무리 많은 군중이 항거한다 해도 그를 감당해 내지 못한다. 다시 말해 국군이 인정 베풀기를 좋아하면 그는 천하무적의 왕자가 될 것이다'라고 하셨다. 지금 제후들은 천하무적의 왕자가 되기를 희구하면서도 인정을 베풀지 않으니, 그런 모순된 행위로는 도저히 그들의 희망을 달성할 수 없는 것이다.

이렇게 천하무적의 왕자가 되고자 하는 대망을 품고서도 인정을 베풀지 않는 것은, 마치 뜨거운 것을 잡고서도 손을 물에 담그지 않는 것과 같다. 《시경》 〈대아(大雅)〉 상유편(桑柔篇)에도 '그 누가 뜨거운 것을 잡고서도 손을 물에 담그지 않겠는가? 누구나 다 물에 손을 담글 것이다'라는 말이 있다. 천하무적의 대망을 품고서도 인정을 베풀지 않는 것은 이처럼 상식에서 어긋나는 일과 같다."

原文 孟子曰 : "天下有道,엔 小德이 役大德,하며 小賢이 役大賢.하고 天下無道,엔 小役大,하며 弱役强.하나니 斯二者는 天也.ㅣ니라 順天者는 存,하고 逆天者는 亡.하나니라 齊景公이 曰 : '旣不能令,하고 又不受命,이면 是는 絶物也.ㅣ라'하고 涕出而女於吳.하니라 今也에 小國이 師大國, 而恥受命焉,이면 是는 猶弟子而恥受命於先師也.ㅣ니라 如恥之,인댄 莫若師文王.이니 師文王이면 大國은 五年,이오 小國은 七年,에 必爲政於天下矣.리라 詩云, '商之孫子, 其麗不億.이언만은 上帝旣命,이라 侯于周服.이로다 侯服于周,하니 天命靡常.이라 般士膚敏,이 裸將于京.이라'하야늘 孔子曰, '仁不可爲衆也.ㅣ니 夫國君이 好仁,이면 天下無敵.이라'하니라 今也에 欲無敵於天下而不以仁,이면 是猶執熱而不以濯也.니라 詩云, '誰能執熱,하야 逝不以濯?이리오'하니라"

8. 천재(天災)는 피해도 자신이 저지른 일은 피하지 못한다

맹자께서 이런 말씀을 하셨다.

"인자하지 않은 자와는 올바른 말을 함께 하여 선한 길로 가도록 서로 권면할 수 없다. 왜냐하면 인자하지 않은 자는 번연히 자기가 위험해질 일을 겁내지 않고 도리어 그런 일을 평안하게 여겨 태연했으며, 자기가 번연히 재앙을 당하게 될 일을 멀리하려 들기는커녕 도리어 그것을 자기에게 이롭게 여겨 자진해서 하고, 자기가 번연히 패망하게 될 일을 자경하여 멀리하기는커녕 도리어 즐겁게 여겨 그런 일에 열중한다. 그러니 인자하지 않은데도 그냥 함께 올바른 말을 하여 반성 자숙해서 선으로 지향할 수 있다고 하면, 이 세상에 나라를 멸망시키고 가문을 패망하게 하는 일이 어찌 생겨나겠는가? 그런 일이 생겨날 수 없었을 것이다.

옛날에 어떤 어린아이가 이런 노래를 불렀다. '창랑(滄浪)의 물이 맑으면 그 물에 내 갓끈을 담글 것이고, 창랑의 물이 흐리면 그 물에 내 발을 담글 것이다.' 이 노래를 듣고 공자께서 제자들에게 이렇게 말씀하셨다. '너희들 저 아이의 노래를 들어 보아라. 그 의미가 심장(深長)하다. 물이 맑으면 깨끗한 갓끈을 담그고 물이 흐리면 더러운 발을 담그니, 물 자체가 맑고 흐림의 여하에 따라 스스로 그런 사태를 가져오게 하는 것이다(사람의 경우도 마찬가지다).' 대체로 세상 일이란 남이 모욕을 가해 오는 것의 그 근원을 따져 보면 자기가 자신을 모욕하게 하는 처사를 하기 때문에 그것을 보고 그러는 것이며, 남이 자기의 가문을 파괴해 오는 것은 그 근원을 따져 보면 자기 가문을 파괴하게 하는 처사를 하기 때문에 그러는 것이며, 남이 자기 나라를 공벌해오는 것은 그 근원을 따져 보면 자기 나라를 공벌하게 하는 처사를 하기 때문에 그러는 것이다.

《서경》 〈태갑(太甲)〉에는 이런 말이 있다. '하늘, 즉 자연이 일으키는 재해는 그래도 피할 수 있지만 자기 자신이 저질러 놓은 재해로부터 도피하여 살아나기는 극난(極難)한 일이다.' 이 말은 곧 앞에서 한 말의 뜻을 나타낸 것이다."

原文 孟子曰 : "不仁者는 可與言哉아? 安其危, 而利其菑,하야 樂其所以亡者,하나니 不仁而可與言,이면 則何亡國敗家之有?리오 有孺子歌曰 : '滄浪之水淸兮,어든 可以濯我纓.이오 滄浪之水濁兮,어든 可以濯我足.이라'하야늘 孔子曰 : '小子,아 聽之.하라 淸斯濯纓,이오 濁斯濯足矣.로소니 自取之也.라'하시니라 夫人必自侮然後,에 人이 侮之,하며 家必自毁而後에 人이 毁之,하며 國必自伐而後에 人이 伐之.하나니라 太甲에 曰 : '天作孽,은 猶可違,어니와 自作孽,은 不可活.이라'하니 此之謂也.ㅣ니라"

9. 백성들의 마음을 잃으면 천하도 잃는다

맹자께서 이런 말씀을 하셨다.

"하(夏)의 마지막 왕인 걸과 은(殷)의 마지막 왕인 주가 그들이 차지했던 천하를 잃게 된 연유를 생각해 보면, 그들이 다스리던 백성들을 잃었기 때문에 그렇게 되었다고 할 수 있다. 백성을 잃은 것은 곧 백성의 마음을 잃은 것이니, 결국 백성들의 신심을 잃었기 때문에 그들이 차지했던 천하를 잃게 된 것이다. 이와는 반대로 천하를 얻어서 왕자로 군림하는 데는 그것대로의 방법이 있는 것이다. 그 방법이란 극히 간단한 것이니, 거기에 사는 백성을 얻으면 천하를 얻어 군림하게 되는 것이다. 또 거기에 사는 백성을 얻어 자기의 백성으로 만드는 데도 방법이 있으니, 그것은 곧 그 백성들의 마음을 얻어 자기를 신뢰하게 하면 되는 것이다.

한 걸음 더 들어가 그들의 마음을 얻는 데에도 방법이 있으니, 그것은 다름아니라 백성이 원하는 것은 그들을 위해 구해 모아 주고, 백성들이 싫어하는 것은 시행하지 않는 것뿐이니, 그밖에 다른 아무런 복잡한 일은 없는 것이다. 그것은 곧 인정이라 할 수 있는데, 백성들이 그러한 인정을 베푸는 임금에게로 돌아가는 것은 마치 물이 아래로 흘러 내려가고 짐승이 광야를 달려가는 것과 같이 극히 자연스럽고 당연한 일이다(이렇게 천하를 잃고 얻고 하는 도리를 생각해 보면, 不仁과 仁의 차이라 하겠다).

깊은 물로 물고기들을 몰아넣어 그곳에 많이 모이게 해주는 것은 다름아닌 물고기를 잡아먹고 못살게 굴고 하는 수달인 것이다. 또 총림(叢林) 속으로 새들을 몰아넣어 그곳에 많이 모이게 해주는 것은, 다름아닌 새를 잡아먹고 못살게 굴고 하는 새매인 것이다. 이런 경우와 흡사하게 은의 탕왕과 주의 무왕에게 백성을 몰아다 주어 그들에게 모이게 해준 것은 하의 걸왕과 은의 주왕인 것이다.

만약 지금 여러 국군들 가운데 인을 좋아하여 인정을 펴는 이가 생긴다면, 지금 제후들은 모두 포학하니 제후들이 그 인을 좋아하는 국군을 위해 백성들을 몰아다 주어 그에게 모이게 하여 줄 것이다. 그렇게 되면 그가 천하에 군림하는 왕자가 되지 않으려 해도 안 되고는 못배길 것이다. 반드시 천하에 군림하는 왕자가 되고 말 것이다. 그러나 지금 천하의 왕자가 되기를 원하고 있는 자들이 정치를 하는 것을 보면, 미리부터 인정을 펴 온 자라고는 하나도 없다. 그것은 마치 7년 된 묵은 병을 고치기 위해서 긴 병에 신효(神效)가 있는 3년 묵은 약쑥을 구하는 것과도 같다. 미리 준비를 해놓지 않고 그런 오래된 약쑥을 구한다면 죽을 때까지도 그런 약쑥을 얻지는 못할 것이다.

만약 인에 뜻을 두지 않는다면 천하에 군림하는 왕자가 되지 못할 뿐더러 평생토록 근심과 치욕 속에서 허덕이다가 마침내는 사망의 구렁텅이로 빠져 들어가고 말 것이다. 《시경》〈대아(大雅)〉 상유편(桑柔篇)에 이런 말이 있다. '지금 하고 있는 일들을 어찌 잘 됐다고 할 수 있겠는가? 도저히 잘 됐다고 할 수 없다. 그것은 마치 다함께 물에 빠지는 것같이 멸망하고 말 것이다.' 이 《시경》의 노래는 그런 점을 두고 한 말이다."

原文 **孟子曰："桀紂之失天下也,**ㅣ는 **失其民也,**ㅣ니 **失其民者,**는 **失其心也.**ㅣ라 **得天下有道.**하니 **得其民,**이면 **斯得天下矣.**리라 **得其民有道.**하니 **得其心,**이면 **斯得民矣.**리라 **得其心有道.**하니 **所欲**을 **與之, 聚之,**요 **所惡**를 **勿施爾也.**ㅣ니라 **民之歸仁也,**ㅣ는 **猶水之就下,**며 **獸之走壙也.**ㅣ니라 **故**로 **爲淵敺魚者,**는 **獺也.**ㅣ요 **爲叢敺爵者,**는 **鸇也.**ㅣ요 **爲湯武敺民者,**는 **桀與紂也.**ㅣ니라 **今天下之君,**에 **有好仁者,**면 **則諸侯皆爲之敺矣.**리니 **雖欲無王,**이라도 **不可得已.**니라 **今之欲王者,**는 **猶七年之病,**에 **求三年之艾也.**ㅣ니 **苟爲不畜,**이면 **終身不得.**하리니 **苟不志於仁,**이면 **終身憂辱,**하야 **以陷於死亡.**하리라 **詩云：'其何能淑,** 이리오 **載胥及溺.**이라'하니 **此之謂也.**ㅣ니라"

10. 자포자기하는 사람

맹자께서 이런 말씀을 하셨다.

"자포자(自暴者), 즉 자기가 자기 자신을 해치는 그런 부류의 사람과는 함께 도리에 합당한 말을 할 수가 없다. 또 자기자(自棄者), 즉 자기 자신을 버리는 그런 부류의 사람과는 함께 올바른 일을 할 수가 없다. 말을 내어 노골적으로 예의를 파괴하는 것을 자포라고 한다. 제 몸에 인의 덕을 지니지 않고 의에 따라가지 못하는 것은 자기라고 한다(이렇게 자포자기하는 사람들과 함께 올바른 말을 하고 올바른 일을 한다는 것은 실로 어려운 일이다). 인은 그것을 실천하면 모든 사람이 자기를 따르게 되므로 사람이 편안하게 살 수 있는 '집'이라고 할 수 있다. 의는 사람이 따라야 할 올바른 방향이므로 사람이 걸어야 할 올바른 '길'이라고 하겠다.

그런데 지금 세상 사람들은 이처럼 편안한 집을 비워 둔 채 살지 않고, 바른 길을 내버려 둔 채 따라가지 않으니 참으로 슬픈 노릇이다."

原文 **孟子曰："自暴者,**는 **不可與有言也.**ㅣ요 **自棄者,**는 **不可與有爲也.**ㅣ니 **言非禮義,**를 **謂之自暴也.**ㅣ요 **吾身不能居仁由義,**를 **謂之自棄也.**ㅣ니라 **仁,**은 **人之安宅也,**ㅣ요 **義**는 **人之正路也.**ㅣ라 **曠安宅而弗居,**하며 **舍正路而不由,**하나니 **哀哉**라."

※ 自暴自棄(자포자기)－절망상태에 빠져서, 스스로 자신을 포기하여 돌아보지 않는다는 이 말은 이 대목에서 생겨난 것이며 오늘

날에도 흔히 사용된다.

11. 효제(孝悌)의 도를 지키면 세계가 평화롭다

맹자께서 이런 말씀을 하셨다.

"사람이 행해야 할 올바른 도는 가까운 데에 있는데도 사람들은 그것을 모르고 먼 곳에서 찾고 있다. 자기가 마땅히 해야 할 일은 극히 쉽고 평범한 일에 있는데도 사람들은 그것을 모르고 극히 어려운 일에서 찾고 있다. 간단히 말해서 각 사람이 다 자기 어버이를 어버이로 친애하는 정을 다해 섬기고, 자기 연장자를 연장자로 공경하여 받들어 효제의 도를 다하면 온 천하가 다스려져 세계 평화라는 위대한 이상이 달성될 것이다(이렇듯 우리가 받들어야 할 도와 해야 할 일은 가깝고 쉬운 데 있는 것이다)."

原文 **孟子曰 : "道在邇, 而求諸遠,**하며 **事在易, 而求諸難.**하나니 **人人**이 **親其親.**하며 **長其長,**이면 **而天下平.**하리라"

12. 윗사람(임금)의 신임을 얻는 방법

맹자께서 이런 말씀을 하셨다.

"아랫자리에 있는 신하가 윗자리에 있는 임금에게 신임을 받지 못하면 그 나라의 백성들 위에 군림하여 그들을 이상적으로 다스려낼 수 없다. 그런데 윗자리에 있는 임금의 신임을 획득하는 데는 방법이 있다. 우붕(友朋)으로부터 신용을 받는 것인데, 우붕의 신용을 얻지 못하면 임금의 신임을 획득하지 못하게 된다. 우붕으로부터 신용을 받는 데는 방법이 있다. 어버이를 잘 섬겨서 기쁘게 해드리는 것인데, 어버이를 섬겨서 어버이가 기뻐하지 않으면 우붕의 신용을 얻지 못하는 것이다.

어버이를 기쁘게 해드리는 데는 방법이 있다. 자기 자신을 성실하게 해나가는 것인데, 자신을 반성해 보아 성실성이 결해 있으면 어버이를 기쁘게 해드리지 못한다. 자신을 성실하게 하는 데는 방법이 있다. 선한 도리를 밝히 아는 것인데, 선한 도리를 밝히지 못하면 어버이를 기쁘게 해드리지 못한다. 그런 까닭에 성실 그 자체는 하늘의 도리이고, 자신이 성실해지기를 생각하는 것은 사람이 지켜야 할 도리이다. 고왕금래(古往今來)의 모든 일을 살펴보아도 지성껏 하는 데 사람이 감동되지 않은 예는 없었다. 성실하지 않으면서 사람을 감동시킬 수 있었던 예는 없었다(그러므로 자신이 지성스럽게 굴면 위의 모든 일을 만족하게 해낼 수 있는 것이다)."

原文 **孟子曰:"居下位, 而不獲於上,**이면 **民不可得而治也.**ㅣ리라 **獲於上.**에 **有道.**하니 **不信於友,**면 **弗獲於上矣.**리라 **信於友**에 **有道.**하니 **事親弗悅,**이면 **弗信於友矣.**리라 **悅親**에 **有道.**하니 **反身不誠,**이면 **不悅於親矣.**리라 **誠身**에 **有道.**하니 **不明乎善.**이면 **不誠其身矣.**리라 **是故**로 **誠者,**는 **天之道也,**ㅣ요 **思誠者,**는 **人之道也.**ㅣ니라 **至誠而不動者,**는 **未之有也.**ㅣ니 **不誠,**이면 **未有能動者也.**ㅣ니라"

13. 문왕을 따라간 백이(伯夷)와 강태공(姜太公)

맹자께서는 이런 말씀을 하셨다.

"백이는 주왕의 폭정을 피해서 북해 언저리에 살고 있었는데, 문왕이 일어나 덕치를 실시한다는 소식을 듣고 '어찌 문왕에게로 가서 그에게 의탁하지 않으랴. 기필코 문왕에게 가야겠다. 내가 듣기로는 서백(西伯 : 문왕)은 나 같은 늙은이를 잘 보살펴 준다고 하니, 그에게로 가서 여생을 보내야겠다'라고 말하고 문왕을 찾아가 그에게 의탁했다.

강태공 역시 주왕의 폭정을 피해서 동해 언저리에 살고 있었는데, 문왕이 일어나 덕치를 한다는 소식을 듣고 '어찌 문왕에게로 가서 그에게 의탁하지 않으랴. 기필코 문왕에게 가야겠다. 내가 듣기로는 서백은 나 같은 늙은이를 잘 보살펴 준다고 하니 그에게로 가서 여생을 보내겠다'라고 말하고 문왕을 찾아가 그에게 의탁했다. 이 두 노인으로 말하면 온 천하가 숭앙하는 훌륭한 부로(父老)인데 이들이 문왕에게로 갔으니, 그것은 곧 온 천하의 아버지 되는 사람이 문왕에게로 간 것이다. 온 천하의 아버지 되는 사람이 문왕에게로 갔으니 그 아들들, 즉 온 천하의 백성들이 갈 데가 어디이겠는가? 문왕에게로 돌아가는 길밖에 없었던 것이다. 이제 제후들 가운데 문왕이 한 정치를 실천하는 사람이 나온다면 7년 안에 반드시 왕자로 군림하여 천하에 정치를 펴게 될 것이다."

原文 **孟子曰 : "伯夷辟紂,**하야 **居北海之濱,**이러니 **聞文王作興,**하고 **曰 : '盍歸乎來?**리오 **吾聞西伯**은 **善養老者.**라'하고 **太公**이 **辟紂,**하야 **居東海之濱,**이러니 **聞文王作興,**하고 **曰 : '盍歸乎來?**리오 **吾聞西伯**이 **善養老者,**라'하니라 **二老者,**는 **天下之大老也, 而歸之,**하니 **是**는 **天下之父歸之也.**ㅣ라 **天下之父歸之,**어늘 **其子焉往?**이리오 **諸侯有行文王之政者,**면 **七**

年之内,에 必爲政於天下矣.리라"

14. 전쟁을 좋아하는 자는 극형에 처함이 마땅하다

맹자께서 이런 말씀을 하셨다.

"염구(冉求)는 노나라의 대부로 실권을 장악하고 있던 계손씨(季孫氏)의 가재(家宰) 노릇을 하면서 계손씨의 전횡무도한 악덕을 고쳐 주지는 못하고 오히려 연공미(年貢米)의 양을 그전보다 갑절로 인상하여 거둬들임으로써 백성들을 괴롭히고 계손씨를 더욱 부유하게 만들어 주었다. 이 사실을 알게 된 공자께서는 제자들에게 '구(求)는 정의에 따라 인정을 실시하는 것을 목표로 하는 내 교훈을 저버리고 도리어 계손씨의 악덕을 조장하였으므로 내 제자라고 할 수 없다. 너희는 북을 울려 가며 구를 철저히 성토해도 좋다'고 말씀하셨다. 이러한 사실을 가지고 따져 보면 자기의 국군이 인정을 실시하지 않는데도 갖은 수단을 다 써서 그 국군을 부유하게 만들어 주는 사람이 있다면, 그런 사람은 모두 공자에게 버림받는 사람이라고 하겠다.

더욱이 자기 국군을 위해 무리한 전쟁을 강행하여, 토지 쟁탈을 위해 사람을 죽여 들판에 가득 차게 만드는 잔학·비참한 사태를 조성하고, 또 도성을 쟁탈하느라고 사람을 죽여 도성에 가득 차게 만드는 처참무쌍한 정경을 만들어 내는 것은 형언할 수 없는 죄악이라 하겠다. 그것은 토지를 얻기 위해 인명을 희생시키는 것이므로 토지를 몰아다 사람의 고기를 먹게 하는 짓이라고밖에 할 수 없으니, 그런 사람의 죄악은 형언할 수 없이 커서 사형에 처하고도 남음이 있을 정도이다. 그러므로 전쟁을 잘하는 자는 최고의 형벌을 받아 마땅하고, 제후를 유세(遊說)하여 연횡(連衡)과 합종(合縱)의 궤계(詭計)를 꾸미는 자는 그 다음 가는 형벌을 받아야 마땅하며, 황무지를 개간하여 토지를 배분해서 중세를 받아들이는 것을 일삼는 자도 그 다음의 형벌을 받아야 마땅한 것이다."

原文 孟子曰:"求也ㅣ爲季氏宰,하야 無能改於其德,이오 而賦粟이 倍他日.한데 孔子曰:'求는 非我徒也.ㅣ라 小子아 鳴鼓而攻之, 可也.라'하시니라 由此觀之,컨대 君不行仁政而富之,면 皆棄於孔子者也.ㅣ니 況於爲之强戰,하야 爭地以戰에 殺人盈野,하며 爭城以戰,에 殺人盈城.에랴 此는 所謂率土地而食人肉,이니 罪不容於死.니라 故로 善戰者는 服上刑.하고 連諸侯者次之,하고 辟草萊任土地者次之.니라"

15. 마음이 올바르면 그 눈동자가 맑고 밝다

맹자께서 이런 말씀을 하셨다.

"사람의 심중의 선악을 살펴 알게 해주는 것으로는 그 사람의 눈동자보다 더 좋은 것이 없다. 눈동자는 그 주인공의 심중에 들어 있는 악을 엄폐하지 못한다. 마음속이 올바르면 그 사람의 눈동자가 맑다. 마음속이 올바르지 않으면 그 사람의 눈동자가 흐리다. 그 사람의 말을 듣고 그 사람의 눈동자를 살펴보면 그 사람이 심중의 선악을 어찌 감춰 내랴! 감춰 내지 못한다."

原文 孟子曰:"存乎人者,는 莫良於眸子.니라 眸子는 不能掩其惡.하나니 胸中이 正則眸子瞭焉.하고 胸中이 不正則眸子

眊焉.이니라 **聽其言也,**요 **觀其眸子,**면 **人焉廋哉?**리오"

16. 공검(恭儉)한 신하를 얻으려면 군주가 먼저 공검하라

맹자께서 이런 말씀을 하셨다.

"매사에 공손한 사람은 남의 좋은 점을 존중할 줄 알아 언제나 남을 모욕하는 일을 하지 않고, 검소하게 사는 사람은 언제나 자기 본분 안에서 살므로 결코 남에게서 수탈하는 따위의 일을 하지 않는다. 남을 모욕하고 수탈하는 것을 좋아하는 임금이 있다면 그는 자기 신하들이 자기에게 덮어놓고 순종하기를 바라므로 신하들은 자연 그 비위를 맞춰 주기 위해 공검한 듯이 꾸민 부드러운 목소리와 웃는 얼굴을 짓고 아첨하기에 바쁘므로 진정 공손하고 검소하게 굴기를 기대하기는 어렵다. 따라서 부드러운 목소리와 웃는 낯은 공검한 것과는 거리가 멀다."

原文 **孟子曰:"恭者**는 **不侮人, 儉者**는 **不奪人.**하나니 **侮奪人之君,**은 **惟恐不順焉,**이어니 **惡得爲恭儉.**이리오 **恭儉**은 **豈可以聲音, 笑貌爲哉?**리오"

17. 예(禮:正道)와 권도(權道)의 구분

제나라의 변사(辯士) 순우곤(淳于髡)이 맹자에게 다음과 같은 질문을 했다.

"남자와 여자 사이에는 손과 손으로 물건을 주고받지 않는 것이 예입니까?"

"그렇소."

"그렇다면 만약 형수가 물에 빠졌다면 그를 손으로 끌어당겨 줍니까?"

"형수가 물에 빠졌는데도 그를 끌어당겨 주지 않는다면 그런 인간은 승냥이나 이리 같은 짐승이지 사람이라고 할 수 없소. 남녀가 직접 주고받지 않는 것은 예이고, 형수가 물에 빠지면 손으로 끌어당겨 주는 것은 임기응변의 조치요."

그러자 순우곤이 다시 다그쳐 물었다.

"지금 온 천하가 물에 빠져 허덕이고 있습니다. 선생님께서 끌어당겨 주시지 않는 이유는 무엇 때문입니까?"

맹자께서는 다음과 같이 대답해 주셨다.

"온 천하가 물에 빠져 허덕이면 정도로써 구원해 주고, 형수가 물에 빠지면 손으로 끌어당겨 주는 거요. 당신은 나에게 손으로 천하 사람들을 건져 주라는 것이오?"

原文 淳于髡이 曰 : "男女授受不親,이 禮與?이까" 孟子曰 : "禮也.니라" 曰 : "嫂溺, 則援之以手乎?이까" 曰 : "嫂溺不援,이면 是는 豺狼也.ㅣ니 男女授受不親,은 禮也.요 嫂溺이어든 援之以手者,는 權也.니라" 曰 : "今天下溺矣.어늘 夫子之不援,은 何也?이꼬" 曰 : "天下溺,이어든 援之以道.요 嫂溺,이어든 援之以手니 子欲手援天下乎?아"

18. 군자는 직접 자기 자식을 가르치지 않는다

맹자의 제자 공손추가 물었다.

"군자가 자기 아들을 자신이 직접 가르치지 않는 것은 무엇 때문입니까? 그 이유를 가르쳐 주십시오."
맹자께서 다음과 같이 일러주셨다.
"그 이유인즉, 부자간에는 친애하는 정과 잘되기를 바라는 욕심이 개재되어 있기 때문에 자연적인 추세로 힘이 잘 통하지 않아 만족한 효과를 거두기 힘들기 때문이다. 더 자세히 설명하면, 가르치는 쪽에서는 반드시 올바른 도리를 가르치게 마련인데, 올바른 것을 가지고 가르쳐도 그것이 효과가 없을 때에는 자식에 대한 욕심이 앞서고 자식에게 거는 기대에 어긋남을 느껴 화를 내게 된다. 가르치고 나서 성을 내게 되면 기대했던 교육의 효과는 거두지 못하고 도리어 부자간의 정이 상하게 된다.

그렇게 되면 아들은 속으로 이렇게 생각할 것이다. '아버지는 나에게 올바른 도리를 가지고 가르쳐 주지만 아버지가 성내는 것은 올바른 데서 나온 것이 아니다.' 이렇게 되면 부자간의 애정에 손상이 온다. 부자간의 애정에 손상이 오면 교육적으로 좋지 못하다. 옛날에는 서로 자식을 바꿔서 가르치고 부자간에는 선으로써 권면하고 인도하기는 하였으나 선으로써 책하지는 않았던 것이다. 선으로써 책하게 되면 부자간의 애정에 사이가 난다. 부자간의 애정에 사이가 나면 그보다 더 큰 불상사는 없을 것이다(그렇기 때문에 군자는 직접 자기 자식을 가르치지 않는 것이다)."

原文 公孫丑曰:"君子之不教子,는 何也?ㅣ이꼬" 孟子曰:"勢不行也.ㅣ니라 教者는 必以正.이니 以正不行,이어든 繼之以怒.하고 繼之以怒, 則反夷矣.니 夫子教我以正,하사대 夫子未出於正也,ㅣ라하면 則是父子相夷也.ㅣ니 父子相夷則

惡矣.니라 古者에 易子而敎之,하고 父子之間은 不責善.하나니 責善則離,요 離則不祥이 莫大焉.이니라"

19. 모든 섬기는 것의 가장 큰 근본

맹자께서 이런 말씀을 하셨다.
"사람이 섬기는 일 가운데에서 어느 것이 가장 중대한 것인가 하면, 어버이를 섬기는 것이 가장 중대하다. 사람이 지키는 일 중에서 어느 것이 가장 중대한 것인가 하면, 자기 자신을 불의에 빠지지 않도록 올바르게 지키는 것이 가장 중대하다. 나는 자기 자신을 불의에 빠지지 않도록 올바로 지켜 나가고서 자기 어버이를 섬겼다는 사람의 이야기는 들었어도, 자기 몸을 불의에 빠뜨리고 올바로 지키지 못하면서 자기 어버이를 섬겼다는 사람의 이야기는 들어 본 적이 없다.

어느 것은 섬기는 일이 아니겠는가만 그 중에서도 어버이를 섬기는 것이 모든 섬기는 일의 근본이 된다. 무엇은 지키는 일이 아니랴만 그 중에서도 자기 자신을 지키는 것이 모든 지키는 일의 근본이 된다. (어버이를 섬기는 일에 관한 한 가지 예를 들어 살펴보면) 증자가 그의 부친인 증석을 봉양할 때, 식사 때에는 반드시 술과 고기를 차렸다. 증석의 식사가 끝나 상을 물리려고 할 때에는 증자는 반드시 증석에게 남은 것을 누구에게 주리까? 하고 물었고, 증석이 남겨 둔 것이 있느냐고 물으면 증자는 반드시 있다고 대답하였다.

그런데 증석이 죽고 이번에는 증원이 증자를 봉양하게 되었는데, 역시 식사 때마다 반드시 술과 고기를 차렸다. 증자의 식사가 끝나

상을 물리려고 할 때 증원은 남은 것을 누구에게 줄 것인가를 증자에게 묻지 않았고, 증자가 남겨 둔 것이 있느냐고 물으면 증원은 없다고 대답하였는데, 증원이 그렇게 대답한 것은 그 남겨둔 것으로 다시 상을 차리기 위해서였다. 증원의 이러한 방법은 이른바 어버이의 구체(口體)를 기르는 것으로, 어버이를 섬기는 도리를 다하는 것이 못 된다. 증자같이 해야 어버이의 뜻을 기른다고 할 수 있다. 어버이를 섬기는 데 있어서 증자같이 하면 된다."

原文 孟子曰 : "事孰爲大?오 事親이 爲大.니라 守孰爲大?오 守身이 爲大.니라 不失其身而能事其親者,를 吾聞之矣.요 失其身而能事其親者,는 吾未之聞也.ㅣ로다 孰不爲事,리오만은 事親,이 事之本也.ㅣ요 孰不爲守,리오만은 守身,이 守之本也.ㅣ니라 曾子養曾晳,하되 必有酒肉.이러시니 將徹,할새 必請所與,하시며 問有餘,어든 必曰有.라하시니라 曾晳이 死,커늘 曾元이 養曾子,하되 必有酒肉.이러니 將徹,할새 不請所與.하며 問有餘,어시든 曰亡矣,라하니 將以復進也.ㅣ라 此는 所謂養口體者也.니 若曾子則可謂養志也.ㅣ니라 事親을 若曾子者,는 可也.ㅣ니라"

20. 임금이 올바르면 온 백성이 올바르게 된다

맹자께서 이런 말씀을 하셨다.

"소인들이 높은 자리에 앉아서 일을 잘 못한다고 하여 그들을 상대로 공박해서는 안 된다. 그리고 정사가 졸렬하게 되어 나간다 해도 그런 것을 일일이 비난해서는 안 된다(이미 잘못된 일이나 졸렬한 결과를 가지고 시시비비한다고 해서 근본적으로 바로잡히지는 않는다).

오직 훌륭한 덕을 지닌 인물만이 임금의 마음이 그릇된 것을 바로잡아 주는 일을 해낼 수 있는 것이다. 그렇게 해서 임금이 인자해지면 그 나머지 사람들은 그것에 감화되어 모두 인자해질 것이고, 임금이 의로워지면 그 나머지 사람들은 그것에 감화되어 모두 의로워질 것이고, 임금이 올바르면 그 나머지 사람들은 그것에 감화되어 모두 올바르게 될 것이다. 이렇듯 훌륭한 덕을 지닌 인물이 한번 임금을 바로잡아 놓기만 하면 나라는 그것으로 말미암아 안정을 얻게 되는 것이다."

原文 孟子曰 : "人不足與適也, ㅣ며 政不足間也. ㅣ라 惟大人이라사 爲能格君心之非.니 君仁이면 莫不仁,이오 君義이면 莫不義,요 君正이면 莫不正.이니 一正君而國定矣.니라"

21. 남의 칭찬이나 비방에 개의치 말라

맹자께서 이런 말씀을 하셨다.

"이를테면, 그리 칭찬을 받을 만한 일도 하지 않았고 또 그런 것을 기대하지도 않았는데, 전연 뜻밖에 칭찬을 받게 되는 수가 있다. 그런가 하면 자기는 이 정도면 남의 비의(非議)를 사지 않을 것이라고 늘 조심해 오던 일에 대해서 의외로 비방을 당하는 수도 있다(그러므로 세상의 칭찬이나 험담에 개의치 말고 올바로 살아가면 된다)."

原文 孟子曰 : "有不虞之譽,하며 有求全之毁.하니라"

22. 자기의 말에 대한 책임

맹자께서 이런 말씀을 하셨다.
"사람이 신중을 기하지 않고 말을 쉽게 하는 것은 결국 자기 자신이 한 말에 대해 아무 책임도 느끼지 않는다는 것을 의미할 뿐이다."

原文 孟子曰 : "人之易其言也,는 無責耳矣.니라"

23. 사람들의 병폐

맹자께서 이런 말씀을 하셨다.
"세상 사람들의 큰 폐단은 자기가 잘나지도 못한 주제에 남앞에 나서서 스승 노릇하기를 좋아하는 것이다(그런 사람일수록 자신의 덕을 닦는 일은 게을리한다)."

原文 孟子曰 : "人之患은 在好爲人師.니라"

24. 스승을 섬기는 도리

맹자의 제자인 악정자(樂正子)가 제나라의 사신 자오(子敖)를 따라 제나라에 갔을 때의 이야기다. 악정자는 그때 제나라에 가 있던 그의 스승 맹자를 찾아뵈었다.
맹자께서는 악정자를 핀잔하는 투로 말씀하셨다.
"자네도 나를 만나러 왔는가?"

악정자는 놀라며 말했다.
"선생님께서는 무엇 때문에 듣기 거북한 말씀을 하십니까?"
"자네가 이곳에 온 지 며칠이나 되나?"
"수일 전에 왔습니다."
"수일 전에 왔다면 내가 그렇게 말하는 게 당연하지 않은가?"
"여관이 정해지지 않아서 오늘에야 찾아뵙게 되었습니다."
"자네가 듣기로는 여관이 정해진 후라야 어른을 찾아본다고 하던가?"
"제가 잘못했습니다."

原文 樂正子從於子敖하야 之齊.러니 樂正子見孟子.한데 孟子曰："子亦來見我乎?아" 曰："先生은 何爲出此言也?ㅣ시니이꼬" 曰："子來幾日矣?오" 曰："昔者.니이다" 曰："昔者則我出此言也,ㅣ 不亦宜乎?아" 曰："舍館을 未定.이니이다" 曰："子聞之也,아 舍館을 定, 然後에 求見長者乎?아" 曰："克이 有罪.하니이다"

25. 군자는 먹고 마시는 일에 그쳐서는 안 된다

맹자께서 악정자에게 이런 말씀을 하셨다.
"자네가 자오를 따라 제나라에 와서 한 일은 한갖 먹고 마시는 일뿐이야. 나는 자네가 애써 옛날 성현들의 교훈을 배워 가지고 그것으로 한갓 먹고 마시는 데 그치리라고는 생각조차 하지 못했네."

原文 孟子謂樂正子曰："子之從於子敖來,는 徒餔啜也.ㅣ

로다 我不意子學古之道, 而以餔啜也.ㅣ니라"

26. 가장 큰 불효는 후사가 없는 것

맹자께서 이런 말씀을 하셨다.

"불효에는 세 가지가 있는데, 그 중에서 가장 불효한 것은 대를 이을 아들을 낳지 못하는 것이다. 옛날에 순(舜)이 어버이에게 고하지도 않고 요임금의 두 딸 아황(娥皇)과 여영(女英)을 아내로 맞이한 것은, 어버이에게 미리 고하게 되면 어버이가 아내를 얻지 못하게 하여 결국 후사를 끊기게 될 우려가 있기 때문이었지. 그렇게 되면 더 큰 불효를 범하게 될까 두려워 그랬던 것이야. 그래서 후세의 군자들은 순이 그렇게 한 것은, 어버이에게 고하고 그 허락을 받고서 아내를 얻은 것이나 마찬가지라고 여기게 된 것이다."

原文 孟子曰: "不孝有三,하니 無後爲大.하니라 舜이 不告而娶,는 爲無後也.ㅣ니 君子以爲猶告也.ㅣ라하니라"

27. 인과 의의 기본은 효제에 있다

맹자께서 이런 말씀을 하셨다.

"인의 가장 핵심이 되는 것은 어버이를 잘 섬기는 데 있다. 의의 가장 핵심이 되는 것은 형을 잘 따르는 데 있다(인의라고 하여도 그 근본적인 것은 결국 효제에 귀착하는 것이 된다). 지의 가장 핵심이 되는 것은 이 두 가지, 즉 효제를 알고 그것에서 이탈하지 않는 데 있다. 예의 가장 핵심이 되는 것은 이 두 가지를 조절 문식(文飾)하는 데 있다. 악(樂)의 가장 핵심이 되는 것은 이 두 가지를 마음으로부터 즐기는 데 있다. 즐거워하게 되면 자연 효제의 마음이 생긴다. 효제의 마음이 생겨나면 효제를 실천하는 것을 그만두고 싶어도 그만둘 수 없게 된다. 그렇게 되면 희열이 절정에 도달하여 자기도 모르게 발이 겅중거리고 손이 덩실거리게 되는 것이다."

原文 孟子曰: "仁之實,은 事親이 是也.ㅣ요 義之實,은 從兄이 是也.ㅣ요 智之實,은 知斯二者하야 弗去是也.ㅣ요 禮之實,은 節文斯二者是也.ㅣ요 樂之實,은 樂斯二者,니 樂則生矣.니 生則惡可已也?ㅣ리오 惡可已, 則不知足之蹈之,하며 手之舞之.니라"

28. 위대한 효에는 천하가 감화된다

맹자께서 이런 말씀을 하셨다.

"온 천하 사람들이 모두 대단히 기뻐하여 자기에게로 돌아와 복종하려고 한다면, 이런 일은 사람으로서는 다시없이 기뻐해야 할 일로 생각될 것이다. 그러나 이렇게 온 천하 사람이 모두 자기에게로 귀복(歸服)하는 것 보기를 마치 초개같이 대수롭지 않게 여긴 사람은 오직 순(舜)뿐이다. 자기가 하는 일로 어버이를 기쁘게 해주지 못하는 사람이라면 사람 구실을 할 수 없다. 자기가 하는 일을 어버이가 이해하여 마음으로부터 따르게 하지 못한다면 자식 구실을 할 수 없다. 순은 어버이를 섬기는 도리를 다했다. 그 결과 그토록이나 모질던 고수(瞽瞍)가 마침내 감화되어 기뻐하기에 이르렀다. 그 완악했던 고수가 기뻐하기에 이르자 온 천하가 다 순의 효성에 감화되었다. 고수가 기뻐하기에 이르자 온 천하의 부자간의 윤상(倫常)이 확정되었다. 이런 순의 효를 위대한 효라고 말하는 것이다."

原文 孟子曰:"天下大悅而將歸己,어늘 視天下悅而歸己,하되 猶草芥也,ㅣ는 惟舜爲然.이라 不得乎親,이면 不可以爲人.이오 不順乎親,이면 不可以爲子.러니라 舜이 盡事親之道,而瞽瞍厎豫.하니 瞽瞍厎豫而天下化,하며 瞽瞍厎豫而天下之爲父子者定.하니 此之謂大孝.니라"

제8장 이루장구(離婁章句)·하

1. 순과 문왕의 법도는 같았다

맹자께서 이런 말씀을 하셨다.

"성군인 순은 제풍(諸馮)이라는 곳에서 탄생하여 부하(負夏)라는 곳으로 옮겨가 살다가 명조(鳴條)라는 곳에서 세상을 떠났으니, 이 지역을 가지고 본다면 순은 동쪽 변비(邊鄙)의 미개 족속 사람이다.

역시 성군인 주문왕은 기주(岐周)라는 곳에서 탄생해서 필영(畢郢)이라는 곳에서 세상을 떠났으니, 이 지역을 가지고 본다면 주문왕은 서쪽 변비의 미개 족속 사람이다. 이 두 성군의 고장은 그 상거가 1천여 리나 멀리 떨어져 있고 세대의 차이가 1천여 년이나 오래되지만, 이 두 성군이 그들의 소망대로 정도에 따른 정치를 펴는 데 성공한 것은 서로 부절(符節)을 맞춘 것같이 영락없이 들어맞는다. 그러고 보면 먼저 난 성인이나 뒤에 난 성인이나 출생지와 세대에는 현격한 차이가 있어도, 그들이 행한 법도는 동일하였던 것이다."

原文 孟子曰:"舜은 生於諸馮,하야 遷於負夏,하고 卒於鳴條,하니 東夷之人也.ㅣ라 文王은 生於岐周,하야 卒於畢郢,하니 西夷之人也.ㅣ라 地之相去也,ㅣ 千有餘里,며 世之相後也,ㅣ 千有餘歲,로대 得志行乎中國.하야는 若合符節.하니 先聖後聖,이 其揆一也.니라"

2. 은혜와 정치

옛날 자산(子産)이라는 인물이 정(鄭)나라의 정사를 담당하여 집행하고 있을 때, 그는 자기가 타고 다니는 수레에 사람들을 태워 가지고 진수(溱水)와 유수(洧水)를 건네주었다.

맹자께서는 이 정나라 자산이 한 일을 두고 다음과 같이 비평하셨다.

"그가 한 일은 개인적인 은혜를 베푼 것이지 참다운 정치는 할 줄 모르는 사람이 하는 짓이다. 수확이 끝나고 한가한 음력 9월에 사람을 동원시켜 도보용의 작은 다리를 놓고, 그 다음달인 음력 10월에는 차량이 건널 수 있는 다리를 놓으면 백성들은 발을 벗고 물을 건너는 고통을 겪지 않게 되었을 것이다. 군자가 정사를 집행할 때에는 정치를 공평무사하게 잘하기만 하면 자기가 길을 다닐 때에 길을 피하게 하고 다녀도 좋다. 구태여 자기 수레로 한 사람 한 사람씩 건네주는 졸렬한 짓은 할 필요가 없는 것이고, 또 그렇게 해줄 수도 없는 것이다.

그러므로 위정자가 한사람 한사람마다 모두 기쁘하게 해주려 든다면, 날마다 그 일만을 하려고 하여도 도저히 해내지 못할 것이다."

原文 子産이 聽鄭國之政,할새 以其乘輿로 濟人於溱洧.한데 孟子曰 : "惠而不知爲政.이로다 歲十一月,에 徒杠이 成,하며 十二月,에 輿梁이 成,하면 民未病涉也.ㅣ니라 君子平其政,이면 行辟人이 可也,ㅣ니 焉得人人而濟之.리오 故로 爲政者, 每人而悅之,면 日亦不足矣.리라"

3. 임금이 신하를 대하는 도리

맹자께서 제선왕에게 군신간의 관계를 일러주셨다.

"임금이 신하를 신임하여 자기 수족같이 여기면, 신하는 임금을 자기 심복이나 다름없이 성심으로 받듭니다. 이와는 달리 임금이 신하를 자기의 노역이나 맡아 주는 견마(犬馬) 정도로 여기면, 신하는 임금에 대한 아무런 의리도 느끼지 않고 남이나 마찬가지로 여깁니다. 한 걸음 더 나아가 임금이 신하를 마치 토개(土芥)같이 극도로 천시하는 경우에는, 신하는 임금에 대해 극도로 적대감을 품고 임금을 원수같이 여깁니다."

이 말을 들은 선왕은 군신간에 과연 그러한 은원(恩怨) 관계가 성립될 수 있는 것인지 의아하게 여긴 나머지 이렇게 물었다.

"선생께서는 그렇게 말씀하시지만 예법에는 전에 섬기던 임금을 위해 복을 입어 준다고 되어 있습니다. 어떻게 되어야 전에 섬기던 임금을 위해 복을 입어 주게 됩니까?"

맹자께서는 군신 상호간에 지켜야 할 도리를 모르고 신하에게만 충의를 기대하려는 선왕에게 다음과 같이 명확하게 설명해 주셨다.

"예법에 따라 구군(舊君)을 위해 복을 입어 주는 경우는 이렇습니다. 한 신하가 있어, 그 신하가 임금에게 간한 것이 받아들여져서 잘 시행되고, 그가 임금에게 진언한 일은 들어서 채택해 주고 그렇게 함으로 말미암아 백성들에게 널리 은택이 베풀어지고, 그러다가 사연이 생겨서 그 신하가 떠나게 되면 임금은 사람을 시켜서 그 신하를 인도하여 아무 거리낌없이 국경을 나가게 해주고, 또 그 신하가 갈 나라에 먼저 사자를 보내어 그 신하가 그 나라에 가서 등용되도록 그의 현량함을 잘 추천해주고, 그 신하가 떠난 후에도 그에게 내렸던 전지(田地)와 주택의 회수를 보류하였다가 3년이 지나도록 돌아오지 않게 되면 비로소 회수합니다. 이렇게 하는 것을 삼유례(三有禮)라고 하는 것입니다. 이처럼 임금이 삼유례를 지키게 되면 그 구신은 구군을 위해 복을 입어 주는 것입니다.

그런데 지금 신하 노릇을 하게 되면, 삼유례와는 정반대의 일이 행해져서 그 임금에게 간하면 무시되어 시행되지 않고, 진언하면 전연 채택되지 않아, 그로 말미암아 은택이 백성들에게 베풀어지지 않게 되고, 사연이 생겨서 떠나가게 될 경우에는 임금은 그 신하의 가족들을 잡아 놓고 못살게 들볶아대고, 또 그 신하가 가는 나라에 먼저 손을 써서 그가 곤궁 속에 빠져 극도로 고통을 받게 만들고, 그 신하가 떠나는 그 날로 그에게 내렸던 전지와 주택을 기다렸다는 듯이 회수해 버립니다. 이렇게 하는 임금은 원수라고 합니다. 원수에 대해서 대체 무슨 복이 있겠습니까? 복이 있을 수 없습니다."

原文 **孟子告齊宣王曰 : "君之視臣**이 **如手足, 則臣視君**을 **如腹心.**하고 **君之視臣**이 **如犬馬, 則臣視君**을 **如國人.**하고 **君之視臣**이 **如土芥, 則臣視君**을 **如寇讎.**니이다" **王曰 : "禮,**에

爲舊君有服,하니 何如라사 斯可爲服矣?니이꼬" 曰: "諫行言聽,하야 膏澤이 下於民,이오 有故而去, 則君이 使人導之出疆,하고 又先於其所往,하며 去三年不反, 然後에 收其田里,하나니 此之謂三有禮焉,이니 如此則爲之服矣.니이다 今也ㅣ에 爲臣,이라 諫則不行,하며 言則不聽,하야 膏澤이 不下於民,이오 有故而去, 則君이 搏執之,하고 又極之於其所往,하며 去之日에 遂收其田里,하나니 此之謂寇讎,니 寇讎에 何服之有?리오"

4. 죄 없는 자를 벌하지 마라

맹자께서 이런 말씀을 하셨다.

"임금 된 자가, 아무 죄도 없는데 자기 밑에서 일하는 사(士)를 죽이는 일이 있으면, 장차 그 위의 계층에 속하는 대부(大夫)까지도 죄 없이 죽이게 될 우려가 있으니 그 나라의 대부는 그런 일이 자기에게 돌아오기 전에 그 나라를 떠나 버리게 될 것이고, 아무 죄도 없는데 일반 백성을 죽이게 되면 사가 위험을 느끼고 다른 나라로 가게 될 것이다."

原文 孟子曰: "無罪而殺士, 則大夫可以去.요 無罪而戮民, 則士可以徙.니라"

5. 임금이 인의로우면 백성이 인의롭게 된다

맹자께서 이런 말씀을 하셨다.

"위에서 나라를 다스리는 임금이 인자하면, 온 나라 사람들이 모두 그것에 감화되어 인자하지 않은 사람이 없게 된다. 또 임금이 의로우면 역시 온 나라 사람이 그것에 감화되어 의롭지 않은 사람이 없게 된다."

原文 孟子曰 : "君仁이면 莫不仁,이오 君義면 莫不義.니라"

6. 진의(眞意)에서 벗어난 예의를 행하지 말라

맹자께서 이런 말씀을 하셨다.
"예 같으면서도 실상은 예의 진의에 어긋나는 그러한 예와, 의 같으면서도 실상은 의의 진의에서 어긋나는 그러한 의는, 사리에 통달한 대인격자(大人格者)는 결단코 행하지 않는다."

原文 孟子曰 : "非禮之禮,와 非義之義,를 大人이 弗爲.니라"

7. 잘난 사람의 보람

맹자께서 이런 말씀을 하셨다.
"중용의 덕을 갖춘 조화된 인격의 소유자는 조화된 인격을 갖추지 못한 사람을 항상 발전하도록 가르치고 길러서 자립하게 해주어야 한다. 재능이 있는 사람은 재능이 없는 사람을 그렇게 해주는 데 잘난 사람의 보람이 있는 것이다. 그래서 사람들은 누구나 그렇게 잘난 부형을 갖는 것을, 자기 발전의 힘이 되므로 즐거워하는 것이다. 만약 그렇지 못하여, 조화된 인격의 소유자가 그렇지 못한 사람을 이끌어 발전시켜 주지 않고 재능 있는 사람이 없는 사람을 이끌어 발전시켜 주지 않는다면, 인간 세상에 잘나고 못난 차이라는 것은 거의 없는 것이나 마찬가지이니 잘났다는 의의가 없어지고 마는 것이다."

原文 孟子曰 : "中也, 養不中,하며 才也, 養不才,라 故로 人樂有賢父兄也.ㅣ니 如中也, 棄不中,하며 才也, 棄不才,면 則賢不肖之相去, 其間이 不能以寸.이니라"

8. 나쁜 일을 하지 않는 자

맹자께서 이런 말씀을 하셨다.

"사람이란 불인·불의한 일을 결단코 하지 않을 수 있게 확고한 본령을 가진 후에야 인의에 따른 당당한 일을 해낼 수 있게 되는 것이다."

原文 孟子曰 : "人有不爲也, 而後에 可以有爲.니라"

9. 남의 결점을 말하지 말라

맹자께서 이런 말씀을 하셨다.

"남의 좋은 점을 말하는 게 아니라 남의 나쁜 점을 떠들어 댄다면, 반드시 그 사람의 원한을 사게 되고 그로 말미암아 재앙을 받게 된다. 그런데 나중에 당할 재앙을 대체 어떻게 감당하려고 남의 나쁜 점을 떠들어대는 것인가?"

原文 孟子曰 : "言人之不善,이면 當如後患에 何?오"

10. 공자는 지나친 일을 하지 않았다

맹자께서 이런 말씀을 하셨다.
"공자께서는 중용을 잃은, 극단적으로 지나친 일은 하지 않으셨다."

原文 孟子曰:"仲尼는 不爲已甚者.러시다"

11. 대인(大人)의 힘

맹자께서 이런 말씀을 하셨다.
"한번 자기가 말한 일에 대해서 반드시 신용을 지킨다는 것은 미덕의 하나라고 할 수 없는 것은 아니나, 대인격자라고 해서 자기가 한 말에 반드시 신용을 지켜야 한다고는 정해져 있지 않다. 또한 하기 시작한 일이면 최후까지 해내는 것이 당연하다고 하지 않을 수 없겠으나, 대인격자라고 해서 자기가 시작한 일을 반드시 끝까지 해낸다는 것은 정해져 있지 않다. 모든 언행에 걸쳐 잘못되었다거나 옳지 않다거나 하는 것을 알게 되면 중도에서라도 그것을 고치는 것이다. 다만 모든 언행에 있어 그것을 지키고 해내고 하는 기준은 의(義), 즉 사물의 자연스럽고 당연한 도리에 맞추는 데 두는 것이다."

原文 孟子曰:"大人者,는 言不必信,이며 行不必果,요 惟義所在.니라"

12. 대인은 동심(童心)을 지킨다

맹자께서 이런 말씀을 하셨다.
"대인격자란 결국 어린아이 그대로의 순진한 마음을 잃지 않은 사람이다."

原文 **孟子曰 : "大人者,**는 **不失其赤子之心者也.**ㅣ니라"

13. 친상(親喪)은 인간의 대사(大事)

맹자께서 이런 말씀을 하셨다.
"어버이가 생존하였을 때 봉양하는 일은 자식 된 도리로서 마땅히 해야 할 중요한 일이기는 하지만, 그래도 그렇게 큰일로 칠 것은 못 된다. 오직 어버이가 죽어서 상례를 갖추어 장송(葬送)하는 것이 어버이를 최후로 보내드리는 일이므로 이것만은 사람이 해야 할 큰일로 칠 수 있는 것이다."

原文 **孟子曰 : "養生者**는 **不足以當大事,**요 **惟送死**아 **可以當大事.**니라"

14. 학문의 방법

맹자께서 이런 말씀을 하셨다.
"군자가 학문을 하는 데 있어 올바른 학문 방법을 써서 깊이 파고들어 탐구하는 것은 그가 연구하는 것의 이치를 몸소 터득하여 철저한 이해를 하고자 하는 데 있다. 그렇게 해서 몸소 이치를 터득하게 되면 충분한 이해를 갖게 되므로 과연 그가 터득한 일에 대처하는 태세가 안정성을 갖게 된다. 대처하는 태세가 안정성을 갖게 되면 의혹이 없어지고 자신을 가지고 임하게 되므로, 자연 그가 터득한 일에서 취해 쓰는 데 심도가 더해지게 된다. 취해 쓰는 데 심도가 더해지면 자유자재한 융통성이 생겨나게 되므로 비근(卑近)한 데서 취해 써도 그 이치의 근원에 접하게까지 되는 것이다. 그러한 까닭에 군자는 몸소 터득하여 철저한 이해를 가지려고 하는 것이다."

原文 孟子曰: "君子深造之以道,는 欲其自得之也.ㅣ니 自得之, 則居之安.하고 居之安, 則資之深.하고 資之深, 則取之左右에 逢其原.이니 故로 君子는 欲其自得之也.ㅣ니라"

15. 학문의 요점

맹자께서 이런 말씀을 하셨다.

"학문을 하는 데 있어 광범위하게 배우고 그것을 상밀(詳密)하게 설명하는 것은, 박학 그 자체에 목적이 있는 것이 아니라 학문의 기본 문제에 돌아가 그 요점을 풀이해 내려는 데 있는 것이다."

原文 孟子曰: "博學而詳說之,는 將以反說約也.ㅣ니라"

16. 먼저 선을 행하라

맹자께서 이런 말씀을 하셨다.

"남을 자기에게 굴복시키고자 하는 사심(私心)으로 선을 내거는 사람치고 여태껏 남을 굴복시킨 사람이 없다. 자신이 선을 행함으로써 남을 선하게 살도록 해준 연후에야 온 천하를 복종시킬 수 있다. 온 천하가 심복해 오지 않은 상태에서 천하에 왕자로 군림한 사람은 여태껏 본 일이 없다(천하가 심복해 오게 하여야 천하의 왕자로 군림할 수 있게 되는 것이다)."

原文 **孟子曰 : "以善服人者,**는 **未有能服人者也.**ㅣ니 **以善養人, 然後**에 **能服天下.**하나니 **天下不心服而王子, 未之有也.**ㅣ니라"

17. 남의 현량함을 가리지 마라

맹자께서 이런 말씀을 하셨다.
"말 그 자체에는 실제로 불길하다든가 하는 것이 없다. 말로써 불길한 일이 발생했다 하면, 그 책임은 말 자체보다도 남의 현량한 것을 나타나지 못하게 가린 그 당사자에 있는 것이다."

原文 **孟子曰 : "言無實不祥,**하니 **不祥之實,**은 **蔽賢者當之.**니라"

18. 근원이 있는 물은 마르지 않는다

서자(徐子)가 맹자에게 물었다.
"공자께서 '물이여, 물이여'하고 자주 물을 칭찬하셨는데, 공자께서는 대체 물에서 어떤 점을 취하셔서 그렇게 칭찬해 마지 않으신 겁니까? 그 점을 일러주십시오."

맹자께서는 서자의 질문에 다음과 같이 대답하셨다.

"수원(水源)이 있는 샘은 졸졸 흘러서 밤낮을 쉬지 않고 흘러가다가, 땅이 팬 곳을 만나면 그 팬 곳을 채우고 나서 앞으로 흘러나가 멀리 사방의 바다에까지 도달한다. 본원(本源)이 있는 것은 이와 같은 것이다. 공자께서는 본원이 있어 꾸준히 뻗어 나가는 이러한 점을 취해서 물을 칭찬하신 것이다. 만약 본원이 없는 물일 경우에는 7, 8월에 빗물이 쏟아져 모이면 그 물은 대단한 기세로 작은 도랑 큰 도랑 할 것 없이 온통 채워 버리지만, 그것은 일시적인 현상에 불과하고 얼마 안 가 금세 말라 버리는 것이다. 그렇기 때문에 자기의 명성이 실제보다 지나치게 드러나는 것을 군자는 수치로 생각하는 것이다."

原文 徐子曰 : "仲尼亟稱於水曰, '水哉! 水哉!여'하시니 何取於水也?시니이꼬" 孟子曰 : "原泉이 混混,하야 不舍晝夜,하야 盈科而後에 進,하야 放乎四海.하나니 有本者如是,라 是之取爾.시니라 苟爲無本,이면 七八月之間에 雨集,하야 溝澮皆盈,이나 其涸也.ㅣ는 可立而待也.ㅣ니 故로 聲聞過情,을 君子恥之.니라"

19. 사람이 짐승과 다른 점은 인・의가 있다는 것

맹자께서 말씀하셨다.

"우리가 냉정하게 생각해 보면 사람이 금수, 즉 일반 동물과 다른 점이 극히 적다는 것을 알게 되는데, 사람이 동물과 다른 점은 인과 의가 있다는 것이다. 학덕을 갖추지 못한 일반 사람들은 그 동물과 다른 점, 즉 인과 의를 버리고 학덕을 갖춘 군자들은 그것을 보존하여 잃지 않는다. 가장 이상적인 인간으로 순임금을 들어 그 인품을 살펴보건대, 그는 모든 사물의 실정을 똑똑하게 이해하고 있었으며, 인간사의 올바른 질서를 유지시키는 인륜을 잘 관찰하여 알고 있었으며, 마음 속에서 우러나는 인과 의의 방향에 따라 자연스럽게 행동하고, 의가 선미(善美)한 것이라고 해서 억지로 그것을 행하지 않았다(순은 인의에 따라 행동하는 것에 전연 무리가 없었다)."

原文 孟子曰 : "人之所以異於禽獸者幾希,하니 庶民은 去之,하고 君子는 存之.니라 舜은 明於庶物,하고 察於人倫,하니 由仁義行,이라 非行仁義也.니라"

20. 주공(周公)은 삼왕의 법도를 따랐다

맹자께서 이런 말씀을 하셨다.

"우임금은 맛있는 술은 망국의 위험을 초래할 우려가 있다 하여 이를 싫어하였고, 남이 하는 선한 말을 들으면 그 사람에게 절을 할 정도로 선한 말을 좋아하였다. 탕왕은 과불급이 없는 중용을 고집하여 지켜 나갔고, 출처의 여하와 신분의 귀천 등은 따지지 않고 현량한 인물이 있으면 서슴지 않고 그를 등용하였다. 문왕은 백성을 끔찍하게 아껴 백성들 보기를 마치 상처를 입은 사람 대하듯이 하였고, 올바른 도를 바라기를 마치 그것을 본 일이 없어 보고 싶어 못견디는 것같이 하였다. 무왕은 신하들을 일시동인(一視同仁)하여 자기 측근에서 일하는 조신(朝臣)들이라도 특별히 더 친밀하게 대하지도 않았고, 먼 데 떨어져 일하는 제후들이라 하여도 그 존재를 잊어버리거나 소원하게 다루지 않았다.

주공은 하·은·주 3대의 왕들의 좋은 점을 모두 겸해서 나라 다스리는 일에 베풀어 쓰려고 생각하였다. 그 3대의 왕이 한 일 가운데 자기 시대의 정치에 맞지 않는 것이 있으면 그것을 포기하지 않고 하늘을 우러러보며 경건한 태도로 그 문제의 해결을 골똘히 사색하였으며, 종일 해결을 얻지 못하면 밤중까지도 계속하여 생각에 잠기곤 하였던 것이다. 밤중이라도 다행히 그 문제의 해결점을 터득하게 되면, 감격과 희열에 싸여 그 이튿날 즉시 실행에 옮기려고 뜬눈으로 앉아서 날이 새기를 기다렸던 것이다."

原文 孟子曰: "禹는 惡旨酒而好善言.하고 湯은 執中,하며 立賢無方.하고 文王은 視民如傷,하며 望道而未之見.하고 武王은 不泄邇,하며 不忘遠.하고 周公은 思兼三王,하야 以施四事.하되 其有不合者,어든 仰而思之,하야 夜以繼日.하고 幸而得之,어든 坐以待旦.하니라"

21. 《춘추(春秋)》의 편찬 경위와 내용

맹자께서 이런 말씀을 하셨다.

"성왕(聖王)의 이상적인 정치의 흔적이 모두 없어지자 《시경(詩經)》의 시(詩)는 더 이상 모이지 않게 되었고, 《시경》의 시가 더 산출되지 않게 된 후에 그 소임을 대체했다고 볼 수 있는 《춘추》가 공자에 의해 지어지게 되었다. 진(晋)나라의 《승(乘)》이나 초(楚)나라의 《도올(檮杌)》이나, 노나라의 《춘추》나 그것들이 기록된 체재와 내용은 다 같은 것들이다. 이 세 가지는 다 역사서로, 내용은 제의 환공, 진의 문공 등이 춘추시대에 패(覇)를 칭하고 활동하던 일이 주가 되어 있고, 의거한 글은 사관의 기록이다. 공자께서는 《춘추》를 지은 데 대하여 '역사적 사실에 대한 선악의 비판은 나 스스로 필삭(筆削) 포폄(褒貶)해서 《춘추》를 지었다'고 말씀하셨다."

原文 孟子曰 : "王者之迹熄, 而詩亡,하고 詩亡然後에 春秋作.하니라 晉之乘,과 楚之檮杌,과 魯之春秋,는 一也.ㅣ니라 其事則齊桓晉文,이오 其文則史.니 孔子曰, '其義則丘竊取之矣.로라'하시니라"

22. 맹자는 공자의 도를 받들었다

맹자께서 이런 말씀을 하셨다.

"위(位)에 있는 군자가 끼친 은택도 다섯 세대가 지나면 끊어져 없어지고, 위에 있지 않은 소인이 끼친 은택도 다섯 세대가 지나면 끊어져 없어진다. 나는 한스럽게도 이 세상에 늦게 태어났기 때문에 공자의 문인이 되지 못하고 직접 공자의 가르침을 받지 못했다. 그러나 공자께서 끼친 은택은 다행히 나까지는 아직 다섯 세대가 경과하지 않아 사람들 사이에 전해지고 있으므로, 나는 그들을 통해 몰래 공자를 좋아하여 받들고, 그의 가르침을 받들게 되었다."

原文 孟子曰："君子之澤,도 五世而斬.이오 小人之澤,도 五世而斬.이니라 予未得爲孔子徒也,ㅣ나 予는 私淑諸人也.ㅣ로다"

23. 두 가지 모두 가할 때는 의에 따르라

맹자께서 이런 말씀을 하셨다.

"받아도 좋고 받지 않아도 좋은 경우에는 받지 않는 것이 좋다. 왜냐하면 그런 경우에 받게 되면 자기의 청렴함을 손상하는 결과를 초래하게 되기 때문이다. 주어도 좋고 주지 않아도 좋은 경우에는 주지 않는 것이 좋다. 왜냐하면 그런 경우에 주게 되면 도리어 자기의 은혜로움을 손상하는 결과를 초래하기 때문이다. 죽을 만도 하고 죽지 않을 만도 한 경우에는 죽지 않는 것이 좋다. 왜냐하면 그런 경우에 죽게 되면 도리어 자기의 용맹함을 손상하는 결과를 초래하게 되기 때문이다."

原文 孟子曰："可以取,며 可以無取,에 取,면 傷廉.이오 可以與,며 可以無與,에 與,면 傷惠.요 可以死,며 可以無死,에 死,면 傷勇.이니라"

24. 벗이나 제자를 올바로 택하라

방몽(逄蒙)이라는 자가 예(羿)에게서 궁술을 배웠는데, 예의 기술을 있는 대로 다 배운 뒤 혼자서 생각하기를, '이 세상에서 활쏘는 기술로 말할 것 같으면 나에게 궁술을 가르쳐 준 예 한사람만 나보다 기술이 나을 뿐이다'라 하고, 어느 날 자기에게 궁술을 가르쳐 준 예를 죽여 버렸다.

맹자께서는 이 일을 두고 이렇게 평하셨다.

"그렇게 한 것은 물론 방몽이 나쁘지만 죽은 예에게도 죄가 있다(예가 그러한 반역성이 있는 사람에게 궁술을 가르쳐 주었다는 것은 큰 실수였기 때문이다)."

그러나 공명의(公明儀)는 이렇게 평했다.

"내가 보기에는(예에게는 약간 잘못이 있는 것 같기는 하지만) 거의 죄가 없는 것 같습니다."

그러자 맹자께서는 예에게 죄가 있음을 다음과 같이 설명하셨다.

"그 죄가 대단치 않다 뿐이지, 어떻게 죄가 없다고 할 수 있겠는가?(그와 비슷한 예를 들어 보면 알 수 있다) 춘추시대 때 정(鄭)나라에서 그 대부인 자탁유자(子濯孺子)를 시켜 위(衛)나라를 침공케 했다. 그랬더니 위나라에서는 유공지사(庾公之斯)를 시켜서 자탁유자를 추격하게 하였다. 추격을 받은 자탁유자는 '오늘 나는 병이 나서 활을 잡지 못하겠으니 나는 응전도 못하고 별 수 없이 죽었다'라고 말하고, 자기 하인에게 '나를 추격하는 자가 누구냐?'고 물었다. 하인이 '유공지사올시다'라고 하자, 그는 '아, 나는 살았다'고 말했다. 그의 하인이 자탁유자의 말을 듣고 의아하게 여긴 나머지 '유공지사로 말하면 위나라에서 활 잘 쏘기로 이름난 사람인데 주인님께서 나는 살았다고 말씀하시니 그것은 무슨 까닭입니까?'하고 물었다. 자탁유자가 말하기를 '위나라의 대부 유공지사는 본래 윤공지타(尹公之他)에게서 궁술을 배웠는데, 그 윤공지타는 나에게서 궁술을 배웠다. 그런데 윤공지타라는 사람은 올바른 사람이므로 그가 친구로 취택해 궁술을 가르쳐 준 사람 또한 올바를 것이다(그래서 나는 죽지 않을 것을 알고 안심한 것이다).'

이윽고 추격해 오던 유공지사가 자탁유자가 있는 데까지 따라 와서 자탁유자를 보고 '선생은 내가 추격해 오는데 무엇 때문에 활을 잡고 응전하지 않으시는 겁니까?'하고 물었다. 자탁유자가 '오늘 나는 병이 발작해서 활을 잡을 수 없소'하고 대답하였다. 그랬더니 유공지사는 이렇게 말하는 것이었다. '소인은 윤공지타에게서 궁술을 배웠사옵고 윤공지타는 선생님에게서 궁술을 배웠습니다. 그러니 소인의 궁술은 결국 선생님에게서 배웠다고 할 수 있습니다. 이제 저는 선생님의 기술을 가지고 차마 선생님을 해치지는 못하겠습니다. 제 심정은 그러합니다마는 오늘 제가 맡은 임무는 국군의 명령을 받들어 하는 일이므로 그 일을 그만둘 수는 없습니다.' 유공지사는 그렇게 말하고는 활통에서 활을 뽑아 살 끝의 쇳대를 두들겨 활촉을 없애 버린 후, 그 활촉 없는 화살 네 개를 쏜 후에 돌아가 버렸다(그렇게 하여 유공지사는 자탁유자를 죽이지 않았으니 방몽과 예의 경우와는 다르다. 이러한 예를 보면 예가 방몽의 손에 죽은 데는 예에게도 어느 정도 죄가 있다고 볼 수 있는 것이다)."

原文 逢蒙이 學射於羿,하야 盡羿之道,하고 思天下에 惟羿爲愈己,라하야 於是에 殺羿.한대 孟子曰: "是亦羿有罪焉.이니라" 公明儀曰: "宜若無罪焉.하오이다" 曰: "薄乎云爾,언정 惡得無罪?리오 鄭人이 使子濯孺子로 侵衛,어늘 衛使庾公之斯로 追之.러니 子濯孺子曰: '今日에 我疾作,이라 不可以執弓,이로소니 吾死矣夫!인저'하고 問其僕曰: '追我者는 誰也?ㅣ오' 其僕이 曰: '庾公之斯也.로소이다' 曰: '吾生矣.로다' 其僕이 曰: '庾公之斯,는 衛之善射者也.ㅣ어늘 夫子

曰:〈吾生,은〉何謂也?ㅣ이꼬' 曰:'庾公之斯,는 學射於尹公之他.하고 尹公之他,는 學射於我.하니 夫尹公之他,는 端人也,ㅣ라 其取友必端矣.리라' 庾公之斯至, 曰:'夫子는 何爲不執弓?고' 曰:'今日我疾作,이라 不可以執弓.이로다' 曰:'小人은 學射於尹公之他,하고 尹公之他는 學射於夫子,하니 我不忍以夫子之道,로 反害夫子.하노라 雖然,이나 今日之事,는 君事也,ㅣ라 我不敢廢.라'하고 抽矢扣輪,하야 去其金,하고 發乘矢而後에 反.하니라"

25. 불결한 미(美)와 선한 추(醜)

맹자께서 이런 말씀을 하셨다.
"천하 절색인 서시(西施)라 해도 분뇨 같은 더러운 것을 머리에 뒤집어쓰고 있으면 사람들은 그를 아름답다고 탄미(歎美)하기는 커녕 다들 악취에 못견디어 코를 막고 지나가게 될 것이다. 이와는 대조적으로 아무리 추악하게 생긴 사람이라 해도 그 사람이 목욕 재계하여 심신을 정결하게 하면 그가 천신(天神)에게 제사를 드린다 해도 천신이 그 제사를 흠향하게 될 것이다."

原文 孟子曰:"西子蒙不潔, 則人皆掩鼻而過之.니라 雖有惡人,이나 齊戒沐浴, 則可以祀上帝.니라"

26. 본성을 순리로 추구하라

맹자께서 이런 말씀을 하셨다.

"세상에서 인간의 본성을 논하게 되면 모두 과거에 경험한 사실을 기초로 입론할 따름이다. 과거의 사실은 무리한 추측이나 지나친 천착 같은 것으로 하지 말고 순리로 자연스러운 모습을 보고서 그것을 기본으로 삼아야 되는 것이다(이러한 방법으로 인간의 본성을 논하게 되면 인간의 본성이 선하다는 것이 명백해지게 마련이다). 지혜를 미워하는 이유는 그것을 운용하여 지나친 천착을 일삼기 때문이다.

만약 지혜로운 사람이 그 지혜를 운용하는 데 있어 마치 우(禹)가 홍수난 물을 뽑아낸 것같이 순리로 자연스럽게 한다면 지혜를 미워할 이유가 없게 된다. 우가 홍수진 물을 뽑아낼 때는 물이 막히는 데가 없는, 자연스럽게 흘러갈 수 있는 노선으로 물을 뽑았던 것이다. 만약 지혜로운 사람이 이 우가 물을 뽑은 것같이 막히는 데가 없는 자연스러운 방향으로 그 지혜를 운용한다면 그때에는 지혜 역시 위대해질 것이다.

하늘은 무한히 높고 별은 무한히 멀지만, 만약 그러한 천체가 과거에 운행했던 사실을 순리로 추구한다면 1천 년 후의 동짓날이라 해도 가만히 앉아서 수월하게 알아낼 수 있을 것이다(그러므로 인간의 본성을 순리로 따져 본다면 그것의 선함을 알아내기란 어려운 일이 아니다)."

原文 **孟子曰："天下之言性也,**ㅣ는 **則故而已矣.**니 **故者,**는 **以利爲本.**이니라 **所惡於智者,**는 **爲其鑿也.**ㅣ니 **如智者若禹之行水也,**ㅣ면 **則無惡於智矣.**리라 **禹之行水也,**ㅣ는 **行其所無事也.**ㅣ니 **如智者亦行其所無事,**면 **則智亦大矣.**니라 **天之高也,**ㅣ와 **星辰之遠也,**ㅣ는 **苟求其故,**면 **千歲之日至,**를 **可坐而致也.**ㅣ니라"

27. 맹자는 왕환(王驩)을 예절로 제재하다

제나라의 대부 공행자(公行子)가 아들의 상을 당하여 우사(右師) 왕환(王驩)이 조문하러 갔다. 우사가 공행자의 집 대문에 들어가자 달려가서 말을 거는 사람도 있었고, 또 우사의 자리에까지 다가가 그와 이야기하는 자들도 있었다. 이때 맹자께서도 조문하러 가 계셨는데, 맹자께서는 잠자코 계실 뿐 우사와 이야기하지 않으셨다.

맹자께서 이렇듯 자기에게 인사를 하지 않는 것을 보고 우사는 불쾌해하며 말했다.

"여러 군자들은 다 이 환과 이야기하며 인사를 차리는데 유독 맹자만은 이 환과 이야기하지 않으니, 이것은 맹자가 이 환을 무시한 것이다(맹자가 감히 나에게 그렇게 굴 수 있는가)."

맹자께서는 왕환의 말을 듣고 이렇게 말씀하셨다.

"예법에 의하면, 조정에서는 남의 자리를 지나가서 그 앞에 있는 사람과 서로 이야기하지 않는 법이고, 또 층계를 넘어서 서로 읍하여 인사하지 않는 법이다. 나로 말하면 이 예법을 준행하려고 자오(子敖 : 왕환)와 이야기하지 않았는데, 자오는 나를 보고 자기를 무시했다고 하니 이상한 노릇이 아닌가(그는 이런 예법도 모르면서 도리어 예를 어겨 자기에게 아첨하기를 바라고 있으니 이해할 수 없는 노릇이다)?"

原文 公行子有子之喪,이어늘 右師往弔.할새 入門,커늘 有進而與右師言者,하며 有就右師之位而與右師言者,러니 孟子不與右師言,하신대 右師不悅.하야 曰 : "諸君子皆與驩言,이어늘 孟子는 獨不與驩言,하니 是는 簡驩也.ㅣ로다" 孟子聞之하

시고 曰: "禮에 朝廷에 不歷位而相與言,하면 不踰階而相揖也. ㅣ하나니 我欲行禮,어늘 子敖以我爲簡,하니 不亦異乎?아"

28. 자기의 비판을 먼저 하라

맹자께서 이런 말씀을 하셨다.

"군자가 일반 사람들과 다른 점은 자기의 본심을 잘 지니고 있는 데 있다. 군자는 인의 덕을 닦아 본심을 지니고, 예의 덕을 닦아 본심을 지닌다. 인자한 사람은 남을 사랑하고, 예를 차리는 사람은 남을 공경한다. 남을 사랑하는 사람은 남이 늘 그를 사랑하고, 남을 공경하는 사람은 남이 늘 그를 공경한다. 이 이치는 언제나 통용될 수 있는 것이다.

혹시라도 이 이치에 어긋난 듯한 경우에 직면하게 될지도 모른다. 이를테면 여기에 한 사람이 있는데, 유독 나를 대하는 태도가 정도에 어긋날 정도로 포악하게 구는 수가 있다. 그런 경우에 군자는 그와 맞서서 같이 포악하게 구는 게 아니라, 반드시 자기 자신을 반성해 본다. '내가 틀림없이 인자하지 못하고 틀림없이 무례한 거다. 그러지 않고서야 그 사람이 나에게 어찌 그토록 포악하게 굴 수 있겠는가?'

이렇게 자기 자신을 반성하여 보아, 자기가 인자한 데 결함이 없고 예를 지키는 데 결함이 없는데도 상대가 정도를 벗어나 포악하게 구는 것이 조금도 덜하지 않고 여전하면, 그런 경우에는 군자는 반드시 자기 자신을 이렇게 반성해 본다. '저 사람이 여전히 나에게 포악하게 구는 것을 보면 내가 틀림없이 성실하지 못한 거다.'

그렇게 자기 자신을 반성하여 보아도 그 사람이 정도에 어긋나게 포악하게 구는 것이 조금도 덜하지 않고 여전하다면 그런 경우에도 군자는 반드시 이렇게 말할 것이다. '이자는 틀림없이 망령된 인간인 이외에는 아무것도 아니다. 인간이 그럴 지경이면 짐승과 아무런 차이도 없다. 짐승에 대해서야 이러쿵저러쿵 비난할 여지가 없다(그러므로 도시 상대할 대상이 못 된다).'

그러므로 군자에게는 평생 동안 지니는 마음의 고민은 있을지언정 일시적인 근심이라는 것은 존재하지 않는다. 마음 속으로 고민하는 일에는 이런 것이 있을 것이다. '성군(聖君)인 위대한 순(舜)도 사람이고 나도 같은 사람이다. 그런데도 순은 천하에 법도가 되는 일을 베풀어 그것이 후세에까지 전해질 수 있게 하였는데, 나는 대체 무엇을 하고 있는 것인가? 아직도 시골의 범용한 사나이로 보람 있는 일을 아무것도 못하고 있으니.'

이런 일을 마음속으로 고민한다면, 어떻게 하면 그 고민을 해결할 수 있게 될 것인가? 그것은 극히 간단하다. 순처럼 되는 것 이외에는 아무것도 없다. 군자에게는 밖으로부터 갑자기 닥쳐오는 걱정거리는 없다. 인이 아니면 하지 않고, 예가 아니면 행하지 않는다. 일시적인 근심 따위가 생긴다 해도 군자는 근심거리로 여기지 않는 것이다."

原文 孟子曰 : "君子所以異於人者,는 以其存心也.ㅣ니 君子는 以仁存心,하고 以禮存心,이니라 仁者는 愛人,하고 有禮者는 敬人.하나니 愛人者는 人恆愛之,하고 敬人者는 人恆敬之.니라 有人於此,하니 其待我以橫逆, 則君子必自反也,하야 '我必不仁也,ㅣ며 必無禮也.ㅣ로다 此物이 奚宜至哉?오'하나니라 其自反而仁矣,며 自反而有禮矣,로대 其橫逆이 由

是也,ㅣ어던 君子必自反也,하야 '我必不忠.이로다'하나니라 自反而忠矣,로대 其橫逆이 由是也,ㅣ어든 君子曰:'此亦妄人也已矣.로다하나니 如此, 則與禽獸로 奚擇哉?리오 於禽獸에 又何難焉?이리오' 是故로 君子有終身之憂,요 無一朝之患也.ㅣ니 乃若所憂則有之,하니 舜도 人也,ㅣ며 我亦人也,ㅣ로대 舜은 爲法於天下,하야 可傳於後世,어늘 我由未免爲鄕人也.하니 是則可憂也.ㅣ라 憂之如何?오 如舜而已矣.니라 若夫君子所患, 則亡矣.니라 非仁無爲也,ㅣ며 非禮無行也.ㅣ라 如有一朝之患,이라도 則君子不患矣.니라"

29. 성현들의 행동은 다르나 근본된 도는 같다

우(禹)와 직(稷)은 정치가 잘 베풀어진 태평시대에 홍수를 다스리고 농사를 가르치는 직무에 바빠서 늘 밖에서 일을 했고, 그러는 동안 세 차례씩이나 자기 집 문 앞을 지나가면서도 한 번도 집에 들어갈 틈이 없었다. 공자께서는 이들을 훌륭하다고 칭찬하셨다. 공자의 애제자인 안회(顔回)는 정치가 잘 베풀어지지 않는 난세에 빈촌에 거처하면서 한 대그릇의 밥과 한 표주박의 음료로 살았다. 다른 사람은 그런 빈곤한 생활을 견뎌내지 못하겠지만, 안회는 그런 괴로움에 아랑곳하지 않고 태연하게 살면서 빈곤한 생활 가운데에서도 변함없이 도를 즐겼다. 공자께서는 역시 안회를 훌륭하다고 칭찬하셨다. 이 두 가지 일에 관해서 맹자께서는 다음과 같이 말씀하셨다.

"우·직·안회, 이 세 사람의 행적은 서로 다르지만 그 근본정신으로 말하면 같은 것이다. 책임 있는 지위에 있었으므로 우의 경우 천하에 물에 빠지는 사람이 생기는 것을 마치 자기가 물에 빠지게 한 것같이 생각하였고, 직의 경우는 천하에 굶주리는 사람이 생기는 것을 마치 자기가 굶게 만든 것 같이 여겼던 것이다. 그런 까닭에 자기 집 문 앞을 지나가면서도 들어가 볼 겨를도 없이 바삐 서둘러서 자기 책무를 수행하기에 열중하였던 것이다(그러나 안회의 경우에는 우나 직같이 책임 있는 지위에 있지 않고 물러나 있으면서 자기 수양에 힘쓰고 오로지 도를 즐기는 생활을 했다).

그러니 우와 직과 안자는 처지를 바꾼다면, 즉 우와 직은 빈촌에서 곤궁한 가운데 살고, 안회가 책임 있는 지위에 있었다면 모두 서로 그렇게 했을 것이다. 즉 안자는 자기 책무에 열중하고 우와 직은 빈촌에서 도를 즐기고 살았을 것이다. 이 일을 싸움 말리는 데 비유해 본다면 이렇게 말할 수 있다. 만약 한 방 안에 있는 사람들이 서로 치고 싸운다면 의관을 정제할 사이도 없이 머리를 풀어헤친 채 갓을 갓끈으로 잡아 매고서라도 급히 달려들어 그 싸움을 말려도 좋은 것이다. 그러나 동네 이웃에 싸우는 사람이 있다고 해서 머리를 풀어헤친 채 갓을 갓끈으로 잡아 매고서까지 가서 말려 준다면 그것은 망발이다. 문을 닫고 잠자코 들어앉아 있어도 좋은 것이다(전자는 우와 직의 경우와 같은 것이라 하겠고, 후자는 안회의 경우와 같은 것이라 하겠다)."

原文 禹·稷이 當平世,하야 三過其門而不入,한대 孔子賢之.하시니라 顔子當亂世,하야 居於陋巷,하고 一簞食,와 一瓢飮,을 人不堪其憂,어늘 顔子不改其樂,하니 孔子賢之.하시니라 孟子曰:"禹·稷·顔回同道.하니라 禹는 思天下有溺者,어든 由己溺之也.ㅣ하며 稷은 思天下有飢者,어든 由己飢之也.ㅣ하니 是以로 如是其急也.ㅣ니라 禹·稷·顔子는 易地

則皆然.이니라 今有同室之人이 鬪者,어든 救之,하되 雖被髮纓冠而救之,라도 可也.ㅣ니라 鄕鄰에 有鬪者,어든 被髮纓冠而往救之, 則惑也.ㅣ니 雖閉户라도 可也.ㅣ니라"

30. 다섯 가지의 불효

맹자의 제자인 공도자(公都子)가 이런 질문을 했다.

"제나라의 장군 광장(匡章)에 대해서는 온 나라 사람들이 모두 불효자라고 부르고 있음에도 불구하고, 선생님께서는 그 사람과 교유하고 거기다 또 예모를 갖추어 깍듯이 대해 주시니 대체 왜 그러시는지 모르겠습니다. 감히 그 까닭을 여쭈어 보고자 합니다."

이 질문을 받은 맹자께서 다음과 같이 광장에 관한 자신의 견해를 말씀하셨다.

"세상에서 말하는 불효라는 것에는 다음과 같은 다섯 가지가 있다. 수족을 놀려 일하지 않고 게으름을 피워 부모 봉양을 돌보지 않는 것이 첫째의 불효다. 장기·바둑 같은 노름판이나 돌아다니고 술마시기를 좋아하여 부모 봉양을 돌보지 않는 것이 둘째의 불효다. 돈이나 재물을 좋아하고 자기 처자만 좋게 해주며 부모 봉양을 돌보지 않는 것이 셋째의 불효다. 성음(聲音)이나 여색에만 제 욕구대로 방종하게 놀아나서 부모의 치욕거리를 만들어 내는 것이 넷째의 불효다. 용맹함을 좋아하여 싸움질을 하고 거칠게 굴어 부모를 위태롭게 만드는 것이 다섯째의 불효다.

그런데 장자(章子 : 匡章)의 경우를 보면 이러한 다섯 가지 불효 가운데 한 가지도 범하지 않았다. 장자가 불효자라고 불리게 된 것은 아들이 부친에게 선을 책하다가 끝내 서로 맞지 않게 된

데서 온 것에 불과하다. 책선(責善)하는 것은 부자간의 할 일이 아니고 붕우지간에 할 도리인 것이다. 부자간에 책선하는 것은 친자간의 은정(恩情)을 해치는 일 가운데 아주 큰 것이다.

장자라 한들 어찌 처자라는 권속들과 단란하게 모여 사는 천륜의 낙을 누리기를 원치 않았겠는가만 자기 부친에게 죄를 지어 부친을 가까이 모시고 봉양할 수 없기 때문에 자기의 아내를 내보내고, 자기 아들을 오지 못하게 하여 평생 동안 그들의 봉양을 받지 않은 것이다. 그가 자기 나름으로 마음 먹기를, 만약 그렇게 처자를 멀리하지 않으면 부친에 대한 자기의 죄가 크다고 여겼던 것이다.

다섯 가지 불효 중에서 장자가 범한 것은 하나도 없지만 위에 말한 것만은 장자가 한 짓이다(그러니 이것을 가지고 그와 교유하지 않을 이유로 삼을 수는 없는 것이다. 그래서 나는 그와 예모를 차려 교유하는 것이다)."

原文 **公都子曰:"匡章,**은 **通國**이 **皆稱不孝焉,**이어늘 **夫子與之遊,**하시고 **又從而禮貌之,**하시니 **敢問何也?**이꼬" **孟子曰:"世俗所謂不孝子五,**니 **惰其四支,**하야 **不顧父母之養,**이 **一不孝也,**ㅣ요 **博奕好飮酒**하야 **不顧父母之養,**이 **二不孝也,**ㅣ요 **好貨財,**하며 **私妻子,**하야 **不顧父母之養,**이 **三不孝也.**ㅣ며 **從耳目之欲,**하야 **以爲父母戮,**이 **四不孝也.**ㅣ며 **好勇鬪很,**하야 **以危父母, 五不孝也.**ㅣ니 **章子有一於是乎?**아 **夫章子,**는 **子父責善而不相遇也.**니라 **責善,**은 **朋友之道也,**ㅣ니 **父子責善,**이 **賊恩之大者.**니라 **夫章子**는 **豈不欲有夫妻子母之屬哉?**리오만은 **爲得罪於父,**하야 **不得近.**이라 **出妻屛子,**

하야 終身不養焉.하니 其設心에 以爲不若是,면 是則罪之大者,리하니 是則章子已矣.니라"

31. 도는 경우에 따라 달리 표현된다

증자가 무성(武城)에 있을 때 월(越)나라의 침입군이 쳐들어왔다. 어떤 사람이 증자에게 일러주었다.

"침입군이 무성에 쳐들어왔는데 선생님께서는 왜 이곳을 떠나지 않으십니까?"

이 말을 들은 증자는 살던 집을 내놓고 난을 피해 떠나면서 당부했다.

"내가 떠나 없는 동안이라도 다른 사람을 내 집에 들이지 말고, 내 집에 있는 풀과 나무를 망가뜨리지 말고 잘 보존해 두라."

얼마 후, 침입군이 퇴각하자 증자는 다음과 같이 이르고 무성으로 되돌아왔다.

"내 담과 집을 수리하라. 곧 다시 돌아가겠다."

그런 일이 있은 후, 증자의 측근 제자들이 증자가 취한 행동이 옳지 못한 행동이 아니었던가 생각하고 이렇게 말했다.

"무성에서 선생님을 그토록 정성을 다해 공경하여 융숭하게 대우해 드렸는데 선생님께서는 침입군이 도착하자 남보다 먼저 무성을 떠나 백성들이 그렇게 하기를 희망하게 만들고, 침입군이 퇴각하자 되돌아오셨으니, 아무리 생각해도 잘못하신 것 같다."

이 말을 들은 심유행(沈猶行)이 말했다.

"그것은 너희들이 몰라서 하는 말이다(증자께서 하신 것은 어디까지나 틀림없으시다). 전에 심유가(沈猶家)에 부추(負芻)의 화가 있었다. 당시 증자께서 그 집에 체류하셨는데, 부추의 화가 닥쳐왔을 때 역시 증자께서는 미리 난을 피해 가셔서 수종하던 70인의 제자들이 하나도 그 화를 입지 않았다(이번에도 증자께서 취하신 태도는 비난할 여지가 없다)."

전에 자사(子思)가 위(衛)나라에 있을 때 제나라의 침입군이 들이닥쳤다. 어떤 사람이 자사에게 물었다.

"침입군이 도달하였는데 왜 이곳을 떠나지 않으십니까?"

"만약 이 급(伋)이 난을 피해 이곳을 떠나가면 국군께서 누구와 더불어 나라를 지키시겠소?"

자사는 이렇게 대답하고 그대로 머물러 있었다. 맹자께서는 이 일을 이렇게 평하셨다.

"증자와 자사 두 분이 하신 일은 각각 다르지만 정신에 있어서는 같았다. 증자의 경우에는 스승이고 부형이라는 높은 지위에 계셨던 것이고, 자사의 경우에는 신하이고 신분이 낮은 입장에 계셨던 것이다. 두 분의 입장이 달랐으므로 취한 행동도 자연 달라질 수밖에 없는 것이다. 만약 두 분이 처지를 바꾼다면 역시 동일하게 행동하셨을 것이다(두 분이 다 정당하게 행동하셨으므로 어느 분은 비난하고, 어느 분은 찬양할 여지가 없다)."

原文 **曾子居武城,**할새 **有越寇.**러니 **或曰:"寇至,**하나니 **盍去諸?**오" **曰:"無寓人於我室,**하야 **毁傷其薪木.**하라" **寇退, 則曰:"修我牆屋,**하라 **我將反.**하리라" **寇退,**어늘 **曾子反,**하신대 **左右曰:"待先生**이 **如此其忠且敬也,**ㅣ어늘 **寇至, 則先去**하야 **以爲民望,**하시고 **寇退則反,**하시니 **殆於不可.**로소이다" **沈猶行**이 **曰:"是**는 **非汝所知也.**ㅣ라 **昔**에 **沈猶有負芻之禍,**어늘 **從先生者七十人,**이 **未有與焉.**이라하니라" **子思居**

於衛,할새 有齊寇.러니 或曰:"寇至,하나니 盍去諸?오" 子思曰:"如伋이 去,면 君誰與守?리오" 孟子曰:"曾子·子思同道.하니 曾子는 師也,ㅣ며 父兄也,ㅣ요 子思는 臣也,ㅣ며 微也.ㅣ니 曾子·子思는 易地則皆然.이리라"

32. 요·순도 다 같은 사람이다

제나라 사람인 저자(儲子)가 맹자에게 물었다.
"우리 제왕께서 선생님이 딴 사람과 다른 점이 있는가 하고 사람을 시켜서 몰래 선생님을 살펴보게 하였다고 합니다만, 과연 선생님께서는 딴 사람과 다른 점이 있으십니까?"
맹자께서 이 질문에 다음과 같이 대답하셨다.
"나라고 어떻게 딴 사람과 다를 수 있나요? 딴 사람과 다를 게 없습니다. 저 위대한 성인이신 요·순도 딴 사람과 같았습니다."

原文 儲子曰:"王이 使人瞯夫子,하나니 果有以異於人乎?이까" 孟子曰:"何以異於人哉?리오 堯·舜도 與人同耳.니라"

33. 부귀를 구걸하지 마라

"제나라에 두 여인을 데리고 한집에서 사는 사나이가 있었다.
그 사나이는 외출하면 으레 술과 고기를 실컷 먹고 집으로 돌아오곤 하였다. 그의 아내가 누구하고 먹었느냐고 물으면, 그 사나이가 같이 먹었다는 사람은 예외없이 모두 부귀한 층의 인물들이었다. 한번은 그 사나이가 외출한 후에 아내가 첩에게 이런 말을 했다. '여보게, 우리 주인이 외출을 하면 으레 술과 고기를 싫도록 먹고 집에 돌아오는데, 같이 먹고 마신 사람을 물어보면 다 부귀한 층의 인물들이야. 그런데도 여태껏 이렇다 할 이름난 사람이 우리집에 와 본 일이 없으니 도시 알 수 없는 노릇이 아닌가? 나는 궁금해서 못견디겠네. 내가 주인이 가는 곳을 몰래 한번 알아보겠네.'

아내가 일찌감치 일어나 남편 모르게 살며시 남편이 가는 곳을 뒤따라 나섰는데, 세상 천지를 다 가도 도중에 서서 같이 이야기하는 사람이라고는 하나도 없었다. 종당에는 동쪽 성 밖 무덤 있는 데서 제사지내는 사람에게로 가더니 그들이 먹고 남은 것을 구걸하여 먹고, 배가 차지 않으면 또 이리저리 둘러보고는 다른 제사지내는 사람에게로 가서 구걸하는 것이었다. 이것이 바로 그 사나이가 실컷 배불리 먹는 방법이었던 것이다.

아내가 집에 돌아와서 첩에게 그 이야기를 해주고는 '여보게, 주인이란 본래 죽을 때까지 우러러보고 존경하고 살아야 할 사람인데, 우리 주인이란 게 이꼴이니, 이 일을 어쩌면 좋겠는가?'하고 첩과 함께 그들의 남편을 비방하며 뜰 복판에서 같이 울었다. 그런데 이 남편이란 자는 그런 줄도 모르고 여전히 의기양양하게 밖에서 들어오며 자기 처첩에게 뽐내는 것이었다. 군자의 안목으로 볼 때에는 세상에서 부귀와 영달을 추구하는 인간치고 그 처첩들이 부끄러워하고 울어 대지 않게 처신하는 자가 거의 없을 정도다."

原文 **齊人**이 **有一妻一妾而處室者**러니 **其良人**이 **出, 則必饜酒肉而後**에 **反.**이어늘 **其妻問所與飲食者, 則盡富貴也.**러라 **其妻告其妾曰 : "良人**이 **出, 則必饜酒肉而後**에 **反.**할새

問其與飮食者,하니 盡富貴也,ㅣ로대 而未嘗有顯者來.하니 吾將瞯良人之所之也.ㅣ하리라하고" 蚤起,하야 施從良人之所之,하니 徧國中하되 無與立談者.러니 卒之東郭墦閒之祭者,하야 乞其餘,하고 不足,이어든 又顧而之他,하니 此其爲饜足之道也.ㅣ러라 其妻歸告其妾曰:'良人者,는 所仰望而終身也ㅣ,어늘 今若此.'라하고 與其妾으로 訕其良人, 而相泣於中庭,이어늘 而良人이 未之知也,하야 施施從外來,하야 驕其妻妾.이러라 由君子觀之,컨대 則人之所以求富貴利達者,로 其妻妾이 不羞也而不相泣者幾希矣.니라'

제9장 만장장구(萬章章句)・상

1. 순(舜)의 지극한 효

맹자의 고제(高弟) 만장(萬章)이 이런 질문을 했다.

"전해 내려오는 말에 의하면, 순이 역산(歷山)에서 농사지을 때 밭에 나가서 하늘을 보고 큰 소리를 내어 울었다고 하는데, 위대한 인물인 순이 무엇 때문에 소리쳐 울기까지 하였을까요? 그 까닭을 알고 싶습니다."

이 말을 들은 맹자께서 말씀하셨다.

"부모가 자기를 사랑해 주지 않는 것에 대하여 원망하고 부모를 사모한 나머지, 그렇게 하늘을 향해 외치고 울었던 것이다."

만장은 이 맹자의 답변에 불복하는 점이 있어 다시 이렇게 질문했다.

"고래로 부모가 자기를 사랑해 줄 경우에는 기뻐하여 그 은혜를 잊지 않고 명심해 두고, 만약에 부모가 자기를 미워한다 해도 부모가 미워하지 않게 되도록 애써 노력하고 부모를 원망하지 않는 것이 자식의 도리로 되어 있습니다. 그러한데 순처럼 위대한 인물이 설마 자기 부모를 원망했겠습니까? 원망했을 것 같지 않습니다."

맹자는 다음과 같은 자세한 설명을 하여 만장에게 대답해 주셨다.

"장식(長息)이 그의 스승이며 효자로 알려진 증자의 제자인 공명고(公明高)에게 이런 질문을 한 일이 있다. '순이 밭에 나가 농사일을 하였다는 것은 선생님의 말씀을 들어 잘 알고 있습니다. 그러나 순이 하늘을 향해 외치고 울었다는 것은 이해하지 못하겠습니다. 그 점을 설명하여 주시기 바랍니다.' 공명고는 이렇게 대답했다. '그 점은 네가 이해할 수 없을 것이다.'

공명고가 그렇게 대답한 심중을 추찰해 보건대, 공명고는 효자의 마음이란 부모에게 사랑을 받지 못해도 원모하는 정이 솟아나지 않을 만큼 그렇게 무관심할 수 없는 것이라고 생각한 것이다. 순의 마음으로 말할 것 같으면, '나는 내 힘을 다해서 밭을 갈고 농사지어 자식 된 직분을 다해 온 것밖에는 아무 다른 일을 한 게 생각나지 않는데, 부모님께서 나를 사랑해 주지 않으시니 혹시 나에게 또 다른 무슨 잘못이라도 있는지 모르겠다'하고 괴로워하였던 것이다.

요임금은 천자로 있으면서 자신의 자녀 9남 2녀를 시켜 백관(百官) • 우양(牛羊) • 창름(倉廩) 등 온갖 것을 갖추어 가지고 일개 필부였던 순을 들판 가운데에서 섬겨 그의 사람됨을 살피게 하였는데, 천하의 선비들 중에는 순을 따르는 자가 많았던 것이다.

그래서 요임금은 천하가 잘 다스려진 후에 천자의 자리를 순에게 선양해 주려고 하였던 것이다. 그러나 순은 부모에게 잘 받아들여지지 않고 그들로부터 사랑을 받지 못했기 때문에 마음 속으로 좋아하기는커녕, 도리어 곤궁 속에 빠진 사람이 몸둘 곳이 없는 것 같은 그런 심경 속에서 지냈던 것이다. 천하의 선비들이 기빠하며 자기를 따르는 것은 누구나 다 원하는 일임에도 불구하고 순의 경우에는 그런 것이 그의 고민을 풀어 주기에는 부족했던 것이다.

잘생긴 여인을 데리고 사는 것은 누구나 다 원하는 것이다. 순의 경우, 천자의 두 딸을 아내로 거느리게 되었음에도 불구하고 그것이 그의 고민을 풀어 주기에는 부족했던 것이다. 재부를 갖는 것은 누구나 다 원하는 일이다. 순의 경우, 자기의 재부로 천하를 차지하게 되었음에도 불구하고 그것이 그의 고민을 풀어 주기에는 부족했던 것이다. 존귀해지는 것은 누구나 다 원하는 것이다. 그러나 순의 경우, 더 존귀해질 수 없는 천자가 되었음에도 불구하고, 그것이 그의 고민을 풀어 주기에는 부족했던 것이다. 순의 경우는 오직 부모에게 잘 받아들여져서 그들의 사랑을 받게 되는 것만이 그의 고민을 해소시켜 줄 수 있었던 것이다.

일반적으로 사람이란 어릴 적에는 부모를 따르지만, 좀 커서 잘생긴 여인을 좋아하게 되면 부모는 따르지 않고 젊은 미녀를 따르게 되고, 결혼해서 처자가 생기게 되면 부모는 따르지 않고 처자를 따르게 되며, 벼슬살이를 하게 되면 부모는 따르지 않고 자기가 섬기는 임금을 따르게 되고, 임금의 마음에 들지 않게 되면 초조해지는 게 보통이다.

오직 지극한 효성이 있는 사람만이 평생을 두고 부모를 따르는 것이다. 나이 쉰이 되어서도 부모를 따른 사람은, 나는 오직 위대한 순의 경우에서 그 예를 보았을 뿐이다(순은 진실로 지극한 효성을 지닌 분이었다)."

原文 萬章이 問曰 : "舜이 往于田,하야 號泣于旻天,하니 何爲其號泣也?이꼬" 孟子曰 : "怨慕也.ㅣ니라" 萬章이 曰 : "

'父母愛之,이든 喜而不忘,하고 父母惡之,어든 勞而不怨.이니' 然則舜은 怨乎?이까" 曰 : "長息이 問於公明高曰 : '舜이 往于田, 則吾旣得聞命矣.어니와 號泣于旻天,과 于父母, 則吾不知也.ㅣ로이다' 公明高曰 : '是는 非爾所知也.ㅣ라'하니 夫公明高는 以孝子之心,이 爲不若是恝.이라 我竭力耕田,하야 共爲子職而已矣.니 父母之不我愛,는 於我何哉?오"하니라 帝使其子九男二女,로 百官牛羊倉廩備,하야 以事舜於畎畝之中.하니 天下之士多就之者,어늘 帝將胥天下而遷之焉.이러니 爲不順於父母,로 如窮人無所歸.러니라 天下之士悅之,는 人之所欲也,ㅣ어늘 而不足以解憂,하며 好色,은 人之所欲,이어늘 妻帝之二女,하되 而不足以解憂.하며 富,는 人之所欲,이어늘 富爲天下,하되 而不足以解憂.하며 貴,는 人之所欲,이어늘 貴爲天子,하되 而不足以解憂.하니라 人悅之,와 好色,과 富貴,에 無足以解憂者,요 惟順於父母,라야 可以解憂.러니와 人이 少則慕父母,라가 知好色則慕少艾,하고 有妻子則慕妻子,하고 仕則慕君,하고 不得於君則熱中.이니 大孝는 終身慕父母,하나니 五十而慕者,는 予於大舜에 見之矣.로다"

2. 사리에 맞지 않으면 군자를 속일 수 없다

만장은 맹자에게 이런 질문을 했다.

"《시경》〈국풍(國風)〉 남산편(南山篇)에 보면 '아내를 얻는 데 어떻게 해야 할 것인가? 반드시 부모에게 고해서 허락을 받고 해야 한다'라고 되어 있습니다. 이 《시경》의 말이 정당하다고 믿는다면, 순이 했던 것같이 그렇게 해서는 안 될 것으로 생각합니다. 순은 부모에게 고하지 않고 결혼하였으니 대체 무엇 때문에 그랬을까요?"

맹자께서 대답하셨다.

"순은 부모에게 미움을 받고 있었던 터였으므로 순이 고하게 되면 허락을 받지 못하고 도리어 방해받아 결국 결혼을 하지 못했을 것이다. 남녀가 결혼해서 부부 동거하여 자손을 얻어 조상의 제사를 이어나가는 것은 인간의 중대사인데, 만약 사전에 부모에게 고하게 되면 인간의 중대사를 하지 못하게 되고 결국 그로 말미암아 부모를 원망하는 결과를 초래하여 더욱 불효하게 될 것이다. 그래서 순은 부모에게 고하지 않고 결혼했던 것이다."

"순이 부모에게 고하지 않고 결혼하게 된 이유는 선생님의 말씀으로 이미 알게 되었습니다. 순의 경우는 그렇다 해도 요임금이 자기 딸을 순에게 아내로 주면서 순의 부모에게 고하지 않은 것은 무엇 때문이었을까요?"

"요임금 역시 순의 부모에게 고하게 되면 순에게 아내를 얻게 할 수 없다는 것을 알았기 때문에 순의 부모에게 고하지 않고 결혼을 시킨 것이다."

만장은 다시 이렇게 물었다.

"순의 부모가 순에게 식량 창고를 수리하라고 해놓고 순이 지붕에 올라가자 사닥다리를 치워 버리고는 순을 태워 죽이려고 고수(瞽瞍 : 순의 아버지)가 식량 창고에 불을 질렀습니다. 그것이 실패로 돌아가자, 이번에는 순을 시켜 우물을 쳐내게 하고 순이 우물에 들어가 일을 마치고 나오려고 할 때 위에서 흙을 덮어씌워 묻어 버렸습니다. 순의 이복동생 상(象)은 순이 죽은 줄만 알고 '내 형 도군(都君)을 흙으로 덮어씌워 죽게 한 꾀를 낸 것은 모두 내 공이다. 이제 형은 죽었으니 그 소유를 갈라야 하겠다. 소와 양, 그리고 식량 창고는 부모에게 주기로 하고, 방패·창·거문고·붉은 칠한 활은 내가 갖기로 하고, 형수들은 내 잠자리를 돌보도록 만드는 것이다'라고 말했습니다.

이런 것들을 접수하러 순의 집으로 들어갔더니, 뜻밖에 순은 태연하게 평상 위에 앉아서 거문고를 타고 있었습니다. 상은 당황하여 '속이 답답할 정도로 형님을 생각하다가 찾아왔습니다'라고 둘러대고 부끄러워하는 기색이 얼굴에 나타났습니다. 그것을 본 순은 엉뚱하게 '(너 참 잘 왔다) 네가 이 집의 여러 사람들을 생각하여, 내 곁에 있으면서 나를 도와 이들을 다스리도록 하라'라고 말했습니다. 설마한들 상이 자기를 죽이려던 것을 순이 몰랐을까요?"

"순이 왜 그것을 몰랐겠는가. 잘 알고 있었을 것이다. 그러나 순은 그의 동생인 상이 근심하면 자기도 근심했고, 상이 기뻐하면 자기도 기뻐했던 것이다."

만장이 다그쳐 물었다.

"그렇다면 순은 거짓으로 기뻐하였던 것입니까?"

그러자 맹자께서는 고사를 들어 설명해 주셨다.

"아니다. 순은 결코 상이 찾아온 것을 거짓으로 기뻐하지는 않았다. 옛날에 정자산(鄭子産)에게 산 물고기의 선물이 들어온 일이 있었다. 자산은 연못지기를 불러서 그 산 물고기를 내주며 그것을 못에다 기르게 하였다. 그랬더니 연못지기는 그 물고기를 삶아 먹어 버리고 자산에게 복명하기를 '처음 놓아주었을 때는 그 물고기가 빌빌거리며 힘을 쓰지 못하더니 잠시 있다가는 살랑살랑 꼬리를 치며 휑하니 달아났습니다'라고 하였다. 이 말을 들은 자산은 기뻐하며 '그 고기는 좋은 곳을 얻었어, 좋은 곳을 얻었어'하고 말했다.

연못지기는 물러나와서 말하기를 '대체 누가 자산을 지혜로운 사나이라고 하는 거야? 아무것도 모르는 사람인데, 글쎄 내가 그 물고기를 벌써 삶아 먹어 버렸건만 좋은 곳을 얻었어, 좋은 곳을 얻었어 하니 말이야' 하였다는 것이다. 그렇기 때문에 군자는 사리에 맞고 실제에 어울리는 방법을 가지고 속일 수는 있어도, 사리에 맞지 않는 방법을 가지고는 속이기 어려운 것이다. 상이 형을 사랑하는 도리를 가지고 찾아왔기 때문에 순은 그것을 정말로 믿고 기뻐하였던 것이다(순은 결코 상이 찾아온 것을 거짓으로 기뻐하지는 않은 것이다)."

原文 萬章이 問曰 : "詩云, '娶妻如之何?오 必告父母,라' 하니 信斯言也,인댄 宜莫如舜,이어니와 舜之不告而娶,는 何也?니이꼬" 孟子曰 : "告, 則不得娶.니라 男女居室,은 人之大倫也,ㅣ니 如告則廢人之大倫,하야 以懟父母,라 是以로 不告也.ㅣ니라" 萬章이 曰 : "舜之不告而娶, 則吾旣得聞命矣.어니와 帝之妻舜而不告,는 何也?ㅣ니이꼬" 曰 : "帝亦知告焉則不得妻也.ㅣ니라" 萬章이 曰 : "父母使舜完廩,하야 捐階,하고 瞽瞍焚廩.하며 使浚井,하야 出,커늘 從而揜之.하고 象이 曰 : '謨蓋都君,은 咸我績.이니 牛羊父母,요 倉廩父母,요 干戈朕,이요 琴朕,이요 弤朕,이요 二嫂는 使治朕棲.하리라'하고 象이 往入舜宮,한데 舜이 在牀琴,이어늘 象이 曰 : '鬱陶思君爾!라'하고 忸怩.라 舜이 曰 : '惟兹臣庶,를 汝其于予治.'라 하니 不識케이다 舜不知象之將殺己與?이까" 曰 : "奚而不知也?ㅣ리오 象憂亦憂,하고 象喜亦喜.하니라" 曰 : "然則舜은 僞喜

者與?이까" 曰 : "否.라 昔者有饋生魚於鄭子産,이어늘 子産이 使校人으로 畜之池,한데 校人이 烹之,하고 反命曰 : '始舍之,하니 圉圉焉,이러니 少則洋洋焉,하여 攸然而逝.하더이다' 子産이 曰 : '得其所哉!인저 得其所哉!인저'하야늘 校人이 出曰 : '孰謂子産을 智?오 予旣烹而食之,어늘 曰 : 得其所哉!인저 得其所哉!인저코녀'하니 故로 君子는 可欺以其方,이어니와 難罔以非其道.라 彼以愛兄之道로 來,라 故로 誠信而喜之,니 奚僞焉?이리오"

3. 성인은 사은과 공의를 분명히 한다

만장이 맹자에게 이런 질문을 했다.
"상(象)은 매일같이 순(舜)을 살해할 것을 일삼았던 극악무도한 인간이었는데, 순은 천자로 세워지자 상을 주(誅)하지 않고 방축하는 데 그쳤으니 그렇게 한 이유는 어디에 있습니까?"
맹자께서 대답하셨다.
"상을 방축한 것이 아니고 유비(有庳)에 제후의 하나로 봉해 주었다. 그런데 어떤 사람은 그를 방축했다고도 한다."
그래서 만장은 또 이렇게 말했다.
"순은 요임금에게 등용되어 나라를 다스리게 되자 공공(共工)을 유주(幽州)로 유배하고, 환도(驩兜)를 숭산(崇山)으로 방축하고, 삼묘(三苗)의 군장(君長)을 삼위(三危)로 축출하고, 곤(鯀)을 우산(羽山)에 유폐하는 등, 이렇게 넷을 혹독히 처벌하자 온 천하가 다 복종해 오게 되었다고 합니다. 불인자(不仁者)를 주(誅)하기로 요량하면, 순의 동생 상이 극단적인 불인자이므로 그를 첫째로 주했어야 하는데, 주하기는커녕 도리어 유비에 봉해 주었으니, 대체 유비 사람들은 무슨 죄를 지었기에 그런 극악무도한 인간을 국군으로 받들어야 했습니까? 순은 대표적인 인인(仁人)이라고 하지만, 인인이란 본래 그렇게 처사하는 것입니까? 타인의 경우에는 주하고 동생의 경우에는 타인보다도 더 무도하여도 제후로 봉해 주니 말입니다."

맹자께서 대답하셨다.

"인인이란 자기 동생에 대해서는 한번 노했던 것을 두고두고 속에 품고 있거나, 한번 원망했던 것을 두고두고 속에 품고 있지는 않고, 친하게 굴고 사랑해 줄 따름이다. 친하게 굴면 그가 존귀해지기를 원하게 되고, 사랑하면 그가 부유해지기를 원하게 되는 것이다. 순이 동생 상을 유비에 제후의 하나로 봉해 준 것은 그를 부유하고 존귀하게 만들어 준 것이다. 자기 자신이 천자가 되었는데, 동생이 한 비천한 필부로 남아 있는다면 친하고 사랑한다고 할 수 있겠는가? 친하게 굴고 사랑했다고는 할 수 없을 것이다."

"어떤 사람은 방축했다고 한다는 것은 무슨 말씀이십니까?"

"상으로 말할 것 같으면 자기의 봉국(封國)을 도저히 제대로 다스리지 못할 것이기 때문에, 이 점을 잘 알고 있던 순은 천자의 권한으로 관원을 상의 봉국인 유비에 파견하여 그 나라를 다스려서 그 나라의 공세(貢稅)를 납입하게 해주었던 것이다. 그래서 방축했다고 하는 것이다. 이렇게 해놓았으니 상이 아무리 무도하다 한들 유비의 백성들에게 포악하게 굴 수 있겠는가? 도저히 포악하게 굴 수 없었던 것이야. 그렇게 조치를 취해 놓기는 했지만, 순은 항상 상을 만나보고 싶어했으므로 상은 줄곧 끊임없이 천자인 형을 찾아왔던 것이다. '공기(貢期)가 되지 않았는데도 정사에 관계시켜서 유비의 국군인 상을 접견했다'라고 한 것은 이 일을 두고 한 말이다."

原文 萬章이 問曰 : "象이 日以殺舜爲事,어늘 立爲天子,則放之,는 何也?이꼬" 孟子曰 : "封之也,어늘 或曰放焉.이라하니라" 萬章이 曰 : "舜이 流共工于幽州,하고 放驩兜于崇山,하고 殺三苗于三危,하고 殛鯀于羽山,하야 四罪而天下咸服,은 誅不仁也.ㅣ라 象은 至不仁,이어늘 封之有庳,하니 有庳之人이 奚罪焉?고 仁人은 固如是乎?이까 在他人則誅之,하고 在弟則封之.니이다" 曰 : "仁人之於弟也,에 不藏怒焉,하며 不宿怨焉,이요 親愛之而已矣.니 親之면 欲其貴也,ㅣ요 愛之면 欲其富也,ㅣ라 封之有庳,는 富貴之也.니 身爲天子,하야 弟爲匹夫,면 可謂親愛之乎?아" "敢問或曰放者,는 何謂也?이꼬" 曰 : "象이 不得有爲於其國,하고 天子使吏로 治其國, 而納其貢稅焉,하니 故로 謂之放.이나 豈得暴彼民哉?리오 雖然,이나 欲常常而見之,라 故로 源源而來.라 '不及貢,하야 以政接于有庳,라'하니 此之謂也.ㅣ니라"

4. 백성에게는 두 임금이 없다

제자의 한 사람인 함구몽(咸丘蒙)이 이런 질문을 했다.

"옛날부터 전해 내려오는 말에 '덕이 높은 사람일 경우에는 일국의 군주라 해도 그를 자기 신하로 다룰 수 없으며, 그의 생부라 해도 자기 아들로 홀홀히 다룰 수 없다'고 했습니다. 그래서 덕이 뛰어나게 높은 순이 천자가 되어 남면(南面)하고 서게 되자, 그때까지 천자로 있던 요는 천하의 제후들을 거느리고 북면(北面)하여 신하의 예로 순에 조근(朝覲)하였고, 순의 생부인 고수 역시 북면하여 신하의 예로 순에 조근하였는데, 순이 자기의 생부인 고수가 신하의 예를 갖추어 자기 앞에 나타난 것을 보자 그 얼굴에 매우 불안한 기색이 돌았다는 것입니다. 이를 공자께서 말씀하시기를, '이때로 말할 것 같으면 군신·부자의 인륜에 혼란이 생겨 천하는 실로 위태로운 상태에 놓여 있었다'라고 하셨다고 합니다. 과연 이 말대로 정말 그랬습니까?"

맹자께서는 이렇게 대답하셨다.

"아니다. 그것은 군자의 말이 아니고 제나라 동부의 교양 없는 야인들 사이에 전해오던 말이므로 믿을 게 못 된다. 요임금과 순임금의 관계는 이러하다. 요임금이 연로해지자 순이 섭정한 것이지, 요임금이 살아 있을 때 순이 천자의 위에 오른 것은 아니다. 〈요전(堯典)〉에 이르기를 '순이 섭정한 지 28년째 되던 해에 요임금이 죽었다. 백성들은 자기의 부모를 잃은 것같이 애통한 가운데 요임금의 장례를 치르고 3년 동안 온 천하가 팔음(八音)의 음악을 멈추고 지냈다'고 하였다. 공자께서도 '하늘에 해가 둘이 없는 것같이 백성에게도 천자는 둘일 수 없다'라고 말씀하셨지마는 만약 순이 이미 천자가 되고 나서 다시 또 온 천하의 제후들을 거느리고 요임금을 위해서 3년상을 치렀다면 그것은 천자 둘이 동시에 있었다는 것이 된다. 그런 일은 도저히 있을 수 없는 일이다."

함구몽은 다시 이렇게 질문했다.

"순이 요임금을 신하로 다루지 않았다는 것은 선생님의 말씀을 듣고 잘 알게 되었습니다. 그러나 〈소아(小雅)〉 북산편(北山篇)에 '온 하늘 밑의 땅은 다 왕의 땅이고 왕의 땅 아닌 것이 없으며, 땅 닿는 곳에 사는 사람은 어느 누구나 다 왕의 신하이지 왕의 신하가 아닌 사람이라고는 하나도 없다'고 하였는데, 순이 이미 천자가 되었으므로 감히 여쭈어 보겠습니다마는 순의 생부인 고수가 순의 신하가 아니라면 대체 어떻게 되는 것입니까?"

맹자께서는 다음과 같이 설명하여 주셨다.

"자네가 인용한 그 〈북산편〉의 시구는 자네가 말한 것 같은 그런 뜻을 노래한 것이 아닐세. 그 시구의 뜻으로 말할 것 같으면 왕의 일에 애써 복무하면서도 자기 부모를 봉양하지 못해 괴로워하는 심정을 노래한 것으로 '내가 하는 이 일들은 모두 왕의 일인데, 나만 다른 사람보다 더 애쓰고 복무한다'라고 원망하는 말을 한 것이지, 결코 자기 생부까지 신하로 다뤄도 좋다고 말한 것은 아니야. 그러므로 시를 해설하는 사람은 그 시에 쓰여진 글자의 뜻으로 인해 그 글자로 이루어진 말의 뜻을 해쳐서는 안 되며, 또 말의 뜻으로 해서 시의 대지(大旨)를 해쳐서는 안 되네. 자기 마음으로 시의 대지를 맞아들여야 비로소 시를 올바로 이해한 것이 되는 것이다.

그렇지 않고 만약 시에 쓰여진 말의 뜻만을 가지고 시를 이해하려 들기로 요량한다면 〈대아(大雅)〉 운한편(雲漢篇)에 '여왕(厲王)의 난을 겪은 주(周)나라의 생존한 백성이라고는 단 하나도 없다'고 한 것을 정말로 그대로 믿을 경우, 주나라에서는 남은 백성이 하나도 없는 것이 된다. 이 시는 생존자가 극히 적은 것을 과장해서 표현한 것이지 주나라의 백성이 하나도 없이 멸망해 버렸다고 말한 것은 결코 아니다. 효자의 지극한 도리로서는 어버이를 존귀하게 만드는 일보다 더한 것이 없고, 어버이를 존귀하게 만드는 것의 지극한 것으로서는 어버이를 천하의 재부를 가지고 봉양하는 이상의 것이 없다.

순의 생부 고수는 천자의 부친이 되었으니 최고로 존귀해진 것이고, 천하의 재부로 봉양을 받았으니 최고의 봉양을 받은 것이다. 〈대아(大雅)〉 하무편(下武篇)에 '오래오래 효도하기를 생각하나니, 효도하기를 생각하는 것을 법도로 삼는도다'라고 한 것은 이 점을 두고 한 말이다. 《서경》에 '순은 자식 된 도리를 다하여 고수를 만나고, 언제나 조심하고 두려워하여 태만하게 구는 일이 없었다. 그래서 완악한 고수도 마침내 순의 지성에서 우러난 효성을 믿고 그것에 따라가게 되었다'라고 했다. 이와 같이 아비인 고수가 도리어 자기 아들의 덕에 감화되어 버린 것을 가리켜, '아비도 마구 아들로 다룰 수 없다'라고 말하는 것이다."

原文 咸丘蒙이 問曰: "語에 云, '盛德之士,는 君不得而臣,하며 父不得而子.라' 舜이 南面而立,이어늘 堯帥諸侯하야 北面而朝之.하고 瞽瞍亦北面而朝之,어늘 舜이 見瞽瞍,하고 其容이 有蹙.이라 孔子曰: '於斯時也,에 天下殆哉, 岌岌乎!인저'하니 不識케이라 此語는 誠然乎哉?이까" 孟子曰: "否,라 此는 非君子之言,이요 齊東野人之語也,ㅣ라 堯老而舜攝也.ㅣ러니라 堯典에 曰: '二十有八載,에 放勳이 乃徂落,커늘 百姓은 如喪考妣, 三年,하고 四海는 遏密八音.이라'하며 孔子曰: '天無二日,이요 民無二王.이라'하시니 舜이 旣爲天子矣,요 又帥天下諸侯,하야 以爲堯三年喪,이면 是는 二天子矣.니라" 咸丘蒙이 曰: "舜之不臣堯, 則吾旣得聞命矣.어니와 詩云, '普天之下, 莫非王土,며 率土之濱,이 莫非王臣.이라'하니 而舜이 旣爲天子矣,니 敢問瞽瞍之非臣,은 如何?이꼬" 曰: "是詩也,는 非是之謂也.ㅣ니라 勞於王事而不得養父母也.하야 曰: '此莫非王事,어늘 我獨賢勞也.ㅣ라'하니 故로 說詩者,는 不以文害辭,하며 不以辭害志,요 以意逆志,면 是爲得之.라

如以辭而已矣,인댄 雲漢之詩에 曰: '周餘黎民,이 靡有孑遺.라'하니 信斯言也,인댄 是는 周無遺民也.ㅣ니라 孝子之至,는 莫大乎尊親.이요 尊親之至,는 莫大乎以天下養.이니 爲天子父,하니 尊之至也.ㅣ요 以天下養,하니 養之至也.ㅣ라 詩曰: '永言孝思,라 孝思維則.이라'하니 此之謂也.ㅣ니라 書에 曰: '祗載見瞽瞍,하되 夔夔齊栗,하고 瞽瞍亦允若.이라'하니 是爲父不得而子也.ㅣ니라"

5. 백성의 뜻이 곧 하늘의 뜻이다

만장이 이런 질문을 했다.
"천자로서 천하를 다스리던 요임금이 자기가 다스리던 천하를 순에게 주었다고 하는데 그것이 사실입니까?"
맹자께서 대답하셨다.
"아니다. 아무리 천자라 해도 천하를 자기 마음대로 아무에게나 줄 수는 없는 것이다. 그러므로 요임금이 순에게 천하를 줄 수는 없었다."
"그렇다면 순이 천하를 차지하여 천자가 된 것은 명백한 사실인데, 누가 순에게 천하를 주었습니까?"
"하늘이 천하를 준 것이다."
만장과 맹자 사이의 문답은 계속되었다.
"선생님 말씀대로 하늘이 천하를 순에게 주었다고 한다면, 하늘이 순에게 자상하게 소리내어 말해서 천하를 차지하라고 명령한 것입니까?"
"아니다. 하늘이란 본래 말을 하지 않는다. 하늘은 천자가 되어 천하를 다스릴 사람의 행위와 그 행위로 말미암아 나타나게 되는 일을 통해 그 뜻을 보여 줄 따름이다."

"하늘이 천자 될 사람의 행위와 일을 통해서 그 뜻을 나타낸다는 것은 구체적으로 말하면 어떻게 되는 것입니까?"

"그것을 설명한다면 이러하네. 천자는 자기가 다스리는 천하를 남에게 주지 못하지만, 천자가 될 만한 적당한 인물을 발견해서 그를 하늘에 추천할 수는 있지. 그렇다고 천자가 하늘로 하여금 자기가 추천한 사람에게 천하를 주도록 만들지는 못한다. 천자 아래에 있는 제후는 제후가 될 만한 적당한 인물을 발견해서 그를 천자에게 추천할 수 있다. 그렇다고는 하지만 제후는 천자로 하여금 자기가 추천한 인물에게 제후의 지위를 주게 만들 수는 없다.

제후 아래 있는 대부는 대부가 될 만한 적당한 인물을 발견해서 그를 제후에게 추천할 수 있다. 그렇지만 대부는 제후로 하여금 자기가 추천한 인물에게 대부의 위(位)를 주게 만들 수는 없다. 인물을 추천하는 계제가 이러하므로 순의 경우에도 요임금이 그를 하늘에 천자의 후보자로 추천한 것을 하늘이 받아들여 그를 백성들 위에 내놓아 여러 가지로 일을 하게 한 결과 백성들이 그의 시책을 기뻐하여 따라가고 그를 천자로 받들기로 한 것이다. 그래서 하늘은 소리내어 말로써 천하를 차지하여 천자가 되라고 명령하지 않고 천자로 추천된 인물의 행위와 그 행위로 말미암아 이루어진 일을 통해 하늘이 그 인물에게 천하를 주겠다는 의사를 표명할 뿐이라고 말하는 것이다."

"감히 또 여쭈어 보겠습니다. 요임금이 순을 천자의 후보로 추천하자 하늘이 그를 받아들이고 백성들 위에 내놓았는데, 백성들이 그를 받아들였다는 것은 구체적으로는 어떤 것을 말하는 것입니까?"

"요임금이 순에게 명해서 천지 제신을 제사하는 일을 주관하게 하였는데, 온갖 신들이 그가 지낸 제사를 흠향하여 신험(神驗)이 자주 나타났으니, 이것은 하늘이 순을 받아들인 것이다. 요임금은 다시 순에게 명해서 정사를 주관하게 하였는데 정사가 모두 잘 다스려져 백성들이 기뻐하여 그의 시책에 따르고 그것을 편안하게 여겼으니, 이것은 백성들이 순을 받아들인 것이다. 이렇게 하늘이 천하를 주었고, 사람들이 천하를 주었기 때문에 '천자라 해도 천하를 남에게 주지 못한다'고 말하는 것이다.

대체로 순이 28년 동안이나 요임금을 도와 천하를 다스렸다는 것은 도저히 인간이 해낼 수 있는 일은 아니고 하늘의 뜻에 의해서 이루어진 것이라고 할 수밖에 없다. 요임금이 붕하고 3년상이 끝난 후에 순은 천하를 다스리는 자리를 떠나 요임금의 아들 단주(丹朱)를 피해 남하(南河) 남쪽으로 물러나 있었던 것이다. 그랬더니 천하의 제후로 조근하러 오는 자들이 요임금의 아들에게로 가지 않고 순에게로 가서 조근하였고, 소송을 하는 자들은 요임금의 아들에게 가서 호소하지 않고 순을 찾아가서 호소하였으며, 성덕을 구가하는 자들은 요임금의 아들을 구가하지 않고 순의 덕을 구가하였던 것이다. 이런 일은 결코 인력으로 이루어진 것이라고는 할 수 없어. 그래서 하늘의 뜻에 의해 이루어졌다고 말하는 것이지. 이같이 천하의 인심이 자기에게로 쏠려 온 연후에 순은 천명이 자기에게 내린 것을 확신하고 비로소 중원으로 복귀하여 천자의 지위에 오른 것이다.

그렇지 않고 순이 요임금이 죽은 후에 요임금이 있던 궁실에 버티고 살면서 요임금의 아들을 핍박하여 몰아내고 제멋대로 천자의 위에 올랐다면 그것은 극악무도한 찬탈이지 결코 하늘이 준 것이라고는 할 수 없다. 《서경》 〈태서〉에 '하늘이 보는 것은 우리 백성들을 통해서 보고, 하늘이 듣는 것은 백성들을 통해서 듣는다(즉 하늘은 그 자체에 이목이 있어 보고 듣고 하는 것이 아니라 백성들의 이목을 빌어서 보고 듣는다)'라고 한 것은 곧 위에 말한 백성 전체가 귀복하는 데 하늘의 뜻이 있음을 말한 것이다."

原文 萬章이 曰:"堯以天下與舜,이라하니 有諸?이까" 孟子曰:"否,라 天子不能以天下與人.이니라" "然則舜有天下也,는 孰與之?이꼬" 曰:"天이 與之.니라" "天이 與之者,는 諄諄然命之乎?이까" 曰:"否,라 天은 不言,하고 以行與事로 示之而已矣.니라" 曰:"以行與事로 示之者,는 如之何?이꼬" 曰:"天子는 能薦人於天,이언정 不能使天으로 與之天下.며 諸侯는 能薦人於天子,언정 不能使天子로 與之諸侯.며 大夫는 能薦人於諸侯,언정 不能使諸侯로 與之大夫.라 昔者에 堯薦舜於天, 而天이 受之.하고 暴之於民, 而民이 受之.하니 故로 曰:天은 不言,하고 以行與事로 示之而已矣.라 하나니라" 曰:"敢問薦之於天而天이 受之,하고 暴之於民而民이 受之,는 如何?이꼬" 曰:使之主祭而百神이 享之,하면 是는 天이 受之.요 使之主事而事治,하고 百姓이 安之,면 是는 民이 受之也.ㅣ니라 天이 與之,하며 人이 與之,라 故로 曰:天子는 不能以天下與人.이라 하나니라 舜이 相堯, 二十有八載,하니 非人之所能爲也,ㅣ요 天也.ㅣ라 堯崩,하고 三年之喪畢,에 舜이 避堯之子於南河之南.이어늘 天下諸侯朝覲者, 不之堯之子而之舜.하며 訟獄者, 不之堯之子而之舜.하며 謳歌者, 不謳歌堯之子而謳歌舜.하니라 故로 曰:天也.ㅣ라 夫然後에 之中

國,하야 **踐天子位焉.**하고 **而居堯之宮,**하야 **逼堯之子,**면 **是**는 **簒也,**ㅣ요 **非天與也.**ㅣ니라 **泰誓**에 **曰 : '天視自我民視,**하며 **天聽自我民聽.**이라'하니 **此之謂也.**ㅣ니라"

6. 왕위는 오직 하늘의 섭리에 따른다

만장이 이런 질문을 했다.

"사람들 사이에는 '우임금의 대에 와서는 요·순 시대보다 덕이 쇠미해져서 현성한 인물에게 천자의 위를 전해 주지 않고 자기 아들에게 계승시켜 주었다'는 말이 나도는데 과연 그것이 사실입니까?"

맹자께서 이 질문을 받고 다음과 같이 자세히 설명해서 대답해 주셨다.

"아니다. 그런 것이 아니었다. 왕자의 위(位)라는 것은 하늘이 그것을 자손이 아닌 다른 현자에게 주면 현자에게 주어지게 되고, 하늘이 그것을 자손에게 주면 자손에게 주어지게 되는 것으로 모든 것이 천의에 의해 결정될 뿐, 덕이 쇠해져서 자손에게 계승시키고 덕이 대단해서 현자에게 전해지고 하는 것은 아니다.

옛날에 순임금이 우를 천자의 후보자로 하늘에 추천하여 그로 하여금 섭정케 하고 우가 순을 도와 천하를 다스린 지 17년만에 순임금이 붕했다. 순임금을 위해 3년상을 치르고 난 후에 우는 순임금의 아들 상균(商均)을 피해서 양성(陽城)에 물러가 있었다. 그랬더니 온 천하의 백성들은 다 우를 따라갔는데, 그것은 요임금이 붕한 후에 요임금의 아들 단주를 따라가지 않고 순을 따라간 것과 사정이 같았다.

이번에는 우임금이 익(益)을 천자의 후보자로 하늘에 추천하여 그로 하여금 섭정케 했고 익이 우임금을 도와 천하를 다스린 지 7년만에 우임금이 붕했다. 익은 우임금을 위해 3년상을 치르고 난 후에 우임금의 아들 계(啓)를 피해서 기산(箕山) 북쪽에 물러가 있었다. 그런데 순·우의 경우와는 달리 조근하고 소송하는 사람들이 익에게 가지 않고 계에게로 가면서 '우리 임금님의 아들이시다'라고 말했던 것이다. 덕을 구가하는 자들도 익의 덕을 구가하지 않고 계를 구가하면서 '우리 임금님의 아들이시다'라고 말했던 것이다. 이러한 일을 살펴보건대, 요임금의 아들 단주가 불효하였고, 순임금의 아들 상균 역시 불초한 데다가 순이 요임금을 도와 섭정하고 우가 순임금을 도와 섭정한 세월이 아주 길어서 순과 우가 백성들에게 은택을 베풀어 준 기간이 오래되어 순과 우는 천명을 받아 천자의 위에 오르게 되었던 것이다.

그러나 우임금의 아들 계는 현명해서 조심하여 우임금의 정치이념을 계승할 수 있었고, 거기에다 익이 우임금을 도와 섭정한 세월이 짧아서 익이 백성들에게 은택을 베풀어 준 기간이 오래되지 못하여 우임금의 아들 계가 천자의 위를 계승하게 되었고 익에게 전해지지 않게 된 것이다.

이렇게 순·우·익, 세 인물이 섭정한 기간의 차이가 현격하고 그들의 아들들이 잘나기도 하고 못나기도 한 것은 다 하늘의 뜻에 의해서 이루어진 것이지 인력으로 할 수 있는 일이 아니다. 사람이 하려던 것이 아닌데 그렇게 되어지는 것은 하늘의 뜻이다. 사람이 그런 사태를 오게 하지 않았는데 그런 사태가 닥쳐오는 것은 명(命)이다. 일개 필부로서 천하를 차지하여 천자가 될 사람은 그 덕이 반드시 순과 우와 같아야 하고, 거기다 또 그를 하늘에 천자의 후보자로 추천해 주는 천자가 있어야 한다. 그래서 공자는 그

덕이 순과 우에 맞설 정도로 높아 천자가 되기에 족했으나 그를 하늘에 천자의 후보자로 추천해 주는 천자가 없었기 때문에 천하를 차지하여 천자의 자리에 오르기에 이르지 못한 것이다.

조종(祖宗)의 유업을 계승하여 천하를 차지하게 되는 경우 하늘이 그를 천자의 위에서 물러나게 하는 것은 반드시 그 포악함이 걸(桀)이나 주(紂) 같은 자라야 한다. 그렇지 않으면 천자의 위를 부조(父祖)로부터 계승하여 천하를 차지하게 되는 것이다. 그래서 익(益)·이윤(伊尹)·주공(周公) 같은 현성한 인물들도 대를 이어받은 천자들을 보필하는 데 그치고 천하를 차지하여 천자의 자리에 오르기까지에는 이르지 못한 것이다.

이윤이 탕왕을 도와서 천하의 왕자로 군림하게 되었는데, 탕왕이 붕하자 탕왕의 태자 태정(太丁)은 위에 오르지 못하고 죽었고, 태정의 아우인 외병(外丙)은 2년을 임금 노릇을 했으며, 역시 태정의 아우인 중임(仲壬)은 4년 동안 재위했다. 그 뒤를 이은 것이 태정의 아들인 태갑(太甲)이었는데, 태갑은 근신하지 못하여 탕왕의 전형(典刑)을 파괴 번복시키는 짓을 했다. 탕왕의 유지를 받들어 은실(殷室)을 보필하던 이윤은 태갑을 징계하여 개과천선케 하기 위해 태갑을 탕왕의 묘가 있는 동(桐)의 땅으로 방축했다. 거기서 3년을 지내는 동안, 태갑은 자기의 죄과를 뉘우치고 그러한 짓을 한 자신을 원망하고 덕을 닦아 자신의 향상에 노력하였다. 동 땅에서 항상 인자하게 살며 과거에 저질렀던 불의를 버리고 의로운 데로 따라가기를 3년 동안 해가지고 이윤이 자기를 교훈하는 말을 따르게 되어 수도인 박[亳]으로 돌아가 천자의 권좌에 복귀하게 되었다.

이윤은 이같이 탕왕의 대를 이은 태갑을 징계하여 바로잡아 주면서까지 천자의 위를 올바로 보존해 나가게 해주고 자신이 천하를 차지하는 일은 하지 않았다. 주공이 천하를 차지하지 않게 된 것은 익이 하(夏)에 있어서의 경우와 이윤이 은에 있어서의 경우와 같았던 것이다. 공자께서 말씀하시기를 '당(唐)·우(虞) 2대에 천자의 위를 선양한 것과 하·은·주 3대에 천자의 위를 자손이 계승한 것은 천의와 민심에 따르고 그 사이에 사심이 개재하지 않았다는 점에서는 동일한 것이었다'라고 하셨다."

原文 萬章이 問曰:"人이 有言,하되 '至於禹而德衰,하야 不傳於賢而傳於子.라'하니 有諸?이까" 孟子曰:"否,라 不然也.ㅣ라 天이 與賢則與賢,하고 天이 與子則與子.니라 昔者에 舜이 薦禹於天, 十有七年,에 舜崩,하고 三年之喪畢,에 禹避舜之子於陽城,이러니 天下之民이 從之,를 若堯崩之後,에 不從堯之子而從舜也.하니라 禹薦益於天, 七年,에 禹崩,하고 三年之喪畢,에 益이 避禹之子於箕山之陰,이러니 朝覲訟獄者, 不之益而之啓,하야 曰:'吾君之子也.ㅣ라'하며 謳歌者, 不謳歌益而謳歌啓,하야 曰:'吾君之子也.ㅣ라'하니라 丹朱之不肖,에 舜之子亦不肖,하며 舜之相堯,와 禹之相舜也,는 歷年이 多,하야 施澤於民이 久.하고 啓는 賢,하야 能敬承繼禹之道,하며 益之相禹也,는 歷年이 少,하야 施澤於民이 未久.하니 舜·禹·益, 相去久遠,이라 其子之賢不肖,는 皆天也,ㅣ요 非人之所能爲也.ㅣ니 莫之爲而爲者,는 天也.ㅣ요 莫之致而至者,는 命也.ㅣ니라 匹夫而有天下者,는 德必若舜·禹, 而又有天子薦之者,니 故로 仲尼不有天下.하시니라 繼世而有天下,에 天之所廢,는 必若桀紂者也,ㅣ니 故로 益·伊尹·周公이 不有天下.하니라 伊尹이 相湯,하야 以王於天下,러니 湯이 崩,커늘

太丁은 未立,하고 外丙은 二年,이요 仲壬은 四年,이러니 太甲이 顚覆湯之典刑,이어늘 伊尹이 放之於桐, 三年,한대 太甲이 悔過,하고 自怨自艾,하야 於桐에 處仁遷義, 三年,하야 以聽伊尹之訓己也,하야 復歸于亳.하니라 周公之不有天下,는 猶益之於夏,와 伊尹之於殷也.ㅣ니라 孔子曰: '唐·虞는 禪,하고 夏后·殷·周는 繼,하니 其義一也.ㅣ라'하시니라"

7. 자기를 굽히고는 천하를 곧게 할 수 없다

만장이 이런 질문을 했다.

"세상 사람들이 '이윤은 탕왕에게 등용되려고 탕왕의 식욕을 자극하는 요리론(料理論)을 들고 나와 천하의 왕자로 군림하라고 종용했다'고 합니다. 그것이 과연 사실입니까?"

이 질문을 받은 맹자께서는 다음과 같이 자세한 설명을 해서 그것이 사실이 아님을 일러주셨다.

"아니다. 그렇지 않았다. 이윤으로 말할 것 같으면, 처음에는 유신씨(有莘氏)의 들에서 은자(隱者)로 농사를 짓고 살면서 거기서 요·순의 인의의 도를 즐기고 있었던 것이다. 그래서 그때의 이윤은 정의에 벗어난 일이거나 정도에 어긋나는 일이면 천자라야 누릴 수 있는 천하의 재부가 자기에게 돌아온다 해도 아예 생각조차 하지 않았고, 제후라야 누릴 수 있는 4천 필의 말을 내놓고 그를 기다린다 해도 전혀 거들떠보지 않았던 것이다. 요컨대 그때의 이윤은 정의에 벗어난 일이거나 정도에 어긋나는 일이면 한 오라기의 풀도 남에게 주지 않고 한 오라기의 풀도 남에게서 취하지 않는 강직염결(剛直廉潔)한 사람이었다(그런 사람이 어떻게 자기를 욕되게 해서까지 요리론을 들고 나가 구차하게 탕왕에게 유세했겠는가. 그런 일은 도저히 있을 수 없다).

탕이 자기 사람을 이윤에게 보내서 예물을 진정하게 하고 그를 초빙하였다. 그랬더니 이윤은 아무런 욕심도 없이 자득한 태도로 말하기를 '내가 어떻게 탕임금의 초빙을 위한 예물 때문에 나가서 정치에 관여하겠는가. 그런 것 때문에 나갈 수는 없다. 나는 나가서 정치에 관여하는 것보다는 지금 이대로 전야(田野)에 파묻혀 살면서 요·순의 도를 즐기는 것이 훨씬 낫다'고 하였다. 그래도 탕은 계속해서 여러 차례 사람을 시켜 이윤을 찾아가게 하여 그를 초빙하였던 것이다.

그래서 이윤은 마침내 처음의 생각을 바꿔 이렇게 말했다. '내가 지금 이대로 전야에 묻혀 살면서 요·순의 도를 즐기는 것이, 내가 이 임금을 요·순 같은 훌륭한 임금으로 만드는 것만이야 하겠는가. 그를 요·순 같은 훌륭한 임금으로 만드는 것이 훨씬 낫다. 그리고 내가 이 백성들을 요·순의 백성같이 태평하게 살 수 있는 백성으로 만드는 것만이야 하겠는가. 요·순의 백성같이 만드는 것이 훨씬 낫다. 또 내가 이 임금을 요·순 같은 임금으로 만들어 나 자신이 직접 요·순 같은 임금을 보는 것만이야 하겠는가. 내가 직접 요·순 같은 임금을 보는 것이 훨씬 낫다. 하늘이 이 백성들을 이 세상에 내어 놓고는 먼저 사리를 터득한 사람을 시켜서 뒤늦게 터득하는 사람을 각성시키게 하고, 먼저 세상의 이치를 깨달은 사람을 시켜서 뒤늦게 깨닫는 사람을 일깨워주게 마련이었다. 나는 하늘이 낸 백성 가운데 먼저 세상 이치를 깨달은 자이니 나는 이 요·순의 도를 가지고 이 하늘이 낸 백성들을 일깨워주련다. 내가 이들을 일깨워주지 않는다면 누가 나와서 일깨워주랴? 이 백성들을 일깨워줄 사람은 나밖에 없다.' 그리고 이윤은 천하의 백성들이 태평하게 잘살게 되기를 간절히 바랐는데, 그 정도가 어떠하였는가 하면, 미천한 필부필부(匹夫匹婦)까지라도 요·순의 백성들이 받았던 그런 은택을 받지 못한 자가 있으면 그것은 자기가 그를 떠밀어서 도랑 속에 처넣은 것같이 자책하였던 것이다. 이윤이 천하의 중대한 사명을 자임하고 나선 것이 이러했던 까닭에 그는 탕왕에게로 가서 그를 설득시켜 포악한 하걸(夏桀)을 토벌하여 도탄 속에서 신음하는 백성들을 구원해 주었던 것이다.

나는 자기의 올바른 것을 굽혀 남을 올바르게 만들어 주었다는 이야기를 들어 보지 못했다. 하물며 자기를 욕되게 하여 천하를 올바르게 만든다는 것은 말도 안 된다. 성인의 행동이란 경우에 따라 달라지는 것이어서 혹은 정치에서 멀리 떨어져 은둔해 살며 그것에 관여하지 않기도 하고, 혹은 가까이에서 관여하기도 하고, 혹은 맞지 않아 떠나가기도 하고, 또 그대로 머물러 있기도 한다. 이처럼 밖에 나타나는 행동은 여러 가지로 다르지만, 그것은 다 자기 자신을 깨끗하게 지킨다는 데 귀결된다. 나는 이윤이 요·순의 도를 가지고 탕왕을 설득하여 실천을 요구하였다는 말은 들었어도 요리론을 내걸고 유세했다는 이야기는 들어 보지 못했다. 그리고 또 이윤 같은 인물이 그런 짓을 했을 까닭이 없다.

《서경》〈이훈편(伊訓篇)〉에도 '하늘의 명령을 받들어서 주벌(誅罰)을 가하기 위해 공벌을 행한 것으로, 그 공벌을 초래한 책임은 전적으로 목궁(牧宮)에 살던 걸(桀)에게 있다. 나(탕왕의 자칭)는 미약한 박에서부터 이 왕명을 받들어 행하는 공벌을 시작하여 사명을 완수한 것이다'라고 말했다."

原文 **萬章**이 **問曰**: "**人**이 **有言**,하되 '**伊尹**이 **以割烹要湯**,이라'하니 **有諸?**이까" **孟子曰**: "**否**,라 **不然**.하니라 **伊尹**이 **耕於**

有莘之野, 而樂堯舜之道焉.하야 非其義也,ㅣ며 非其道也,ㅣ면 祿之以天下,라도 弗顧也,하며 繫馬千駟,라도 弗視也.하고 非其義也,ㅣ며 非其道也,ㅣ면 一介를 不以與人,하며 一介를 不以取諸人.하니라 湯이 使人以幣聘之,한대 囂囂然曰:'我何以湯之聘幣爲哉?리오 我豈若處畎畝之中,하야 由是以樂堯舜之道哉?리오' 湯이 三使往聘之.한대 旣而幡然改曰:'與我處畎畝之中,하야 由是以樂堯舜之道,로는 吾豈若使是君으로 爲堯舜之君哉?며 吾豈若使是民으로 爲堯舜之民哉?며 吾豈若於吾身에 親見之哉?리오 天之生此民也,는 使先知로 覺後知,하며 使先覺으로 覺後覺也.ㅣ니 予는 天民之先覺者也,ㅣ로니 予將以斯道로 覺斯民也,ㅣ니 非予覺之而誰也?ㅣ리오' 思天下之民,이 匹夫匹婦有不被堯舜之澤者,어든 若己推而內之溝中,하니 其自任以天下之重이 如此,라 故로 就湯而說之,하야 以伐夏救民.하니라 吾未聞枉己而正人者也,ㅣ로니 況辱己以正天下者乎?아 聖人之行이 不同也,ㅣ라 或遠或近,하며 或去或不去,나 歸는 潔其身而已矣.니라 吾聞其以堯·舜之道로 要湯,이요 未聞以割烹也.ㅣ라 伊訓에 曰:'天誅造攻을 自牧宮,은 朕載自亳.이라'하니라"

8. 공자는 오직 예·의에 따르고 구차한 일을 하지 않았다

만장이 이런 질문을 했다.

"어떤 사람이 말하기를, 공자께서는 위(衛)나라에 계실 때에는 위영공(衛靈公)의 총행(寵幸)을 받고 있던 환관인 옹저(癰疽)의 집에 주인을 정하여 유숙하고 계셨고, 제나라에 계실 때에는 환관인 척환(瘠環)의 집에 주인을 정하여 유숙하고 계셨다고 하는데, 그것이 과연 사실입니까?"

이 질문을 받은 맹자께서는 다음과 같이 설명하여 들려주셨다.

"아니다. 그렇지 않았다. 그 이야기는 호사자가 꾸며낸 이야기에 불과하다. 공자가 위나라에 계실 때에는 위나라의 어진 대부였던 안수유(顔讐由)의 집에 주인을 정하고 유숙하고 계셨던 것이다. 그때 이런 일이 있었다. 위영공의 총신이었던 미자하(彌子瑕)는 그 아내가 자로의 처와 자매간이었다. 미자하는 공자를 자기 집에 유숙시켜 자기의 성가를 높여 볼 심산에서 그의 동서인 자로에게 '만약 공자가 우리 집에 주인을 정하고 유숙한다면 내가 공자를 위해 위나라의 경의 자리를 얻어 드릴 수 있다'고 말했던 것이다. 자로가 그 이야기를 공자에게 고했더니 공자께서 말씀하시기를 '높은 벼슬을 얻고 못 얻고 하는 것은 천명에 달려 있다. 나는 그런 구차스러운 짓을 해서 위경(衛卿)의 자리를 얻고 싶은 생각은 없다'고 하셨다.

공자께서는 나가시는 데 예에 따라 하셨고 물러나시는 데 의에 따라 하셨으며, 벼슬자리를 얻고 못 얻고 하는 데 대해서는 천명이 있다고 말씀하셨는데, 그러시면서도 공자께서 옹저와 시인(侍人) 척환 같은 사람의 집에 주인을 정하고 유숙하고 계셨다면 그것은 의도 무시하고 천명도 무시한 일이 아닐 수 없다.

공자께서는 노나라와 위나라에서 환영을 받지 못해 송(宋)으로 가시는 길에 송의 사마환퇴(司馬桓魋)가 도중에서 공자를 포위하여 살해하려고 하자, 공자께서 그 위기를 모면하기 위해 임시 변법으로 변장을 하시고 송나라를 지나가셨다. 이때 공자께서 이런 변고를 당하셨기 때문에 무난한 사성정자(司城貞子)의 집에 주인을 정하고 유숙하고 계셨다. 이 사성정자는 진(陳) 후주(侯周)의 신하였다. 내가 듣기로는, 조정에 가까이 있으면서 벼슬 사는 신하를 살피는 데는 그의 집에 주인을 정하여 유숙하고 있는 사람이 어떤 인물인가를 보고 평가하고, 먼 곳에서 온 신하는 그가 주인을 정하고 있는 집 주인이 어떤 인물인가를 보고 평가한다고 한다. 만약 공자께서 옹저와 시인 척환 같은 사람의 집에 주인을 정하여 유숙하고 계셨다면 공자가 성인이라고 할 점이 무엇이겠는가. 공자는 성인이라고 할 여지가 없게 되는 것이다."

原文 萬章이 問曰:"或이 謂孔子於衛,에 主癰疽.하시고 於齊,에 主侍人瘠環.이라하니 有諸乎?이까" 孟子曰:"否,라 不然也.ㅣ라 好事者爲之也.ㅣ니라 於衛,에 主顏讎由.러시니 彌子之妻與子路之妻,로 兄弟也.ㅣ라 彌子謂子路曰:'孔子主我,면 衛卿을 可得也.ㅣ라'하야늘 子路以告,하니 孔子曰:'有命.이라'하시니라 孔子는 進以禮,하시며 退以義,하사 得之不得,에 曰有命.이라 하시니 而主癰疽與侍人瘠環,이시면 是는 無義無命也.ㅣ니라 孔子不悅於魯衛,하사 遭宋桓司馬, 將要而殺之,하야 微服而過宋.하시니 是時에 孔子當阨,하사대 主司城貞子, 爲陳侯周臣.하시니라 吾聞觀近臣,하되 以其所爲主.요 觀遠臣,하되 以其所主.라 하니 若孔子主癰疽與侍人瘠環,이시면 何以爲孔子?리오"

9. 백리해(百里奚)의 지혜

만장이 이런 질문을 했다.

"어떤 사람이 말하기를 '백리해는 자기 몸을 불과 다섯 마리양의 가죽을 받고 진(秦)나라의 희생을 사육하는 사람에게 팔아, 그 사람을 위해 희생에 쓸 소를 사육해 주다가 기회를 얻어 진목공을 설득하여 자기를 등용해 주도록 요구하였다'라고 합니다. 그것이 정말입니까?"

맹자께서는 이 질문에 대해 다음과 같이 설명해 주셨다.

"아니다. 그렇지 않다. 그것은 호사자가 만들어 낸 이야기다. 백리해로 말할 것 같으면 본래 우(虞)나라 사람이었다. 진(晋)이 야심을 품고 사람을 보내어 우공(虞公)에게 수극(垂棘)에서 난 벽옥과 굴(屈)에서 나는 말 같은 진의 명산물을 뇌물로 바치고, 괵(虢)을 토벌하겠으니 우를 통행시켜 달라고 했다. 우나라의 현자인 궁지기(宮之奇)는 우공에게 진의 야욕은 괵에만 있는 것이 아니고 우까지 병탄하려는 것이니, 진의 요구를 물리치라고 간했다. 그러나 우공은 듣지 않고 진에게 길을 내주어 마침내는 진에게 멸망되어 버렸다. 그런데 백리해는 처음부터 우공에게는 간해 보아도 아무 소용이 없다는 것을 알고 진나라로 떠나가 버렸다. 그때 백리해는 이미 나이가 일흔이나 되었다.

백리해가 그런 나이가 되어서도 소를 사육하면서 기회를 노려 진 목공에게 자기를 등용해 주기를 요구하는 행위가 더럽고 수치스러운 일임을 전연 몰랐다면 그를 지혜롭다고 말할 수 있겠는가. 만약 그렇다면 도저히 지혜롭다고는 말할 수 없을 것이다. 그러나 그는 간해도 소용이 없어서 간하지 않았으니 지혜롭지 않다고 말할 수 있겠는가. 그가 지혜롭지 않다고 말할 수는 없다. 그는 우공이 장차 진에게 멸망하리라는 것을 알고 미리 우를 떠나가 버렸으니, 그가 지혜롭지 않다고 말할 수는 없다. 그때 마침 백리해는 진목공에게 등용되게 되었는데, 그가 진목공이 함께 일할 수 있는 군주임을 알고서 목공의 재상이 되어 일했으니 그가 지혜롭지 않다고 말할 수 있겠는가. 그가 지혜롭지 않다고 말할 수는 없다. 또 백리해는 진나라의 재상이 되어 정치를 잘한 결과 자기 임금의 영명을 천하에 드러나게 하고 후세에까지 그 이름이 전해지게 해놓았으니, 현자가 아니고서야 그런 일을 해낼 수 있었겠는가. 자기 자신을 팔아 그 임금을 성취시키는 일은 시골의 이름내기 좋아하는 정도의 사람까지도 하지 않는데 백리해 같은 현자가 그런 일을 했다고 말할 수 있겠는가?"

原文 萬章이 問曰 : "或曰 : '百里奚自鬻於秦養牲者,하야 五羊之皮,로 食牛하야 以要秦繆公.이라'하니 信乎?이까" 孟子曰 : "否,라 不然,하니라 好事者爲之也.ㅣ니라 百里奚,는 虞人也.ㅣ니 晉人이 以垂棘之璧,과 與屈産之乘,으로 假道於虞하야 以伐虢.이어늘 宮之奇는 諫,하고 百里奚는 不諫.하니라 知虞公之不可諫而去之秦,하니 年已七十矣,라 曾不知以食牛로 干秦繆公之爲汙也,ㅣ면 可謂智乎?아 不可諫而不諫,하니 可謂不智乎?아 知虞公之將亡而先去之,하니 不可謂不智也.ㅣ니라 時擧於秦,하야 知繆公之可與有行也,ㅣ 而相之,하니 可謂不智乎?아 相秦而顯其君於天下,하야 可傳於後世,하니 不賢而能之乎?아 自鬻以成其君,을 鄕黨自好者도 不爲,어늘 而謂賢者爲之乎?아"

제10장 만장장구(萬章章句)·하

1. 공자는 때를 아는 진정한 성인이다

맹자께서 이런 말씀을 하셨다.

"백이(伯夷)는 눈으로는 사나운 색깔을 보지 않고 오직 바른 색깔만을 보며, 귀로는 사나운 소리는 듣지 않고 오직 바른 소리만을 들으며, 자기가 섬기기에 합당한 올바른 임금이 아니면 섬기지 않으며, 자기가 부리기에 합당한 올바른 백성이 아니면 부리지 않으며, 세상이 잘 다스려졌을 때에는 나가서 벼슬을 하고 세상이 어지러울 때에는 벼슬을 그만두고 물러나 있으며, 법도에 맞지 않는 정치를 하는 조정이나 법도를 어기는 백성들이 사는 세상에는 차마 살지 못한다.

백이는 시골의 조야한 사람들과 같이 섞여 있는 것을 마치 조정에 나갈 때 입는 조의, 조관을 차려 입고서 시커먼 진흙탕 물에 주저앉아 있는 것같이 생각하였던 것이다. 은주(殷紂)가 포악무도한 짓을 자행할 때 폭정을 피해 백이는 북해의 변두리에 물러나가 살면서 천하가 바로잡혀 깨끗해지기를 기다리고 있었던 것이다.

그래서 백이의 이런 철저한 결벽의 작풍을 듣게 되면, 그것에 깊이 감화되어 완악하고 욕심 많은 사나이는 청렴해지고 약하고 겁많은 사나이는 꿋꿋이 지조를 세우고 살게 된다.

백이와는 극히 대조적인 사람이 이윤(伊尹)이었다. 이윤은 '누구를 섬긴들 임금이 아니겠는가. 맞고 안 맞고 하는 게 없다. 누구를 부린들 백성이 아니겠는가. 역시 맞고 안 맞고 하는 것이 없다'라고 하며, 세상이 혼란해도 나가서 벼슬을 살고 세상이 잘 다스려져 태평해도 벼슬을 살았다.

또 그는 이렇게 말했다. '하늘이 이 백성을 내어서는 먼저 깨달은 사람을 시켜 뒤늦게 깨닫게 되는 사람을 일깨워주게 마련해 놓았다. 나는 바로 하늘이 낸 백성 중에 먼저 세상 이치를 깨달은 사람이다. 나는 장차 이 요·순의 도를 가지고 이 백성들을 깨우쳐 주련다. 이윤은 천하의 백성들이 다 잘살게 되기를 간절히 생각하여 하찮은 필부필부 가운데라도 요·순 때의 백성들이 받은 것 같은 그러한 은택을 직접 받지 못한 자가 있게 되면, 자기가 그들을 밀어서 도랑 속에 집어 넣은 것같이 통절하게 자책하여 마지않았다. 이윤은 이렇듯 천하의 중대한 사명을 자임했던 인물이었다.

유하혜(柳下惠)는 이 두 사람과 또 다른 성향을 가졌던 인물이다. 그는 더러운 임금을 자기 임금으로 섬기는 것을 부끄러워하지 않았고, 자기 실력에 어울리지 않는 작은 벼슬자리가 주어져도 그것을 사퇴하지 않았으며, 나가서 벼슬을 살 때에는 자기의 재능을 감추지 않고 반드시 적당한 방법으로 일하였으며, 버려지고 등용되지 않아도 원망하지 않고 곤궁 속에 빠져도 분해하는 일이 없었다. 시골의 조야 사람들과 함께 섞여 있어도 아주 너그럽게 굴고 그들을 떠나지 못하게 했다.

그는 이렇게 생각하고 있었던 것이다. 즉, '너는 너고, 나는 나다. 네가 비록 벌거벗고 내 곁에 있다 한들 네가 어찌 나를 더럽힐 수 있겠는가. 더럽히지 못한다.' 그는 이렇듯 도량이 큰 인물이었다. 그래서 유하혜의 도량이 넓은 작풍을 듣게 되면 그것에 깊이 감화되어 아무리 소견 좁은 비루한 사나이라 해도 마음이 너그러워지고 아무리 박정한 사나이라 해도 인정이 두터워진다.

공자는 이 세 사람과는 다르다. 공자께서 제나라를 떠나실 때는, 떠나갈 것을 결심하시자 출발을 서두르기 위해 밥을 지으려고 일어 놓았던 쌀을 도로 건져 가지고 떠나셨다. 그런데 노나라를 떠나실 때는 이와는 반대로 '내 발이 잘 떨어지지 않는다'라고 말씀하시고 순순히 떠나지 못하셨는데, 그것은 부모의 나라를 떠나는 도리다. 속히 떠나야 할 경우에는 속히 떠나가 버리고, 오래 머물러야 할 경우에는 오래 머물러 있고, 벼슬하지 않고 들어앉아 있어야 할 경우에는 들어앉아 있고, 나가서 벼슬을 살아야 할 경우에는 벼슬을 한 분이 공자이시다."

맹자는 이렇게 결론적으로 말씀하셨다.

"백이는 성인으로서 청렴결백한 것이 그 특성이고, 이윤은 성인으로서 천하의 중대한 사명을 자임한 것이 그 특성이며, 유하혜는 성인으로서 남과 잘 조화된 것이 그 특성이고, 공자는 성인으로서 그때의 마땅함에 따라 올바로 행동한 것이 그 특성이다. 그러므로 공자는 모든 덕을 집대성(集大成)한 분이라고 하는 것이다. 집대성의 본뜻은 음악에 관한 것이다.

먼저 종소리를 울리는 것으로 시작하여 팔음이 연주되고 마지막으로 경(磬)을 울리는 것으로 끝나는 음악의 일대 종합 연주다. 종소리를 울리는 것은 팔음의 맥락이 유지되도록 그 시작을 지어 주는 것이고, 끝으로 경을 울리는 것은 그 동안 유지되던 맥락에 끝마무리를 지어 주는 것이다. 맥락의 시초를 잡아 주는 것은 지(智)의 작용이고, 맥락의 끝마무리를 지어 주는 것은 성(聖)의 힘이다. 지는 활쏘는 데 비겨 말하면 기술에 속하는 것이고, 성은 활쏘는 데 비겨 말하면 활 당기는 힘이다. 이것은 마치 백 보 밖 먼 거리에서 활을 쏘는데, 그 화살이 과녁까지 도달하는 것은 활 쏜 사람의 힘에 의한 것이지만 그 화살이 과녁에 맞는 것은 활 쏜 사람의 힘이 아닌 것과 같다(공자는 이러한 기술과 힘, 즉 지와 성을 겸비한 분이어서 집대성한 분이라고 말하게 되는 것이다)."

原文 孟子曰 : "伯夷,는 目不視惡色,하며 耳不聽惡聲.하고 非其君不事,하며 非其民不使.하야 治則進,하고 亂則退.라 橫政之所出,과 橫民之所止,에 不忍居也.하며 思與鄕人處,를 如以朝衣朝冠,으로 坐於塗炭也.ㅣ러니 當紂之時,에 居北海之濱,하야 以待天下之淸也.ㅣ라 故로 聞伯夷之風者,는 頑夫廉,하며 懦夫有立志.하니라 "伊尹이 曰 : '何事非君,이며 何使非民?이리오'하니 治亦進,하며 亂亦進.하야 曰 : '天之生斯民也,는 使先知로 覺後知,하여 使先覺으로 覺後覺.하나니 予는 天民之先覺者也,ㅣ로니 予將以此道로 覺此民也.하리라'하며 思天下之民,이 匹夫匹婦有不與被堯舜之澤者,어든 若己推而內之溝中,하니 其自任以天下之重也.ㅣ니라 柳下惠,는 不羞汙君,하며 不辭小官.하며 進不隱賢,하되 必以其道,하며 遺佚而不怨,하며 阨窮而不憫.하며 與鄕人處,하되 由由然不忍去也.하야 '爾爲爾,요 我爲我,니 雖袒裼裸裎於我側,이라도 爾焉能

浼我哉?리오'하니 故로 聞柳下惠之風者,는 鄙夫寬,하며 薄夫敦.하니라 孔子之去齊,에 接淅而行.하시고 去魯,에 曰 : '遲遲吾行也.ㅣ여'하시니 去父母國之道也.ㅣ라' 可以速而速,하며 可以久而久,하며 可以處而處,하며 可以仕而仕,는 孔子也.ㅣ시니라" 孟子曰 : "伯夷,는 聖之淸者也.요 伊尹은 聖之任者也.요 柳下惠,는 聖之和者也.ㅣ요 孔子,는 聖之時者也.ㅣ시니라 孔子之謂集大成.이시니 集大成也者,는 金聲而玉振之也.ㅣ라 金聲也者,는 始條理也.요 玉振之也者,는 終條理也.ㅣ니 始條理者,는 智之事也.요 終條理者,는 聖之事也.ㅣ니라 智,는 譬則巧也.요 聖,은 譬則力也.ㅣ니 由射於百步之外也,하니 其至는 爾力也,ㅣ어니와 其中은 非爾力也.ㅣ니라"

※ 集大成(집대성)-여럿을 모아서 크게 하나로 완성한다는 이 말은 여기서 나온 것이며 오늘날에도 많이 쓰인다.

2. 주(周)나라의 제도

위(衛)나라 사람 북궁기(北宮錡)가 물었다.
"주나라 왕실에서 작위와 그것에 따른 봉록을 분별하여 서열을 짓는데 어떻게 차등을 지었는지요?"
맹자께서는 다음과 같이 설명하여 들려주셨다.
"주나라 왕실에서 정한 작위와 그것에 따른 봉록에 관해서는 그 상세한 내용을 알아볼 길이 없소. 왜냐하면 제후들은 제멋대로 작위와 봉록을 정하여 시행하였고, 따라서 주나라 왕실에서 제정한 것을 그대로 두면 여러 가지로 구속을 받게 되므로 그것을 싫어하여 주 왕실에서 제정한 작록의 서열이 기록되어 있는 전적(典籍)을 없애 버렸기 때문이오. 그렇기는 하지만 나는 그것에 관한 개략을 들어 본 일이 있으므로, 내가 아는 대로 말씀하여 드리리다.

천자 밑의 작위에는 공(公)·후(侯)·백(伯)·자(子)·남(男), 이렇게 도합 5등급이 있고, 제후국의 작위에는 국군(國君)·경(卿)·대부(大夫)·상사(上士)·중사(中士)·하사(下士), 이렇게 도합 6등급이 있소. 천자가 영유하는 지역은 사방 천 리, 그 밑의 공작과 후작은 모두 사방 백 리, 백작은 사방 70리, 자작과 남작은 모두 사방 50리, 이렇게 도합 4등급으로 나누는데, 영유하는 지역이 사방 50리에 미달해서 천자에게 직접 조근하지 못하고 제후에 부속해서 그 제후를 통하여 중앙과의 연계를 갖는 작은 나라를 부용(附庸)이라고 하오.

천자의 경이 받는 영지는 후작이 받는 그것과 대등하고, 천자의 대부가 받는 영지는 백작이 받는 그것과 대등하며, 천자의 원사(元士)가 받는 영지는 자작과 남작이 받는 그것과 대등하오. 제후국 가운데서 공작과 후작의 나라는 대국이라 하겠는데, 대국의 영지는 사방 백 리이고 그 국군은 그 나라의 경의 봉록의 10배를 받소.

경의 봉록은 대부의 4배, 대부의 봉록은 상사의 2배, 상사의 봉록은 하사의 2배, 하사는 서인으로 관직에 있는 자와 같은 봉록을 받았소. 이렇게 봉록은 상후하박으로 제정되어 있지만 최하급의 사(士)와 서인(庶人)으로 관직에 있는 자의 봉록이라 해도 그들이 경지를 분배받아 그것을 경작하여 얻는 수입액은 보장되오.

백작의 나라가 그 다음 가는 크기의 나라인데, 그 영지는 사방 70리이고, 그 국군은 그 나라 경의 봉록의 10배를 받고, 경의 봉록은 대부의 3배, 대부의 봉록은 상사의 2배, 상사의 봉록은 중사의 2배, 중사의 봉록은 하사의 2배, 하사는 서인으로 관직에 있는 자와 동액의 봉록을 받소. 하사와 서인으로 관직에 있는 자의 봉록일지라도 농경을 해서 얻는 수입액은 보장되오.

자작과 남작의 나라는 소국이라 하겠는데, 그 영지는 사방 50리이고, 그 국군은 그 나라 경의 봉록의 10배를 받고, 경의 봉록은 대부의 2배, 대부의 봉록은 상사의 2배, 상사의 봉록은 중사의 2배, 중사의 봉록은 하사의 2배, 하사는 서인으로 관직에 있는 자와 동액의 봉록을 받소. 하사와 서인으로 관직에 있는 자의 봉록일지라도 농경을 해서 얻은 수입액은 보장되오.

한편 농경에 종사하는 자의 소득 기준은 다음과 같소. 정년(丁年)이 되어 아내를 얻은 사나이는 백 무의 땅을 분배받는데, 이 백 무의 농지를 다루어 수확을 하면 그 밭의 비옥도에 따라 그 수확량을 상(上)・상차(上次)・중(中)・중차(中次)・하(下), 이렇게 5등급으로 차등을 지을 수 있소. 상농부는 1백 무의 농지의 수확으로 9인의 식구를 먹여 살릴 수 있고, 상차는 8인, 중은 6인, 중차는 6인, 하는 5인을 각각 먹여 살릴 수 있소. 서인으로 관직에 있는 자의 봉록도 이러한 5등급으로 차등을 지었던 것이오."

原文 **北宮錡問曰**:"**周室班爵祿也,**는 **如之何?**이꼬" **孟子曰**:"**其詳**은 **不可得聞也.** ㅣ로다 **諸侯惡其害己也, 而皆去其籍.**이어니와 **然而軻也,**는 **嘗聞其略也.** ㅣ로다 **天子一位,**요 **公**이 **一位,**요 **侯一位,**요 **伯**이 **一位,**요 **子男**이 **同一位,**니 **凡五等也.** ㅣ라 **君**이 **一位,**요 **卿**이 **一位,**요 **大夫一位,**요 **上士一位,**요 **中士一位,**요 **下士一位,**니 **凡六等.**이라 **天子之制,**는 **地方千里.**요 **公侯**는 **皆方百里,**요 **伯**은 **七十里,**요 **子男**은 **五十里,**니

凡四等.이라 不能五十里,는 不達於天子,하야 附於諸侯,하나니 曰附庸.이니라 天子之卿은 受地視侯,하고 大夫는 受地視伯,하고 元士는 受地視子男.이니라 大國은 地方百里,니 君은 十卿祿,이요 卿祿은 四大夫,요 大夫는 倍上士,요 上士는 倍中士,요 中士는 倍下士,요 下士與庶人在官者는 同祿,하니 祿足以代其耕也.ㅣ니라 次國은 地方七十里,니 君은 十卿祿,이요 卿祿은 三大夫,요 大夫는 倍上士,요 上士는 倍中士,요 中士는 倍下士,요 下士與庶人在官者는 同祿,하니 祿足以代其耕也.ㅣ니라 小國은 地方五十里,니 君은 十卿祿,이요 卿祿은 二大夫,요 大夫는 倍上士,요 上士는 倍中士,요 中士는 倍下士,요 下士與庶人在官者는 同祿,하니 祿足以代其耕也.ㅣ니라 耕者之所獲,은 一夫百畝,니 百畝之糞,에 上農夫는 食九人,하고 上次는 食八人,하고 中은 食七人,하고 中次는 食六人,하고 下는 食五人,이니 庶人在官者,는 其祿이 以是爲差.니라"

3. 진정한 교우

만장이 맹자에게 질문했다.
"감히 교우(交友)하는 도를 여쭈어 보겠습니다."
맹자께서는 다음과 같이 예를 들어 상세히 설명해 주셨다.
"자기가 연장자라는 것을 개재시키지 않고, 자기가 존귀한 지위에 있는 것을 개재시키지 않으며, 자기 형제의 세도를 개재시키지 않고 교우하는 것이 진정한 교우의 도다. 교우한다는 것은 벗의 덕을 존중하여 교우하는 것이기 때문에 그 중간에 개재시키는 것이 있어서는 진정한 의미의 교우가 성립될 수 없다. 노나라의 경(卿)이었던 맹헌자(孟獻子)는 백승(百乘)의 가문이었는데, 그에게는 다섯 사람의 벗이 있었다. 나는 그 다섯 사람 가운데에서 지금 악정구(樂正裘)와 목중(牧仲) 두 사람만 기억하고 있을 뿐, 나머지 세 사람의 이름은 잊어버렸다. 맹헌자는 이 다섯 사람과 교우했는데 이들 다섯 사람들은 맹헌자 같은 가문의 배경은 없는 사람이었다. 결국 맹헌자는 이들과 교우하는 데 있어 자기의 가문을 그 사이에 개재시키지 않았던 것이다. 만약 이 다섯 사람들도 맹헌자 같은 가문의 배경이 있었다면 가문간의 권위를 내세우느려고 그와는 진정한 교우관계를 갖지 못했을 것이다. 그런데 이러한 백승 가문의 출신들만이 자기와 신분상의 격차가 있는 사람과 교우를 했던 것은 아니다.

소국의 국군까지도 그러한 교우를 한 예가 있다. 비혜공(費惠公)은 이런 말을 했다. '나는 자사(子思)를 스승으로 받든다. 안반(顔般)과는 벗으로 사귄다. 왕순(王順)과 장식(長息)인즉 나를 임금으로 섬기는 자들이다.' 비혜공은 자기보다 신분이 낮은 사람들과 이렇게 교우한 사실이 있다. 또 소국의 국군만이 그렇게 했던 것이 아니고 대국의 국군 가운데도 그렇게 한 예가 있다. 진평공(晋平公)은 대국의 국군으로서 일개 은자(隱者)였던 해당(亥唐)과 그렇게 교우했던 것이다. 진평공은 해당이 들어오라고 하면 방에 들어갔고, 자리에 앉으라고 하면 자리에 앉았으며, 음식을 먹으라고 하면 음식을 먹었는데, 거친 밥과 야채국 같은 거친 음식을 내놓는다 해도 배부르게 먹지 않은 적이 없었으니, 그것은 국군이라는 존귀한 지위를 개재시키지 않고 교우하는 처지였으므로 거친 음식이라고 해도 감히 배부르도록 먹지 않을 수 없었던 것이다. 그러나 진평공과 해당과의 교우는 그 단계에서 그쳤고 그 이상은 발전하지 않았다. 진평공은 그의 현순한 벗인 해당을 등용하여 그와 함께 하늘이 부여한 자리를 같이 누리고, 하늘이 준 직분을 그와 함께 분담해 나가고, 하늘이 내리는 봉록을 함께 받는 그러한 경지에까지는 이르지 못했다. 그러므로 진평공이 해당과 교우한 것은 사(士)가 현자를 존중한 것이지 왕공의 입장에서 현자를 존중한 것은 못 된다.

순은 필부에서 등용되어 요임금을 알현했는데, 요임금은 자기 사위인 순을 대등한 빈객으로 대우하여 부궁(副宮)에 유숙시키고, 또 순을 초대하여 향연을 베풀었고, 요임금과 순은 교대로 빈객과 주인이 되어 서로 초대연을 베풀었다. 이것은 천자이면서 필부와 교우한 예인 것이다. 아랫자리에 있는 신분으로 윗자리에 있는 사람을 공경하는 것을 존귀한 사람을 귀히 여긴다고 하고, 윗자리에 있는 신분으로 아랫자리에 있는 사람을 공경하는 것을 현자를 존중한다고 한다. 존귀한 사람을 귀히 여기고 현자를 존중하는 것은 덕을 존중한다는 의미에서는 그 의의가 동일한 것이다."

原文 萬章이 問曰 : "敢問友.하나이다" 孟子曰 : "不挾長,하며 不挾貴,하며 不挾兄弟而友.니 友也者,는 友其德也,ㅣ니 不可以有挾也.ㅣ니라 孟獻子는 百乘之家也,ㅣ라 有友五人焉.하니 樂正裘,와 牧仲,이요 其三人則予忘之矣.로다 獻子之與此五人者,는 友也,나 無獻子之家者也.ㅣ니 此五人者亦有獻子之家,면 則不與之友矣.리라 非惟百乘之家爲然也,ㅣ라 雖小國之君이라도 亦有之.라 費惠公이 曰 : '吾於子思則師之矣,요 吾於顔般則友之矣,요 王順長息則事我者也.ㅣ라'하니라 非惟小國之君이 爲然也,ㅣ라 雖大國之君이라도 亦有之.라

晉平公之於亥唐也,에 入云則入,하며 坐云則坐,하며 食云則食,하야 雖蔬食菜羹,이라도 未嘗不飽,하니 蓋不敢不飽也.ㅣ라 然이나 終於此而已矣,요 弗與共天位也,하며 弗與治天職也,하며 弗與食天祿也,하니 士之尊賢者也,ㅣ라 非王公之尊賢也.ㅣ니라 舜이 尙見帝,어늘 帝館甥于貳室,하고 亦饗舜,하야 迭爲賓主,하니 是는 天子而友匹夫也.ㅣ니라 用下敬上,을 謂之貴貴.요 用上敬下,를 謂之尊賢.이니 貴貴尊賢,이 其義一也.ㅣ니라"

4. 정당한 방법에 의한 예물은 받아도 좋다

만장이 맹자에게 이렇게 대담한 질문을 했다.
"감히 여쭈어 보겠습니다마는, 선생님께서는 제후들이 접근해 오면 덮어놓고 접촉하시니, 그것은 대체 어떤 생각으로 그러시는 것입니까?(실로 이해하기 어려우니 말씀해 주시기 바랍니다)"
맹자께서 대답하셨다.
"그것은 존귀한 지위에 있는 제후가 예를 갖추어 접근해 오는 것에 대해 공경하는 마음을 나타내기 위해서이다."
"제후가 보내 오는 그러한 폐백 따위는 물리쳐 버리시지요. 그런 폐백을 물리치는 것이 불공한 짓이 된다는 것은 무엇 때문입니까? 이해가 안 됩니다."
"제후 같은 존귀한 사람이 내려 주는 마당에 '나에게 보낸 물건을 그가 입수할 때 그 방법이 의로웠느냐, 의롭지 않았느냐?'하고 따져 본 후에 그 보내온 물건을 받는다면 불공한 짓이 된다. 그런 까닭에 제후 같은 존귀한 사람이 보내 온 폐백을 그대로 받고 물리치지 않는 것이다."

만장은 또 이렇게 물었다.

"그러시다면 정면으로 이유를 늘어놓고 그것을 물리치시지 마시고 마음 속으로 이것은 그가 불의한 방법에 의해 백성들에게서 빼앗은 것이라고 생각하고 그것을 물리치시고, 실제로는 다른 핑계를 대시고 물리치도록 하시면 안 되겠습니까?"

맹자께서 말씀하셨다.

"그처럼 구차스럽게 물리칠 필요까지는 없다. 상대방의 존귀한 자가 올바른 방법으로 교제를 청해 오고 그가 예를 갖추어 접해 주면, 그런 경우에는 공자님께서도 내려 주는 물건을 받으셨던 것이다."

만장은 그래도 이해가 가지 않아 이렇게 유도적인 질문을 했다.

"만약 국도(國都)의 성문 밖에서 행인을 막고 강도질을 한 자가 있어, 그 자가 올바른 방법으로 교제를 청해 오고 예를 갖추어 선물을 보내 온다면 그 자가 노상 강도질을 해서 빼앗은 물건이라 해도 받아도 괜찮겠습니까?"

맹자께서 이렇게 말씀하셨다.

"《서경》〈강고편(康誥篇)〉에 '재물을 빼앗기 위해 사람을 죽여 넘어뜨리고도 죽음을 두려워하지 않는 그런 포학무도한 자는 모든 사람들이 예외없이 그를 증오하여 마지않는다'는 말이 있다. 요컨대 그런 포학무도한 노상 강도는 국군의 교명을 기다리지 않고 죽여 버려야 할 자다. 이렇게 교명(敎命)을 기다리지 않고 죽여 버리라는 것은 은나라가 하나라를 계승하고 주나라는 은나라를 계승하여 폐기되지 않고 오늘날까지도 엄연히 살아 있어 시행되고 있는 법인데 어떻게 하려고 그런 노상 강도가 보내 주는 물건을 받겠는가. 절대로 받아서는 안 된다."

만장은 한걸음 더 깊이 들어가 이렇게 들이댔다.

"지금의 제후라는 자들은 백성들에게서 재물을 취해 가는 것이 그 포악무도하기가 노상 강도와 진배없는데, 그들이 예절과 접촉을 그럴 듯하게 잘 차렸다고 해서 군자로 자처하시는 분이 그가 보낸 물건을 받으시니, 거기에 무슨 정당성이 있다고 말씀하실 수 있는지 감히 여쭈어 보고 싶습니다."

맹자께서는 그 점에 관해 다음과 같이 설명하셨다.

"자네 생각으로는, 만약 천하에 군림하여 베푸는 왕자가 나타나면 지금의 제후들이 포학무도하다고 해서 그들을 있는 대로 모조리 죽여 버리겠나? 그렇지 않으면 그들을 정도로 가르치고, 그래도 개과천선하지 않을 때 비로소 죽일 것인가? 대체로 자기의 소유가 아닌 물건을 취하는 것을 도적이라고 생각하여 극단적으로 적용해 나간다면, 그것은 지나친 결론을 초래하게 되는 것일세. 자기 물건 아닌 것을 취하는 데 있어서는 실제에 있어선 대소 경중의 차이가 있게 마련이니, 일괄적으로 모두 도적으로 규정지어 버릴 수는 없는 것이다. 한 예를 들어, 공자께서 노나라에서 벼슬을 하실 때에 노나라 사람들이 사냥 시합을 하여 많이 잡은 자가 적게 잡은 자의 짐승을 빼앗아 버리는 짓을 하였는데, 공자께서도 역시 그러한 사냥 시합을 하셨던 것이다. 사냥 시합을 하여도 괜찮은데 하물며 존귀한 지위에 있는 사람이 내준 물건을 받는 것이야 무슨 문제가 되겠는가. 아무런 문제도 될 게 없는 것일세."

만장은 다시 다그쳐 질문했다.

"그러시다면 공자께서 벼슬하신 것은 정도를 행해 나가는 것을 일삼은 게 아니었던가요?"

"정도를 행해 나가는 것을 일삼으셨던 것이다."

"정도를 행해 나가는 것을 일삼으셨다면 어찌 올바르지 않은 사냥 시합을 하셨던가요?"

"공자께서는 먼저 당시 혼란했던 제사에 쓰던 기물을 대장(臺帳)과 대조 정리하여 바로잡아 놓으셨고, 그 대장과 대조 정리하여 바로잡아 놓은 제기에는 사방에 진기한 식물(食物)을 괴어 놓지 않으셨던 것이다(그렇게 하면 진기한 식물을 구하기 위한 사냥 시합 같은 불미한 일은 점차 행해지지 않게 될 것이었기 때문이다)."

"그렇게 불미한 행사가 공공연히 행해지고 바로잡혀지지 않는 것을 보시고서도 공자는 왜 벼슬을 버리고 떠나지 않으셨나요?"

"공자께서는 일이 바로잡혀져 나갈 단서를 잡아 놓으신 거다. 그렇게 자기가 마련해 놓은 단서가 충분히 실행되어 나갈 만한데도 실행되어지지 않은 단계에 도달하자 벼슬을 내놓고 떠나가 버리신 것이다. 그래서 공자께서는 어느 나라에 가셔서도 3년이 끝날 만큼 오래도록 머물러 있으신 예가 없으셨던 것이다.

공자께서 벼슬 사신 것을 살펴보면, 다음과 같은 세 가지 경우가 있다. 즉 정도가 행해질 가능성이 있는 것을 보시고 출사하는 것이 그 하나이고, 예를 갖추어 접해 준 경우에 출사하신 것이 그 둘이고, 현자를 기르는 예를 다해 줄 경우에 출사하신 것이 그 셋이다. 노나라의 계환자(季桓子)에 대한 것은 정도가 행해질 가능성을 보시고 출사하신 경우이고, 위나라 영공(靈公)에 대한 것은 예를 갖추어 접해 주어 출사하신 경우이고, 위나라 효공(孝公)에 대해서는 현자를 길러 주는 예를 다해 주어 출사하신 경우이다."

原文 **萬章**이 **問曰**:"**敢問交際**는 **何心也?**이꼬" **孟子曰**:"**恭也,**ㅣ니라" **曰**:"**卻之卻之爲不恭,**은 **何哉?**이꼬" **曰**:

"尊者賜之,어든 曰:'其所取之者義乎?아 不義乎?아' 而後受之,라 以是爲不恭,이니 故弗却也.ㅣ니라" 曰:"請無以辭却之,요 以心却之, 曰:'其取諸民之不義也, 而以他辭로 無受,면' 不可乎?이까" 曰:"其交也ㅣ 以道,요 其接也ㅣ 以禮,면 斯는 孔子도 受之矣.시니라" 萬章이 曰:"今有禦人於國門之外者, 其交也ㅣ 以道,요 其餽也ㅣ 以禮,면 斯可受禦與?이까" 曰:"不可.하니라 康誥에 曰:'殺越人于貨,하야 閔不畏死,를 凡民이 罔不譈.라'하니 是는 不待敎而誅者也.ㅣ니 殷受夏,하고 周受殷,은 所不辭也,ㅣ나 於今爲烈.이니 如之何其受之?리오" 曰:"今之諸侯,는 取之於民也, 猶禦也.ㅣ어늘 苟善其禮際矣,면 斯는 君子도 受之,라 하시니 敢問何說也?ㅣ니이꼬" 曰:"子以爲有王者作,인댄 將比今之諸侯而誅之乎?아 其敎之不改而後에 誅之乎?아 夫謂非其有而取之者,를 盜也,는 充類至義之盡也.ㅣ라 孔子之仕於魯也,에 魯人이 獵較,어늘 孔子亦獵較.하시니 獵較도 猶可,어늘 而況受其賜乎?아" 曰:"然則孔子之仕也,는 非事道與?이까" 曰:"事道也.ㅣ시니라" "事道면 奚獵較也?이꼬" 曰:"孔子先簿正祭器,하사 不以四方之食으로 供簿正.하시니라" 曰:"奚不去也?ㅣ시니이꼬" 曰:"爲之兆也.ㅣ시니 兆足以行矣而不行, 而後에 去.하시니 是以로 未嘗有所終三年淹也.ㅣ시니라 孔子는 有見行可之仕,하시며 有際可之仕,하시며 有公養之仕.하시니 於季桓子엔 見行可之仕也,ㅣ요 於衛靈公엔 際可之仕也,ㅣ요 於衛孝公엔 公養之仕也.ㅣ니라"

5. 직품(職品)이 낮으면 고답적인 행동을 하지 마라

맹자께서 이런 말씀을 하셨다.

"벼슬살이를 하는 큰 목적은 봉록의 수입으로 빈곤을 극복하기 위한 것은 아니다. 그러나 집안이 가난하고 부모가 늙고 자식이 어려 불가불 수입을 만들어야 할 경우와 같이 불가피한 때에는 빈곤을 극복하기 위해 벼슬살이를 하는 수도 있다. 또 아내를 얻는 큰 목적은 집안 살림을 시키기 위한 것은 아니다. 그러나 노모가 살림을 해야 하는 경우같이 불가피한 때에는 살림을 시키기 위해서 아내를 얻는 수도 있다. 빈곤을 극복하기 위한 사람이라면 그 목전의 뜻이 경세제민에 있지 않으므로 높은 자리를 사퇴하여 낮은 자리에 있고, 많은 봉록을 사퇴하고 적은 봉록을 받는다. 높은 자리를 사퇴하고 적은 봉록을 받기로 요량하면 대체 어떤 직무가 마땅할 것인가? 문지기나 야경원 같은 하급 관원이면 된다. 공자께서 창고의 출납을 맡아보는 위리(委吏)라는 하급 관리를 지내신 일이 있는데, 그때는 고답적인 언론은 전연 없으셨고 오직 '재물의 출납이 바로 되어 회계가 잘 맞으면 그뿐이다'라고 말씀하셨을 따름이다. 또 공자께서 육축을 맡아 기르는 승전(乘田)이라는 하급 관리를 지내신 일이 있는데, 그때도 역시 고답적인 언론은 일절 입밖에 내지 않으시고 오직 '소·양이 살찌고 힘차게 자라나면 그뿐이다'라고 말씀하셨을 따름이다. 대체로 자기의 벼슬자리가 낮은데도 불구하고 국정의 득실을 방언하는 따위의 짓은 참월(僭越)하기 짝이 없는 죄스러운 것이다. 그러나 또 남의 조정 높은 자리에 있으면서도 정도가 행해지지 않는다면 그것은 군자로서 수치스러운 일이다."

原文 孟子曰:“仕, 非爲貧也, 而有時乎爲貧.하며 娶妻, 非爲養也, 而有時乎爲養.이니라 爲貧者,는 辭尊居卑,하며 辭富居貧.이니라 辭富居貧은 惡乎宜乎?아 抱關擊柝.이니라 孔子嘗爲委吏矣,하사 曰:‘會計를 當而已矣.라’하시고 嘗爲乘田矣,하사 曰:‘牛羊을 茁壯長而已矣.라’하시니라 位卑而言高,는 罪也.ㅣ요 立乎人之本朝而道不行,은 恥也.ㅣ니라”

6. 어진 사람을 대우하는 태도

만장이 맹자께 이런 질문을 했다.

“타국에 가 있는 사(士)가 제후 국군에게 의탁하지 않는 것은 대체 왜 그러는 것입니까?”

“신분에 있어서 차이가 너무 현격하기 때문에 감히 그렇게 못하는 것이다. 제후 국군으로서 자기 나라를 잃어버리고 타국으로 출분하였을 경우에, 그 제후 국군에게 의탁하는 것은 옛날부터 지켜 내려오던 예이니 그렇게 해도 괜찮은 것이다. 그러나 사로서 제후에게 의탁하는 것은 예에 어긋나는 것으로 옛날부터 그런 일은 하지 않았다.”

“국군이 양곡을 줄 경우에는 그것을 받습니까?”

“국군이 주는 양곡은 받는다.”

이렇게 만장과 맹자 사이의 문답은 계속되었다.

“사가 국군이 주는 양곡을 받는 의의는 어디에 있습니까?”

“국군은 다른 나라에서 유망(流亡)해 온 유민에 대해서는 그들이 먹을 것이 없을 경우 본래 그들에게 양곡을 주어 구제해 주게 되어 있다.”

"구제해 주는 경우에는 받고, 하사해 줄 경우에는 받지 않는 것은 무엇 때문입니까? 그 사이에 무슨 구별이 있는 것입니까?"

"먼저 말한 바와 같이 감히 그런 것을 받을 수 없기 때문에 그러는 것이다."

"감히 여쭈어 보겠습니다. 그 감히 받을 수 없다는 것은 대체 무엇 때문입니까?"

"사리를 따져서 말하자면 이러하네. 예를 들어 문지기나 야경원 같은 관원으로 말할 것 같으면 이들은 모두 정한 직분을 맡아서 그 직분을 지켜 나감으로써 임금으로부터 봉록을 받아 먹고 사는 것이므로 그것은 당연한 일이다. 그러나 이러한 관원들과 달리 일정한 직분을 맡지도 않았는데 임금에게서 하사를 받는다는 것은 부당한 짓이다. 그래서 감히 임금의 하사를 받지 못하는 것이다."

"임금이 구호양곡을 주면 그것은 받는다고 말씀하셨는데, 잘 모르겠습니다마는 늘 계속해서 보내 줄 경우에도 받는 것이 괜찮겠습니까?"

"그런 경우는 또 의의가 달라진다. 옛날에 이런 일이 있었다. 노목공(魯繆公)은 자사를 잊지 않고 늘 아끼는 마음에서 자주 사자를 그에게 보내어 안부를 묻고 또 요리에 쓸 고기도 자주 보내주었다. 그러나 자사는 목공이 자기에게 그렇게 자주 안부를 묻고 고기를 보내주는 것을 기쁘게 여기지 않았다. 그래도 그런 일이 자꾸 계속되므로 마지막에는 자기에게 오는 사자에게 손을 내저어 대문 밖으로 내보내고, 북면하여 먼저 머리를 조아리고 두 번 큰절을 하는 흉배(凶拜)를 하고 나서, 국군이 보내준 것을 받지 않고 이렇게 말했다. '이제야 비로소 임금께서 나 공급(孔伋 : 子思)을 개나 말 다루는 것같이 기른다는 것을 알았소이다.' 자사가 이렇게 임금이 보내준 것을 거절한 후부터는 목공이 심부름꾼을 시켜서 먹는 것을 보내주는 일이 없어졌던 것이다. 현자를 좋아하면서도 그를 등용하여 능력을 발휘시키지 못하고 또 올바른 방법으로 그를 부양하지도 못한다면 진정으로 현자를 좋아한다고 할 수 있겠는가. 진정으로 현자를 좋아한다고는 할 수 없다."

"감히 여쭈어 보겠습니다마는 국군이 군자를 부양하려고 할 때 어떤 방법으로 해야 진정한 의미로 부양을 한 것이 됩니까?"

"제일 처음에는 국군의 명령으로 물건을 보내준다. 그때에는 두 번 큰절을 하고 머리를 조아리는 길배(吉拜)를 하여 그 국군이 보내준 물건을 받는다. 그후부터는 양곡 창고를 맡아보는 관원은 양곡을 계속해서 대고 고기를 다루는 관원은 고기를 대주는데, 국군의 명령으로 그것을 보내지 않는다. 그렇게 하면 받는 사람이 번번이 사자를 환영하고 번번이 보내준 것에 감사하는 번폐스럽기 짝이 없는 짓을 하지 않고 살 수 있게 된다. 노목공은 이런 도리를 모르고 자사를 그토록 괴롭힌 것이다. 당시 자사의 생각은 국군이 요리에 쓰는 고기를 보내주는 것은 자기를 번폐스럽게 자주 큰절을 하게 만드는 것에 불과한 것이지, 결코 군자를 부양하는 도리가 아니라는 것이었다.

진정으로 군자를 부양한 가장 이상적이고 가장 대표적인 예는 요임금이 순에게 한 일이 그것이다. 요임금은 자기의 아홉 아들들을 시켜서 순을 섬기게 하였고, 자기 두 딸을 순에게 아내로 주어 그를 시중들게 하였으며, 백관·우양(牛羊), 창름(倉廩) 등 온갖 것을 다 갖춰서 순을 전야(田野) 가운데서 부양하도록 하였던 것이다. 그리고 그것에서 그친 것이 아니라, 그후에는 순을 등용하여 그에게 섭정이라는 높은 자리를 주어 자기를 도와 천하를 다스리게 하였다. 그래서 요임금이 순에게 한 것이야말로 왕(王)·공(公)이 현자를 존중한 가장 모범적인 방법이라고 하는 것이다."

原文 萬章이 曰:"士之不託諸侯,는 何也?이꼬" 孟子曰:"不敢也.ㅣ니라 諸侯失國而後에 託於諸侯,는 禮也,ㅣ요 士之託於諸侯,는 非禮也.ㅣ니라" 萬章이 曰:"君餽之粟, 則受之乎?이까" 曰:"受之.니라" "受之는 何義也?이꼬" 曰:"君之於氓也에 固周之.니라" 曰:"周之則受,하고 賜之則不受,는 何也?이꼬" 曰:"不敢也.ㅣ니라" 曰:"敢問其不敢은 何也?이꼬" 曰:"抱關擊柝, 者는 皆有常職,하야 以食於上.하나니 無常職而賜於上者,를 以爲不恭也.ㅣ니라" 曰:"君이 餽之則受之,라 하시니 不識케이다 可常繼乎?이까" 曰:"繆公之於子思也,에 亟問,하고 亟餽鼎肉,이어늘 子思不悅,하야 於卒也,에 摽使者하야 出諸大門之外,하고 北面稽首再拜而不受, 曰:'今而後에 知君之犬馬畜伋.이라'하니 蓋自是로 臺無餽也.하니 悅賢不能擧,요 又不能養也,ㅣ면 可謂悅賢乎?아" 曰:"敢問國君이 欲養君子,인댄 如何斯可謂養矣?리이꼬" 曰:"以君命將之,어든 再拜稽首而受.하나니 其後에 廩人이 繼粟,하며 庖人이 繼肉,하야 不以君命將之.니 子思以爲鼎肉이 使己僕僕爾亟拜也,ㅣ라 非養君子之道也.ㅣ라 하니라 堯之於舜也,에 使其子九男으로 事之,하며 二女로 女焉,하고 百官牛羊倉廩을 備,하야 以養舜於畎畝之中,이러니 後에 擧而加諸上位,라 故로 曰, 王公之尊賢者也.ㅣ니라"

7. 군자는 정도(正道)로 부르지 않으면 응하지 않는다

만장이 맹자께 이렇게 질문을 했다.

"감히 여쭈어 보겠습니다. 선생님께서 제후를 만나 보시지 않는 것은 무슨 뜻에서 그러시는 것입니까?"

"벼슬 없이 국도에 살고 있는 사람을 시정지신(市井之臣)이라 하고 초야에 사는 사람을 초망지신(草莽之臣)이라고 하는데, 이들은 모두 서인(庶人)이다. 이런 서인은 현상품을 국군에게 전하여 신하가 되지 않은 이상 감히 제후를 만나 보지 않는 것이 옛날부터 지켜 내려오는 예인 것이다."

"서인은, 불러서 부역을 시키면 가서 부역을 하면서도, 임금이 그를 만나 보고 싶어서 그를 부르게 되면 가서 만나지 않는 것은 대체 무슨 뜻에서 그러는 것입니까?"

"서인이 가서 부역에 종사하는 것은 의이고, 부른다고 쪼르르 가서 만나는 것은 불의이다. 그리고 묻겠는데, 자네가 임금이 만나 보기를 원한다고 한 것은 임금이 무엇 때문에 그를 만나 보기를 원하는 것인가?"

"그 사람이 들어서 아는 게 많기 때문이고 또 그 사람이 현자이기 때문에 국군이 그를 존중하여 그를 만나 보려고 하는 것입니다."

맹자께서는 그 말을 듣고는 다음과 같은 예를 들어 그간의 도리를 설명하여 들려주셨다.

"만약 그가 들어서 아는 게 많기 때문에 만나 보기를 원하는 경우라면, 그것은 결국 그를 스승으로 만나 보려고 하는 것인데, 그렇다면 가장 존귀한 지위에 있는 천자라 해도 스승은 부르지 않는 것이거늘 하물며 제후가 그런 사람을 만나 보기를 원하는 경우에야 더욱 부를 수 없는 것이다. 또한 그가 현자이기 때문에 만나 보기를 원하는 경우라면, 예를 갖추어 찾아가서 만나 볼 일이다. 나는 여태껏 현자를 만나 보길 원하면서 그를 불렀다는 말은 들어 본 일이 없다.

노목공이 자사를 좋아하여 자주 그를 만나 보았는데, 하루는 목공이 자사에게 '옛날 천승(千乘)의 나라 국군이 신분이 낮은 사(士)를 벗으로 사귀는 것은 어떠하였습니까?(지금 우리의 경우가 그와 같으니 참고로 하려고 하는 것입니다)'하고 물었다. 이 목공의 말을 들은 자사는 불쾌해하며 이렇게 말했다. '옛날 사람이 한 말에 그를 섬긴다고 한 것이 있는데, 왜 그와 교우한다고 말씀하시는 것입니까?'

이제 자사가 목공의 말을 듣고 왜 불쾌해했나를 살펴보건대 자사의 생각은 다음과 같은 것이었음에 틀림없다. '지위를 가지고 따질 것 같으면 당신은 국군이고 나는 신하이니 어떻게 감히 신하인 제가 국군인 당신을 벗으로 사귈 수 있겠소? 벗으로 사귈 수는 없는 처지요. 그러나 한편 덕을 가지고 따질 것 같으면 당신은 나를 섬기는 입장에 있는 사람이오. 나를 섬겨야 할 사람인 당신이 어떻게 나를 벗으로 사귈 수 있겠소? 벗으로 사귈 수 없는 처지요(그런데 벗으로 사귄다는 말을 하니 이해할 수 없소).'

천승의 나라 국군조차 그와 벗이 되기를 바라도 그렇게 될 수 없는 형편인데, 하물며 그를 부를 수 있다고 생각하는 것은 가당치도 않은 일이 아니겠는가? 제나라 경공(景公)이 사냥을 나가서 깃기를 흔들어서 원유지기를 불렀는데, 그 원유지기는 깃기를 흔드는 것이 자기를 부르는 방법이 아니었기 때문에 가지 않았던 것이다. 불러도 오지 않는 것에 화가 난 경공은 그 원유지기를 죽여버리려고 했다. 공자께서는 이 일을 두고 다음과 같이 말씀하셨다.

'지사는 죽음을 당해 도랑 속에 던져질 각오를 하고 있고, 용사는 자기 목을 잃을 각오를 하고 있는 것이다.' 공자께서 원유지기가 한 일에서 어느 점을 잘했다고 그토록이나 칭찬을 하신 것인가? 그것은 다름아니라 그 원유지기가 자기를 부르는 올바른 방법이 아니면 의연히 가지 않았던 점을 취해서 그런 것이다."

만장은 다시 물었다.

"감히 여쭈어 보겠습니다. 국군이 원유지기를 부르려면 어떻게 해야 합니까?"

맹자께서는 다음과 같이 설명하여 들려주셨다.

"국군이 원유지기를 부를 때에는 피관(皮冠)을 흔들어서 신호를 한다. 서인을 부를 때에는 붉은 것을 흔들어서 신호를 하고, 사(士)를 부를 때에는 용기를 흔들어서 신호를 하며, 대부를 부를 때에는 깃기를 흔들어서 신호를 한다. 국군이 대부를 부르는 방법으로 원유지기를 부르면 원유지기는 죽는 한이 있어도 감히 국군 앞에 나가지 못하는 것이고, 사를 부르는 방법으로 서인을 부르면 서인이 어찌 감히 국군 앞에 갈 수 있겠는가? 도저히 갈 수 없는 것이다. 원유지기나 소인의 경우도 그러하니 하물며 국군이 현량하지 못한 사람을 부르는 방법으로 현인을 부른다면 현인이 국군 앞에 도저히 나갈 수 없는 것이 아니겠는가?

국군이 현인을 만나 보기를 원하면서도 그를 부르는 올바른 방법을 가지고 부르지 않는다면, 그것은 마치 현인이 들어와 주기를 원하면서도 그가 들어올 문을 닫아 버리는 거나 진배없는, 우둔하기 짝이 없는 짓이다. 대체로 의는 사람이 마땅히 걸어가야 할 올바른 길이고, 예는 사람이 마땅히 출입해야 할 올바른 문이다. 오직 군자만이 이 의라는 올바른 길을 따라갈 수 있고, 이 예라는 올바른 문으로 출입할 수 있는 것이다. 《시경》〈소아〉 대동편에 '주나라의 길은 숫돌 같고 그 곧기가 화살 같다. 이 길은 군자가 밟고 다니는 길이고, 소인이 보고 그것을 모범으로 삼는 바의 것이다'라고 하였다(우리는 이 시에서 군자는 의에 따라 행동하고 예에 따라 움직인다는 것을 알 수 있다)."

이 설명을 듣고 난 만장이 다시 물었다.
"공자께서는 국군의 명으로 부르면 수레에 말을 매는 것을 기다리지 않고 즉시 떠나셨습니다. 그렇다면 공자께서 그렇게 하신 것은 잘못한 일입니까?"
"그것은 또 경우가 다르다. 공자께서 벼슬을 하고 계실 때 관직에 있으셨으니까 그 관직에 있는 사람을 부르는 방법으로 공자를 부른 것이다. 그래서 공자는 군명을 소홀히 여기지 않고 즉시 행하기 위해서 그렇게 급히 떠나신 거다."

原文 萬章이 曰:"敢問不見諸侯,는 何義也?이꼬" 孟子曰:"在國曰市井之臣,이요 在野曰草莽之臣,이라 皆謂庶人.이니 庶人이 不傳質爲臣,하야는 不敢見於諸侯, 禮也.ㅣ니라" 萬章이 曰:"庶人이, 召之, 役, 則往役.하고 君이 欲見之,하야 召之, 則不往見之,는 何也?이꼬" 曰:"往役,은 義也.ㅣ요 往見,은 不義也.ㅣ니라 且君之欲見之也,는 何爲也哉?오" 曰:"爲其多聞也,ㅣ며 爲其賢也.ㅣ니이다" 曰:"爲其多聞也, 則天子도 不召師,어든 而況諸侯乎?아 爲其賢也, 則吾未聞欲見賢而召之也.ㅣ니라 繆公이 亟見於子思曰:'古에 千乘之國이 以友士,하니 何如?하니이꼬' 子思不悅曰:'古之人이 有言曰:事之云乎?언정 〈豈曰:友之云乎?리오〉'하니 子思之不悅也,는 豈不曰:'以位, 則子는 君也ㅣ요, 我는 臣也,ㅣ니 何敢與君友也?ㅣ며 以德, 則子는 事我者也,ㅣ니 奚可以與我友?리오' 千乘之君,이 求與之友而不可得也,어든 而況可召與?아 齊景公이 田,할새 招虞人以旌.한대 不至,어늘 將殺之.라 '志士는 不忘在溝壑,이요 勇士는 不忘喪其元.이라'

하시니 孔子는 奚取焉?고 取非其招不往也.ㅣ시니라" 曰 : "敢問, 招虞人何以?니이꼬" 曰 : "以皮冠.이니 庶人은 以旃,이요 士는 以旂,요 大夫는 以旌.이니라 以大夫之招로 招虞人,이어늘 虞人이 死不敢往.하니 以士之招로 招庶人,이면 庶人이 豈敢往哉?리오 況乎以不賢人之招로 招賢人乎?아 欲見賢人而不以其道,는 猶欲其入而閉之門也.ㅣ니라 夫義,는 路也.ㅣ요 禮,는 門也.ㅣ니 惟君子能由是路,면 出入是門也.ㅣ니 詩云, '周道如底,하니 其直如矢.로다 君子所履,요 小人所視.라' 萬章이 曰 : "孔子,는 君이 命召,어든 不俟駕而行.하시니 然則孔子는 非與?이까" 曰 : "孔子는 當仕,에 有官職, 而以其官召之也.ㅣ니라"

8. 동등한 벗 사귀는 방법

맹자께서는 만장에게 이런 말씀을 하셨다.

"한 고을 안에서 선사(善士)로 칭송되는 인물은, 역시 자기에게 어울리는 한 고을 안에서 선사로 칭송되는 인물과 교우하는 것이 상례다. 한걸음 더 나아가서 한 나라 안에서 선사로 칭송되는 인물은, 역시 자기에게 어울리는 한 나라 안에서 선사로 칭송되는 인물과 교우하는 것이 상례다. 다시 더 커져서 온 천하 사람들에 의해 선사로 칭송되는 인물은 역시 자기에게 어울리는 온 천하 사람들에 의해 칭송되는 인물과 교우하는 것이 상례다. 그러나 온 천하 사람들에 의해 칭송되는 인물과 교우하여도 만족할 수 없을 경우에는 다시 한층 더 들어가서 옛날 사람을 숭상하여 그를 논구(論究)하게 되는 것이다. 그 옛사람이 지은 시를 낭송 음미하고 그 사람이 서술한 책을 살펴보고서도 그 사람의 사람됨을 이해하지 못한대서야 되겠는가? 그러한 까닭에 그 사람이 살던 시대를 논구하게 되는 것이니, 이렇게 하는 것은 고인을 숭상하여 그와 교우하는 것이다."

原文 **孟子謂萬章曰 : "一鄕之善士,**면 **斯友一鄕之善士.**하고 **一國之善士,**면 **斯友一國之善士.**하고 **天下之善士,**면 **斯友天下之善士.**니라 **以友天下之善士**로 **爲未足,**하야 **又尙論古之人.**하나니 **頌其詩,**하며 **讀其書,**하되 **不知其人**이 **可乎?**아 **是以**로 **論其世也,**ㅣ니 **是尙友也.**ㅣ니라"

9. 경(卿)의 구분과 그 소임

제나라 선왕이 맹자에게 경(卿)의 소임에 관해서 물어보자, 맹자께서 다음과 같이 되물으셨다.

"왕께서는 무슨 경을 물어보시는 것입니까?"

그러자 왕이 의아해하며 물었다.

"경이면 모두 같지 다를 게 있습니까?"

"다른 것이 있습니다. 귀척(貴戚) 출신의 경이 있고, 이성(異姓)의 경이 있습니다."

"귀척 출신의 경은 그 소임이 어떠한지 여쭈어 보겠습니다."

선왕이 먼저 귀척 출신의 경에 관해서 묻자, 맹자께서는 다음과 같이 솔직 명백하게 말씀하셨다.

"만약 국군이 나라를 멸망으로 이끄는 중대한 과오를 저지르게 되면, 귀척 출신의 경은 그러한 짓을 하지 말라고 국군에게 간합니다. 되풀이해서 간해도 받아들이지 않고 그 과오를 그대로 끌고나가면, 그 국군을 폐위시켜 버리고 귀척 중에서 덕이 높은 다른 인물을 국군의 자리에 앉히는 것입니다."

이 말을 들은 선왕은 놀라고 성이 나 안색이 변했다. 이 모습을 본 맹자께서 이렇게 말씀하셨다.

"왕께서는 지금 말씀드린 말을 이상하게 생각하지 마십시오. 왕께서 신에게 물으시는데 신이 감히 바른 대로 대답해 올리지 않을 수 없어서 그렇게 말씀드린 것입니다."

이 말을 듣고 선왕은 마음을 가라앉히고 평상 상태를 회복한 후에, 이성의 경은 그 소임이 어떠한가를 맹자에게 물었다.

"만약 국군에 과오가 있으면 그것을 고치라고 간하고, 되풀이해서 간해 보아도 국군이 받아들이지 않으면 경의 자리를 내놓고 떠나가 버리는 것입니다."

原文 齊宣王이 問卿,한대 孟子曰 : "王은 何卿之問也?"ㅣ시니이꼬 王曰 : "卿이 不同乎?이까" 曰 : "不同.하니 有貴戚之卿,하며 有異姓之卿.하니이다" 王曰 : "請問貴戚之卿하노이다." 曰 : "君有大過則諫,하고 反覆之而不聽, 則易位.니이다" 王이 勃然變乎色.하니 曰 : "王은 勿異也! 하소서. 王이 問臣,하실새 臣이 不敢不以正對.니이다" 王이 色定, 然後에 請問異姓之卿.하니 曰 : "君이 有過則諫.하고 反覆之而不聽, 則去.니이다"

제11장 고자장구(告子章句)·상

1. 사람의 본성과 인의

고자(告子)가 물었다.

"인간의 본성은 마치 물가에 나는 버들 같고, 사람이 행하는 의는 마치 그 버들의 가지를 가지고 만든 버들 그릇과 같습니다. 사람이 타고난 본성을 가지고 인의를 행하게 하는 것은, 비겨 말하면 물가의 버들을 가지고 버들 그릇을 만드는 것과 흡사합니다(결국 인위적인 작위가 가해져서 되는 것이지, 절로 그렇게 되는 것은 아닙니다)."

맹자께서는 고자의 이 말을 다음과 같이 비판하셨다.

"그러면 버들의 본래의 성질을 손상함 없이 그대로 살려 버들 그릇을 만들어 낼 수 있겠는가? 그렇지 않으면 버들을 두드리어 손상을 가한 후에 버들 그릇을 만들어 낼 수 있겠는가? 반드시 버들에 손상을 가한 후라야 버들 그릇을 만들게 된다. 만약 버들을 무찔러 손상을 가해 가지고 버들 그릇을 만들 것이라면, 인간의 본성과 인의의 관계도 그와 같다고 하니까, 역시 사람을 무찔러 손상을 가해서 인의를 행하게 할 것인가? 그대의 생각은 극히 위험하다. 그대의 그런 생각은 온 천하의 사람을 이끌고 나서서 인의의 미덕에 화해(禍害)를 가져오게 하는 무서운 결과를 초래하게 될 것이니, 아예 그런 소리는 입 밖에 내지 말아야 할 것이다."

原文 告子曰, "性,은 猶杞柳也,ㅣ요 義,는 猶桮棬也.ㅣ니 以人性爲仁義,는 猶以杞柳爲桮棬.ㅣ니라" 孟子曰, "子能順杞柳之性而以爲桮棬乎?아 將戕賊杞柳而後에 以爲桮棬也?아 如將戕賊杞柳而以爲桮棬,이면 則亦將戕賊人하야 以爲仁義與?아 率天下之人而禍仁義者,는 必子之言夫.인저"

2. 인간의 본성은 선하다

고자가 말했다.

"인간의 본성이라는 것은 마치 한 군데에서 소용돌이치고 있는 물 같습니다. 그 소용돌이치는 물을 동쪽으로 터서 흘러가게 하면 동쪽으로 흘러가고, 서쪽으로 터서 흘러가게 하면 서쪽으로 흘러갑니다. 물 그 자체에는 본래 동류(東流)하느냐 서류하느냐 하는 분별이 있는 것은 아닙니다. 인간의 본성에 본래 선과 불선의 분별이 없는 것은 마치 물에 동류·서류의 분별이 없는 것과도 흡사합니다(그러므로 선생께서 주장하시는 성선설은 성립될 수 없습니다)."

이 말을 들은 맹자께서는 다음과 같이 고자의 견해를 비판하며 설명을 덧붙이셨다.

"물이 정말 동쪽으로 흐르고 서쪽으로 흐르는 구분도 없고, 위로 흐르고 아래로 흐르는 구분도 없다고 생각하는가? 그렇지 않다. 물에는 동·서, 상·하로 흐르는 구분이 있다. 기본적으로는, 인간의 본성이 선하다는 것을 비겨 말하면 그것은 마치 물이 아래로 흘러가는 것과도 같아서, 사람이라면 그 본성은 누구나 다 선하고, 물이라면 그 본래의 성질은 어느 물이나 다 아래로 흘러 내려가게 마련이다. 그렇기는 하지만 만약 물을 손으로 쳐서 그것을 높이 뛰어오르게 하기로 요량한다면, 서 있는 사람의 이마를 지나서 그보다 더 높이까지도 올라가게 할 수 있고, 또 만약에 물을 밀어서 역류시키기로 요량하면, 산에까지라도 올라가게 만들 수 있는 것이다.

그렇지만 그렇게 뛰어오르고 높이 역류하는 것이 어찌 물의 본래의 성질이겠는가? 그런 것은 결코 물이 본래 지니고 있는 성질이라고 할 수 없다. 그렇게 되는 것은 물이 외부에서 받는 힘 때문인 것이다. 돌이켜 사람의 경우를 본다 하더라도 사람으로 하여금 나쁜 짓을 하게 만들 수 있는 것도, 그 나쁜 짓을 하는 사람의 본성은 선하지만, 외부의 압력을 받으면 나쁜 짓을 하게 되기 때문에 그렇게 되는 것이다. 그것은 물이 아래로 흘러 내려가는 성질을 나타내지 못하고 위로 뛰거나 높이 역류하는 경우와 마찬가지인 것이다."

原文 **告子曰, "性,**은 **猶湍水也,**ㅣ라 **決諸東方則東流,**하고 **決諸西方則西流.**하나니 **人性之無分於善不善也,**는 **猶水之無分於東西也.**ㅣ니라" **孟子曰, "水信無分於東西,**어니와 **無分於上下乎?**아 **人性之善也,**는 **猶水之就下也.**ㅣ니 **人無有不善,**하며 **水無有不下.**니라 **今夫水,**를 **搏而躍之,**면 **可使過顙,**이

며 **激而行之,**면 **可使在山,**이어니와 **是豈水之性哉?**리오 **其勢則然也.**ㅣ니 **人之可使爲不善,**이 **其性**이 **亦猶是也.**ㅣ니라"

※ 人性之善也(인성지선야)—사람의 본성은 선(善)하다는 뜻으로서 성선설(性善說)을 의미한다.

3. 본성의 출발점

고자가 맹자에게 말했다.

"사람이 지각(知覺)하고 운동하는 것을 비롯한 본능적인 행동과 욕구 같은, 생긴 대로의 자연적인 기능, 그것을 성(性)이라고 합니다."

맹자께서는 이 말을 듣고 다음과 같이 유도적인 질문을 하여 그를 비판하셨다.

"당신이 말하는 생긴 대로의 성이라는 것은, 흰 것을 흰 것이라고 하는 것과 같은 논법인가?"

"예, 그렇습니다."

"그렇다면 흰 것의 흰 것은 흰 눈의 흰 것과 같은가?"

"예, 그렇습니다."

"그럼 흰 눈의 흰 것은 흰 옥의 흰 것과 같은가?"

"예, 그렇습니다."

"과연 당신 말같이 그렇다고 한다면, 개의 성은 소의 성 같고, 소의 성은 또 사람의 성과 같은가?(그대의 견해와 그대의 논법에 따른다면, 사리에 동떨어진 중대한 모순을 초래하게 되는 것일세)."

原文 告子曰, "生之謂性.이니라" 孟子曰, "生之謂性也,는 猶白之謂白與?아" 曰, "然.하니라" "白羽之白也,는 猶白雪之白,이며 白雪之白,은 猶白玉之白與?아" 曰, "然.하니라" "然則犬之性,은 猶牛之性,이며 牛之性,은 猶人之性與?아"

4. 인을 내(內)·외(外)로 구분해서는 안 된다

고자가 맹자에게 이렇게 말했다.

"음식과 이성을 원하는 것은 사람의 본성입니다. 이런 입장에서 살펴볼 것 같으면, 인이란 내재적인 것이지 결코 외재적인 것은 아니고, 이와는 대조적으로 의는 외재적인 것이지 내재적인 것은 아닙니다(인은 자기 마음에서 우러나서 외부에 나타나는 것이고, 의는 외부의 사정에 따라 자기가 판단을 내려서 행하게 되는 것이니까요)."

맹자께서 물으셨다.

"당신은 어느 점을 가지고 인은 내재적이고 의는 외재적이라는 말을 하는 것이오?"

"이를테면 상대방의 나이가 많아서 내가 그 사람을 나이 많은 사람으로 받드는 것이지 결코 나에게 나이 많은 것이 있기 때문에 남을 연장자로 받드는, 이른바 의를 행하게 되는 것이 아닙니다. 이것은 상대방이 희어서 내가 그것을 희게 여기는 경우와 같은 것으로, 나는 외부에서 그 흰 것에 따르는 것입니다. 그래서 의를 외재적인 것이라고 하는 것입니다."

맹자께서는 또 따져 물으셨다.

"인의의 문제는 흰 것을 다루는 것과는 다르다. 이제, 말의 흰 것은 흰 말의 흰 것과 다를 게 없지만, 나이 많은 말의 나이 많은 것과 나이 많은 사람의 나이 많은 것과 다를 게 없겠는가? 거기에는 반드시 구별이 있을 것이다. 또 나이 많은 것이 의겠는가, 그렇지 않으면 나이 많은 사람으로 모시는 것이 의겠는가(그것은 반드시 후자가 옳을 것이니, 당신의 이른바 義外說은 성립될 수 없는 것이다)."

고자가 또 이렇게 말했다.

"내 동생이면 사랑해 주고, 관계 없는 진(秦)나라 사람의 동생이면 사랑해 주지 않습니다. 그렇게 하는 것은 나를 중심으로 해서 기뻐하느냐, 기뻐하지 않느냐 하는 데 달린 것이므로, 그것을 내재적인 것이라고 하는 것입니다. 이것이 곧 인내(仁內)입니다. 이와는 대조적으로 우리는 우리와 동떨어진 데 사는, 우리와 관계없는 초나라 사람의 나이 많은 이도 나이 많은 이로 존경하고, 또 우리 집안의 나이 많은 이 역시 나이 많은 이로 존경합니다. 이것은 동생을 사랑하는 경우와는 달리, 나 이외의 나이 많은 이를 중심으로 해서 기뻐하느냐 기뻐하지 않느냐 하는 데 달린 것이므로, 그것을 외재적인 것이라고 하는 것입니다. 이것이 곧 의외(義外)입니다."

맹자께서는 다음과 같이 마무리해서 말씀하셨다.

"그런 식으로 말하기로 요량하면, 우리가 우리와 동떨어진 곳에 사는, 우리와 관계없는 진나라 사람이 만든 불고기를 즐겨 먹는 것이 우리 자신이 만든 불고기를 즐겨 먹는 경우와 하나도 다를 게 없다. 이렇게 사람 이외의 물건에도 당신 식으로 그렇게 말할 수 있는 경우가 있는 것이다. 그렇고 보면 불고기를 좋아하는 데에도 역시 당신 식으로 외재적이라는 게 있겠는가?(당신 식의 仁內・義外 식의 논법에는 많은 모순이 내포되어 있는 것이다)"

原文 告子曰, "食色,이 性也.ㅣ니 仁,은 內也,ㅣ요 非外也.ㅣ며 義,는 外也,ㅣ요 非內也.ㅣ니라" 孟子曰, "何以謂仁內義外也?오" 曰, "彼長而我長之,요 非有長於我也.ㅣ니 猶彼白而我白之,요 從其白於外也,라 故로 謂之外也.ㅣ라 하노라" 曰, "異於白.이니라 馬之白也,는 無以異於白人之白也.ㅣ어니와 不識케라 長馬之長也,는 無以異於長人之長與?아 且謂長者義乎?아 長之者義乎?아" 曰, "吾弟則愛之,하고 秦人之弟則不愛也,하나니 是는 以我爲悅者也.ㅣ라 故로 謂之內.요 長楚人之長,하며 亦長吾之長,하나니 是는 以長爲悅者也.ㅣ라 故로 謂之外也.ㅣ라 하노라" 曰, "耆秦人之炙,은 無以異於耆吾炙.이니 夫物則亦有然者也.ㅣ라 然則耆炙亦有外與?아"

5. 공경하는 것은 오직 마음에 있다

맹계자(孟季子)가 맹자의 제자인 공도자(公都子)에게 물었다.
"귀하의 스승이신 맹자는 무슨 근거를 가지고 의가 내재적인 것이라고 하는 것입니까?"
공도자가 대답했다.
"자기 속에 들어 있는 공경하는 마음을 실제로 행하기 때문에 의를 내재적인 것이라고 하는 것입니다."
"한동네 사람이 자기 백형(伯兄)보다 나이가 한 살 더 먹었을 경우, 그 동네 사람과 백형 두 사람 가운데에서 어느 쪽을 공경합니까?"
"그것은 물론 백형을 공경합니다."
공도자의 대답에 맹계자가 물었다.

"술좌석에 같이 있을 경우에는 어느 쪽에 먼저 술을 따라 줍니까?"

"그런 경우에는 그 백형보다 한 살 더 많은 한동네 사람에게 먼저 술을 따라 줍니다."

이 대답을 얻은 맹계자는 이렇게 들이댔다.

"그렇다면 공경할 대상은 이쪽 백형 편에 있고, 연장자로 존경할 대상은 저쪽 한동네 사람 편에 있는 것입니다. 그러고 보면 의는 과연 자기 밖에 있지 안에서부터 나오는 게 아니지 않소?"

이 말에 공도자는 대답을 하지 못했다. 그후 공도자는 이러한 맹계자와의 의내설(義內說)의 시비에 관한 논란의 경위를 맹자에게 고했다. 그랬더니 맹자께서는 다음과 같이 일러주셨다.

"맹계자에게 '당신은 숙부를 공경하시오, 그렇지 않으면 동생을 공경하시오?'하고 물으면, 그 사람은 '그야 물론 숙부를 공경하지요'하고 대답할 것이다. 이어 '만약 동생이 시위(尸位)에 있다면 숙부와 동생 중에 어느 쪽을 공경합니까?'하고 물으면, 그 사람은 '그야 물론 동생을 공경하지요'하고 대답할 것이다. 그때에 가서 자네는 맹계자에게 '조금 전에는 숙부를 공경한다더니 왜 동생을 공경합니까?'하고 물으면 그 사람은 '동생은 시위에 있기 때문에 동생을 공경해야 하는 것입니다'라고 대답할 것이다. 맹계자가 그렇게 말하면 그때에는 자네도 '그 동네 사람이 빈위(賓位)에 있기 때문에 백형을 제쳐놓고 그 사람에게 먼저 술을 따라 주는 것입니다'라고 말하게나. 평소에 공경하는 것은 백형에게 있고, 임시로 그때만 공경하는 것은 그 한동네 사람에게 있는 것일세(그 점을 맹계자와 자네는 모두 분간하지 못했던 것일세)."

맹계자는 맹자가 공도자에게 일러준 이 이야기를 듣고 나서 이렇게 말했다.

"맹자의 설명대로 하더라도 숙부를 공경해야 할 경우는 숙부를 공경하고 동생을 공경해야 할 경우에는 동생을 공경하는 것이니, 그렇다면 의는 과연 내 주장대로 자기 밖에 있는 것이지 결코 자기 안에서부터 나오는 것이 아닙니다."

공도자는 다음과 같이 말했다.

"겨울에는 더운 물을 마시고 여름에는 찬 물을 마시는데, 당신의 논법대로 한다면 결국 마시고 먹고 하는 것 역시 자기 밖에 있는 것이 됩니다(그러니 당신의 논법에는 모순되는 점이 있습니다)."

原文 **孟季子問公都子曰, "何以謂義內也?**오" **曰, "行吾敬,**이라 **故**로 **謂之內也.**ㅣ니라" **"鄕人**이 **長於伯兄一歲, 則誰敬?**고" **曰, "敬兄.**이니라" **"酌則誰先?**고" **曰, "先酌鄕人.**이니라" **"所敬**은 **在此,**하고 **所長**은 **在彼,**하니 **果在外,**요 **非由內也.**ㅣ로다" **公都子不能答,**하야 **以告孟子.**한대 **孟子曰, "'敬叔父乎?**아 **敬弟乎?**아'하면 **彼將曰, '敬叔父.**라'하리라 **曰, '弟爲尸, 則誰敬?**고'하면 **彼將曰, '敬弟.**라'하리라 **子曰, '惡在其敬叔父也?**오'하면 **彼將曰, '在位故也.**ㅣ라'하리니 **子亦曰, '在位故也.**라'하라 **庸敬**은 **在兄,**하고 **斯須之敬**은 **在鄕人.**하니라" **季子聞之,**하고 **曰, "敬叔父則敬,**하고 **敬弟則敬,**하니 **果在外,**요 **非由內也.**ㅣ로다" **公都子曰, "冬日則飮湯,**하고 **夏日則飮水,**하나니 **然則飮食**도 **亦在外也.**로다"

※ 尸位(시위)－제사지낼 때, 죽은 조상 대신으로 신위(神位)에 나가 있는 것.

6. 착한 본성은 누구나 다 지니고 있다

공도자는 다음과 같이 당시 유행하던 각종의 성론(性論)을 열거하여 맹자의 성선설에 입각한 비평을 요청했다.

"지금 세상이 떠드는 인간의 본성에 관한 견해는 꽤 여러 가지가 있습니다. 고자는 '인간의 본성에는 선도 불선도 모두 없다. 즉, 인간의 본성은 선악이 없다'고 합니다. 또 일설에는 '인간의 본성이란 선하게 될 수도 있고 악하게 될 수도 있는 것이다. 선악 어느 쪽으로도 될 수 있다는 것은 과거의 역사를 살펴보아도 알 수 있다. 주나라의 문왕과 무왕이 나와 인정(仁政)을 하면 그들의 인선(仁善)함을 본받아 백성들이 선을 좋아하였고, 같은 주나라의 유왕(幽王)과 여왕(厲王)이 나와 암매(暗昧)한 정치를 하면 그들의 포악함을 보고 백성들이 난폭한 것을 좋아했던 것이다'라고 합니다.

또 어떤 사람은 다음과 같은 주장을 합니다. '인간의 본성에 선악이 없는 것도 아니고, 선해졌다 악해졌다 하는 것도 아니다. 사람에 따라 본성의 선악이 다르다. 즉 본성이 선한 사람도 있고 악한 사람도 있는 것이다. 과거의 역사를 돌이켜보건대, 요임금 같은 성군을 임금으로 받들고 살던 시대에도 상(象) 같은 패역무도한 인간이 있었고, 고수 같은 극악한 아비에게도 순 같은 효성이 지극한 아들이 있었으며, 주(紂) 같은 포악한 인간을 형의 아들로 두고 임금으로 받들고 살면서도 미자계(微子啓)와 왕자 비간(比干) 같은 충의가 지극한 인물이 있었다.' 그런데 지금 선생님께서는 인간의 본성이 선하다고 주장하시는데, 그러시다면 위에 든 여러 가지 성론(性論)은 잘못된 것입니까?"

맹자께서는 공도자의 의혹을 풀어 주기 위해 다음과 같이 자세히 일러주셨다.

"사람이 자기가 타고난 순수한 성정에 따라 그대로 살아간다면 선한 인간이 될 수 있는 것이니, 이 점이 바로 내가 인간의 본성은 선하다고 말하는 근거인 것이다. 만약 사람이 악하게 된다 해도 그것은 자기 본성대로 살아가지 않기 때문에 그렇게 되는 것이지 결코 자기가 지니고 있는 재성(才性)이 나빠서 그렇게 되는 것은 아니다. 위험이나 곤액 속에서 허덕이는 사람을 보고 측은해하는 마음은, 사람이면 누구나 가지고 있다. 불의 부도덕한 일을 부끄럽게 여기는 마음은 사람이면 누구나 다 가지고 있다. 윗사람을 공경하는 마음은 사람이면 누구나 다 가지고 있다. 자기가 대처하는 일의 옳고 그른 것을 가리는 마음은 사람이면 누구나 다 가지고 있다.

우리가 말하는 인·의·예·지라는 것도 결코 신비하고 오묘한 것이 아니다. 측은해하는 마음이 곧 인이고, 부끄러워하는 마음이 곧 의이고, 공경하는 마음이 곧 예이고, 옳고 그른 것을 가리는 마음이 곧 지인 것이다. 이렇듯 인·의·예·지는 밖에서부터 나를 녹여 들어오는 외재적인 것이 아니고 내가 본래부터 가지고 있는 것이다. 이 점은 극히 이해하기 쉬운 일인데, 사람들이 인식하지 못하고 있는 것은 잘 살펴 생각해 보지 않기 때문이다. 생각만 해보면 곧 알게 되는 것이다. 그러므로 '적극적으로 구하면 얻게 되고, 돌보지 않고 그냥 내버려두면 잃어버리게 된다'라고 말하는 것이다. 악한 정도가 몇 배, 심지어는 이루 헤아릴 수 없을 만큼 대단한 인간도 어쩌다 생기는데, 그런 인간은 자기가 타고난 선한 재성을 모두 발휘하지 못하는 자일 따름이지, 그렇다고 해서 그런 인간이 지닌 본성이 악한 것은 아닌 것이다.

《시경》〈대아〉증민편(烝民篇)에 '하늘이 온 백성을 낼 때에 사물이 있으면 거기에는 반드시 일정한 법칙이 있도록 마련해 놓았다. 사람들은 그 하늘이 마련한 법칙에 따르는 불변하는 마음을 유지하여서 그러한 아름다운 덕, 곧 일정한 법칙을 좋아하는 것이다'라고 하였다. 공자께서는 이 시를 다음과 같이 평하셨다.

'이 시를 지은 사람은 도를 확실하게 이해하고 있었던 것일 게다. 그래서 사물이 있으면 반드시 거기에는 일정한 법칙이 있다고 한 것이다. 사람들이 그 법칙에 따르는 불변하는 마음을 유지하기 때문에 그런 아름다운 덕을 좋아한다고 한 것이다.'"

原文 公都子曰, "告子曰, '性은 無善無不善也.ㅣ라'하고 或曰, '性은 可以爲善,이며 可以爲不善,이니 是故로 文武興則民이 好善,하고 幽厲興則民이 好暴.라'하고 或曰, '有性善,하며 有性不善,하니 是故로 以堯爲君而有象,하며 以瞽瞍爲父而有舜,하며 以紂爲兄之子,요 且以爲君, 而有微子啓, 王子比干.이라'하나니 今曰性善,하시니 然則彼皆非與?이까" 孟子曰, "乃若其情, 則可以爲善矣,니 乃所謂善也,ㅣ니라 若夫爲不善,은 非才之罪也.ㅣ니라 惻隱之心,을 人皆有之,하며 羞惡之心,을 人皆有之,하며 恭敬之心,을 人皆有之,하며 是非之心,을 人皆有之.하니 惻隱之心,은 仁也.ㅣ요 羞惡之心,은 義也.ㅣ요 恭敬之心,은 禮也.ㅣ요 是非之心,은 智也.ㅣ니 仁義禮智,는 非由外鑠我也,ㅣ요 我固有之也,언마는 弗思耳矣.니 故로 曰, '求則得之,하고 舍則失之.라'하니 或相倍蓰而無算者,는 不能盡其才者也.ㅣ니라 詩에 曰, '天生蒸民,하야 有物有則.이로다 民之秉夷,라 好是懿德.이라'하야늘 孔子曰, '爲此

詩者,는 其知道乎!인저 故로 有物이면 必有則.이니 民之秉夷也,라 故로 好是懿德.이라'하시니라"

7. 사람의 동류성

맹자께서 다음과 같은 말씀을 하셨다.

"풍년이 드는 해에는 젊은 사람들 대부분이 얌전하고, 흉년이 든 해에는 젊은 사람들 대부분이 포악하다. 이러한 현상은 결코 하늘이 그들에게 내려 준 재성(才性)이 다르기 때문에 그런 것이 아니고, 그들의 마음이 끌려 들어가게 하는 욕망이 그렇게 만드는 것이다. 예를 들어 보리씨를 뿌리고 그것을 고무래로 골라 흙을 덮어 준다고 하자. 심은 땅이 같은데다 심은 때가 똑같다면, 이윽고 보리는 부쩍부쩍 자라나 하지(夏至) 때에 가서는 모두 익어 거두어들이게 된다. 이렇게 같은 조건에서 보리를 심으면 싹이 더 자라나서 하지 때에 가서 익는 것은 모두 같다.

만약 다른 점이 있다 해도 그것은 다만 땅의 비옥하고 토박한 차이라든가 빗물을 받아들이는 것이나 사람이 손질하는 것의 차이라든가 하는 따위에서 오는 것에 불과한 것이다. 그러므로 같은 종류의 것이라면 모두 서로 비슷비슷하고 유별나게 다른 것은 없는 것이다. 따라서 유독 사람의 경우에 한해서만 서로 비슷하다는 것을 의심할 이유가 없다. 성인이라 해도 결국 우리들과 같은 종류의 사람들인 것이다.

그래서 옛날의 현인인 용자(龍子)가 '아무리 발을 모르고 덮어놓고 신발을 삼았다손 치더라도, 나는 그렇게 해서 삼아 놓은 신발이 결코 삼태기는 되지 않으리라는 것을 알 수 있다'라고 말했던 것이다. 신발들이 비슷비슷한 것은 온 천하 사람의 발이 같기 때문이다. 사람들이 입으로 맛보는 미각에는 누구나 모두 좋아하는 것이 있게 마련이다. 그런데 그 맛을 누구보다도 잘 아는 역아(易牙)가 우리의 미각이 공통적으로 좋아하는 맛을 먼저 터득해서 알았던 것이야. 만약 입이 가진 미각의 성질이, 이를테면 개나 말이 우리와 동류가 아닌 정도로 그렇게 서로 동떨어지게 다르다면, 온 천하의 사람들이 어떻게 역아가 가려 놓은 좋은 맛을 좋아하게 되겠는가? 도저히 좋아할 수 없게 될 것이다. 미각이라고 하면 으레 온 천하의 사람들이 역아가 가려 놓은 좋은 맛에 기대하는데, 그렇게 되는 까닭은 온 천하 사람의 미각이 비슷하기 때문이다.

미각의 경우뿐 아니라 청각의 경우도 그렇다. 음악 소리라 하면 온 천하 사람들은 으레 사광(師曠)에게 기대하는데, 그렇게 되는 까닭은 온 천하 사람들의 청각이 비슷하기 때문이다. 미각과 청각의 경우뿐 아니라 시각의 경우도 그렇다. 자도(子都)로 말할 것 같으면 온 천하 사람 중에 그가 예쁘다는 것을 모르는 사람이 하나도 없다. 다시 말해 자도가 예쁘다는 것을 모르는 자는 눈이 없는 자라 하겠다.

입으로 맛보는 맛에는 모두 같이 좋아하는 것이 있고, 귀로 듣는 소리에는 다같이 듣기 좋아하는 것이 있으며, 눈으로 보는 여색에는 다같이 아름답게 여기는 것이 있는데, 유독 마음에 이르러서만은 다같이 옳다고 여기는 것이 없을 리가 있겠는가. 사람의 마음도 서로 비슷한 이상 마음에도 공통적으로 옳다고 여기는 것이 있는 것이다. 마음이 다같이 옳다고 여기는 것이란 대체 무엇인가? 그것은 이(理)이고 의(義)인 것이다. 다만 성인들이 먼저 우리 마음이 공통적으로 옳다고 여기는 바의 것을 알았다는 것일 뿐이다. 그래서 이와 의가 우리들의 마음을 기쁘게 하는 것이 마치 고기로 만든 요리가 우리 미각을 기쁘게 하는 것과 같은 것이다."

原文 孟子曰, "富歲,엔 子弟多賴,하고 凶歲,엔 子弟多暴,하나니 非天之降才爾殊也,ㅣ라 其所以陷溺其心者然也.ㅣ니라 今夫麰麥,을 播種而耰之,하되 其地同,하며 樹之時又同,하면 浡然而生,하야 至於日至之時,하야 皆熟矣.하나니 雖有不同,이나 則地有肥磽,하며 雨露之養,과 人事之不齊也.ㅣ니라 故로 凡同類者,는 擧相似也.ㅣ니 何獨至於人而疑之?리오 聖人,도 與我同類者.라 故로 龍子曰, '不知足而爲屨,라도 我知其不爲蕢也.ㅣ라'하니 屨之相似,는 天下之足이 同也.일새니라 口之於味,에 有同耆也,하니 易牙는 先得我口之所耆者也.ㅣ라 如使口之於味也,에 其性與人殊, 若犬馬之與我不同類也,ㅣ면 則天下何耆를 皆從易牙之於味也?ㅣ리오 至於味,하야는 天下期於易牙,하나니 是는 天下之口相似也.일새니라 惟耳도 亦然,하니 至於聲,하야는 天下期於師曠,하나니 是는 天下之耳相似也.일새니라 惟目도 亦然,하니 至於子都,하야는 天下莫不知其姣也,하나니 不知子都之姣者,는 無目者也.ㅣ니라 故로 曰口之於味也,에 有同耆焉.하며 耳之於聲也,에 有同聽焉.하며 目之於色也,에 有同美焉.하니 至於心,하야 獨無所同然乎?아 心之所同然者,는 何也?오 謂理也,ㅣ요 義也.ㅣ니 聖人은 先得我心之所同然耳.라 故로 理義之悅我心,은 猶芻豢之悅我口.니라"

8. 길러 주는 힘만 있으면 모두 자란다

맹자께서 이런 말씀을 하셨다.

"우리가 늘 보는 저 우산(牛山)의 나무는 본래 무성하게 자라서 무척 아름다웠다. 그러나 불행하게도 우산이 이 제나라라는 대국의 수도인 임치(臨淄)의 근교에 위치하고 있기 때문에, 무수한 사람들이 다투어 도끼로 그 나무들을 찍어 내어 도저히 아름답게 자라날 수가 없었던 것이다. 그야 찍어 가고 남은 그루터기가, 밤낮으로 계속하여 자라나는 힘과 비와 이슬이 축여 주는 은택으로 해서 싹이 돋아나는 게 없었던 것은 아니지만, 그 돋아나는 싹은 소와 양 같은 가축들이 모두 뜯어먹어 없앴기 때문에, 나무는 다시 자라날 기회를 갖지 못해 결국 저렇게 나무 하나 없이 민둥산이 되어 버린 것이다.

이러한 내력을 모르고 사람들은 저렇게 나무 하나 없는 민둥산인 것을 보고는 우산에는 재목이 될 만한 큰 나무가 전혀 없었던 걸로 생각하지만 저렇게 나무 하나 없이 민둥민둥한 게 어찌 본성이기야 하겠는가. 결코 싹의 본성은 그렇게 나무를 자라나지 못하게 하는 것은 아니다.

돌이켜 사람의 경우를 생각해 본다면 역시 이 우산의 나무와 방불한 점이 없지 않다. 사람이 지니고 있는 본성을 가지고 본다 해도 어찌 본래부터 인과 의에 따르는 마음이 없다고 할 수 있겠는가. 사람이면 인과 의에 따르는 마음은 누구나 지니고 있게 마련이다. 자기의 양심, 즉 본래의 인과 의를 따르는 마음을 드러내 놓아 잃어버리게 하는 일은 역시 산에서 도끼로 나무를 찍어내는 경우와 같은 것이라고 하겠다.

매일매일 나무를 찍어내면 무성해서 아름다워질 겨를이 없는 것같이 양심을 매일같이 드러내 놓아 잃어버리게 한다면 마음이 인과 의를 따라 아름다워질 도리가 없는 것이다. 양심을 지키지 못하는 사람이라 할지라도 잃었던 양심이 밤낮으로 되살아나고 동트기 전의 청명한 기운을 쐬게 되면 일반적으로 사람들이 지니고 있던 호오(好惡)의 정은 거의 없어지고, 순수한 양심이 싹트게 마련이다. 그러나 그 사람이 낮에 돌아다니면서 하는 인과 의에 벗어나는 행위가 또 그렇게나마 회복된 양심을 혼란시켜 없애 버리게 하는 것이다.

이렇듯 양심을 교란시켜 없애 버리게 하는 일을 자꾸 되풀이하게 되면, 밤새 생겨나는 그 사람의 맑고 명랑한 기운은 남아 있는 게 없을 정도로 아주 줄어들고 말 것이다. 밤새 생겨나는 맑고 명랑한 기운이 남아 있는 게 없을 정도로 아주 줄어들게 되면 그 사람은 짐승과 거의 다를 바가 없게 되고 만다. 사람들이 그 사람이 짐승과 같은 것을 보고는 그 사람에게는 인과 의를 따르게 하는 재성이 본래부터 있지 않았다고 생각하게 되는 것이지만, 그렇게 양심이 없게 구는 것이 어찌 인간의 본성이기야 하겠는가. 결코 본성이 악해서 그렇게 되는 것이 아니다.

그러므로 세상 만물은(사람의 마음까지 포함해서) 그것이 보호 육성될 힘을 얻게 되면 예외없이 성장하게 되고, 만약에 그것이 보호 육성될 힘을 잃어버리게 되면 예외없이 소멸해 버리게 되는 것이다. 공자께서 말씀하시기를 '꽉 잡고 지키고 있으면 남아 있고, 내버려두고 돌보지 않으면 없어져 버리며, 드나드는 것이 일정하지 않고, 다루는 데 따라 출입이 무상하고, 그것이 머물러 있는 일정한 장소를 알 수 없는 것은 다름 아닌 인간의 마음인 것이다'라고 하셨다."

原文 孟子曰："牛山之木이 嘗美矣.러니 以其郊於大國也,ㅣ라 斧斤이 伐之,어니 可以爲美乎?아 是其日夜之所息,과 雨露之所潤,에 非無萌蘖之生焉,이언만은 牛羊이 又從而牧之,라 是以로 若彼濯濯也.하니 人이 見其濯濯也,하고 以爲未嘗有材焉,이라 하나니 此豈山之性也哉?리오 雖存乎人者,인들 豈無仁義之心哉?리오만은 其所以放其良心者, 亦猶斧斤之於木也,ㅣ니 旦旦而伐之,어니 可以爲美乎?아 其日夜之所息,과 平旦之氣,에 其好惡與人相近也者幾希,어늘 則其旦晝之所爲,에 有梏亡之矣.라 梏之反覆, 則其夜氣不足以存,이요 夜氣不足以存, 則其違禽獸不遠矣.니 人見其禽獸也, 而以爲未嘗有才焉者,라 하나니 是豈人之情也哉?리오 故로 苟得其養,이면 無物不長,이요 苟失其養,이면 無物不消.니라 孔子曰：'操則存,하고 舍則亡.이라 出入無時,하야 莫知其鄕,은 惟心之謂與?인저'하시니라"

9. 주위 환경이 나쁘면 총명도 가려진다

맹자께서 이런 말씀을 하셨다.

"우리는 제왕(齊王)이 지혜롭지 못해서 정당한 도리를 분별하지 못하는 게 아닌가 하고 의심해서는 안 된다(제왕은 결코 그 본성이 남과 다르지 않은데, 다만 주위 환경이 좋지 못해 마음을 분산시켜 양심을 보호 육성하지 못해서 그렇게 보일 따름이다). 이를테면 이 세상에서 가장 잘 자라는 식물이라 해도 단 하루만 햇볕에 쬐어 주고 열흘 동안 응달에 놓아 차게 해준다면 자라지 못할 것은 뻔한 노릇이다.

제왕의 경우도 그와 비슷하다. 내가 제왕을 알현하여 인의로써 그를 권면하여 그의 양심을 싹트게 해주는 기회는 드문데, 내가 그렇게 하고 물러나면, 곧 불의와 부정을 가지고 제왕의 양심을 상실케 하는 인간들이 모여들어 제왕으로 하여금 인의를 몰각하고 정도를 분별하지 못하게 만든다. 그러므로 몰각했던 양심의 싹이 텄다 해도 그것을 잘 보호 육성해서 정당한 도리를 분별할 수 있도록 하여 인정을 베푸는 훌륭한 임금으로 되게 할 길이 없는 것이다.

한 가지 비유를 들어 이 일을 살펴보기로 하자. 바둑의 수라는 것은 별로 대수롭지 않은 수이기는 하지마는, 그것도 전심전력해서 거기에만 머리를 쓰지 않는다면 그것을 터득해서 활용할 수 있는 단계에까지 도달할 수 없는 것이다.

혁추(奕秋)는 전국에서 바둑을 제일 잘 두는 사람인데, 그 혁추를 시켜 동시에 두 사람에게 바둑 두는 기술을 가르쳐 주게 했을 경우, 그 중의 한 사람은 전심전력하여 바둑 수를 배우는 데에만 머리를 쓰고 오직 혁추가 가르쳐 주는 말만을 듣고 열심히 배운다. 하지만 다른 한 사람은 그와는 달리 혁추의 말을 듣고 있기는 하나 마음을 분산시켜 '만약 기러기가 날아온다면'하는 공상을 하면서, 그럴 경우에는 활에다 주살을 메워서 그 날아오는 기러기를 쏘겠다고 생각한다고 하자. 이 사람은 열심히 배우는 사람과, 같은 선생에게서 바둑을 같이 배운다고는 하지만 그 사람이 터득하는 정도를 도저히 따라가지 못할 것은 뻔한 노릇이다. 공상하는 사람의 지혜가 열심히 배우는 사람의 지혜만 못해서 따라가지 못하는 것인가? 그렇지 않다. 그가 마음을 다른 데 두고 공부에 열중하지 않기 때문에 그런 것이다."

原文 孟子曰："無或乎王之不智也!ㅣ로다 雖有天下易生之物也,ㅣ나 一日暴之,요 十日寒之,면 未有能生者也.ㅣ니 吾見이 亦罕矣,요 吾退而寒之者至矣.니 吾如有萌焉에 何哉!리오 今夫奕之爲數,는 小數也,ㅣ나 不專心致志, 則不得也.ㅣ니 奕秋,는 通國之善奕者也.ㅣ라 使奕秋로 誨二人奕.이어든 其一人은 專心致志,하야 惟奕秋之爲聽.하고 一人은 雖聽之,나 一心에 以爲有鴻鵠이 將至,어든 思援弓繳而射之,하면 雖與之俱學,이라도 弗若之矣.리니 爲是其智弗若與?아 曰, 非然也.ㅣ니라"

10. 정당한 의를 위해서는 생명도 사양치 마라

맹자께서 이런 말씀을 하셨다.

"여기에 두 가지 맛있는 것이 있는데, 그 가운데 꼭 한 가지만을 취해야 할 경우의 내 태도는 다음과 같다. 예를 들어 여기에 물고기와 웅장(熊掌)이 있다고 하자. 나는 그 두 가지를 모두 원하지만 그 두 가지를 모두 가져서는 안 되고 그 중의 한 가지만 가질 수밖에 없는 경우라면, 나는 웅장이 더 귀하고 맛있는 것이기 때문에 물고기는 포기하고 웅장을 취한다.

이러한 취사 선택의 태도는, 생명의 존속과 의를 위한 죽음이라는 두 가지 중의 하나를 택해야 할 경우에도 마찬가지다. '생과 의'를 동시에 모두 가질 수 없고 그 중 한 가지만 택해야 할 경우에는 나는 생명을 포기하는 한이 있더라도 목숨을 걸고 의를 취한다.

이런 태도를 취하는 이유는, 죽지 않고 살아 남는다는 것도 내가 원하는 것이기는 하지만, 내가 원하는 것 중에 살아 남는다는 것보다 더 간절하게 원하는 것이 있기 때문에 구차스럽게 살아 남는 쪽을 취하는 짓을 하지 않는 것이다. 또 죽음 역시 내가 싫어하는 것이지만, 내가 싫어하는 것 중에 죽음보다 더 지독하게 싫어하는 게 있기 때문에 생명을 희생하는 환난까지도 기피하지 않는 것이다.

만약 어떤 사람이 원하는 것이 사는 것보다 더 간절한 게 없다면, 살 수 있기 위한 무슨 수단 방법인들 사용하지 않겠는가? 아무리 저열한 수단 방법이라 해도 꺼리지 않고 사용하여 살기를 꾀할 것이다. 그리고 어떤 사람이 죽는 것보다 더 지독한 게 없다면 무릇 생명을 희생하는 환난을 회피할 수 있는 것이라면 무슨 짓인들 하지 않겠는가? 아무리 비루한 짓이라도 무릅씀으로써 죽지 않기를 꾀할 것이다. 그런 수단에 따르면, 사는 데도 그런 수단을 쓰지 않는 경우가 있고, 그런 짓을 해내면 생명을 희생할 환난을 회피할 수 있는데도 그런 짓을 하지 않는 경우가 있다. 그런 까닭에 사람이 원하는 것에는 사는 것보다 더 간절한 게 있고, 싫어하는 데도 죽는 것보다 더 지독한 게 있는 것이다. 비단 현자만이 의를 위해서 생명을 희생하는 것까지 불사하는 마음을 가진 것이 아니라 사람이면 누구나 목숨을 걸고 의를 지키려는 마음이 있는 것이다. 다만 현자는 그런 마음을 잃어버리지 않는 것뿐이다.

이제 사람이 극도로 굶주려서 한 대그릇의 밥과 한 나무그릇의 국을 얻어먹으면 살아나고, 그것을 얻어먹지 못하면 죽게 되는 절박한 지경에 놓여 있을 경우라 해도 만약 그것을 '옛다'하고 극도로 경멸하는 태도로 던져 주듯이 주게 되면 길을 가는 대수롭지 않은 사람이라 해도 죽으면 죽었지 결단코 그것을 받아먹지 않는다. 또 그것을 한층 더 천시하는 태도로 던지듯이 주게 되면 가장 비천한 거지조차도 죽는 한이 있을지언정, 그것을 받아먹으려 들지 않는다.

그런데 만종(萬鍾)의 녹을 받는 벼슬자리라 하게 되면 그런 경우에는 그것을 받는 것이 예의에 합당한가를 따지지 않고 덮어놓고 받아들이는 것이 지금 세상의 통례다. 사실 따지고 보면 만종의 녹을 자기의 수입으로 한다 해도 결코 자기 자신이 사는 데 더 보탬이 되는 것은 아니다. 결국 그렇게 덮어놓고 만종의 녹을 받는다는 것은, 자기가 거처하는 주택을 미려하게 꾸미고 처첩을 잘 공양해 주고, 자기가 아는 사람 가운데 궁핍한 자가 자기에게서 얻어 쓰게 해주기 위해서 그렇게 하는 것인가? 앞서 한 대그릇의 밥과 한 나무그릇의 국의 경우는 자기 자신을 죽게 만들면서도 받아먹지 않고, 이번 만종 녹의 경우에는 자기가 거처할 주택을 미려하게 꾸미기 위해서 예의도 따지지 않고 받아들인다.

앞의 경우에는 자기 자신을 죽게 만들면서도 받아먹지 않고, 후자의 경우에는 처첩을 공양하기 위해서 예의도 따지지 않고 받아들인다. 앞서의 경우에는 자기 자신을 죽게 만들면서도 받아먹지 않고, 후자의 경우에는 자기가 아는 사람 가운데 궁핍한 자가 자기에게서 얻어 쓰게 해주기 위해서 예의도 따지지 않고 받아들인다.

만종 녹이면 덮어놓고 받아들이는 짓은 과연 그만둘 수 없는 일에 속하는 것일까? 결코 그렇지 않은 것이다. 그렇게 하는 것은 자기 본연의 마음을 상실한 짓이라고 하는 것이니, 본연의 마음을 지키고 있는 사람은 그런 짓을 하지 않는다."

原文 孟子曰 : "魚,도 我所欲也.ㅣ며 熊掌,도 亦我所欲也.언만은 二者를 不可得兼,인댄 舍魚而取熊掌者也.ㅣ리라 生, 亦我所欲也.ㅣ며 義, 亦我所欲也.언만은 二者를 不可得兼,인

댄 舍生而取義者也.ㅣ리라 生亦我所欲,이언만은 所欲이 有甚於生者,라 故로 不爲苟得也.하며 死亦我所惡,언만은 所惡有甚於死者,라 故로 患有所不辟也.ㅣ니라 如使人之所欲,이 莫甚於生,이면 則凡可以得生者,를 何不用也?ㅣ며 使人之所惡,莫甚於死者,면 則凡可以辟患者,를 何不爲也?ㅣ리오 由是則生而有不用也,하며 由是則可以辟患而有不爲也,ㅣ니라 是故로 所欲이 有甚於生者,하며 所惡有甚於死者,하니 非獨賢者有是心也,ㅣ라 人皆有之,언만은 賢者能勿喪耳.니라 一簞食,와 一豆羹,을 得之則生,하고 弗得則死,라도 嘑爾而與之,면 行道之人도 弗受,하며 蹴爾而與之,면 乞人도 不屑也.ㅣ니라 萬鍾則不辯禮義而受之,하나니 萬鍾이 於我何加焉?이리오 爲宮室之美,와 妻妾之奉,이 所識窮乏者得我與?인저 鄕爲身엔 死而不受,타가 今爲宮室之美하야 爲之,하며 鄕爲身엔 死而不受,타가 今爲妻妾之奉하야 爲之,하며 鄕爲身엔 死而不受,타가 今爲所識窮乏者得我而爲之,하나니 是亦不可以已乎?아 此之謂失其本心.이니라"

11. 인은 사람의 마음이며 의는 사람의 정당한 길이다

맹자께서 이런 말씀을 하셨다.

"인은 사람의 본연의 마음의 발로 그 자체이고, 의는 사람이 마땅히 행해야 할 정당한 길인 것이다. 자기가 마땅히 행해야 할 정당한 길을 버리고 그 길을 따라가지 않으며, 자기 본연의 마음을 드러내어 잃어버리고서도 그것을 되찾을 줄을 모르니, 이는 실로 슬픈 노릇이다.

사람이란 이상한 것이, 자기 개나 닭을 밖에 드러내 놓아 보이지 않게 되면 찾을 줄 알면서도, 자기 본연의 마음을 방실(放失)하는 사례가 생기면 그것을 되찾을 줄 모른다(이것은 실로 일의 경중을 가리지 못하는 처사라 하지 않을 수 없다). 우리가 학문하는 기본은, 결코 오묘한 데 있는 것이 아니고, 자기의 방실한 본연의 마음을 되찾는 것일 따름이다."

原文 孟子曰 : "仁,은 人心也.ㅣ요 義,는 人路也.ㅣ니라 舍其路而弗由,하며 放其心而不知求,하나니 哀哉!라 人이 有雞犬,이 放則知求之,하되 有放心而不知求.하나니 學問之道는 無他,라 求其放心而已矣.니라"

12. 손가락 다른 것은 알고 마음 다른 것은 모른다

맹자께서 이런 말씀을 하셨다.

"만약 무명지가 구부러진 채 펴지지 않게 된다고 하자. 그것이 아프거나 일하는 데 방해가 되거나 하지는 않는데도 손가락이 펴지기를 갈구하여, 그 손가락을 펴서 다른 손가락같이 자유스럽게 폈다 굽혔다 할 수 있게 해주는 사람이 있다는 것만 알면 그 사람이 비록 진(秦)나라나 초(楚)나라같이 먼 지방에 산다 해도 그 먼 길을 무릅쓰고 그 사람을 찾아가 고칠 것이다. 사람이 이렇게까지 자기 구부러진 손가락 하나를 펴려고 애쓰는 것은, 그 손가락이 다른 손가락과 같지 않기 때문이다. 그런데 또 사람에게는 큰 모순이 있는 것이, 손가락 하나가 다른 사람과 같지 않으면 그것이 싫어서 고쳐 보려고 애쓰면서, 그보다 더 중요한 자기의 마음이 남과 같지 않을 경우에는 도리어 그것을 싫어하여 남과 같이 되어 보려고 애쓰지 않는다. 이런 것을 두고 유추(類推)할 줄을 모른다고 말하는 것이다."

原文 孟子曰："今有無名之指,하야 屈而不信,이라도 非疾痛害事也,언만은 如有能信之者,면 則不遠秦楚之路,하나니 爲指之不若人也.ㅣ니라 指不若人, 則知惡之,하되 心不若人, 則不知惡,하나니 此之謂不知類也.ㅣ니라"

13. 사람들은 수양하는 방법을 모르고 있다

맹자께서 이런 말씀을 하셨다.

"두 손이나 한 손아귀에 드는 굵기의 어린 오동나무나 가래나무라 해도, 사람이 그것을 기르려고만 든다면 모두 그것을 재배하는 방법을 알게 마련이다. 그런데 자기 자신을 수양하여 올바로 발전시키려 들면 도리어 수양하는 방법을 모른다. 자기 자신을 아끼는 것이 어찌 오동나무나 가래나무를 아끼는 것만 못하기야 하랴만 깊이 생각하지 않기 때문에 그 수양하는 방법을 모르는 것이다."

原文 孟子曰, "拱把之桐梓,를 人苟欲生之,면 皆知所以養之者.로대 至於身,하야는 而不知所以養之者,하나니 豈愛身이 不若桐梓哉리오? 弗思甚也.ㅣ라"

14. 작은 것을 기르는 사람과 큰 것을 기르는 사람

맹자께서 이런 말씀을 하셨다.

"사람은 자기 몸에 대해서는 어느 부분을 따질 것 없이 두루 아낀다. 이렇듯 두루 아끼게 되면, 어느 부분을 따질 것 없이 두루 양육하게 마련이다. 이를테면, 한 자나 한 치 되는 극히 작은 부분의 살까지도 빠짐없이 아끼게 되면 한 자나 한 치 되는 극히 작은 부분의 살까지 빠짐없이 양육하게 마련이다. 그 기르는 방법에 있어서 잘하고 잘못하고 하는 것을 고려하여 결정짓는 방법은 결코 별다른 것이 아니고 오직 자기 자신 안에서 좋다고 생각되는 것을 고려해서 정하는 것일 따름이다.

한 사람의 몸에는 귀한 부분과 천한 부분이 있고, 큰 부분과 작은 부분이 있다(심지 따위는 귀하고 큰 부분이라 하겠고, 口腹 따위는 천하고 작은 부분이라 하겠다). 그러므로 사람은 자기 몸을 기르는 데 있어서 작은 부분을 기르기 위하여 큰 부분을 해치는 일을 해서는 안 되는 것이고, 또 귀한 부분을 기르기 위하여 천한 부분을 해치는 일을 해서는 안 될 것이다. 자기의 작은 부분을 기르는 데 시종하는 사람은 소인이 되고, 자기의 큰 부분을 기르는 데 시종하는 사람은 대인이 되는 것이다.

만약 나무 심는 것을 업으로 하는 원예사가 있다고 하자. 자기의 오동나무와 가래나무 같은 좋은 재목이 될 나무는 돌보지 않고, 도리어 자기의 신 대추나무와 가시나무 같은 아무 소용에도 닿지 않는 나무를 공들여 기른다면, 그런 원예사는 아주 천한 원예사가 되고 말 것이다. 또 만약 자기의 손가락 하나만 기르는 데 열중하고 자기의 어깨와 등을 잊어 버리며 그 중요성을 모른다면,

그런 사람은 고개를 뒤로 돌리지 못하는 이리[狼]의 병에 걸린 사람이 되고 말 것이다.

구복(口腹)의 욕구를 충족시키기 위해 음식에만 급급하는 사람이라면 사람들이 그를 천하게 볼 것이다. 그가 구복 같은 작은 부분을 기르기 위해 심지 같은 큰 부분을 기르는 중요한 일을 소홀히 하기 때문이다. 음식에만 급급하는 사람이라 해도 만약 심지 같은 큰 부분을 잃어버리는 일이 없다면 그 사람이 애써 기르는 구복이라 한들 그 중요성이 어찌 한 자나 한 치밖에 안 되는 살 정도에 그치겠는가? 구복도 사람에 있어 상당히 중요한 부분을 차지하고 있으므로 다른 부분을 소홀히 하지 않는다면 그것을 기를 가치가 충분히 있는 것이다(문제는 구복을 기르기 위해 다른 부분을 소홀히 하는 데 있는 것이다)."

原文 **孟子曰, "人之於身也,**에 **兼所愛.**니 **兼所愛, 則兼所養也.**ㅣ라 **無尺寸之膚**를 **不愛焉, 則無尺寸之膚**를 **不養也.**ㅣ니 **所以考其善不善者,**는 **豈有他哉?**리오 **於己**에 **取之而已矣.**니라 **體有貴賤,**하며 **有大小.**하니 **無以小害大,**하며 **無以賤害貴.**니 **養其小者**는 **爲小人,**이요 **養其大者**는 **爲大人.**이니라 **今有場師,**하야 **舍其梧檟,**하고 **養其樲棘,**하면 **則爲賤場師焉.**이니라 **養其一指**하고 **而失其肩背而不知也,**ㅣ면 **則爲狼疾人也.**ㅣ니라 **"飮食之人,**을 **則人賤之矣,**니 **爲其養小以失大也.**ㅣ니라 **飮食之人**이 **無有失也,**ㅣ면 **則口腹**이 **豈適爲尺寸之膚哉?**리오"

15. 이목을 기르는 자는 소인이고 마음을 기르는 자는 대인이다

공도자가 맹자에게 물었다.

"모두 똑같은 사람인데, 그 중의 어떤 사람은 대인이 되고 또 그 중의 어떤 사람은 소인이 되는 것은 무엇 때문입니까?"

맹자께서 이 질문을 받고 공도자에게 일러주셨다.

"사람이 자기의 큰 몸, 즉 생각하는 마음에 따라 행동하게 되면 대인이 되는 것이고, 그렇지 않고 자기의 작은 몸, 즉 이목(耳目) 같은 기관의 행동에 따라 움직이게 되면 소인이 되는 것이다."

공도자는 다시 이렇게 질문했다.

"그렇다면 모두 똑같은 사람인데, 어떤 사람은 자기의 큰 몸에 따라 행동하고, 또 어떤 사람은 그렇지 못하고 자기의 작은 몸에 따라 움직이는 것은 무엇 때문입니까?"

맹자께서는 다음과 같이 설명해 주셨다.

"이목이라는 기관으로 말할 것 같으면 대체로 생각하는 일 없이 밖의 사물에 가리어져 정상적인 기능을 발휘하지 못한다. 다만 밖의 사물이 이목이라는 물건에 접촉하게 되면 그 보고 듣고 하는 힘은 욕망에 가리어져 그 사물에 끌려가게 될 따름이고 올바른 구실을 하지 못한다. 이와는 대조적으로 마음이라는 기관으로 말할 것 같으면 이목과는 달리 생각한다. 생각하면 사리를 터득해서 정욕에 치우치지 않고 올바르게 행동하게 된다. 생각하지 않는다면 사리를 터득하지 못하게 되고 정욕에 쏠려 치우친 행동을 하게 된다. 만약 사람이 하늘이 자기에게 부여한 여러 가지를 비교해서 먼저 자기의 큰 것, 즉 본심의 올바름을 확립시켜 정욕에 치우치는 행동을 하지 않게 된다고 할 것 같으면, 그때에는 자기의 작은 것, 즉 이목 같은 감관도 외물에게 가려져 그 올바른 기능을 빼앗겨 버리지 않게 될 것이다. 이러한 경지에 도달한 사람이 대인일 따름이지, 대인이라고 별로 특이할 것은 없다."

原文 **公都子問曰, "鈞是人也,** ㅣ로대 **或爲大人,** 하며 **或爲小人,** 은 **何也.** 이꼬" **孟子曰, "從其大體爲大人,** 이요 **從其小體爲小人.** 이니라" **曰, "鈞是人也,** ㅣ로대 **或從其大體,** 하며 **或從其小體,** 는 **何也?** 이꼬" **曰, "耳目之官** 은 **不思, 而蔽於物.** 하나니 **物交物. 則引之而已矣.** 요 **心之官則思,** 라 **思則得之,** 하고 **不思則不得也.** ㅣ니 **此天之所與我者.** 라 **先立乎其大者,** 면 **則其小者弗能奪也.** ㅣ니 **此爲大人而已矣.** 니라"

16. 천작(天爵)과 인작(人爵)

맹자께서 이런 말씀을 하셨다.

"천작(天爵)이라는 것이 있고 인작(人爵)이라는 것이 있다. 인·의·충·신·선을 즐기고 지치지 않는 것은 천작이다. 공경·대부는 인작이다. 옛날 사람들은 자기의 천작을 닦으면 인작이 그것에 따라왔다. 요새 사람들은 자기의 천작을 닦아 가지고서 인작을 요구한다. 그리고 인작을 얻고 나서 자기의 천작을 버린다면 그런 사람은 미혹됨이 심한 자이다. 그런 사람은 종당에는 역시 그것(인작)마저 쓸어 버리고야 말 것이다."

原文 **孟子曰, "有天爵者,** 하며 **有人爵者.** 하니 **仁義忠信, 樂善不倦,** 은 **此** 는 **天爵也.** ㅣ요 **公卿大夫,** 는 **此** 는 **人爵也.** ㅣ

니라 **古之人**,은 **修其天爵, 而人爵從之.**러니라 **今之人**은 **修其天爵**하야 **以要人爵,**하고 **旣得人爵而棄其天爵,**하나니 **則惑之甚者也,**ㅣ라 **終亦必亡而已矣.**니라"

17. 인의의 미덕을 갖추면 천작을 얻는다

맹자께서 이런 말씀을 하셨다.

"사람이면 누구나 다 고귀한 것을 원한다. 그러나 사실은 사람마다 누구나 자기보다 고귀한 천작을 누릴 수 있는 가능성을 지니고 있는데, 다만 생각하지 않기 때문에 그것을 누리게 되지 못할 뿐이다. 사람들이 일반적으로 고귀하게 여기는 인작이란 것은 사실 최상급의 고귀한 것은 아니다. 이를테면 조맹(趙孟) 같은 경상(卿相)의 지위에 있는 사람이 작록을 주어 고귀하게 해주는 것은, 조맹이 또 그 자리를 삭탈하여 도로 천하게 만들어 버릴 수 있는 것이다. 그러므로 인작은 최상급의 고귀한 것이라고는 할 수 없다. 《시경》〈대아〉 기취편(旣醉篇)에 '이미 취하도록 술을 마셨고 이미 충분한 덕을 받았다'라고 한 구절이 있거니와 이것은 인의의 미덕을 충분히 갖추어 천작을 누리게 되었기 때문에 남이 즐기는 고량진미를 부러워하지 않고, 훌륭한 평판과 널리 존경받는 명예가 자기 자신에게 갖추어져 있기 때문에 남이 즐기는 문채(文彩) 있는 수(繡)로 장식된 의복을 부러워하지 않음을 말한 것이다(이렇듯 천작을 누리는 사람은 인작을 부러워하지 않는다)."

原文 **孟子曰, "欲貴者,**는 **人之同心也.**ㅣ나 **人人**이 **有貴於己者,**언만은 **弗思耳.**니라 **人之所貴者,**는 **非良貴也.**ㅣ니 **趙孟之所貴,**는 **趙孟**이 **能賤之.**니라 **詩云, '旣醉以酒,**요 **旣飽**

以德.이라'하니 言飽乎仁義也,ㅣ라 所以不願人之膏粱之味也.ㅣ며 令聞廣譽施於身,이라 所以不願人之文繡也.니라"

18. 불인(不仁)을 이기려면 충분한 인을 지녀야 한다

맹자께서 이런 말씀을 하셨다.

"인이 불인(不仁)을 이기는 것은 당연한 이치여서, 그것은 마치 불이 물을 이기는 것과 다름이 없다. 그렇기는 하지만 불인을 이기려면 그것을 이겨낼 만한 충분한 인이 있어야 된다. 그러나 지금 세상의 인을 실천한다는 사람은 불인을 이겨낼 만한 충분한 인을 행하지 않고서 도리어 인이 불인을 이기지 못한다고 생각하니, 그것은 마치 한 잔의 물을 가지고 수레 하나에 가득 실려 있는 땔나무에 붙은 불을 끄려다가 그 불이 꺼지지 않으면 물이 불을 이겨내지 못한다고 말하는 것과 같다. 그런 사람은 엄밀히 말하면, 불인 쪽에 편을 드는 사람 가운데에서도 그 정도가 심한 사람이라 하겠고, 그런 사람은 또 종당에는 그가 약간이나마 지녔던 인마저 잃어버리고 말게 될 따름이다."

原文 孟子曰, "仁之勝不仁也,는 猶水勝火.라 今之爲仁者,는 猶以一杯水,로 救一車薪之火也.ㅣ라 不熄, 則謂之水不勝火.라하나니 此又與於不仁之甚者也.ㅣ니라 亦終必亡而已矣.니라"

19. 여물지 않은 곡식은 잡초만도 못하다

맹자께서 이런 말씀을 하셨다.

"오곡이라는 것은 종자 가운데서 대표적으로 좋은 것들이다. 그렇기는 하지만 만약 그 오곡이 여물지 않는다면 차라리 비름과 피 같은 잡초만도 못할 것이다(오곡이 여물어서 좋은 곡식을 사람에게 공급해 주는 데 그 가치가 있는 것같이). 인 역시 그 귀중한 가치는 그것이 잘 성숙하여 그 미덕이 발휘되는 데 있는 것이므로, 그렇지 못하면 아무런 가치도 의의도 없는 것이다."

原文 孟子曰, "五穀者,는 種之美者也.ㅣ나 苟爲不熟,이면 不如荑稗.니 夫仁,도 亦在乎熟之而已矣.니라"

20. 일에는 모두 요점을 알아야 한다

맹자께서 이런 말씀을 하셨다.

"옛날의 명궁수였던 예(羿)가 남에게 활 쏘는 방법을 가르치는 데는 반드시 활 당기는 것을 전심해서 배우게 하였고, 그에게 배우는 사람도 역시 활 당기는 것에 전심했다. 대목이 남에게 목수일을 가르쳐 주는 데는 반드시 규구(規矩)를 가지고 가르쳤고, 그에게 배우는 사람 역시 규구를 가지고 배웠던 것이다(이같이 학문을 하는 사람은 인의에 따르는 것에 전심해야 할 것이다)."

原文 孟子曰, "羿之教人射,에 必志於彀,하나니 學者도 亦必志於彀.니라 大匠이 誨人,에 必以規矩,하나니 學者도 亦必以規矩.니라"

제12장 고자장구(告子章句)·하

1. 예와 먹는 것과 색

맹자의 제자인 옥려자(屋廬子)가 예를 숭상하는 것을 공박하기 위해, 다음과 같은 어려운 질문을 제기하는 임(任)나라 사람이 있었다.

임나라 사람이 옥려자에게 물었다.

"예법을 지켜서 행하는 것과 음식을 먹는 것을 비교한다면 어느 쪽이 더 소중합니까?"

옥려자는 서슴지 않고 대답했다.

"예법을 지켜서 행하는 것이 더 소중합니다."

"예법을 지켜서 음식을 먹으면 굶주려서 죽어 버리게 되고, 예법을 지키지 않고 음식을 먹으면 먹을 것을 얻게 되는 경우에도 반드시 예법을 지켜야 합니까? 그리고 또 육례(六禮)를 갖추어 맞이하자면 아내를 얻지 못하게 되고, 그렇게 하지 않으면 아내를 얻게 되는 경우에도 반드시 예법을 지켜야 합니까(예를 숭상하는 분이시니 이 점을 좀 대답해 보시오)?"

이 질문을 받은 옥려자는 그 이튿날 백여 리나 되는 추(鄒)까지 가서 스승인 맹자에게 그 경위를 고했다. 그랬더니 맹자께서는 이렇게 말씀하셨다.

“그런 질문에 대답하는 것이 무엇이 어려운가? 아주 쉬운 일이다. 근본을 고려하지 않고 그 말단을 동등하게 다루기로 요량한다면 얼마든지 무리한 말을 할 수 있는 것이어서, 사방 한 치밖에 안 되는 작은 나무도 높은 산언덕보다 더 높게 만들 수도 있는 것이야. 그것을 무수하게 쌓아올리면 되는 것이다. 말이야 쇠붙이가 새털보다 무겁다고 하지만 그 말이 어찌 혁대고리 쇠 하나와 수레에 하나 가득 실은 새털을 비교해서 한 말이겠는가. 결코 그렇지 않은 것이다(아무리 새털이라 해도 수레에 하나 가득 되면 혁대고리 쇠 하나보다는 훨씬 무거운 것이다).

이와 같이 음식 먹는 일 중의 중요한 것과 예법을 지켜서 행하는 일 중의 대단치 않은 것을 들어서 비교할 경우에 어찌 음식 먹는 것이 중요하다뿐이겠는가? 음식 먹는 것이 필수적인 요건이 될 수 있는 것이다. 또 여인을 얻어서 사는 것 중 중요한 것과 예법을 지켜서 행하는 것 중 대단치 않은 것을 들어서 비교할 경우에 어찌 여인을 얻어서 사는 것이 중요하다뿐이겠는가? 여인을 얻어서 사는 것이 필수적인 요건이 될 수 있는 것이다. 그러므로 자네는 임(任)으로 돌아가서 그 사람한테 이렇게 응수하게나그려. ‘만약 자기 형의 팔을 비틀어서 먹을 것을 강탈하면 먹을 것을 입수하게 되고, 그렇지 않으면 먹을 것을 얻지 못할 경우라면 자기 형의 팔을 비틀어서 먹을 것을 강탈하겠는가? 또 동쪽 이웃집의 담을 넘어가서 그 집의 처녀를 납치해 오면 아내를 얻게 되고 그렇게 하지 않으면 아내를 못 얻게 되는 경우라면 담을 넘어가서 납치해 오겠는가(이것은 그 사람이 질문한 방법과 꼭 같으므로 그 사람은 말문이 막혀 버리고 말 것일세).”

原文 任人이 有問屋廬子曰, “禮與食이 孰重?고” 曰, “禮重.이니라” “色與禮孰重?고” 曰, “禮重.이니라” 曰, “以禮食, 則飢而死,하고 不以禮食, 則得食,이라도 必以禮乎?아 親迎, 則不得妻,하고 不親迎, 則得妻,라도 必親迎乎?아” 屋廬子不能對,하야 明日에 之鄒,하야 以告孟子.한데 孟子曰, “於答是也에 何有?리오 不揣其本, 而齊其末,이면 方寸之木을 可使高於岑樓.니라 金重於羽者,는 豈謂一鉤金與一輿羽之謂哉?리오 取食之重者와 與禮之輕者而比之,면 奚翅食重?이며 取色之重者와 與禮之輕者而比之면 奚翅色重?이리오 往應之曰, ‘紾兄之臂而奪之食, 則得食,하고 不紾, 則不得食,이라도 則將紾之乎? 아 踰東家牆而摟其處子, 則得妻,하고 不摟, 則不得妻,라도 則將摟之乎?’하라”

2. 도(道)의 문은 넓은 것

조(曹)나라 국군의 동생인 교(交)가 맹자에게 이런 질문을 했다.
“사람이면 누구나 다 요·순 같은 성인이 될 수 있다는 것이 과연 사실입니까?”
맹자께서 그렇다고 대답하자, 조교는 또 이렇게 물었다.
“제가 들은 바로는, 주나라 문왕은 신장이 10척이고, 상(商)나라의 탕왕은 9척이었다고 합니다. 그런데 지금 저는 문왕과 탕왕의 신장의 중간인 9척 4촌 정도로 키가 크지만, 요·순같이 되기는 가당치도 않고 곡식만 축을 낼뿐 하나도 보람 있는 일을 못하고 있으니 어떻게 하면 좋겠습니까?"

이 말을 들은 맹자께서는 다음과 같이 설명하셨다.

"신장이 크고 작은 것이야 요·순 같은 성인이 되는 데 무슨 상관이 있겠소? 신장과는 관계가 없는 것이죠. 무엇보다도 요·순 같은 성인이 되도록 노력하는 것이 중요한 것이지 그밖의 것은 아무런 상관도 없는 거요. 만약 어떤 사람의 힘이 병아리 한 마리도 이겨내지 못한다면 힘없는 사람이 될 것이고, 만약 3천 근의 무게를 들어올린다고 한다면 힘있는 사람이 될 것이오. 그러고 보면 옛날의 대역사 오획(烏獲)이 감당할 수 있었던 굉장히 무거운 것을 들어올린다면 그 사람 역시 오획과 같은 대역사가 된다는 결론을 얻게 되는 것이 아니겠소? 대체로 사람이면 어찌 이겨내지 못하는 것을 가지고 근심하겠소? 하면 다 해낼 수 있는데 하려 들지 않는 게 탈일 뿐이지요.

요·순 같은 성인이 되는 것을 간단히 설명해 보면 이렇소. 천천히 걸어서 연장자보다 좀 뒤에 떨어져서 가는 것을 제(弟), 즉 공손하다고 하고, 빨리 걸어서 연장자보다 앞서 가는 것을 부제(不弟), 즉 공손하지 않다고 하는 거요. 그런데 따지고 보면 천천히 걸어가는 일이야 어찌 사람이 해낼 수 없는 일이기야 하겠소? 하지 않는 것이지요. 요·순의 도는 효제일 따름이지 그밖에 아무것도 아니오. 만약 당신이 요임금이 입었던 것과 같은 예법에 맞는 의복을 입고, 요임금이 말했던 것과 같은 인의에 따른 말을 하고, 요임금이 행했던 것과 같은 자제의 행위를 한다면 그것이 곧 요임금과 다름없는 성인이지요. 별다른 게 요임금 같은 성인이 아니오.

이와 대조적으로 만약에 당신이 걸(桀)이 입었던 것 같은 예법에 맞지 않는 해괴한 의복을 입고, 걸이 말했던 것과 같은 인의에 따르지 않는 말을 하고, 걸이 행했던 것과 같은 음흉한 행위를 한다면 그것이 곧 걸과 다름없는 악인이지 다른 게 걸 같은 악인이 아니오.”

맹자의 이 말씀을 듣고 감동한 듯한 조교는 이런 청을 드렸다.

“제가 추나라의 국군을 뵙게 되면, 제가 머물러 있을 숙사를 빌릴 수 있을 것입니다. 선생님이 계신 이 추나라에 머물러 있으면서 선생님의 문하에서 가르침을 받게 되기를 원하오니, 제자로 받아들여 주십시오.”

맹자께서는 이렇게 대답하셨다.

“대체로 도라는 것은 큰 길과 같은 것이니 그 도가 어찌 알기 어렵겠소? 도를 터득한다는 것은 쉬운 일이지만, 사람이 그것을 알려고 하지 않고 찾으려 하지 않는 게 병일 뿐이오. 당신이 본국인 조나라로 돌아가서 진심으로 도를 구하면, 그때는 당신을 올바로 이끌어 줄 스승은 남아 돌아갈 만큼 생겨날 것이오.”

原文 **曹交問曰, “人皆可以爲堯舜,**이라 하나니 **有諸.**이까” **孟子曰, “然.**하나니라” “**交**는 **聞文王**은 **十尺,**이요 **湯**은 **九尺,**이라 하니 **今交**는 **九尺四寸以長,**이로대 **食粟而已,**로니 **如何則可?**이꼬” **曰, “奚有於是?**리오 **亦爲之而已矣.**니라 **有人於此,**하야 **力不能勝一匹雛,**면 **則爲無力人矣.**요 **今曰擧百鈞,**이면 **則爲有力人矣.**니 **然則擧烏獲之任,**이면 **是亦爲烏獲而已矣.**니 **夫人**은 **豈以不勝爲患哉?**리오 **弗爲耳**니라! **徐行後長者**를 **謂之弟,**요 **疾行先長者**를 **謂之不弟.**니 **夫徐行者**는 **豈人所不能哉?**리오 **所不爲也.**ㅣ니 **堯舜之道,**는 **孝弟而已矣.**니라 **子服堯之服,**하며 **誦堯之言,**하며 **行堯之行,**이면 **是**는 **堯**

而已矣.요 子服桀之服,하며 誦桀之言,하며 行桀之行,이면 是는 桀而已矣.니라" 曰, "交得見於鄒君,이면 可以假館,이니 願留而受業於門.하노이다" 曰, "夫道,는 若大路然,하니 豈難知哉리오? 人病不求耳!니 子歸而求之,면 有餘師.리라"

3. 어버이를 위한 원망은 허물이 아니다

제자인 공손추가 맹자에게 물었다.

"고자(高子)가 말하기를 '《시경》 〈소아〉의 소변시(小弁詩) 8장은 소인이 지은 시다'라고 말하였는데, 그것이 올바른 견해입니까?"

맹자께서 그의 질문을 듣고 물었다.

"그 시의 어떠한 점을 가지고 고자는 그렇게 비판하는 거냐?"

"그 시에서 자식이 어버이를 원망하였기 때문에 고자가 그 시를 소인이 지은 것이라고 한 것입니다."

맹자께서는 다음과 같이 설명을 가해서 고자의 소변시 비평이 잘못되었음을 일러주셨다.

"정말로 고루하기 짝이 없구나. 고자가 시를 비평함에 있어 소변시를 그렇게 보아서는 안 되는 것이다. 이를테면 여기 어떤 사람이 있는데, 월나라 사람이 활에다 화살을 메우고 그것을 잡아당겨 사람을 쏘고자 하면 그 사람은 떠들고 웃으면서 태연하게 그러지 말라고 할 것이다. 그 사람이 그렇게 하는 것은 다른 이유가 있어서가 아니고, 월나라 사람이 자기와는 관계가 없는 딴 사람이어서 월인을 유원하게 여기기 때문이다. 그런데 만약 이와 달리 자기 형이 활을 당겨서 사람을 쏘려고 한다면, 그 사람은 눈물을 흘리면서 괴로워하며 그러지 말라고 할 것이다.

그가 그렇게 하는 것은 다른 이유가 있어서가 아니고, 자기의 골육지친인 형을 측은하게 여기기 때문에 그러는 것이다. 소변시의 원망은, 결코 그 작자가 소인이기 때문인 것이 아니고, 자식이 어버이를 어버이로 친근하게 받드는 표징인 것이다. 어버이를 어버이로 친근하게 받드는 것은 다름아닌 인(仁)이다. 이런 점을 모르고 함부로 시를 비평하는 고노인(高老人)은 실로 고루하기 짝이 없다."

공손추가 다시 물었다.

"그러시다면 《시경》〈패풍(邶風)〉의 개풍시(凱風詩)도 자식이 어버이의 잘못을 괴로워하는 것인데, 그 경우에는 왜 원망하지 않았습니까?"

맹자께서는 다시 다음과 같이 설명해 주셨다.

"개풍시는 어버이의 허물이 작은 경우이고, 소변시는 어버이의 허물이 큰 경우이다. 이 어버이의 허물이 크고 작은 것을 잘 분별해야 한다. 어버이의 허물이 클 경우에 어버이를 원망하지 않는다면, 그것은 어버이와 더욱 유원해지는 것이다. 어버이의 허물이 작을 경우에 어버이를 원망한다면, 그것은 자식을 조금도 격동하지 못하게 하는 것이다. 어버이와 더욱 소원해지는 것은 물론 불효한 짓이지만, 어버이로 하여금 자식을 조금도 격동하지 못하게 하는 것 역시 불효한 짓이다. 그래서 개풍시의 경우에는 어버이를 원망하지 않는 것이다. 공자께서 말씀하시기를 '순이야말로 지극한 효자였다. 그는 나이가 쉰이 되어서까지도 어버이를 사모하였으니'라고 하셨다."

原文 **公孫丑問曰, "高子曰, '小弁,**은 **小人之詩也.**라'하더이다" **孟子曰, "何以言之?**오" **曰, "怨.**이라 하니이다" **曰,**

"固哉아 高叟之爲詩也!여 有人於此,하야 越人이 關弓而射之,어든 則己談笑而道之,는 無他,라 疏之也.ㅣ요 其兄이 關弓而射之,어든 則己垂涕泣而道之,는 無他,라 戚之也.ㅣ니 小弁之怨,은 親親也.ㅣ라 親親,은 仁也.ㅣ니 固矣夫,라 高叟之爲詩也!ㅣ여" 曰, "凱風은 何以不怨?이니이꼬" 曰, "凱風은 親之過小者也,ㅣ요 小弁은 親之過大者也.ㅣ니 親之過大而不怨,이면 是는 愈疏也.ㅣ요 親之過小而怨,이면 是는 不可磯也.ㅣ니 愈疏도 不孝也,ㅣ요 不可磯도 亦不孝也.ㅣ니라 孔子曰, '舜은 其至孝矣,인저 五十而慕!'라하시니라"

4. 이(利)를 버리고 인·의에 따르라

송경(宋牼)이 막 초나라로 가려고 할 때, 맹자께서 우연히 석구(石丘)라는 고장에서 그를 만나게 되었다.

맹자께서 송경에게 물었다.

"선생께서 이렇게 길에 나오셨으니 어디로 가시려는 것입니까?"

"나는 진(秦)나라와 초나라가 전단(戰端)을 일으켰다는 소문을 들었기 때문에 초왕을 찾아가서 그를 설복시켜 전쟁을 그만두게 하려는 참이오. 만약 초왕이 내 권고를 받아들이지 않고 전쟁을 그만두려고 하지 않는다면, 나는 다시 진왕을 찾아가 그를 설복시켜 전쟁을 그만두게 할 작정이오. 초왕과 진왕 둘 중에서 나는 틀림없이 내 뜻과 맞아 전쟁을 그만두어 줄 사람을 만나게 될 것이오."

맹자께서 말씀하셨다.

"저는 선생이 하시는 일의 상세한 내용은 여쭈어 보지 않기로 하겠습니다마는, 그 요점은 들어 보고 싶습니다. 그들 진·초의 두 왕을 설복시키는 데 어떻게 하시려는 것입니까?"

"나는 그들이 서로 전쟁을 하는 것이 불리함을 말하려고 하오."

이 말을 들은 맹자께서는 다음과 같이 이(利)로써 전쟁 중지를 권유하는 것의 불가함을 송경에게 말씀하셨다.

"선생께서 전쟁을 그만두게 하시려는 그 뜻은 실로 위대합니다마는, 선생께서 내세우시는 무엇 때문에 전쟁을 그만두어야 하는가에 관한 각목, 즉 선생께서 전쟁의 불리함을 말씀하시겠다고 하시는 것으로는 안 되겠습니다. 만약에 선생께서 전쟁을 그만두는 것의 이로움을 들고 진·초의 왕을 역설하셔서 그 결과로 진·초의 왕이 전쟁을 그만두는 것의 이로움에 마음이 동해 삼군의 군대를 해산시켜 버리게 된다면, 그것은 삼군의 군사들이 해산을 즐거워하고 이를 기뻐하는 것이 됩니다.

남의 신하 된 자가 이익을 보자는 생각을 품고서 자기 임금을 섬기고, 남의 자식 된 자가 이익을 보자는 생각을 품고서 자기 아비를 섬기며, 남의 아우 된 자가 이익을 보자는 생각을 품고서 자기 형을 섬긴다면, 그것은 군신과 부자와 형제가 마침내 인의를 버리고 이익을 보자는 생각을 품고 서로 접촉하는 것입니다. 그러고서도 나라를 멸망시키지 않은 예는 없습니다.

만약에 선생께서 전쟁을 그만두는 것이 인의에 합당하다는 생각을 가지고 진·초의 왕을 역설하셔서 그 결과로 진·초의 왕이 전쟁을 그만두는 것이 인의에 합당함을 기뻐하여 삼군의 군대를 해산시킨다면, 그것은 삼군의 군사들이 해산을 즐거워하고 인의를 지배하는 것이 됩니다. 남의 신하 된 자가 인의에 따를 생각을 품고서 자기 임금을 섬기고, 남의 자식 된 자가 인의에 따를 생각을 품고서 자기 아비를 섬기고, 남의 아우 된 자가 인의에 따를 생각을 품고서 자기 형을 섬긴다면, 그것은 군신·부자·형제가 이(利)를 버리고 인의에 따를 생각을 품고 서로 접촉하는 것입니다. 그러고서도 천하에 왕자로 군림하지 못한 예는 없었습니다. 하필이면 이를 들고 나설 게 무엇입니까(인의를 전쟁 중지를 위한 구호로 내걸고 나서야 될 것입니다)?"

原文 宋牼이 將之楚,러니 孟子遇於石丘.하야 曰, "先生은 將何之?오" 曰, "吾聞秦楚構兵,이라 我將見楚王,하야 說而罷之.하되 楚王이 不悅,이어든 我將見秦王,하야 說而罷之.하리니 二王에 我將有所遇焉.이리라" 曰, "軻也,는 請無問其詳.이요 願聞其指,하노니 說之將何如?오" 曰, "我將言其不利也.하리라" 曰, "先生之志則大矣,나 先生之號則不可.리이다 先生이 以利로 說秦楚之王,이면 秦楚之王이 悅於利하야 以罷三軍之師,하리니 是는 三軍之士樂罷而悅於利也.ㅣ라 爲人臣者懷利以事其君,하며 爲人子者懷利以事其父,하며 爲人弟者懷利以事其兄,이면 是는 君臣父子兄弟終去仁義하고 懷利以相接,이니 然而不亡者는 未之有也.ㅣ니라 先生이 以仁義로 說秦楚之王,이면 秦楚之王이 悅於仁義하야 而罷三軍之師,하리니 是는 三軍之士樂罷而悅於仁義也.ㅣ라 爲人臣者懷仁義以事其君,하며 爲人子者懷仁義以事其父,하며 爲人弟者懷仁義以事其兄,이면 是는 君臣父子兄弟去利하고 懷仁義以相接也,ㅣ니 然而不王者는 未之有也.ㅣ니 何必曰利?리오"

5. 성의 없는 폐백은 답례를 안 해도 좋다

맹자께서 본국인 추에 거주하고 계실 때의 일이다. 임나라 국군의 막내동생인 계임(季任)이 처수(處守)의 책임을 맡고 있으면서 사람을 시켜 맹자에게 폐백을 증정하여 교분을 맺기를 청해 왔다. 그런데 맹자께서는 보내 온 폐백을 받기만 하고 계임을 찾아가 감사의 뜻을 표명하는 일을 하지 않았다.

그후 맹자께서 제의 하읍인 평륙에 임시로 머물러 계셨을 때 저자(儲子)가 제나라의 재상으로 있으면서 사람을 시켜 맹자에게 폐백을 증정하여 교분 맺기를 청해 왔는데, 이번에도 역시 맹자께서는 보내 온 폐백을 받기만 하고 저자를 찾아가 감사의 뜻을 표명하지 않았다.

이런 일이 있던 어느 날, 맹자께서는 추나라에서 임나라까지 가셔서 계임을 만나 보셨다. 그리고 맹자께서 평륙에서 제읍까지 가셨을 때는 저자를 만나 보시지 않으셨다.

이러한 맹자의 전후의 처사가 일치하지 않는 것을 본 제자 옥려자는 '옳지, 내가 선생님에게 따져 볼 일이 생겼다'하고 기뻐하며 맹자에게 물었다.

"선생님께서는 임나라에 가셔서는 계임을 찾아가 만나 보시고, 제에 가셔서는 저자를 찾아가 만나 보시지 않으셨으니, 다같이 교분을 청해 왔는데 저자를 안 찾으신 것은 저자가 제나라의 재상이어서 계임이 처수로 있는 것보다 지위가 낮기 때문입니까?"

"그래서 안 만난 게 아니다. 《서경》의 〈낙고편(洛誥篇)〉에 보면 '향견례(享見禮)는 의법(儀法)이 많은데, 만약에 의법이 폐백만 못하게 되면 궐례된 점이 있게 되어, 그런 경우에는 향견례를 차리진 않았다고 한다'는 말이 있다. 그렇게 말한 것은 의법이 갖추어지지 않아 향견례가 성립되지 않기 때문이다(내가 저자를 만나 보지 않은 이유도 그가 향견례를 성립시키지 않았기 때문이다)."

옥려자는 그제야 맹자의 진의를 이해하게 되어 기뻐했다.

그후 어떤 사람이 옥려자에게 맹자가 저자를 만나지 않은 이유를 물었는데, 옥려자는 그 사람에게 이렇게 일러주었다.

"계임은 그 당시 처수의 자리에 있으면서 나라를 맡아보고 있었으므로, 그 자리를 비우고 추까지 가서 맹자를 만나 볼 수 없었기 때문에 사람을 시켜서 맹자에게 폐백만을 증정하였던 것이므로 맹자에 대한 향견의 예는 성립시켰다고 할 수 있다. 그래서 맹자께서는 임에 가셨을 때 그를 만나 보셨던 것이다. 그러나 저자는 당시 제나라의 재상으로 있었으므로 자기가 움직이어 평륙까지 와서 맹자를 찾아뵐 수 있었다. 그런데도 자기는 가만히 있고 사람을 시켜서 폐백만을 증정하는 데 그쳤으므로 향견의 예를 성립시키지 못한 것이 된다. 그래서 맹자께서는 제에 들르셨을 때에도 그를 만나 보시지 않으셨던 것이다."

原文 孟子居鄒,할새 季任이 爲任處守,러니 以幣交,한데 受之而不報.하고 處於平陸,할새 儲子爲相,이러니 以幣交,한데 受之而不報.하다 他日에 由鄒之任,하야 見季子.하고 由平陸之齊,하야 不見儲子.라 屋廬子喜曰:"連이 得間矣.라" 問曰:"夫子之任하사 見季子,하시고 之齊하사 不見儲子,하시니 爲其爲相與?이까" 曰:"非也.ㅣ라 書에 曰:'享은 多儀,하니 儀不及物,이면 曰不享,이니 惟不役志于享.이라'하니 爲其不成享也.ㅣ니라" 屋廬子悅.이어늘 或이 問之하니 屋廬子曰:"季子는 不得之鄒,요 儲子는 得之平陸.일새니라"

6. 군자가 하는 일을 소인은 모른다

제나라의 변사인 순우곤(淳于髡)이 맹자가 제나라를 떠나는 마당에 그것을 비판하는 입장에서 맹자에게 이렇게 물었다.

"명실(名實), 즉 도덕에 따른 명예와 국가를 위한 공적에 먼저 힘쓰는 것은 국군과 백성, 즉 자기 이외의 사람을 위해서 하는 것이고, 명실을 뒤로 돌리고 자기를 깨끗이 하기에 힘쓰는 것은 자기 자신을 위해서 하는 것입니다. 선생님께서는 이 제나라에서 삼경(三卿) 가운데 한 분으로 높은 자리에 계시면서 아직도 선생님의 명실이 위의 국군과 아래 백성들에게 미치지 않아 국군을 바로잡지도 못하고 백성들에게 혜택을 입히지도 못한 채 이 나라를 떠나가 버리시니, 인자는 본래 그렇습니까?"

맹자께서 말씀하셨다.

"신분이 낮은 아랫자리에 있으면서 자기의 현명함을 가지고 못난 사람을 섬기려 하지 않은 사람은 백이(伯夷)요, 탕왕에게 가 있다가 걸왕에게 가 있다가 하는 일을 여러 차례 되풀이하면서도 끝까지 온 천하의 백성들을 구해 주려고 한 사람은 이윤이요, 더러운 임금이라 할지라도 미워하지 않고 낮은 벼슬자리라 할지라도 거절하지 않고 자기의 능력껏 세상 사람들과 조화해서 살아가려고 한 사람은 유하혜요. 이 세 인물은 비록 처세하는 방법은 달랐으나 결국 그들의 취의는 한 가지였소."

"그 한 가지란 것이 무엇입니까?"

"인(仁)이오. 군자라면 역시 인을 지향할 따름이지 처세하는 방법이 같아야 할 것이야 있겠소? 처세하는 방법은 같을 필요가 없는 거요."

순우곤은 다시 맹자를 비꼬아 말했다.

"노나라 목공 때에 공의자(公儀子)는 재상으로 있었고, 자류(子柳)와 자사(子思)는 신하로 있었는데, 이 세 분은 모두 이름난 현인들이었습니다. 그런데 노나라는 그때 국토가 줄어 국세가 쇠미해지는 것이 다른 때에 비해 훨씬 심했습니다. 대체 현인이 나라에 도움이 안 되는 것이 그 정도에까지 이르는 것입니까?"

맹자께서는 이렇게 대꾸했다.

"우(虞)나라는 백리해를 등용하지 않아서 멸망하였고, 진목공은 그를 등용해서 패업을 성취하였던 것이오. 현인을 등용하지 않으면 멸망하는데, 국토가 줄어 국세가 쇠미해지는 정도로 끝내고 말 수 있나요(노목공이 그 세 현인을 등용하여서 그래도 국토가 깎이는 정도로 끝날 수 있었다는 것을 알아야 할 것이오)."

그랬더니 순우곤은 다시 다음과 같이 맹자를 비꼬아서 말하는 것이었다.

"옛날에 소리 잘하기로 이름난 왕표(王豹)가 황하 서쪽을 흐르는 기수(淇水) 가에 살자 황하 서쪽에 사는 사람들이 그 본을 따서 소리를 잘하게 되었습니다. 노래 잘 부르기로 이름이 난 면구(緜駒)가 제나라 서부에 있는 고당(高唐)에서 살자 제나라 서부 사람들은 그의 영향을 받아 노래를 잘 부르게 되었습니다. 제나라의 대부로 전사한 화주(華周)와 기량(杞梁), 두 사람의 처는 그들의 남편의 전사를 슬퍼해서 전례없이 애절하게 곡하자 제나라 여인들은 이에 감화되어 그들이 곡하는 풍습이 변하게 되었습니다.

이러한 예에서 볼 수 있는 바와 같이, 자기가 갖고 있는 재주나 능력은 반드시 외부에 나타나게 마련입니다. 자기가 잘하는 일을 하였는데도 그 효과가 나타나지 않은 예를 저는 아직 본 일이 없습니다. 그렇기 때문에(선생님까지 포함하여) 제나라에는 현인이 없는 것입니다. 만약 현인이 있다면 그가 한 일의 효과가 뚜렷이 나타났을 테니 제가 알았을 것입니다(그런데 현인이라야 나타낼 수 있는 훌륭한 효과가 나타난 일이 없습니다. 그러므로 선생님도 현인이 아니신 게 분명합니다)."

맹자께서는 그 말에 대해 다음과 같이 응했다.

"공자께서 노나라의 사구(司寇)로 계셨는데, 노나라에서는 공자의 정치 이념을 받아들여 주지 않고 그의 존재를 중요시하지 않아서 벼슬을 내놓고 노나라를 떠나가 버릴 생각을 품고 계셨소. 그러던 차에 때마침 공자가 수종 인원의 한 사람으로 천제(天祭)를 지내는 데 참례하고 난 뒤에 그에게 마땅히 분배되어야 할 번육(燔肉)이 오지 않아, 그 기회에 면복(冕服)을 벗지도 않고 그대로 떠나가 버렸소.

공자의 진심을 모르는 사람은 번육 때문에 공자가 벼슬을 내놓고 떠나가 버렸다고 생각하였고, 그 중에 안다는 사람은 결례한 점이 있어서 떠나가 버렸다고 생각하였소. 그런데 공자인즉 작은 죄를 구실로 하여 떠나가 버리려고 하였고 이러쿵저러쿵 떠들어 대고 구차스럽게 떠나기를 원하지 않았던 것이오. 군자가 하는 일을 일반 사람들은 본래 알지 못할 거요(나도 그때의 공자의 경우 같이 지금 제나라를 떠나려는 것인데, 그것을 당신 같은 사람이 알 도리가 있겠는가)."

原文 **淳于髡曰:"先名實者,**는 **爲人也.**ㅣ요 **後名實者,**는 **自爲也.**ㅣ라 **夫子**는 **在三卿之中,**하사 **名實**이 **未加於上下, 而去之.**하시니 **仁者**는 **固如此乎?**이까" **孟子曰:"居下位,**하야 **不以賢事不肖者,**는 **伯夷也.**ㅣ요 **五就湯**하며 **五就桀者,**는 **伊尹也.**ㅣ요 **不惡汙君,**하며 **不辭小官者,**는 **柳下惠也.**ㅣ니 **三子**

者는 不同道,나 其趨는 一也.ㅣ니라 一者는 何也?오 曰:'仁也.ㅣ라' 君子亦仁而已矣,니 何必同?이리오" 曰:"魯繆公之時,에 公儀子爲政,하고 子柳子思爲臣,이로대 魯之削也滋甚,하니 若是乎賢者之無益於國也.아" 曰:"虞不用百里奚而亡,하고 秦穆公用之而霸.라 不用賢則亡,이니 削을 何可得與?리오" 曰:"昔者,에 王豹處於淇而河西善謳,하고 緜駒處於高唐而齊右善歌,하고 華周杞梁之妻善哭其夫而變國俗.하니 有諸內면 必形諸外,하나니 爲其事而無其功者,를 髡은 未嘗覩之也.ㅣ로니 是故로 無賢者也,ㅣ라 有, 則髡必識之.니이다" 曰:"孔子爲魯司寇,러시니 不用.하고 從而祭,에 燔肉이 不至,어늘 不稅冕而行.하시니 不知者는 以爲爲肉也,ㅣ라 하고 其知者는 以爲爲無禮也.ㅣ라 하니 乃孔子則欲以微罪行,하사 不欲爲苟去.하시니 君子之所爲,를 衆人은 固不識也.ㅣ니라"

7. 오패(五霸)는 삼왕(三王)의 죄인이다

맹자께서 이런 말씀을 하셨다.

"춘추시대의 다섯 패제후(霸諸侯)는 삼왕의 정치 방법을 어겼으므로 삼왕의 죄인이라 하겠고, 오늘날의 제후들은 다섯 패제후의 정치 방법을 어기고 있으므로 다시 패제후의 죄인이라 하겠고, 오늘날의 대부들은 제후들의 악정을 조장하므로 오늘날 제후들의 죄인이라고 하겠다.

왕자가 제후의 봉지를 돌아보는 것을 순수(巡狩)라 하고, 제후가 입조하여 천자에게 자기 직무를 보고하는 것을 술직(述職)이라고 한다. 왕자가 순수하는 경우, 봄에는 제후국의 농민들이 경작하는 것을 살펴보고 농구나 종자 같은 것에 부족함이 있으면 그 것을 보충시켜 준다. 그리고 가을에는 수확하는 것을 살펴보고 손이 모자라는 것들을 도와준다. 제후의 봉지에 들어가 보아서 그 땅이 잘 개척되어 있고, 농지가 잘 정리되어 있으며, 늙은이를 잘 봉양하고, 현인을 존중하며, 뛰어난 인물이 벼슬자리에 있으면 천자는 그 제후에게 봉상을 베풀어 주는데, 그런 경우에는 땅을 상으로 준다.

이와 반대로 제후의 봉지에 들어가 보아 그 땅이 개척되어 있지 않고, 농지가 정리되어 있지 않으며, 늙은이를 버려 두고 돌봐주지 않고, 현인을 대우해 주지 않아 놓쳐 버리며, 뽐내고 기승(氣勝)한 인간이 벼슬자리에 앉아 있으면 천자는 그 제후의 태만을 견책한다. 제후가 술직할 때가 되어도 입조하지 않을 경우에는 벌을 주는데, 한 번 입조하지 않을 때는 그 작위를 깎아내리고, 두 번 입조하지 않으면 그 봉지의 일부를 깎아서 줄여 버리고, 세 번 입조하지 않으면 육사(六師), 즉 천자가 거느리는 군대를 그 제후의 봉지로 이동시켜 그 죄를 묻는다. 그런 까닭에 천자는 윗자리에서 제후를 토죄(討罪)는 하여도 제후를 대등한 입장에서 공벌하지는 않고, 제후는 대등한 입장에서 다른 제후를 공벌은 하여도 토죄하지는 않는다.

춘추시대의 다섯 패제후는 제후들을 끌어모아 제후를 공벌한 자들이다. 그래서 다섯 패제후는 삼왕의 죄인이라고 하는 것이다. 다섯 패제후 가운데에서는 제나라 환공이 가장 위세가 좋았다. 그래서 그가 맹주가 되어 제후를 회맹한 규구의 회합에서는 제후들은 제환공의 위세에 눌려 단지 희생의 소를 묶어 놓고 그 위에 맹약 문서를 올려놓았을 뿐이고, 회맹에서 상례로 행하던 삽혈(歃血), 즉 희생을 죽여 그 피를 입가에 바르는 의식은 생략해 버렸다(삽혈까지 하지 않아도 제후들은 맹주인 제환공의 위세 때문에 맹약을 지키지 않고는 못배겼던 것이다). 그 맹약은 다음과 같았다.

제1조 : 불효한 자식은 사형에 처하되 작위를 계승할 세자는 바꾸지 말고, 첩을 정실로 삼지 마라.

제2조 : 현인을 존중하고 유능한 인재를 육성해서 유덕한 인물을 드러내어 덕을 숭상하는 기풍을 진작시키라.

제3조 : 늙은이를 공경하고 어린 것을 사랑하며, 빈객과 여행자를 소홀하게 다루지 마라.

제4조 : 사(士)의 계급에서는 관직을 세습시키지 말 것이며, 관직은 겸무시키지 말 것이며, 사를 취하는 데는 맡은 일을 훌륭하게 해내는 인물을 구해 낼 것이며, 대부를 독단적으로 죽이지 마라.

제5조 : 제방(堤防)을 굽히는 일을 하지 말 것이며, 이웃 나라에서 양곡을 구입하려 할 때 이를 막지 말 것이며, 봉상(封賞)을 가해 주는 대사가 있고서도 천자에게 고하지 않는 일이 없도록 할 것이다.

결 언 : 무릇 우리 동맹한 사람들은 맹약을 체결한 후에도 서로 우호적으로 지낸다.

그런데 오늘날의 제후들은 예외없이 모두 이 다섯 가지 금령을 범하고 있다. 그래서 오늘날의 제후들은 다섯 패제후의 죄인이라고 말하는 것이다. 자기가 섬기는 임금의 악을 조장시키는 것은 차라리 죄가 작고, 임금의 악에 영합하여 임금이 그릇된 짓을 하도록 이끄는 것은 죄가 크다. 그런데 오늘날의 대부들은 예외없이 임금의 악에 영합한다. 그래서 오늘날의 대부들은 오늘날의 제후의 죄인이라고 말하는 것이다."

原文 孟子曰："五霸者,는 三王之罪人也.ㅣ요 今之諸侯,는 五霸之罪人也.ㅣ요 今之大夫,는 今之諸侯之罪人也.ㅣ니라 天子適諸侯,를 曰巡狩,요 諸侯朝於天子,를 曰述職.이니 春省耕而補不足,하며 秋省斂而助不給.하나니라 入其疆,하야 土地辟,하며 田野治,하며 養老尊賢,하며 俊傑이 在位, 則有慶,이니 慶以地.라 入其疆,하야 土地荒蕪,하며 遺老失賢,하며 掊克이 在位, 則有讓.이라 一不朝則貶其爵,하고 再不朝則削其地,하고 三不朝則六師로 移之.하나니 是故로 天子는 討而不伐,하고 諸侯는 伐而不討.하나니라 五霸者,는 摟諸侯,하야 以伐諸侯者也,ㅣ라 故로 曰, 五霸者는 三王之罪人也.ㅣ니라 五霸에 桓公이 爲盛,하야 葵丘之會,에 諸侯束牲載書而不歃血.하고 初命曰：誅不孝,하며 無易樹子,하며 無以妾爲妻.라"하고 再命曰："尊賢育才,하야 以彰有德.이라"하고 三命曰："敬老慈幼,하며 無忘賓旅.라"하고 四命曰："士無世官,하며 官事無攝,하며 取士必得,하며 無專殺大夫.라"하고 五命曰："無曲防,하며 無遏糴,하며 無有封而不告.라"하고 曰：凡我同盟之人,은 旣盟之後,에 言歸于好.라하니라 今之諸侯,는 皆犯此五禁,하나니 故로 曰：今之諸侯는 五霸之罪人也.ㅣ니라 長君之惡,은 其罪小,하고 逢君之惡,은 其罪大.하니라 今之大夫,는 皆逢君之惡,하나니 故로 曰, 今之大夫,는 今之諸侯之罪人也.ㅣ니라"

8. 백성들을 몰아 전쟁에 쓰면 재앙에 빠뜨린다

노나라에서 신자(愼子)에게 장군의 직을 주어 제나라를 쳐서 남양(南陽)의 땅을 빼앗으려고 했다. 맹자께서는 그것을 반대하여 다음과 같이 말씀하셨다.

"백성들에게 부형과 장상(長上)을 섬기는 도리는 가르치지 않고 마구 몰아다가 전쟁하는 데 쓴다는 것은 백성들을 재앙에 빠뜨린다는 것 외에는 아무것도 아니오. 그런 짓을 하는 것은 요·순 같은 성군의 시대에는 용납될 수 없는 일이오. 그러니(신자가 장군이 되어 기묘한 전략을 써서) 단 한 차례의 전투로 제나라를 이기어 남양의 땅을 빼앗아 버린다손 치더라도 안 될 일이오(하물며 단 한 차례의 전투로 끝난다든지 남양의 땅을 꼭 빼앗게 된다든지 하는 것이 보장되어 있지 않으니 더욱 안 될 것은 뻔한 노릇이 아니겠소)."

이 말을 듣고 신자는 발끈하여 안색이 변해서 말했다.

"선생이 따지는 그런 이치는 이 활리(滑釐)는 모르는 일이오(그런 迂闊한 이론을 가지고 나라의 대사를 저지하려 든다는 것은 가당치도 않으니 치워 버리시오)."

맹자께서는 다시 다음과 같이 남양 공략의 불가함을 차근차근 일러주셨다.

"내가 남양 공략이 불가한 이유를 당신에게 똑똑히 일러드리리다. 천자가 영유하는 땅은 사방 천 리로 되어 있는데, 사방 천 리 되는 땅이 없으면 제후를 통솔하는 데 필요한 경비가 부족하게 되어 천자로서의 일을 제대로 해내기 어렵게 되오. 제후가 영유하는 땅은 사방 백 리로 되어 있는데, 사방 백 리 되는 땅이 없으면 종묘에 보관한 전래의 법전과 제전과 회맹 등의 문서를 지켜 조상의 유업을 계승해 나갈 경비가 부족하게 되어 제후로서의 일을 제대로 해내기 어렵게 되는 것이오.

그런데 주공이 처음 노나라에 봉해졌을 때 그의 공훈이 대단했지만 받은 봉지는 사방 백 리였소. 그때 땅이 모자라서 그것밖에 주지 않았던 것은 아니고, 땅은 얼마든지 있었지만 법에 따라 사방 백 리로 줄이고 그것을 넘지 못하게 한 것이오. 강태공 여상(呂尙)이 제나라에 봉해졌을 때, 그 공훈이 대단하였으나 그 봉지는 역시 사방 백 리였소. 그에게 더 봉해 줄 땅이 없었던 것은 아니었지만 법에 따라 제후가 받을 수 있는 사방 백 리로 제한하였고, 그것을 초과하지 않았던 것이오.

그러던 것이 지금에 와서는 노나라가 영유하고 있는 땅이 무려 사방 백 리 되는 땅의 다섯 갑절이나 되오. 당신 생각에, 만약 천하에 군림하는 왕자가 생겨난다면, 그가 천하 제후의 봉지를 조절 정리할 때 노나라도 그 봉지를 줄이는 쪽에 들 것 같소? 그렇지 않으면 그 봉지를 늘려 받는 쪽에 들 것 같소?(노나라는 한 제후국으로서 영유할 수 있는 땅보다 다섯 배나 더 차지하고 있으니, 땅을 더 차지하려고 백성들을 전쟁에 끌어넣는다는 것은 도저히 있을 수 없는 일이오) 전쟁의 수단에 호소하여 백성들을 살상하는 일을 하지 않고 그냥 저 나라의 땅을 빼앗아다 이 나라에 주는 정도의 일마저도 인자(仁者)는 하지 않는데, 하물며 사람을 살상해가며 땅을 차지하기를 원한다는 것이야말로 안 될 노릇이 아니겠소? 군자가 임금을 섬기는 데는 힘써 자기 임금을 선도하여 정도에 따라 행하게 하고, 인에다 뜻을 두어 그것을 구현하기에 노력할 것일 따름이오(이웃 나라를 쳐서 그 땅을 빼앗아 오자고 앞장서는 따위의 일은 절대로 해서는 안 되오)."

原文 魯欲使愼子로 爲將軍.이러니 孟子曰 : "不教民而用之,를 謂之殃民.이니 殃民者,는 不容於堯舜之世.니라 一戰勝齊,하야 遂有南陽,이라도 然且不可.하니라" 愼子勃然不悅.하야 曰 : "此則滑釐所不識也.로소이다" 曰 : "吾明告子.하리라 天

子之地方千里,니 **不千里,**면 **不足以待諸侯.**요 **諸侯之地方百里,**니 **不百里**면 **不足以守宗廟之典籍.**이니라 **周公之封於魯,**에 **爲方百里也,**ㅣ니 **地非不足,**이로대 **而儉於百里.**하며 **太公之封於齊也,**에 **亦爲方百里也,**ㅣ니 **地非不足也,**ㅣ로대 **而儉於百里.**하니라 **今魯方百里者五,**니 **子以爲有王者作, 則魯在所損乎?**아 **在所益乎?**아 **徒取諸彼**하야 **以與此,**라도 **然且仁者不爲,**어든 **況於殺人以求之乎?**아 **君子之事君也,**는 **務引其君以當道,**하야 **志於仁而已.**니라"

9. 불인한 임금을 돕는 자는 백성들의 도적이다

맹자께서 이런 말씀을 하셨다.

"지금 세상의 임금 섬기는 사람들이 으레 내세우는 것이 '나는 임금을 위해 황무지를 개간해서 조세 수입을 증대시키고 이로써 창고를 가득하게 하여 그를 부유하게 만들 수 있다'고 하는 것이다. 그러나 지금 세상의 좋은 신하라고 하는 것은 옛날 세상의, 이른바 백성의 도적이다. 대체로 임금이 정도를 지향한 정치를 하지 않고 인(仁)의 구현을 위해 마음을 쓰지 않는데도 그런 임금을 부유하게 만들어 주려 드는 것은 걸(桀) 같은 포악무도한 임금을 부유하게 해주는 것이니 결국은 백성들을 못살게 만드는 짓이다. 그리고 또 지금 세상의 임금 섬기는 사람들이 으레 내세우는 것이 '나는 임금을 위해 다른 나라와 우호동맹을 맺을 수 있고, 또 적국과 전쟁을 하면 틀림없이 승리할 수 있다'고 하는 것이다.

그러나 지금 세상의 좋은 신하라고 하는 것은 옛날 세상의 이른바 백성의 도적이다. 대체로 임금이 정도를 지향한 정치를 하지 않고 인의 구현을 위해 마음을 쓰지 않는데도 그런 임금을 위해 무리하게 전쟁을 하려 드는 것은 걸(桀) 같은 포악무도한 임금을 도와 위세를 돋우어 주는 것이니, 결국은 백성들을 못살게 만드는 짓이다. 지금 세상의 신하 된 자들이 하는 방법에 따르고, 지금 세상의 모순된 습속을 고치지 않고 그대로 유지해 나간다면 비록 천하를 준다 해도 하루아침이라는 짧은 시간 동안도 그것을 지키지 못하고 멸망해 버릴 것이다."

原文 孟子曰:"今之事君者曰:'我能爲君辟土地,하며 充府庫.라'하니 今之所謂良臣,은 古之所謂民賊也.ㅣ니라 君不鄕道,하야 不志於仁, 而求富之,면 是는 富桀也.ㅣ니라 '我能爲君約與國,하야 戰必克.이라'하나니 今之所謂良臣,은 古之所謂民賊也.ㅣ니라 君不鄕道,하야 不志於仁, 而求爲之强戰,이면 是輔桀也.ㅣ니라 由今之道,하고 無變今之俗,이면 雖與之天下,라도 不能一朝居也.ㅣ니라"

10. 세법은 요·순의 법에 따르라

백규(白圭)가 맹자에게 이런 질문을 했다.

"나는 백성들의 소득의 20분의 1만을 조세로 징수하고 싶은데 선생의 의견은 어떻습니까?"

맹자께서는 이 말을 듣고 말했다.

"당신의 조세 방법은 바로 미개 족속인 학족(貉族)이 하는 방법이오. 인가가 만 호나 있는 나라에서 단 한 사람이 도기(陶器)를 만든다면 괜찮겠소?"

"그야 물론 안 됩니다. 기물이 모자라서 그 소요에 응할 수 없게 됩니다."

백규의 이 대답을 얻은 맹자께서는 세율은 십일조보다 적거나 많거나 해서는 안 되는 이유를 다음과 같이 설명해 주셨다.

"대체로 학족의 땅에서는 오곡이 생산되지 않고 단지 수수만이 생산되므로 본래부터 많은 조세를 징수할 수도 없겠지만, 성곽이나 궁실의 규모를 갖추어 건립한다든지 종묘에서 예제에 따른 제사를 지낸다든지 하는 일도 없고, 또 제후가 천자에게 조공드리는 폐백이 필요하다거나 외국의 빈객을 접대하기 위한 향연을 베푼다거나 조정에 대소 관원을 두어 나라 일을 처리하게 한다거나 하는 일이 도무지 필요없기 때문에 경비가 크게 들 데가 없소. 그래서 소득의 20분의 1만 징수하여도 넉넉히 꾸려 나갈 수 있는 거요.

만약 중국에 살면서 군신간의 예, 제사의 예제, 빈객의 접대 등 인간관계의 질서를 없애고 국사를 처리하는 대소 관원을 없앤다면 괜찮겠소? 도저히 올바로 해나갈 수 없을 것이오. 도기를 굽는다는 것은 아주 대단한 일은 아니지만, 그 도공이 적어도 나라를 제대로 다스려 나갈 수 없는 정도인데, 하물며 국사를 처리하는 대소 관원이 없다면 어떻게 되겠소? 나라를 다스려 내지 못한다는 것은 뻔한 노릇이지요.

그러니 결국 요·순의 십일조의 방법보다 세율을 경감하려고 드는 자는 미개 족속인 학족과 다를 바 없으므로, 많이 경감하려 들면 작은 학족이요, 이와 반대로 요·순의 징세 방법보다 세율을 높이려고 드는 자는 폭정으로 악명이 높은 걸(桀)과 다를 바 없으므로 많이 높이려 들면 큰 걸이고 적게 높이려 들면 작은 걸이오."

原文 **白圭曰:"吾欲二十而取一,하나니 何如?하니이꼬" 孟**

子曰 : "子之道,는 **貉道也.** ㅣ로다 **萬室之國,**에 **一人**이 **陶, 則可乎?**아" **曰 : "不可,**하니 **器不足用也.** ㅣ니이다" **曰 : "夫貉,**은 **五穀**이 **不生,**하고 **惟黍生之.**하나니 **無城郭宮室宗廟祭祀之禮,**하며 **無諸侯幣帛饔飧,**하며 **無百官有司,**라 **故**로 **二十**에 **取一而足也.** ㅣ니라 **今居中國,**하야 **去人倫,**하며 **無君子,**면 **如之何其可也?** ㅣ리오 **陶以寡,**라도 **且不可以爲國,**어든 **況無君子乎?**아 **欲輕之於堯舜之道者,**는 **大貉小貉也.** ㅣ요 **欲重之於堯舜之道者,**는 **大桀小桀也.** ㅣ니라"

11. 물은 제 길로 흐르게 하라

백규(白圭)가 맹자 앞에서 자기를 치켜세우며 이렇게 말했다.

"이 단(丹 : 白圭)이 홍수를 다스린 실력이 저 치수로 이름난 우(禹)보다도 낫습니다."

이 소리를 들은 맹자께서는 다음과 같이 설명해 들려주셨다.

"당신은 자기가 치수한 것을 잘했다고 자랑하지만 사실인즉 당신은 큰 잘못을 저지른 거요. 우가 치수한 것은 물의 자연성에 순응해서 물을 뽑아낸 것이오. 그런 까닭에 우는 사해를 물이 모여 와 고이는 골짜기로 삼아 물을 바다로 뽑았던 것이오. 그런데 당신은 이웃 나라를 물이 모여 가 괴는 골짜기로 삼고 물을 뽑아냈으니 그 나라가 큰 피해를 입었소. 물이 역행하는 것을 홍수(洚水)라고 하는데, 이 홍수라는 것은 곧 홍수(洪水)로 인인(仁人)이 미워하는 것이오. 그런데 당신은 이웃 나라로 물을 역행시켜 홍수의 피해를 입게 하여 많은 백성들을 못살게 만들었으니, 당신은 우보다 낫기는커녕 도리어 큰 잘못을 저질렀소이다."

原文 白圭曰："丹之治水也,는 愈於禹.니이다" 孟子曰："子過矣.로다 禹之治水,는 水之道也.ㅣ니라 是故로 禹는 以四海爲壑.이라 今에 吾子는 以鄰國爲壑.이라 水逆行,을 謂之洚水.니 洚水者,는 洪水也.ㅣ라 仁人之所惡也.ㅣ니 吾子過矣.로다"

12. 군자는 신의가 있어야 한다

맹자께서 이런 말씀을 하셨다.
"군자가 만약 신용이 없다면 군자로 대우할 여지가 있겠는가?"

原文 孟子曰："君子不亮,이면 惡乎執?이리오"

13. 선인이 정치를 하면 나라가 잘 다스려진다

노나라에서 맹자의 제자인 악정자(樂正子)를 시켜 국정을 맡아보게 하려고 했다. 이 소식을 들은 맹자는 공손추를 보고 말씀하셨다.
"나는 이 소식을 듣고 하도 기뻐서 잠이 오지 않는다."
공손추가 물었다.
"악정자는 확고한 신념을 가지고 과단성 있게 일을 해내는 사람입니까?"
맹자께서 대답하셨다.
"그렇지 않다."
"그럼 악정자는 지혜와 분별이 있어 시비 정사를 정확하게 가려내는 속단력을 가진 사람입니까?"
"그렇지 않다."

"그렇다면 악정자는 견문이 넓고 여러 가지 일을 아는 사람입니까?"

맹자는 이번에도 같은 대답을 하셨다.

"그렇지 않다."

공손추는 매우 의아하게 여기며 물었다.

"그렇다면 악정자는 정치를 할 사람으로서는 별로 취할 데가없는데, 선생님께서는 무엇 때문에 기뻐서 잠을 못 이루시기까지 하십니까?"

"악정자의 사람됨이 선을 좋아한다. 그래서 나는 기뻐한 것이다."

"선을 좋아하는 것만으로 노나라의 정치를 해나가기에 충분합니까?"

맹자께서는 선을 좋아하는 것이 노나라의 정치를 맡아 하기에 충분하고도 남음이 있음을 다음과 같이 설명해 주셨다.

"선을 좋아하는 사람이 정치를 하게 되면 천하에 뛰어난 온 천하 사람들이 선언을 일러주려고 모여들어 천하를 다스려도 여력이 있게 될 것인데, 하물며 한 제후국인 노나라를 잘 다스리는 것은 문제도 안 된다. 만약 선을 좋아하는 사람이 정치를 하게 되면 사해 안의 사람들이 모두 천 리 먼 길도 불구하고 그를 찾아와서 그에게 선을 일러줄 것이다.

그런데 만약 선을 좋아하지 않는 사람이 정치를 하게 되면 사람들이 '그 사람은 아는 체하고 남의 말을 받아들이지 않게 생겼다. 나는 벌써 그 사람이 선언을 받아들이지 않으리라는 것을 알았다'라고 말하고 그 사람을 회피할 것이다.

아는 체하는 소리와 안색은 대체로 사람을 천 리 밖에 머물러 있게 한다. 현사들이 천 리 밖에 멀리 떨어져 머물러 있으면, 그때는 현자를 참소하고 임금에게 아첨하고 면전에서 맞대고 아유(阿

諛)하는 인간이 모여들 것이다.

참소·아첨·아유하는 인간과 같이 있으면, 나라가 올바로 다스려지기를 원한다 한들 올바로 다스려질 수 있겠는가? 그런 인간과 같이 있으면 나라는 도저히 올바로 다스려지지 못한다."

原文 魯欲使樂正子로 爲政,이러니 孟子曰:"吾聞之하고 喜而不寐.라" 公孫丑曰:"樂正子는 强乎?이까" 曰:"否.라" "有知慮乎?이까" 曰:"否.라" "多聞識乎?이까" 曰:"否.라" "然則奚爲喜而不寐?시니이꼬" 曰:"其爲人也好善.이니라" "好善이 足乎?이까" 曰:"好善이 優於天下,어든 而況魯國乎?아 夫苟好善, 則四海之內, 皆將輕千里而來하야 告之以善.하고 夫苟不好善, 則人將曰:'訑訑!를 予旣已知之矣.로라'하리니 訑訑之聲音顔色,이 距人於千里之外.라 士止於千里之外, 則讒諂面諛之人이 至矣.리니 與讒諂面諛之人으로 居,면 國欲治인들 可得乎?아"

14. 군자의 진퇴에는 세 가지 길이 있다

진자(陳子)가 맹자에게 물었다.

"옛날의 군자는 어떠한 경우에 나가서 벼슬을 살았습니까?"

맹자께서 진자를 위해 다음과 같이 설명해 주셨다.

"옛날의 군자는 나가서 벼슬을 사는 경우가 세 가지 있고, 벼슬을 버리고 떠나가 버리는 경우가 세 가지 있었다. 첫째로 국군이 자기의 인격과 노력을 알아주어 등용하기 위해 맞이하는 데 예모(禮貌)있게 경의를 표하고, 국군이 자기의 말을 받아들여 실천에 옮기겠다고 말할 경우에는 나가서 벼슬을 하는데, 그런 경우에는 비록 국군이 자기에 대한 예모가 애매하지 않았다 해도 자기의 말을 행하지 않으면 벼슬을 내놓고 떠나가 버린다.

그 다음 가는 경우는 국군이 자기의 말을 받아들여 행하지 않는다 해도 자기를 맞이하는 데 예모 있게 경의를 표하면 나가서 벼슬을 하는데, 그런 경우에는 국군의 예모가 애매하면 벼슬을 내놓고 떠나가 버린다.

마지막 최하의 경우로 말할 것 같으면, 아침저녁으로 입에 풀칠을 못해서 굶주려 문 밖을 나가지 못하는 지경에 이르렀을 때, 국군이 그 소식을 듣고 '내가 크게 잡는다 해도 그의 도를 행하지는 못하고, 또 작게 잡는다 해도 그 사람의 말에 따르지는 못하겠다. 그러나 내 땅에서 그가 굶주린다는 것을 내가 부끄러워한다'라고 말하고 그를 먹여 살려주면 역시 받을 수 있다. 그렇지만 그런 경우에는 죽음을 모면한다는 것뿐이지 그밖에는 아무런 의의가 없는 것이다(죽음만 모면한다면 언제나 벼슬을 내놓고 그만두는 것이다)."

原文 陳子曰:"古之君子,는 何如則仕?니이꼬" 孟子曰:"所就三,이오 所去三이니라 迎之致敬以有禮,하며 言將行其言也, 則就之.하고 禮貌未衰,나 言弗行也, 則去之.니라 其次,는 雖未行其言也,ㅣ나 迎之致敬以有禮, 則就之.하고 禮貌衰, 則去之.니라 其下,는 朝不食,하며 夕不食,하야 飢餓不能出門戶,할새 君聞之曰:'吾大者를 不能行其道,하고 又不能從其言也,하야 使飢餓於我土地,를 吾恥之.라'하고 周之인댄 亦可受也,어니와 免死而已矣.니라"

15. 우환 속에서 단련을 받으면 훌륭해지고 안락 속에서 태만하면 멸망한다

맹자께서 이런 말씀을 하셨다.

"순은 밭 가운데서 농사에 종사하고 있었는데 요임금이 그의 위대함을 알고서 기용하였고, 부열(傅說)은 성벽 쌓는 데서 노무자로 일하고 있었는데 은의 고종 무정(武丁)이 그의 유순함을 알고 재상으로 등용하였으며, 교력(膠鬲)은 물고기와 소금을 팔면서 살았는데 문왕이 그의 재능을 인정하여 쓰게 되었고, 관중은 노나라의 옥관에 잡혀 있는 신세로 있다가 제나라 환공에 의해 발탁되어 제나라의 재상이 되었으며, 손숙오(孫叔敖)는 은퇴하여 바닷가에 살고 있었는데 초나라 장왕(莊王)에게 그 능력이 인정되어 영윤(令尹)으로 등용되었고, 백리해는 시정에 섞여 살고 있었는데 진목공에 의해 기용되었다.

이러한 여러 가지 예를 살펴보면, 하늘이 그러한 인물들에게 중대한 사명을 내려 주려고 할 때에는 반드시 사명을 내리기에 앞서 그들의 심지, 즉 정신면의 활동을 괴롭히고, 그들을 육체노동으로 근골을 단련시키고, 그들의 육신을 함부로 괴롭히고, 그들 자신을 궁핍으로 단련시키고, 그들이 하는 일을 그들의 뜻에 어긋나게 만들어서 무서운 곤경 속에 빠지게 만든다. 그렇게 함으로써 그들의 마음을 움직여 발분하게 하고, 성질을 참아 인내력을 갖게 해주고, 그들이 해내지 못하던 일을 종말에는 능히 해내는 힘을 주었다는 것을 우리는 알게 된다.

사람이란 대개의 경우 과오를 범한 연후에 비로소 그것을 고칠 수 있게 되고, 마음 속으로 번민하여 생각으로 경중을 저울질해본 연후에 비로소 직면한 어려운 일을 해내게 되고, 괴로움이 얼굴색에까지 나타나고 목소리에까지 나타나게 된 연후에야 올바로 이해하게 되는 것이다.

나라의 경우도 마찬가지다. 나라 안에는 법도를 지켜 나라를 올바로 끌고 가는 세가(世家)와 훌륭한 정치를 하도록 국군을 보필하는 현사가 없고, 국외에 나가도 적국과 외부에서 가해오는 근심이 없다면, 그런 나라는 대개의 경우 멸망하고 만다. 이러한 모든 것을 살펴본 연후에 우리는 알게 되거니와, 사람이란 우환 속에서 단련을 받으면 훌륭히 살아나가게 되고 안일 속에서 아무런 자극도 없이 해태(懈怠)하게 살면 결국 멸망해 버리고 마는 것이다."

原文 **孟子曰："舜**은 **發於畎畝之中,**하고 **傅說**은 **擧於版築之間,**하고 **膠鬲**은 **擧於魚鹽之中,**하고 **管夷吾**는 **擧於士,**하고 **孫叔敖**는 **擧於海,**하고 **百里奚**는 **擧於市.**하니라 **故**로 **天將降大任於是人也,**인댄 **必先苦其心志,**하며 **勞其筋骨,**하며 **餓其體膚,**하며 **空乏其身,**하야 **行拂亂其所爲,**하나니 **所以動心忍性,**하야 **曾益其所不能.**이니라 **人恒過, 然後**에 **能改.**하나니 **困於心,**하며 **衡於慮, 而後**에 **作.**하며 **徵於色,**하며 **發於聲, 而後**에 **喩**니라 **入則無法家拂士,**하고 **出則無敵國外患者,**는 **國恒亡.**이니라 **然後**에 **知生於憂患, 而死於安樂也.**ㅣ니라"

16. 사람을 가르치는 데는 방법이 있다

맹자께서 이런 말씀을 하셨다.

"사람을 가르치는 것은 단순한 것 같지만 거기에도 역시 방법이 여러 가지 있는 것이다. 내가 어떤 사람을 가르쳐 주기를 탐탁하게 여기지 않는 경우가 있는데, 그것은 그 사람을 가르치는 것을 포기하는 것이 아니고 그렇게 함으로써 그를 격분케 하여 반성하고 분발하게 하는 것이니, 결국은 그것도 가르쳐 주는 한 가지 방법일 따름이다."

原文 孟子曰:"教亦多術矣.니 予不屑之教誨也者,는 是亦教誨之而已矣.니라"

제13장 진심장구(盡心章句)·상

1. 천명을 지키는 방법

맹자께서 이런 말씀을 하셨다.
"자기 양심의 기능을 모두 발휘하면 자기가 타고난 선한 본성을 알게 된다. 그렇게 하여 자기의 성(性)을 알게 되면 자연 하늘을 알게 되는 것이다. 자기의 양심을 잘 살피고 자기가 타고난 선한 본성을 기르는 것이 곧 하늘을 섬기는 방법이다.
평생 동안 바르고 선한 일을 한 과거의 성현들이 단명하였거나 혹은 장수하였거나, 그것이 인자(仁者)에 대한 보응에 합당하지 않은 것이 아니냐 등으로 의심을 두지 않고 한결같이 자기 자신의 덕을 닦아 올바로 선하게 살면서 자기의 명이 다함을 기다리는 것이 바로 자기에게 돌아온 천명을 값있게 지켜 가는 방법인 것이다."

原文 **孟子曰:"盡其心者**는 **知其性也.** ㅣ니 **知其性, 則知天矣.**니라 **存其心,**하야 **養其性,**은 **所以事天也,** ㅣ니라 **殀壽**에

不貳,하야 修身以俟之,는 所以立命也.ㅣ니라"

2. 명(命)을 아는 사람

맹자께서 이런 말씀을 하셨다.
"인간사의 모든 귀결은 어느 것을 막론하고 다 명(命) 아닌 것이 없기는 하지만, 그래도 사람은 그 명의 올바른 것을 순리로 받아들이도록 해야 한다. 그렇기 때문에 올바른 명을 알고 있는 사람은 무너질 우려가 많은 위험한 돌담 밑 같은 데는 접근하지 않는 것이니, 그것은 비명에 죽는 것을 회피하기 위해서다.

자기가 피할 수 있는 것을 피하지 않고 죽는 것은 명의 올바름을 순리로 받는 것이 아니기 때문이다. 자기의 정당한 도리를 다하고 죽는 것이 곧 정명(正命)인 것이다. 악한 짓을 저질러 형벌을 받아 질곡에 매여 죽는 것은, 자기가 악한 짓을 하지 않을 수 있는데도 악을 저질러서 그러한 죽음을 당하는 것이기 때문에 정명이 아닌 것이다."

原文 孟子曰:"莫非命也,에 順受其正.이니라 是故로 知命者,는 不立乎巖牆之下.하나니라 盡其道而死者,는 正命也.ㅣ요 桎梏死者,는 非正命也.ㅣ니라"

3. 자기 자신 안에서 덕을 구하라

맹자께서 이런 말씀을 하셨다.
"자기가 자진해서 적극적으로 구하면 획득하게 되고 그렇지 않고 버려 두면 잃어버리게 되는 경우, 자진해서 적극적으로 구하는 것이 자기 것으로 만드는 데 도움이 된다. 왜냐하면 그런 경우는 인·의·예·지 등 나에게 고유한 것으로 이룩되는 천작(天爵)을 구하는 것이기 때문이다. 그러나 구하는 데 일정한 방법이 있어 그 방법에 따르는 경우, 자기의 고매한 인격을 손상하게 할 수도 있고, 또 자기 것으로 획득하게 되느냐 안 되느냐 하는 것에 명이 있는 경우라면, 그런 경우에는 자진해서 적극적으로 구하는 것은 자기 것으로 획득하는 데 아무런 도움이 되지 않는다. 왜냐하면 그런 경우는 작록과 그것에 따른 부귀 영화 등 자기 밖에 있는 것을 구하는 것이기 때문이다."

原文 孟子曰 : "求則得之,하고 舍則失之,하나니 是는 求有益於得也,ㅣ니 求在我者也.ㅣ니라 求之有道,하고 得之有命,하니 是는 求無益於得也,ㅣ니 求在外者也.일새니라"

4. 모든 사물의 이치는 자신에게 갖추어져 있다

맹자께서 이런 말씀을 하셨다.

"만사 사물의 당연한 이치는 빠짐없이 모두 나에게 갖추어져 있다. 그러므로 나 자신을 반성해 봐서 자신이 모든 사물의 당연한 이치에 성실하고 아무런 흠이 없으면 사람으로서 그 이상의 즐거움이 없다. 그리고 노력하여 남을 자기같이 생각하여 용서하는 마음으로 모든 일을 해나간다면, 사정(私情)을 개입시키지 않고 공평한 입장에서 순수한 이치를 따라나갈 수 있게 되므로 인(仁)을 구하는 데는 그 이상 더 가까운 길이 없는 것이다."

原文 孟子曰："萬物이 皆備於我矣.니 反身而誠,이면 樂莫大焉.이요 强恕而行,이면 求仁이 莫近焉.이니라"

5. 자각과 이해로 그 본성을 실천하라

맹자께서 이런 말씀을 하셨다.

"본성에서 우러나오는 선을 행하면서도 그것을 뚜렷이 밝혀서 그러함을 파악하지 않고, 그것을(처자 등 지정한 대상에게) 행하는 것이 습성이 되었는데도 자세히 살펴 알아 가지고 미루어 나가는 일을 하지 않으며, 죽을 때까지 그것에 따라 살아가면서도 그 이치를 모르는 사람이 많다."

原文 孟子曰："行之而不著焉,하며 習矣而不察焉,하고 終身由之而不知其道者, 衆也.ㅣ니라"

6. 인간은 누구나 부끄러워할 줄 알아야 한다

맹자께서 이런 말씀을 하셨다.

"사람은 부끄러워하는 마음이 없으면 제대로 사람 구실을 못한다. 그러므로 사람은 반드시 부끄러워하는 마음을 가져야 한다. 만약 사람이 부끄러워하는 마음이 없다는 그 자체를 부끄러워한다면 그 단계에 가서는 대체로 부끄러워할 게 없어질 것이다."

原文 孟子曰："人不可以無恥,니 無恥之恥,면 無恥矣.니라"

7. 수치심의 중요성

맹자께서 이런 말씀을 하셨다.
"남같이 올바르지 못한 것을 부끄러워하는 마음은 사람에게는 극히 중요한 것이다. 불의한 짓을 하고서도 임시로 둘러대어 자기가 정당한 것같이 꾸려나가기를 잘하는 인간은 근본부터 부끄러워하는 마음이 소용없는 것이다. 남처럼 사람답지 못함을 부끄러워하지 않는다면 남처럼 올바른 인간이 될 수 있겠는가? 도저히 올바른 인간이 되지 못한다."

原文 孟子曰:"恥之於人은 大矣.라 爲機變之巧者,는 無所用恥焉.이니라 不恥不若人,이면 何若人有?리오"

8. 선도(善道)는 즐기고 권세는 버려야 한다

맹자께서 이런 말씀을 하셨다.
"옛날의 현명한 왕들은 선을 좋아하고 자기의 권세는 잊어버려, 자신을 굽히고 선에 따랐다(그래서 그들은 유능한 인물을 존경하고 우대하였던 것이다). 그런데 옛날의 현사들이라고 그들이 좋아하는 것과 잊어버리는 것이 없었던 것은 아니다. 그들은 자기의 도를 지켜 바르고 깨끗하게 살아가는 것을 즐거워했고, 왕공을 비롯한 타인의 권세는 전혀 개의치 않아서, 권세에 굴복하여 자기의 도를 버리는 일이 없었다. 그러했기 때문에 왕자나 공후 같은 권세 있는 사람들은 현사들에게는 경의를 표하고 예를 극진하게 차리지 않으면 그들을 자주 만나 볼 수 없었던 것이다.

왕공들이 현사들을 만나 보는 기회조차도 자주 가질 수 없었으니, 그들을 얻어 자기의 신하로 만든다는 것은 더욱 어려운 일이 아닐 수 없었다(고대의 현왕들은 그토록 현사를 소중히 여겨 공경했고, 현사들은 또 그토록 고결하고 권세에 움직이지 않았던 것이다).”

原文 孟子曰: “古之賢王,은 好善而忘勢.어니와 古之賢士,도 何獨不然?이리오 樂其道而忘人之勢,라 故로 王公이 不致敬盡禮, 則不得亟見之.하니 見且猶不得亟,어든 而況得而臣之乎?아”

9. 유세하는 사람은 태연한 덕성을 지녀야 한다

맹자께서 송구천(宋句踐)에게 이런 말씀을 하셨다.

“당신은 유세를 좋아하는가? 그렇다면 내가 유세에 관해서 일러 주리다. 유세하는 사람은 남이 자기가 내세우는 주의 주장을 이해해서 받아들여 주는 경우라 해도 태연하여 욕기 없이 굴어야 하고, 또 그와 반대로 자기가 내세우는 주의 주장을 이해하지 못해서 받아들여 주지 않는 경우라 해도 역시 태연하여 욕기 없이 굴어야 하오.”

이 말을 들은 송구천이 맹자에게 말했다.

“어떻게 해야 태연하여 욕기 없이 굴게 됩니까? 그 점을 일러주십시오.”

맹자는 다음과 같이 설명하여 주었다.

“덕을 존중하고 의를 즐거워하면 자연 태연하여 욕기 없이 굴 수 있는 경지에 도달하게 되는 거요. 그래서 그러한 덕을 존중하고 의를 즐거워하는 선비는 뜻을 펴지 못하고 곤경 속에 처해 있어도 자기가 지킬 의리를 지키지 못해 불의한 짓을 하는 일이 없고, 뜻을 이루어 영달해도 정도에서 벗어나는 짓을 하지 않게 되는 거요. 곤경 속에 처해 있어도 불의한 짓을 하지 않기 때문에 그러한 선비는 자기의 본성을 온전히 보존하게 되는 것이고, 영달해도 정도에서 벗어나는 짓을 하지 않기 때문에 백성들은 그에게 걸었던 희망을 잃지 않게 되는 거요.

옛날 현인은 세상에서 뜻을 이루어 정치에 종사하게 되면 백성들에게 은택을 끼쳤고, 뜻을 이루지 못하여 세상에 나가지 못하게 되면 자신의 덕을 닦아 그 우아함이 세상에 나타났소. 곤경 속에 처해 있으면 혼자서 자기 자신을 선하게 해나갔소. 영달하면 온 천하 사람들까지 동시에 선하게 해나갔던 것이오(그러므로 당신도 유세를 올바로 하기 원한다면, 우선 그와 같이 덕을 존중하고 의를 즐거워하는 사람이 되어야 하는 거요)."

原文 **孟子謂宋句踐曰:"子好遊乎?**아 **吾語子遊.**하리라 **人知之,**라도 **亦囂囂.**하며 **人不知,**라도 **亦囂囂.**니라" **曰:"何如, 斯可以囂囂矣?**이꼬" **曰:"尊德樂義, 則可以囂囂矣.**니라 **故**로 **士**는 **窮不失義,**하며 **達不離道.**니라 **窮不失義**라 **故**로 **士得己焉.**하고 **達不離道,**라 **故**로 **民不失望焉.**이니라 **古之人,**이 **得志**면 **澤加於民,**하고 **不得志**면 **修身見於世.**하니 **窮則獨善其身,**하고 **達則兼善天下.**하나니라"

10. 호걸 군자는 스스로 정도(正道)에 분발한다

맹자께서 이런 말씀을 하셨다.

"문왕 같은 현성한 임금이 나온 연후에 그에 감화되어 분발하는 것은 평범한 백성들이다. 그러나 기국(氣局)이 크고 재지가 뛰어난 호걸지사는 비록 문왕 같은 현성한 임금의 교화가 없더라도 스스로 감분하여 떨치고 일어난다."

原文 **孟子曰："待文王而後**에 **興者,**는 **凡民也.**ㅣ니 **若夫豪傑之士,**는 **雖無文王**이라도 **猶興.**이니라"

11. 뛰어난 사람은 부귀에 동심(動心)하지 않는다

맹자께서 이런 말씀을 하셨다.
"만약에 한위(韓魏)의 가산(家産) 같은 방대한 재부를 더 주어도 자기 자신에 부족함을 느껴 불만족스러워한다면, 그런 사람은 부귀에만 동요하지 않고 자기 완성에 더욱 마음을 쓰는 사람이므로 다른 사람보다 훨씬 뛰어난 인물이라 하겠다."

原文 **孟子曰："附之以韓魏之家,**라도 **如其自視欿然,**이면 **則過人**이 **遠矣.**니라"

12. 백성을 위한 정치에는 죽음을 당해도 원망치 않는다

맹자께서 이런 말씀을 하셨다.
"백성들을 편안히 살게 해줄 목적으로 백성들을 부리면, 백성들은 그 일이 아무리 힘들고 괴롭다 해도 자기네를 무도하게 혹사한다고 원망하지는 않는다. 또 백성들을 생명의 위협에서 살려줄 목적으로 살인자나 포악무도한 자를 죽인다면 죽는 마당에 사람을 원망하지는 않는다."

原文 孟子曰 : "以佚道使民,이면 雖勞나 不怨.하고 以生道殺民,이면 雖死나 不怨殺者.니라"

13. 왕도정치의 위력

맹자께서 이런 말씀을 하셨다.

"패자(覇者) 치하의 백성들은 패자가 베푸는 은택이 유난스럽기 때문에 그것을 쉽게 느끼게 되므로 환희에 차 있다. 그러나 왕자(王者) 치하의 백성들은 정도에 대한 이해가 철저하므로 흉도(胸度)가 크게 만족하고 있다. 왕자 치하에서는 죽이는 일이 있어도, 그것이 정당한 것임을 알기 때문에 백성들은 왕자를 원망하지 않으며, 이롭게 해주어도 공을 내세우지 않으므로, 그것을 왕자의 공로로 돌리지 않으며, 백성들이 매일매일 선한 데로 옮겨가나, 덕화(德化)의 힘이 자연스러워서 누가 그렇게 해주는가를 감지하지 못한다. 그러한 왕자의 정치를 하는 군자로 말할 것 같으면 그가 지나가는 곳은 그에 의해 교화되고, 그가 머물러 있는 곳은 그의 교화의 힘이 신묘하기 그지없어 이루 헤아릴 수 없다. 그의 덕화의 위력은 천지의 화육(化育)하는 힘과 병행할 정도로 커서 모든 것이 다 올바로 되어 나가게 하는데, 그것이 어찌 패자의 경우처럼 임시적이고 부분적인 미봉 수단에 불과하다고 할 수 있겠는가?"

原文 孟子曰 : "覇者之民,은 驩虞如也.ㅣ요 王者之民,은

皥皥如也.ㅣ니라 殺之而不怨,하며 利之而不庸,하며 民日遷善而不知爲之者.니라 夫君子는 所過者化,하며 所存者神,이라 上下與天地同流,하나니 豈曰小補之哉?리오"

14. 왕도정치의 요체

맹자께서 이런 말씀을 하셨다.

"인자한 말은 사람을 감동시키기는 하지만 그것보다도 실제로 인자한 덕이 있어 그것으로 말미암은 칭송과 평판이 퍼져 나가는 일은 더 깊은 감명을 주는 것이다. 법도와 금령을 정비하여 물샐 틈 없이 잘 해나가는 정치는 나쁜 것이 아니다. 그것보다는 예의염치와 효제충신 등을 체득 실천하도록 잘 가르쳐 백성들이 나랏일을 위해 자발적으로 협조하는 것이 나라 다스리는 데는 더욱 좋다. 법도와 금령을 정비해서 물샐 틈 없이 잘 해나가는 정치는 백성들이 법도와 금령을 어기게 될까 겁이 나서 위정자를 두려워하고, 그와 대조적으로 예의염치와 효제충신 등을 체득 실천하도록 잘 가르쳐 나가는 정치는 백성들이 그 인후함에 감복하여 위정자를 사랑한다. 법도와 금령을 잘 다뤄 나가는 정치는 백성들이 납세를 게을리할 수 없게 하여 백성들의 재물을 거두어들이는 데 성과를 올리게 되고, 잘 가르쳐 나가는 정치는 백성들이 좋아하여 마음으로부터 따르게 하는 성과를 올리게 한다."

原文 孟子曰:"仁言,이 不如仁聲之入人深也.ㅣ니라 善政,이 不如善教之得民也.ㅣ니라 善政은 民이 畏之,하고 善教는 民이 愛之.하나니 善政은 得民財,하고 善教는 得民心.이니라"

15. 인·의는 양지양능(良知良能)한 인간의 본성에서 나온다

맹자께서 이런 말씀을 하셨다.
"사람이 배우지 않고서도 절로 해낼 수 있는 능력은 사람의 양능(良能)이다. 사람이 생각하지 않고서도 절로 알게 되는 능력은 사람의 양지(良知)인 것이다. 이제 웃을 줄 알고 안아 줄 수 있는 정도의 어린아이까지도 모두 자기 어버이를 사랑할 줄 알고, 그런 어린아이가 자라나게 되면 모두 자기 형을 공경할 줄 안다. 이러한 인간의 양지양능에 속하는 것 중에서 어버이를 친애하는 것이 인이고, 어른을 공경하는 것이 의이다. 인·의에 따르는 이상적인 세계를 이룩하는 데 별다른 방법이 있는 것은 아니다. 바로 이 양지양능에 속하는 친친(親親)·경장(敬長)하는 능력을 온 천하에 널리 활용시켜 나가면 되는 것이다."

原文 **孟子曰："人之所不學而能者,**는 **其良能也.**ㅣ요 **所不慮而知者,**는 **其良知也.**ㅣ니라 **孩提之童,**이 **無不知愛其親者,**며 **及其長也,**하야 **無不知敬其兄也.**ㅣ니라 **親親,**은 **仁也.**ㅣ요 **敬長,**은 **義也.**ㅣ니 **無他,**라 **達之天下也.**ㅣ니라"

16. 성인의 마음

맹자께서 이런 말씀을 하셨다.
"순이 요임금에게 발견되지 않고 역산(歷山) 깊은 곳에서 농사짓고 살 때에는, 나무와 돌로 조잡하게 지은 집에서 거처했고, 사슴과 멧돼지가 나돌아다니는 거친 환경 속에서 놀았으므로, 그가 다른 심산에 사는 조야한 사람들과 다른 점이라고는 거의 없을 정도였다. 다만 그들과 다른 점이 있다면, 그는 단 한 가지 선한 행실을 목격하게 되면 그 선한 말에 서슴지 않고 따라가고, 그 선한 행실을 서슴지 않고 본받아 해나가는 것이 마치 장강이나 황하의 둑을 터놓아 그 물이 흘러가는 힘이 걷잡을 수 없이 세찬 것같이 그것을 막아낼 도리가 없었던 것이다."

原文 孟子曰:"舜之居深山之中,에 與木石居,하며 與鹿豕遊,하니 其所以異於深山之野人者幾希.러니 及其聞一善言,하며 見一善行,하야는 若決江河,하야 沛然莫之能禦也.러니라"

17. 자신이 원치 않는 것을 남에게 시키지 마라

맹자께서 이런 말씀을 하셨다.

"사람이 군자답게 올바로 살아나가는 길이란 결코 고원 난행한 것이 아니고 극히 간단한 것이다. 자기가 괴롭게 여기고 싫어하는 일을 남에게 시키지 않고, 또 자기가 원하지 않는 것을 남에게 원하지 않는 것뿐이다."

原文 孟子曰:"無爲其所不爲,며 無欲其所不欲,이니 如此而已矣.니라"

18. 환난과 고초를 겪은 후 사리에 통달할 수 있다

맹자께서 이런 말씀을 하셨다.

"대체로 덕행과 지혜와 학술과 재지를 갖춘 사람은 언제나 열병만큼이나 견디기 어려운 고민이 있게 마련이다(그러한 고민이 있기 때문에 불요불굴하는 정신으로 노력하게 되고, 그 결과 德慧術智를 갖추게 되는 것이다).

임금에게 버림받아 고립무원해진 신하와 서자를 그 예로 들수 있다. 그러한 사람들은 다른 사람들과 달리 마음쓰는 것을 위난에 직면한 것같이 불안한 가운데서 조심스럽게 하고, 닥쳐올지 모르는 화환(禍患)을 염려하는 것이 심각하다. 그래서 그들은 지혜가 늘어 사리에 통달하게 되는 것이다."

原文 孟子曰:"人之有德慧術知者,는 恒存乎疢疾.이니라 獨孤臣孽子,는 其操心也危,하며 其慮患也深,이라 故로 達.이니라"

19. 사람의 네 가지 등급

맹자께서 이런 말씀을 하셨다.
"임금을 섬기는 사람이라는 것이 있는데, 그런 사람은 그런 임금을 섬기게 되면 자기 안색을 부드럽게 해서 아첨하며 임금의 욕심을 사는 자다.

사직(社稷)을 안정시키는 신하라는 것이 있는데, 그런 사람은 사직을 안정시키는 것을 자기의 기쁨으로 삼는 자다. 하늘의 백성이라는 것이 있는데, 그런 사람은 자기가 도달한 지위가 자기의 소신을 천하에 행할 수 있게 된 연후라야 비로소 그것을 행하는 자이다. 대인이라는 것이 있는데, 이 사람은 자기 자신을 바로잡아서 살아나가기만 하면 온 세상 사람이 그것에 감화되어 그로 말미암아 온갖 사물이 바로 되어 나가게 되는 자다."

原文 孟子曰: "有事君人者,하니 事是君, 則爲容悅者也.ㅣ니라 有安社稷臣者,하니 以安社稷爲悅者也.ㅣ니라 有天民者,하니 達可行於天下而後에 行之者也.ㅣ니라 有大人者,하니 正己而物正者也.ㅣ니라"

20. 군자의 세 가지 즐거움

맹자께서 이런 말씀을 하셨다.

"군자에게는 즐거움이 세 가지 있는데〔君子三樂〕, 천하에 왕자로 임하는 일은 그 세 가지 가운데 들어 있지 않다. 군자의 세 가지 즐거움은 다음과 같다. 부모가 두 분 다 생존하고, 형제들간에 아무 별고가 없는 것이 첫째의 즐거움이다. 고개를 들어 하늘을 우러러서 양심에 아무런 부끄러움을 느끼지 않고, 고개를 숙여 땅을 굽어보아도 사람들에 대해 아무런 양심의 가책을 받을 만한 부끄러움을 느끼지 않는 것이 둘째의 즐거움이다. 천하의 뛰어난 인재를 발견하여 그를 교육하는 것이 셋째의 즐거움이다. 군자에게는 즐거움이 세 가지 있는데, 천하에 왕자로 임하는 일은 그 세 가지 가운데 들어 있지 않다."

原文 孟子曰: "君子有三樂,이나 而王天下는 不與存焉.이니라 父母俱存,하며 兄弟無故, 一樂也.ㅣ요 仰不愧於天,하며 俯不怍於人,이 二樂也.ㅣ요 得天下英才而敎育之, 三樂也.

ㅣ니 君子有三樂,이나 而王天下는 不與存焉.이니라"

※ 君子三樂(군자삼락)－군자에게는 세 가지 즐거움이 있다는 이 말은 여기서 나온 것이고 오늘날에도 흔히 쓰이고 있다.

21. 군자의 가장 큰 즐거움은 인·의·예·지이다

맹자께서 이런 말씀을 하셨다.
"큰 제후국을 성공적으로 경륜하여 국토를 넓히고 백성을 많이 모으는 일은 군자가 원하기는 하지만, 그가 즐거워하는 것은 그런 일이 아니다. 천하의 중앙에 군림하여 사해의 백성들을 두루 안정시켜 주는 사업은, 군자가 즐거워하지만 그가 본성으로 지니는 것은 그런 것이 아니다. 군자가 본성으로 지니는 것은, 비록 뜻을 이루어 다스리는 큰 사업을 한다 해도 그것에 아무런 보탬이 되지 않고, 또 비록 뜻을 잃고 불우한 가운데서 곤궁하게 산다 해도 그것을 조금도 감손하지 않는다. 왜냐하면 사람에게는 본성에 따른 직분이 정해져 있기 때문이다.

군자가 본성으로 지니는 것은 인·의·예·지이다. 그것은 마음에 굳게 뿌리박고 있고, 그것이 정련 순화되어 광채를 발하면 그 광채가 윤택하게 얼굴에 나타나고, 등에 풍만하게 넘쳐흐르고 사체(四體)에 뻗어나가, 사체가 말하지 않아도 그 나타나는 광채로 말미암아 행동거지를 통해 보는 사람으로 하여금 그가 선한 본성을 온전히 지니고 있음을 알게 해준다."

原文 孟子曰:"廣土衆民,을 君子欲之,나 所樂은 不存焉.이니라 中天下而立,하야 定四海之民,을 君子樂之,나 所性은

不存焉.이니라 **君子所性,**은 **雖大行**이나 **不加焉,**이며 **雖窮居**나 **不損焉,**이니 **分定故也.**ㅣ니라 **君子所性,**은 **仁義禮智根於心,**이라 **其生色也睟然, 見於面,**하며 **盎於背,**하며 **施於四體.**하야 **四體不言而喩.**니라"

22. 늙은이를 봉양하는 자에게는 어진 사람이 귀순한다

맹자께서 이런 말씀을 하셨다.

"백이는 포학무도한 주(紂)를 피해서 북해의 변두리에 살고 있었는데, 주(周)나라 문왕이 일어나 인정을 실시한다는 소식을 듣고는 '나는 무슨 일이 있어도 그에게로 가서 의지하고 살아야 하겠다. 내가 듣기로는 서백(西伯 : 문왕)은 늙은이를 잘 부양해 주는 사람이라고 하더라'고 말하고 문왕을 찾아가 의탁했다. 또 강태공 여상은 주를 피해서 동해의 변두리에 살고 있었는데, 주나라 문왕이 일어나 인정을 실시한다는 소식을 듣고서는 '나는 무슨 일이 있어도 그에게로 가서 의지하고 살아야 하겠다. 내가 듣기로는 서백은 늙은이를 잘 부양해 주는 사람이라고 하더라'고 말하고 문왕을 찾아가 의탁했다.

이런 예를 가지고 보더라도 천하에 늙은이를 잘 부양하는 이가 생기면 인인(仁人)들은 그곳을 자기네가 의탁할 곳으로 생각하고 찾아간다는 것을 알 수 있다. 다섯 이랑의 택지에서 그 담 가장자리에 뽕나무를 심고 한 여인이 그 뽕잎으로 누에를 치면, 거기서 나는 고치로 늙은이가 따뜻하고 가벼운 깁옷을 입고 살 수 있게 될 것이다. 암탉 다섯 마리와 암돼지 두 마리를, 번식하는 시기를 놓치지 않고 기르면, 거기서 얻은 닭고기와 돼지고기로 늙은이가 육식을 계속할 수 있게 될 것이다. 백 무의 밭을 한 사나이가 경작하면 그 소출로 여덟 식구의 가족이 굶주리지 않고 먹고 살 수 있을 것이다.

백이와 강태공이 서백은 늙은이를 잘 부양해 준다고 말했는데, 그것은 결국 문왕이 백성들의 경지와 택지를 제정해 주어 거리에서 뽕나무 심기와 가축 기르기를 가르쳐 주고, 그들의 처자를 유도하여 그들의 늙은이를 부양시키게 해준 것을 의미한 것이다. 사람은 쉰 살이 되면 깁옷을 입지 않으면 몸이 따뜻해지지 않고, 일흔이 되면 육식을 하지 않으면 배가 불러오지 않는다. 따뜻해지지 않고 배가 불러오지 않는 것을 얼고 굶주린다고 하거니와 문왕 치하의 백성들 중에는 얼고 굶주리는 늙은이가 없었다고 하는 것은, 다름아닌 위에 말한 방법으로 백성들을 다스린 것을 두고 한 말이다."

原文 **孟子曰: "伯夷辟紂,** 하야 **居北海之濱,** 이러니 **聞文王作興** 하고 **曰: '盍歸乎來?** 리오 **吾聞西伯** 은 **善養老者.** 라' 하고 **太公** 이 **辟紂,** 하야 **居東海之濱,** 이러니 **聞文王作興** 하고 **曰: '盍歸乎來?** 리오 **吾聞西伯** 은 **善養老者.** 라' 하니 **天下** 에 **有善養老,則仁人** 이 **以爲己歸矣.** 니라 **五畝之宅,** 에 **樹牆下以桑,** 하면 **匹婦蠶之, 則老者足以衣帛矣.** 며 **五母雞,** 와 **二母彘,** 를 **無失其時,** 면 **老者足以無失肉矣.** 며 **百畝之田,** 을 **匹夫耕之,** 면 **八口之家可以無飢矣.** 리라 **所謂西伯** 이 **善養老者,** 는 **制其田里,** 하야 **教之樹畜,** 하며 **導其妻子,** 하야 **使養其老.** 니 **五十** 엔 **非帛不煖,** 하면 **七十** 엔 **非肉不飽.** 하나니라 **不煖不飽,** 를 **謂之凍餒.** 니 **文王之民** 이 **無凍餒之老者, 此之謂也.** ㅣ니라"

23. 생활을 안정시켜 주면 나쁜 백성이 없다

맹자께서 이런 말씀을 하셨다.

"백성들이 그들의 밭을 만족하게 경작할 수 있도록 돌봐주고, 백성들이 납입할 조세를 경감시켜 주면 백성들을 부유하게 만들 수 있다. 어류나 과실 등이 자라고 익고 했을 때에 먹게 해서 많이 번식시키고, 예에 따른 것 이외에는 향연을 삼가 경비를 절제하게 하면 물자에 여유가 생겨 이루 다 써 낼 수 없게 될 것이다. 비근한 이야기로, 사람은 물과 불이 아니면 살아가지 못한다. 물과 불이 중요하지만 저녁때 아무 집에나 가서 문을 두드리고 물과 불을 달라고 하면 서슴지 않고 준다. 물과 불에 그렇게 인심이 좋은 것은 물과 불이 아주 충분하기 때문이다. 성인이 나와서 천하를 다스리게 되면, 팥·조 같은 양곡이 물·불같이 풍족한 세상인데 인자하지 않은 사람이 어찌 생겨나겠는가? 사람들이 다 인자하게 될 것은 말할 나위도 없다."

原文 孟子曰 : "易其田疇,하며 薄其稅斂,이면 民可使富也.ㅣ니라 食之以時,하며 用之以禮,면 財不可勝用也.ㅣ니라 民非水火면 不生活,이로대 昏暮에 叩人之門戶하야 求水火,라도 無弗與者,는 至足矣.일새니 聖人이 治天下,에 使有菽粟을 如水火.니 菽粟如水火,면 而民이 焉有不仁者乎?리오"

24. 위대한 빛은 틈바구니까지도 비춘다

맹자께서 이런 말씀을 하셨다.

"공자께서 동산에 올라가 사방을 둘러보시고 노나라를 작다고 생각하셨고, 또 태산에 올라가 사방을 둘러보시고는 천하를 작다고 생각하셨다. 공자의 이러한 경험을 가지고 생각해 보면 오직 이해할 수 있는 일이 몇 가지 있다. 바다의 큰 물을 본 사람은 어지간한 큰 물을 보아도 그 물의 대단함을 느낄 수 없어 물 이야기를 하기 곤란하다. 성인의 문에서 배운 사람은 그 교훈의 위대함에 깊이 감화되어 어지간한 언론이나 주장을 들어도 그 대단함을 느낄 수 없어 그런 것을 시시비비하기 곤란하다.

물을 보는 데는 방법이 있다. 물을 볼 때에는 반드시 그 파란(波瀾)을 보아야 하는데, 그렇게 해야 그 물이 장대한가의 여부를 판단할 수 있게 된다. 해와 달은 광명이 있어서 온갖 것을 다 비추되, 작은 틈바구니까지도 반드시 다 비춘다. 흐르는 물이라는 것은 팬 구멍을 채우지 않으면 전진하지 않고, 구멍 하나하나를 다 채우며 마침내는 바다에까지 도달한다.

군자가 성인의 대도(大道)에 뜻을 두고 덕을 닦아 나가는 데 있어서도, 무늬를 짜나가는 것같이 하나하나의 덕을 차례차례 완성시켜 나가지 않으면 성인 같은 이상적인 경지에 도달하지 못한다."

原文 **孟子曰 : "孔子登東山而小魯,**하시고 **登太山而小天下.**하시니 **故**로 **觀於海者**에 **難爲水,**요 **遊於聖人之門者**에 **難爲言.**이니라 **觀水**에 **有術,**하니 **必觀其瀾.**이니라 **日月**이 **有明,**하니 **容光**에 **必照焉.**이니라 **流水之爲物也,**는 **不盈科**면 **不行.**하나니 **君子之志於道也,**에도 **不成章**이면 **不達.**이니라"

25. 순(舜)과 도척(盜蹠)이 다른 점

맹자께서 이런 말씀을 하셨다.
"새벽에 닭이 울자마자 일어나서 종일 꾸준하게 선한 일을 하기에 힘쓰는 사람은 대성인 순의 무리이다. 새벽에 닭이 울자마자 일어나서 종일 꾸준하게 이(利)를 얻는 일을 하기에 힘쓰는 사람은 흉악한 강도인 도척의 무리이다. 만약 순과 도척의 구별을 알려고 한다면, 이를 얻기에 급급하느냐, 선한 일을 하기에 힘쓰느냐 하는 차이를 알아보기만 하면 된다."

原文 孟子曰: "雞鳴而起,하야 孶孶爲善者,는 舜之徒也.ㅣ요 雞鳴而起,하야 孶孶爲利者,는 蹠之徒也,ㅣ니 欲知舜與蹠之分,인댄 無他,라 利與善之閒也.ㅣ니라"

26. 한 가지 주장을 고집하면 정도를 잃는다

맹자께서 이런 말씀을 하셨다.
"양자(楊子)는 나를 위하는 주의만을 취하고 딴 것은 돌보지 않는다. 자기 몸에서 털 한 개만 뽑으면 천하를 이롭게 한다 해도 하지 않을 정도로 남에게 이로운 일이라면 하지 않는다. 양자와는 정반대로 묵자는 세상 사람을 차별 없이 사랑했다. 그래서 그는 머리 꼭대기부터 발꿈치 끝까지 털이 다 닳아 없어지는 일이라 하더라도 천하를 이롭게 한다면 감연히 나설 정도로 남에게 이로운 일이라면 괴로움을 무릅쓰고 한다.

이제 자막(子莫)이라는 사람은 양자의 위아(爲我), 묵적의 겸애(兼愛), 이 두 가지 주장을 절충하여 그 중간을 잡고 나가려고 한다. 중간을 잡고 나가는 것이 정도에 가깝다고는 하겠으나, 중간을 잡고 나가면서 일의 경중을 헤아려 사의(事宜)에 맞게 해나가지 않으면, 그것은 양자나 묵자의 경우같이 한 가지만을 고집하는 것이나 다를 바 없다. 한 가지만을 고집하는 것을 미워하는 것은, 그렇게 하면 정도를 해치는 결과를 초래하기 때문이다. 다시 말해서 한 가지만 좋다고 내걸고 온갖 좋은 것을 다 버리기 때문이다."

原文 孟子曰:"楊子는 取爲我,하니 拔一毛而利天下,라도 不爲也.하니라 墨子는 兼愛,하니 摩頂放踵이라도 利天下,인댄 爲之.하니라 子莫은 執中,하니 執中이 爲近之.나 執中無權,은 猶執一也.ㅣ니라 所惡執一者,는 爲其賊道也,ㅣ니 擧一而廢百也.ㅣ니라"

27. 정도에 살면 근심이 없다

맹자께서 이런 말씀을 하셨다.
"배가 고픈 사람은 굶주린 나머지 먹을 것을 만나면 아주 달게 먹고, 목이 타는 사람은 갈증이 심한 나머지 마실 것을 만나면 아주 달게 마신다.

그러나 이러한 기갈에 시달리는 사람은 비록 달게 먹고 마신다 해도 그 먹고 마신 것의 올바른 맛을 제대로 알지 못한다. 기갈이 그의 구복(口腹)의 맛을 분간하는 힘을 해쳐서 올바른 맛을 모르게 하는 것이다. 그러나 이러한 기갈의 해가 어찌 구복에 만 그치겠는가. 사람의 마음도 다 기갈(빈천)의 해를 받는 것이다. 만약 사람이 확고한 주관이 서서 기갈의 해를 마음에 받지 않을 수 있다면, 부귀에 있어 남을 따라가지 못한다 해도 마음에 동요를 일으키지 않게 되어 그것을 근심거리로 삼지 않게 될 것이다."

原文 孟子曰 : "飢者는 甘食,하고 渴者는 甘飮,하나니 是는 未得飮食之正也,ㅣ요 飢渴이 害之也.ㅣ니 豈惟口腹이 有飢渴之害,리오 人心도 亦皆有害.하니라 人能無以飢渴之害로 爲心害, 則不及人을 不爲憂矣.리라"

28. 군자는 작록으로 절개를 굽히지 않는다

맹자께서 이런 말씀을 하셨다.

"유하혜는 삼공(三公) 같은 영광스러운 작위 때문에 자기의 절개를 바꾸거나 하는 일을 하지 않았다."

原文 孟子曰 : "柳下惠,는 不以三公으로 易其介.니라"

29. 인 · 의를 지향하여 대인격을 완성하려면 끝까지 노력해야 한다

맹자께서 이런 말씀을 하셨다.

"인의를 지향하여 하염없이 있고자 하는 사람은 우물을 파는 일에 비유해서 말할 수 있다.

우물을 파기 시작하여 아홉 길이 되도록 깊이 파들어 갔다 해도 물이 솟아나는 데까지 파내려가지 않았다면, 그것은 우물을 포기하고 만 것이나 다름없다(그와 같이 인의를 지향하는 사람은 인의에 따른 대인격을 완성할 때까지 자신의 덕을 닦기에 노력해야 비로소 그 보람이 있게 되는 것이다)."

原文 孟子曰："有爲者,는 辟若掘井,하니 掘井九軔而不及泉,이면 猶爲棄井也.ㅣ니라"

30. 인을 실천하는 예

맹자께서 이런 말씀을 하셨다.
"요·순은 본성으로 인을 타고나서, 하는 일이 모두 자연스럽게 인에 맞았다. 탕왕과 무왕은 힘써 덕을 닦아 인을 체득했다. 오패(五霸)는 사심(私心)이 있으면서도 인을 빌려서 제후들 앞에 표방했을 뿐이다.
그러나 오패의 경우라 해도 인을 빌려 표방한 채로 오래오래 지속하고 돌려 보내지 않는다면, 결국은 인에 따라 행한 것이 되므로 그들이 참으로 인을 지닌 것이 아니라는 것을 알 도리가 없게 되었을 것이다(그런데 그들은 인을 잠시만 빌렸다가 곧 도로 내놓았기 때문에, 그들이 참으로 인을 지닌 것이 아님이 뚜렷이 드러나고 말았다)."

原文 孟子曰："堯舜,은 性之也.ㅣ요 湯武,는 身之也.ㅣ요 五霸, 假之也.ㅣ니라 久假而不歸,하니 惡知其非有也.ㅣ리오"

31. 이윤의 임금 섬기는 태도

제자 공손추가 맹자에게 다음과 같이 질문을 했다.
"탕왕이 죽은 후 손자 태갑(太甲)이 그 위를 계승하였는데, 태갑이 천자의 위에 있으면서 올바르게 굴지 않았으므로 탕왕의 재상 이윤은 '나는 태갑이 정당한 의리에 따르지 않는 것이 견딜 수 없다'고 말하고 태갑을 탕왕의 분묘가 있던 동(桐)으로 쫓아냈습니다. 그랬더니 백성들이 모두 기뻐했습니다.

그후 태갑이 전과를 뉘우치고 덕을 닦아 현명해지자, 이윤은 다시 그를 돌아오게 하여 천자의 위에 오르게 했습니다. 그랬더니 이번에도 백성들이 굉장히 기뻐했습니다. 현량한 인물이 남의 신하 노릇을 할 때, 자기 임금이 현명하지 못하면 본래 그를 쫓아낼 수 있는 것입니까? 도시 이해가 가지 않으니 선생님의 생각을 말씀해 주십시오."
맹자께서 다음과 같이 간단하게 일러주셨다.
"이윤과 같이 임금을 바로잡아 천하를 잘 다스려 태평하게 만들려는, 한 오라기의 사심도 없는 뜻을 지니고 있는 경우라면 그렇게 해도 괜찮다(왜냐하면 그것은 임금을 바로잡아 현군이 되게 하려는 성심에서 나온 것이기 때문이다). 그러나 이윤과 같은 공명정대한 뜻이 없이 그런 일을 한다면, 그것은 역적이 행하는 찬탈이므로 절대로 그런 일을 해서는 안 된다."

原文 **公孫丑曰**: "**伊尹**이 **曰**: '**予不狎于不順**,이라'하고 **放大甲于桐**,한대 **民**이 **大悅**.하고 **大甲**이 **賢**,커늘 **又反之**,한대 **民**이 **大悅**.하니 **賢者之爲人臣也**,에 **其君**이 **不賢**, **則固可放與**?

이까" 孟子曰 : "有伊尹之志則可,이어니와 無伊尹之志則簒也.ㅣ니라"

32. 군자는 녹을 먹을 만한 공로가 있다

공손추는 맹자에게 다음과 같은 질문을 했다.
"《시경》〈위풍(魏風)〉 벌단시(伐檀詩)에 '공로도 없이 녹을 먹지는 않는다'라고 했습니다. 그런데 벼슬자리에 있는 군자로서 농사에 종사하지도 않으면서 먹고 사는 것은 무엇 때문입니까?"
맹자께서 이렇게 대답하셨다.
"군자가 한 나라에 살 때 그 나라의 국군이 그를 등용하여 주면 그 국군은 안락과 부강과 존귀와 영광을 누리게 되고, 그 나라의 젊은 사람들이 그의 교훈과 지도에 따르면 효제·충신을 실천하는 선량한 사람들이 된다. '공로 없이는 녹을 먹지 않는다'고 했지만 그 이상 더 큰 공로는 없을 것이 아닌가?"

原文 公孫丑曰 : "詩曰 : '不素餐兮,라'하니 君子之不耕而食,은 何也?이꼬" 孟子曰 : "君子居是國也,에 其君이 用之, 則安富尊榮.하고 其子弟從之, 則孝弟忠信.하나니 不素餐兮, 孰大於是?리오"

33. 선비는 제 것이 아닌 것은 취하지 않는다

제나라의 왕자 점(墊)이 맹자에게 물었다.
"선비는 대체 무슨 일을 열심히 해야 옳을까요?"

맹자께서 대답하셨다.

"정도를 지향하는 뜻을 승상하지요."

"뜻을 승상한다는 것은 대체 무엇을 말하는 것입니까?"

왕자 점의 계속되는 질문에 맹자께서는 다음과 같이 말씀해 주셨다.

"인과 의를 지향하는 것일 따름입니다. 무고한 사람을 하나라도 죽이는 것은 인에 어긋나는 일입니다. 자기 소유가 아닌데도 그것을 취하는 것은 의에 어긋나는 일입니다. 선비로서 몸둘 곳이 어디에 있는가 하면, 그것은 바로 인에 있는 것입니다. 선비가 갈 길이 어디에 있는가 하면, 그것은 바로 의에 있는 것입니다. 인에 몸을 두고 살고 의에 따라 행하면, 이미 그것으로 위대한 덕을 지닌 사람이 힘쓰는 일을 다한 것이 됩니다."

原文 王子墊이 問曰 : "士는 何事?이꼬" 孟子曰 : "尙志.니라" 曰 : "何謂尙志?이꼬" 曰 : "仁義而已矣.니 殺一無罪,는 非仁也.ㅣ며 非其有而取之,는 非義也.ㅣ니 居惡在?오 仁이 是也.ㅣ라 路惡在?오 義是也.ㅣ라 居仁由義,면 大人之事備矣.니라"

34. 작은 일로 미루어 큰 일도 알 수 있다

맹자께서 이런 말씀을 하셨다.

"제나라 사람 진중자(陳仲子)는 제나라를 자기에게 준다 하더라도 그것이 불의하다면 받지 않을 정도로 매우 염결(廉潔)한 인물이라고 모든 사람들이 믿고 있다. 그러나 그에 대한 사람들의 견해는 잘못된 것이다. 진중자라는 인간은 자기에게 돌아오는 한 대그릇의 밥과 한 나무그릇의 국을 포기하는 정도의 대수롭지 않은 의를 지키는 데 불과하다. 사람의 불의함은 친척·군신·상하의 의리를 몰각하는 것보다 더 심한 것이 없다. 그런데 진중자는 그러한 구할 수 없는 큰 불의를 저지른 인간이다. 그가 사소한 일에 염결한 것을 보고 그가 큰일에까지도 염결하리라고 믿는다는 것은 있을 수 없는 것이다."

原文 孟子曰:"仲子,는 不義로 與之齊國而弗受,를 人皆信之,어니와 是舍簞食豆羹之義也.ㅣ라 人莫大焉,이어늘 亡親戚君臣上下.하니 以其小者,로 信其大者, 奚可哉?리오"

35. 성인은 어버이를 위해서는 천하라도 버린다

제자인 도응(桃應)이 맹자에게 이런 까다로운 질문을 했다.

"순이 천자의 자리에 앉아 있고 그 밑에 고요(皐陶)가 사사(士師)로 있을 때, 순의 부친 고수가 살인을 했다면 그 일을 어떻게 처리했을까요?"

맹자께서 이렇게 대답하셨다.

"그것은 간단하다. 살인죄를 범한 고수를 체포할 따름이지, 그밖에 무슨 방법이 있겠는가?"

그러자 도응은 맹자에게 따져 물었다.

"그렇다면 순은 천자의 위에 앉아 절대적인 권력을 가지고 있으면서 자기 부친의 체포를 금하지 않겠습니까?"

"대체 순이라 한들 어떻게 고요가 자기 부친 고수를 체포하는 것을 금할 수 있겠는가? 도저히 금할 수는 없을 것이다. 고요는 그가 전해 받은 대법(大法)이 있기 때문이다."
"그렇다면 순은 그 일을 어떻게 처리할까요?"
"순은 그런 경우를 당하면 자기가 차지했던 천하를 헌 짚신 버리듯 버리고 자기 부친인 고수를 등에 업고 도망쳐 멀리 바닷가로 피해가 살며, 죽을 때까지 기꺼이 즐거워하면서 지난날에 차지했던 천하 같은 것은 까맣게 잊어버릴 것이다."

原文 **桃應**이 **問曰**: "**舜**이 **爲天子,**요 **皐陶爲士,**에 **瞽瞍殺人, 則如之何?**이꼬" **孟子曰**: "**執之而已矣.**니라" "**然則舜**은 **不禁與?**이까" **曰**: "**夫舜**이 **惡得而禁之?**리오 **夫有所受之也.**ㅣ니라" "**然則舜**은 **如之何?**이꼬" **曰**: "**舜**이 **視棄天下,**를 **猶棄敝蹝也.**하고 **竊負而逃,**하야 **遵海濱而處,**하고 **終身訢然, 樂而忘天下.**하리라"

36. 환경은 인간의 기상(氣像)을 변화시킨다

맹자께서 제나라 속읍인 범(范)에서 제의 국도인 임치로 갔을 때 제왕의 아들을 멀리서 바라보고 '히야'하고 한숨을 내쉬며 감탄하고 말씀하셨다.
"거처하는 환경은 사람의 기상에 변화를 가져오고, 양육 방법은 사람의 신체에 변화를 가져오는 것이다. 거처하는 환경이 사람의 기상에 변화를 가져오는 것은 대단하다. 누구나 다 사람의 아들인 점에서는 마찬가지인데, 왕자의 기상이 저토록 비범하니!"
이어 맹자께서는 다음과 같이 말씀하셨다.

"왕자의 궁실과 거마와 의복은 대부분 남과 같은데도 왕자의 기상이 저토록 비범한 것은 그가 거처하는 환경이 그렇게 만든 것이다. 일개 왕자의 경우도 그러하니, 하물며 천하의 넓은 집에 거처하는 사람의 경우야 어떠하겠는가? 이런 일이 있다. 노나라의 국군이 송나라에 가서 그 성문의 하나인 질택(垤澤)의 문을 열라고 소리쳤다. 그랬더니 질택의 문지기가 말하기를 '이분은 우리 임금님이 아닌데, 그 목소리는 어쩌면 그렇게도 임금님과 닮았을까?' 라고 했다. 그것은 별다른 까닭이 있어서 그런 것이 아니고, 노나라의 국군이 거처하는 환경이 송나라의 국군의 그것과 비슷하기 때문에 그런 것이다. 거처하는 환경이 기상에 변화를 가져오는 것이 이토록 대단하다."

原文 孟子自范之齊,러니 望見齊王之子,하고 喟然嘆曰 : "居移氣,하며 養移體,하나니 大哉라 居乎!인저 夫非盡人之子與?아" 孟子曰 : "王子宮室車馬衣服,이 多與人同. 而王子若彼者,는 其居使之然也.ㅣ니 況居天下之廣居者乎?아 魯君이 之宋,하야 呼於垤澤之門,이어늘 守者曰 : '此非吾君也,ㅣ로대 何其聲之似我君也?ㅣ오'하니 此는 無他,라 居相似也.ㅣ니라"

37. 군자는 형식적인 것을 싫어한다

맹자께서 이런 말씀을 하셨다.

"단순히 먹고 살게만 해주고 사랑하지 않는다면, 그것은 돼지같이 여기고 다루는 것이다. 그보다 좀더 사랑을 하면서도 공경하지 않는다면, 그것은 애완하는 짐승같이 다루는 것이다. 대체로 공경하는 마음은 폐백을 증정하기 이전부터 갖게 마련이다. 그리고 한 나라의 국군이 폐백을 증정하여 형식적으로는 공경하면서 진심으로는 공경하지 않는 경우에는 군자는 떠나가 버리고 머물러 있지 않으므로 그를 형식만 갖추어 붙들어 둘 수는 없다."

原文 **孟子曰："食而弗愛,**면 **豕交之也.**ㅣ요 **愛而不敬,**이면 **獸畜之也.**ㅣ니라 **恭敬者,**는 **幣之未將者也.**ㅣ니라 **恭敬而無實,**이면 **君子不可虛拘.**ㅣ니라"

38. 성인만이 천성의 보람대로 살 수 있다

맹자께서 이런 말씀을 하셨다.
"사람의 형체와 안색은 태어나면서부터 하늘이 준 본성이다. 그러므로 오직 성인이라야 자기의 형모(形貌)대로 보람있게 살아갈 수 있는 것이다."

原文 **孟子曰："形色,**은 **天性也.**ㅣ니 **惟聖人然後**에 **可以踐形.**이니라"

39. 친상(親喪)의 상기(喪期)는 단축시키지 못한다

제나라 선왕(宣王)이 3년상은 너무 길어 지루하므로 상기를단축하고 싶어했다. 공손추는 이 일을 가지고 맹자에게 물었다.
"1년의 상기를 지키는 것은 그래도 지키지 않는 것보다는 낫지 않습니까?"

맹자께서는 공손추의 의견을 다음과 같이 비판하셨다.

"그것은 마치 어떤 사람이 자기 형의 팔을 비트는 것을 보고 자네가 그에게 '좀 슬슬하구려'하고 말하는 것과 다를 바 없다. 그런 경우에는 그에게 효제의 도리를 가르쳐 주어 스스로 그런 무도한 생각을 그만두게 하는 길밖에 없는 것이다(제선왕에게는 3년상을 지켜야 하는 도리를 일러주어 상기를 단축하려는 생각을 버리게 하는 오직 한 가지 길밖에 없다)."

왕자로 그의 어머니가 죽은 자가 있었는데, 몇 달 동안의 상복이라도 입게 해주려고 그의 스승이 그를 대신해서 부왕에게 청원했다.

공손추가 맹자에게 물었다.

"이와 같은 경우는 어떻습니까?"

맹자께서는 이번에는 이렇게 말씀하셨다.

"이것은 모친의 상기를 끝까지 지키고 싶지만 서자이기 때문에 지킬 수 없는 경우인 것이다. 그러므로 비록 하루를 더 지킨다 해도 그만두는 것보다는 낫다. 앞서 말한 것은 하지 못하게 금하지 않는데도 행하지 않는 경우인 것이다."

原文 **齊宣王**이 **欲短喪,**이어늘 **公孫丑曰:"爲期之喪,**이 **猶愈於已乎?**이까" **孟子曰:"是猶或**이 **紾其兄之臂,**어든 **子謂之 '姑徐徐云爾,**로다' **亦敎之孝弟而已矣.**니라" **王子**에 **有其母死者,**어늘 **其傅爲之請數月之喪.**이러니 **公孫丑曰:"若此者**는 **何如也?**이꼬" **曰:"是欲終之而不可得也,**ㅣ니 **雖加一日**이나 **愈於已.**하니 **謂夫莫之禁而弗爲者也.**ㅣ라"

40. 군자의 다섯 가지 교육 방법

맹자께서 이런 말씀을 하셨다.
"군자가 사람들을 가르치는 방법은 대체로 다음과 같은 다섯가지로 나눠 볼 수 있다. 제때에 꼭 맞춰 내리는 비가 초목을 무성하게 자라나도록 하는 것같이, 모든 조건이 갖추어져 있는 자들에게 자기 성장을 촉진시키기에 필요한 교훈을 해주는 방법이 있다. 덕성을 함양시켜 고매한 품위를 갖게 해주는 방법이 있어 지닌 소질을 살려 그 재능을 발전시켜 주는 방법이 있다. 질문에 답변해서 의혹을 풀어 주는 방법이 있고, 직접 가르쳐 주지 않고 자기 혼자 학문과 덕을 본받아 잘 닦아 나가게 하는 방법이 있다. 이 다섯 가지는 군자가 사람들을 가르치는 방법인 것이다."

原文 **孟子曰:"君子之所以教者五,**니 **有如時雨化之者,**하며 **有成德者,**하며 **有達財者,**하며 **有答問者,**하며 **有私淑艾者,**하니 **此五者,**는 **君子之所以教也.**ㅣ니라"

41. 도는 비록 어려워도 법도에 따라야 한다

공손추가 맹자에게 이런 질문을 했다.
"선생님께서 표방하시는 도는 진실로 높고 아름답습니다. 그렇지만 그 도는 거의 하늘에 올라가는 것이나 비길 정도로 지나치게 높아서 도저히 거기에 도달할 수 없을 것 같습니다. 선생님께서는 그 도의 수준을 낮추시어 우리들이 억지로라도 도달할 수 있게 만들어서 우리가 희망을 가지고 매일 꾸준히 노력을 계속하도록 해 주시지, 왜 그렇게 우리가 엄두도 못 내게 만드십니까?"

맹자께서 다음과 같이 비유를 곁들여서 이를 설명해 주셨다.

"대체로 기술이 뛰어난 훌륭한 목수는 기술이 부실한 졸렬한 목수가 일하기 쉽도록 해주려고 먹줄과 먹표 쓰는 법도를 변개하거나 폐기하거나 하지 않는다. 또 활의 명수인 예(羿)는 졸렬한 사수가 활을 쏘기 쉽게 해주려고 활 당기는 법도를 변개하는 일을 하지는 않는다. 군자가 사람을 교도할 때는, 마치 예가 법도에 맞춰서 당겨 가지고 발사하지는 않고 용약(勇躍) 발사하려는 태세를 취하는 것같이 한다. 군자는 정도에 맞도록 해서 배우는 사람에 임하게 되면, 능력 있는 사람은 그것을 보고 그 도를 터득해서 따라오게 마련이다. 능력이 없는 자는 그것을 터득하지 못해서 따라오지 못하지만 그렇다고 해서 도의 수준을 낮출 수는 없는 것이다."

原文 公孫丑曰 : "道則高矣美矣,나 宜若登天然,이라 似不可及也.ㅣ니 何不使彼로 爲可幾及而日孶孶也?이꼬" 孟子曰 : "大匠이 不爲拙工하야 改廢繩墨,하며 羿不爲拙射하야 變其彀率.이니라 君子引而不發,하야 躍如也.하야 中道而立,이어든 能者從之.니라"

42. 치세와 난세에 처하는 태도

맹자께서 이런 말씀을 하셨다.

"천하에 정도가 행해질 때에는 자기의 이념을 들고 나와 정치에 참여하는 등 천하 국가를 위해 일하고, 이와 반대로 천하에 정도가 행해지지 않고 악과 부정이 득세할 때에는 사회에서 물러나 선하고 염결하게 살면서 자기 자신만이라도 이념에 어긋나지 않게 해나가는 것이다. 자기의 이념을 굽히고 나서서 남이 하는 대로 따라간다는 말은 여태껏 들어 보지 못했다."

原文 孟子曰："天下有道,면 以道殉身.하고 天下無道,면 以身殉道.하나니라 未聞以道로 殉乎人者也. | 니라"

43. 제자가 겸손하지 않으면 가르치지 않는다

제자인 공도자는 등경(滕更)에 대한 맹자의 태도가 부당하다고 생각한 나머지, 다음과 같이 질문했다.

"등경이 국군의 동생이라는 고귀한 신분도 돌보지 않고, 선생님 문하에 들어와 가르침을 배우려고 하니, 제 소견으로는 선생님께서 그를 예로써 대해 주셔야 할 것 같은데, 선생님께서는 그에 어울리게 응해 주시지 않으시니 대체 무슨 이유가 있어서 그러시는 것입니까?"

맹자께서 다음과 같이 말씀하셨다.

"스승에게 배우러 왔을 경우, 그 배우러 온 사람이 신분의 고귀한 것을 믿고 의혹된 점을 물어 오거나, 자기가 잘난 것을 믿고 물어 오거나, 연장자임을 믿고 물어 오거나, 은혜를 끼쳐 준 일이 있음을 믿고 물어 오거나 한다면 모두 응답해 주지 않는 법이다. 그런데 등경은 이 가운데서 두 가지를 지니고 나타났다. 그래서 나는 그에게 응해 주지 않는 것이다."

原文 公都子曰："滕更之在門也,에 若在所禮, 而不答은

何也?이꼬" 孟子曰 : "挾貴而問,하며 挾賢而問,하며 挾長而問,하며 挾有勳勞而問,하며 挾故而問,이 皆所不答也.ㅣ니 滕更이 有二焉.하니라"

44. 정도(正道)에 따른 중용을 지켜라

맹자께서 이런 말씀을 하셨다.
"도의상 그만두어서는 안 될 일인데도 아무렇지도 않게 느끼고 그만두어 버리는 사람은 아무리 중요한 일이라 해도 그만두어 버리지 않는 일이 없을 것이고, 의리상 마땅히 후하게 해주어야 할 데에 박하게 구는 사람은 아무리 후하게 해야 할 데라 해도 모두 박하게 굴지 않는 일이 없을 것이다. 또 앞으로 나가는 것이 날카로운 사람은 뒤로 퇴축(退縮)하는 것도 빠르게 마련이다."

原文 孟子曰 : "於不可已而已者,는 無所不已.요 於所厚者薄,이면 無所不薄也.ㅣ니라 其進이 銳者,는 其退速.이니라"

45. 군자가 처세하는 순서와 한계

맹자께서 이런 말씀을 하셨다.
"군자는 금수·초목에 대해서는 아껴 주기는 하지만, 필요할 때에는 희생시키고 인덕을 베풀어 주지는 않는다. 또 일반 백성들에 대해서는 인덕을 베풀어 주기는 하지만, 지기나 친족에게 하는 것 같이 친근하게 해주지는 않는다. 어버이를 효성스레 받들고서 백성들에게 인덕을 베풀어 주고 그후에 금수·초목을 아낀다(그것이 당연한 순서다).”

原文 孟子曰 : “君子之於物也,에 愛之而弗仁.하고 於民也,에 仁之而弗親.하나니 親親而仁民,하며 仁民而愛物.이니라”

46. 먼저 할 일과 뒤에 할 일

맹자께서 이런 말씀을 하셨다.

“지혜로운 사람은 알고자 하면 모를 게 없지만 모든 것을 다 알려 들지 않고 자기가 힘써야 할 일을 먼저 서둘러 한다. 인자한 사람은 아끼고자 하면 누구나 아끼지 않을 사람이라고는 없지만 모든 사람을 모두 아끼려 들지 않고 현인을 친근하게 하는 것을 먼저 서둘러 하는 데 힘쓴다.

대성인인 요임금과 순임금의 지혜로도 온갖 사물을 두루 포괄해서 빼놓지 않고 다루는 일을 하지 않은 것은 먼저 할 일을 서두르기 때문이다. 요임금과 순임금의 인자함으로도 온갖 사람을 두루 사랑하지 않는 것은 현인을 친근하게 하는 것을 급선무로 하기 때문이다.

만약 부모의 3년상을 제대로 지키지 못하면서 3개월의 복(服)을 입는 데 불과한 시마(緦麻)나 5개월의 복을 입는 데 불과한 소공(小功) 같은 것을 꼬치꼬치 따진다든지, 마치 굶은 사람처럼 밥을 마구 퍼먹고 꿀꺽꿀꺽 소리를 내면서 국물을 마시는 무례한 식사를 하면서도 도리어 마른 고기를 이빨로 끊어 먹는 짓을 하지 말라고 시비한다면, 그런 것은 먼저 힘써야 할 일을 모르는 사람의 짓인 것이다.”

原文 孟子曰："知者는 無不知也,ㅣ나 當務之爲急.이요 仁者는 無不愛也,ㅣ나 急親賢之爲務.니 堯舜之知로 而不徧物,은 急先務也.ㅣ요 堯舜之仁으로 不徧愛人,은 急親賢也.ㅣ니라 不能三年之喪, 而緦小功之察,하며 放飯流歠, 而問無齒決,이 是之謂不知務.니라"

제14장 진심장구(盡心章句)・하

1. 인자하지 않은 자는 사랑하는 사람에게도 인자하지 못하다

맹자께서 이런 말씀을 하셨다.
"양혜왕은 잔인하기 이를 데 없구나. 인자는 자기가 사랑하는 사람을 대하는 마음을 자기가 사랑하지 않는 사람에게까지 미루어 나가게 한다. 그런데 잔인한 사람은 이와는 정반대로 자기가 사랑하지 않는 사람을 대하는 마음을 자기가 사랑하는 사람에게까지 미루어 나가게 한다."
이 말씀을 들은 제자 공손추가 물었다.
"무슨 일을 두고 그렇게 말씀하시는 것입니까?"
맹자께서는 다음과 같이 설명하여 들려주셨다.
"양혜왕은 자기가 차지하고 있는 땅이 이미 충분히 큰데도 불구하고, 그것을 잘 다스릴 생각은 하지 않고 도리어 땅을 더 차지하려는 부당한 욕심을 만족시키기 위해 자기 백성들을 참혹한 죽음을 당하게 해가며 잔인한 전쟁을 자행했으나, 일이 뜻대로 되지 않아 결국 양혜왕은 대패했다. 그래도 양혜왕은 자중하지 못하고 다시 그 패전의 치욕을 보복하려고 했다. 그는 그 복수전에서 승리를 거두지 못하게 될까 두려워한 나머지 태자 신(申) 같은, 자기가 사랑하는 자제들까지 몰아넣어 전쟁에서 희생시켰다. 양혜왕의 이러한 잔인한 짓을 두고 자기가 사랑하지 않는 사람을 대하는 마음을 자기가 사랑하는 사람에게까지 미치게 한다고 하는 것이다."

原文 **孟子曰**: "**不仁哉,**라 **梁惠王也!**ㅣ여 **仁者,**는 **以其所愛,**로 **及其所不愛.**하고 **不仁者**는 **以其所不愛,**로 **及其所愛.**니라" **公孫丑曰**: "**何謂也?**이요" "**梁惠王**이 **以土地之故,**로 **糜爛其民而戰之.**하야 **大敗,**하고 **將復之,**하되 **恐不能勝,**이라 **故**로 **驅其所愛子弟**하야 **以殉之.**하니 **是之謂以其所不愛,**로 **及其所愛也.**ㅣ니라"

2. 전쟁이란 있어서는 안 된다

맹자께서 이런 말씀을 하셨다.

"춘추시대에는 정의의 전쟁이라는 것이 없었다. 물론 저 제후국이 이 제후국에 비해 상대적으로 선했다는 예는 있었다. 대체로 정토한다는 것은 상위에 있는 천자가 하위에 있는 제후를 침공함을 말하는 것이다. 대등한 지위에 있는 제후국들은 서로 싸우기는 하지만 서로 정토한다는 일은 있을 수 없다."

原文 **孟子曰**: "**春秋**에 **無義戰,**하니 **彼善於此則有之矣.**니라 **征者,**는 **上**이 **伐下也,**ㅣ니 **敵國**은 **不相征也.**ㅣ니라"

3. 좋은 책이라도 사리에 어긋나는 부분은 믿어서는 안 된다

맹자께서 이런 말씀을 하셨다.
"《서경》의 기록을 문면(文面) 그대로 다 믿는다면 오해를 자아낼 우려가 있으므로 차라리 《서경》이 없느니만 못하다. 무왕(武王)이 주를 토벌한 것을 기록한 〈무성편(武成篇)〉은 과장된 표현이 너무 많아 나는 그 중에서 두서너 쪽을 취하는 데 그치고 그 나머지는 믿지 않는다. 대체로 어진 사람이란 천하에 그를 대적할 사람이 없는 법이거니와 무왕 같은 지극히 인자한 사람이 주(紂) 같은 지극히 잔학한 사람을 토벌했는데, 어떻게 〈무성편〉의 표현같이 피를 흘려 그 피가 방패를 띄우도록 잔인한 전쟁을 했겠는가? 도저히 그대로 믿을 수 없다."

原文 **孟子曰 : "盡信書,**면 **則不如無書.**니라 **吾於武成,**에 **取二三策而已矣.**로다 **仁人**은 **無敵於天下,**니 **以至仁**으로 **伐至不仁,**이어니 **而何其血之流杵也.**ㅣ리오"

4. 인자한 임금에게는 전쟁이 필요하지 않다

맹자께서 이런 말씀을 하셨다.
"만약 어떤 사람이 나서서 '나는 전진(戰陳)을 잘 펴고 또 나는 전쟁을 잘한다'라고 뽐낸다면, 그것은 용서할 수 없는 큰 죄를 저지르는 것이다. 만약 국군이 인(仁)을 좋아한다면 백성들이 모두 열복할 것이므로 천하에는 자연히 그를 대적할 사람이 없게 되는 것이다.

인을 좋아하는 그런 국군이 남쪽을 향해 정토를 나서면 북방의 미개 족속은 자기네 쪽부터 와 주지 않는다고 원망하고, 동쪽을 향해 정토를 나서면 서방의 미개 족속이 원망하면서 '왜 우리 고장의 평정을 뒤로 돌리는 거야?'하고 말하게 된다.

예를 들어, 주나라 무왕이 은나라를 정벌할 때에 전차는 3백 량(輛)에 불과했고, 전투 요원은 3천 명에 불과했었다. 무왕이 은나라 백성들에게 말하기를 '우리 군대가 왔다고 해서 두려워하지 마라. 우리는 너희들을 편안하게 해주러 온 것이지 백성들을 상대로 싸우러 온 것이 아니다'라고 말했던 것이다. 그래서 은나라의 백성들은 무너지는 것같이 머리를 내리박고 조아렸다. '정(征)'이라는 말은 바로잡는다는 뜻이다. 각 나라는 자기 나라를 바로잡으려 하는 것인데 어디다 전쟁을 쓸 것인가? 인을 좋아하는 국군에게는 전쟁이 필요없는 것이다."

原文 孟子曰 : "有人이 曰 : '我善爲陳,하며 我善爲戰.이라' 하면 大罪也.ㅣ니라 國君이 好仁,이면 天下에 無敵焉.이니 南面而征에 北狄이 怨,하며 東面而征에 西夷怨,하야 曰 : '奚爲後我?오'하니라 武王之伐殷也,에 革車三百兩,이요 虎賁이 三千人.이러니라 王曰 : '無畏,하라 寧爾也,ㅣ라 非敵百姓也.ㅣ라'한대 若崩厥角하야 稽首.하니라 征之爲言은 正也,ㅣ니 各欲正己也,ㅣ니 焉用戰?이리오"

5. 덕은 자기 스스로 닦아야 한다

맹자께서 이런 말씀을 하셨다.

"목공이나 차공(車工)은 남에게 그들의 규구(規矩)를 주어 그 기본되는 법도를 배우게 해줄 수는 있으나, 그렇다고 남의 기술이 좋아지게 만들지는 못한다."

原文 孟子曰:"梓匠輪輿,는 能與人規矩,언정 不能使人巧.니라"

6. 성인의 마음은 환경에 동요되지 않는다

맹자께서 이런 말씀을 하셨다.
"순은 처음 마른 밥을 먹고 푸성귀를 먹으며 형편없이 빈천하게 살 때에는 죽을 때까지 그렇게 구차하게 살 것 같더니, 그후 그가 천자가 되어서 수놓은 아름다운 옷을 입고 거문고를 타고 요임금의 두 딸이 곁에서 시중드는 등 최고의 부귀를 누리는 것을 보니, 마치 본래부터 그랬던 것같이 아무런 동요나 변화가 없었다."

原文 孟子曰:"舜之飯糗茹草也,에 若將終身焉.이러니 及其爲天子也하야 被袗衣,하고 鼓琴,하고 二女果,를 若固有之.러니라"

7. 남의 부형을 죽이면 남도 내 부형을 죽인다

맹자께서 이런 말씀을 하셨다.
"나는 이제야 남의 어버이를 죽이면 엄중한 보응이 온다는 것을 알게 되었다. 남의 아비를 살해하면 남도 내 아비를 살해하고, 남의 형을 살해하면 남도 내 형을 살해한다. 그러고 보면 남의 부형을 죽인다는 것은 자기 손으로 직접 자기 부형을 죽이는 것과 큰 차이가 없는 것이 된다."

原文 孟子曰 : "吾今而後에 知殺人親之重也.ㅣ라 殺人之父,면 人亦殺其父.하고 殺人之兄,이면 人亦殺其兄.하나니 然則非自殺之也,언정 一間耳.니라"

8. 옛날의 관문과 지금의 관문

맹자께서 이런 말씀을 하셨다.
"옛날에는 관문을 설치하는 목적이 포악한 짓을 미연에 방지하자는 데 있었다. 그런데 지금 관문을 설치하는 목적은 사람과 물건에 무거운 세금을 과해서 괴롭히는 등 포악한 짓을 감행하려는 데 있다."

原文 孟子曰 : "古之爲關也,는 將以禦暴.러니 今之爲關也,는 將以爲暴.로다"

9. 먼저 자신을 바르게 하라

맹자께서 이런 말씀을 하셨다.
"만약 자기 자신이 도리에 맞게 행동하지 않는다면, 그러한 행동은 자기와 가장 가까운 처자에게도 받아들여지지 않을 것이다(그러니 처자 이외의 사람들에게는 더욱 받아들여지지 않을 것은 말할 것도 없다). 또 만약 남을 부리는 데 있어서 도리에 맞지 않게 한다면 처자조차도 움직여 주지 못한다."

原文 孟子曰: "身不行道,면 不行於妻子.요 使人不以道,면 不能行於妻子.니라"

10. 이익을 추구하는 자와 덕을 숭상하는 사람

맹자께서 이런 말씀을 하셨다.
"이익을 추구하는 데 약삭빠른 사람은 흉년이라 해도 굶어 죽지 않는 길을 잘 뚫어 흉년도 그를 겁나게 만들 수 없게 된다. 덕을 숭상하여 그것을 추구하는 데 열심인 사람은 사악한 세상에도 자기의 덕을 잘 닦아 인과 의를 실천하는 데 빈틈이 없으므로 그의 뜻을 굽혀 악과 타협하게 만들 수 없다."

原文 孟子曰: "周于利者,는 凶年이 不能殺,하고 周于德者,는 邪世不能亂.이니라"

11. 군자는 명예를 존중한다

맹자께서 이런 말씀을 하셨다.
"명예를 좋아하는 사람은 자기 명예를 나타내기 위해서 천승(千乘)의 나라까지도 사양할 수 있을 것이다. 그러나 만약 진정으로 사양하는 덕을 갖춘 욕기가 없는 사람이 아닐 것 같으면, 한 대그릇의 밥과 한 나무그릇의 국 같은 작은 이익에도 내색을 한다."

原文 孟子曰："好名之人,은 能讓千乘之國.하나니 苟非其人,이면 簞食豆羹에 見於色.하나니라"

12. 정치의 세 가지 중요성

맹자께서 이런 말씀을 하셨다.
"인인(仁人)과 현인의 건의나 판단을 믿고, 그것에 따라 나라를 다스려 나가지 않으면 만사가 어지러워져서, 마치 나라에 인물이 없는 것같이 되어 버린다. 예의 지키는 일을 무시하면 상하의 질서가 문란해져서 수습하기 어렵게 되고, 나라의 대소사를 법도에 따라 시행하는 일을 하지 않으면 세수(稅收)와 지출이 무절제해져서 나라의 재정이 빈곤해진다."

原文 孟子曰："不信仁賢, 則國이 空虛.하고 無禮義, 則上下亂.하고 無政事, 則財用이 不足.이니라"

13. 오직 인자해야 천하를 얻을 수 있다

맹자께서 이런 말씀을 하셨다.
"인자하지 않고서 한 나라를 얻어 제후가 된 자는 있었지만, 인자하지 않고서 온 천하를 얻어 천자가 된 자는 본 적이 없다(결코 천하에 군림하지는 못한다)."

原文 孟子曰："不仁而得國者,는 有之矣.어니와 不仁而得

天下,는 未之有也.ㅣ니라"

14. 백성은 나라의 근본

맹자께서 이런 말씀을 하셨다.

"나라에는 백성이 무엇보다도 귀중하고, 토지와 곡물의 신이 그 다음으로 귀중하며, 임금은 사실상 그 비중이 가장 가볍다. 따라서 밭일 하는 사람들의 마음에 들어 그들이 좋아하게 되면 천하를 통치하는 천자가 되는 것이다. 그런데 천자의 마음에 들어 그가 좋아하게 되면 한 나라의 제후가 되고, 한 나라의 제후의 마음에 들어 그가 좋아하게 되면 그 나라의 대부가 되는 것이다. 제후·국군이 사악하게 굴어 나라를 위태롭게 할 경우에는 그를 폐하고 똑똑한 다른 임금을 세운다.

그리고 사직에 제사할 제물로 괴는 희생이 살지고, 제물로 괴는 곡식이 정결하며, 때를 맞춰 제사를 지내는 데도 불구하고 가뭄이 들고 수해가 날 경우에는, 그 사직의 신을 치워 버리고 딴 장소에 새로 사직의 신을 마련해 놓고 받드는 것이다(그리고 어떠한 경우라 해도 백성을 갈아치우지 못한다)."

原文 孟子曰:"民이 爲貴,하고 社稷이 次之,하고 君이 爲輕.하니라 是故로 得乎丘民이 而爲天子,요 得乎天子爲諸侯,요 得乎諸侯爲大夫.니라 諸侯危社稷, 則變置.하나니라 犧牲이 旣成,하며 粢盛이 旣潔,하야 祭祀以時,하되 然而旱乾水溢, 則變置社稷.하나니라"

15. 성인은 백 대(百代)의 스승

맹자께서 이런 말씀을 하셨다.

"성인은 백 대를 두고도 변함없이 스승으로 우러러 받드는 존재다. 백이와 유하혜를 그 예로 들 수 있다. 그래서 백이의 그 결백한 유풍을 듣게 되면 욕심 많은 완악한 사나이가 청렴결백해지고, 겁이 많아서 정당한 일을 하는 데 주저하는 사나이는 꿋꿋한 지조를 갖게 된다. 또 유하혜의 관후한 유풍을 듣게 되면 융통성이 없어 매사에 각박한 사나이가 후덕해지고, 마음이 좁아 매사에 빽빽하게 구는 사나이가 너그러워지는 것이다.

이렇듯 백 대 이전에 분발해서 훌륭한 행로를 남기게 되면 백 대 후에 그들의 유풍을 들어도 누구나 다 감동하여 용기를 내어 일어나게 되는 것이다. 성인이 아니고서야 그같이 될 수 있겠는가? 성인이 아니고서는 그렇게 될 수 없는 것이다. 성인은 백 대 이후에도 이렇게 큰 감동을 주는데, 하물며 성인에 가까이 있으면서 그와 직접 접촉하며 그의 훈도와 교화를 받는 경우에야 더 말할 게 없지 않겠는가?"

原文 **孟子曰 : "聖人,**은 **百世之師也,**ㅣ니 **伯夷柳下惠是也.**ㅣ라 **故**로 **聞伯夷之風者,**는 **頑夫廉,**하며 **懦夫有立志,**하고 **聞柳下惠之風者,**는 **薄夫敦,**하며 **鄙夫寬.**하나니 **奮乎百世之上,**하야 **百世之下,**에 **聞者莫不興起也,**하니 **非聖人而能若是乎?**아 **而況於親炙之者乎?**아"

16. 인(仁) · 인(人) · 도(道)의 관계

맹자께서 이런 말씀을 하셨다.
"인이라는 것은 사람다워지는 기본이 되는 이치이다. 인이라는 이치와 그것으로 사람다워지는 사람을 합쳐서 말하면 다름 아닌 도인 것이다."

原文 孟子曰 : "仁也者,는 人也,ㅣ니 合而言之,면 道也.ㅣ니라"

17. 거취에 대한 군자의 도리

맹자께서 이런 말씀을 하셨다.
"공자께서 노나라를 떠나실 때에는 '내 발이 잘 떨어지지 않는구나'라고 말씀하셨다. 이것은 부모의 나라를 떠나갈 때의 도리이다. 이와는 대조적으로 공자께서 제나라를 떠나실 적에는 길 떠나기를 서둘렀는데 일어 담았던 쌀을 도로 건져 가지고 떠나셨다. 이것은 단지 의리만으로 맺어졌던 타국을 떠나갈 때의 도리인 것이다."

原文 孟子曰 : "孔子之去魯,에 曰 : '遲遲라 吾行也.ㅣ여'하시니 去父母國之道也.ㅣ요 去齊,에 接淅而行,하시니 去他國之道也.ㅣ니라"

18. 군자는 곤궁해도 정도(正道)를 변개하지 않는다

맹자께서 이런 말씀을 하셨다.
"공자께서 진(陳)나라와 채(蔡)나라 어간에서 매우 곤란을 당하신 것은 그 두 나라의 군신과 접촉이 없었기 때문이다."

原文 孟子曰："君子之戹於陳蔡之間,은 無上下之交也.ㅣ니라"

19. 남의 비방에 관심을 두지 말라

학계(貉稽)가 맹자에게 물었다.
"여러 사람들이 저를 헐뜯는데, 그것이 큰 고민이랍니다. 어떻게 했으면 좋겠습니까?"
맹자께서 다음과 같이 설명해 주셨다.
"남들이 헐뜯는다고 해도 당신 자신에게는 아무런 손상도 없으니 고민할 것 없소. 본래 선비는 그런 말질하는 것을 증오해야 하오. 시에 '괴로운 마음의 근심이 차서 맥이 풀려 있나니, 여러 소인들에게 성냄을 받도다'라고 했는데, 공자의 경우가 그러했소(공자는 대체를 이해하지 못하는 소인배들의 헐뜯음으로 말미암아 평생 동안 뜻을 이루지 못하고 지내셨소).

또 시에 '그들 이적(夷狄)들의 성냄을 끊어 버리지는 않았으나, 또한 주나라의 위명도 실추시키지 않았다'라고 했는데 문왕의 경우가 그러했소(문왕은 접근해 있는 미개 족속들의 성냄을 단절시키지는 못했으나, 그래도 나라의 威名은 유지했었다).”

原文 貉稽曰:“稽는 大不理於口.니이다” 孟子曰:“無傷也,ㅣ라 士憎玆多口.하니라 詩云:‘憂心悄悄,어늘 慍于羣小.라’하니 孔子也.ㅣ시고 ‘肆不殄厥慍,하시니 亦不隕厥問,이라’하니 文王也.ㅣ시니라”

20. 현자는 밝은 법도로 남을 밝힌다

맹자께서 이런 말씀을 하셨다.
“현자는 자기의 밝은 법도를 가지고 남의 어두움을 비춰 주어 그를 밝게 만든다. 그런데 지금 사람들은 이와는 전연 반대로 자기의 흐린 법도를 가지고 남을 밝게 만들려고 한다(이만저만한 모순이 아니다).”

原文 孟子曰:“賢者,는 以其昭昭,로 使人昭昭.어늘 今以其昏昏,으로 使人昭昭.로다”

21. 사악한 것을 버리고 도를 닦지 않으면 띠풀로 길을 막는 것과 같다

맹자께서 고자에게 이런 말씀을 하셨다.
“산길의 사람 발자국이 난 틈바구니 같은, 좀처럼 알아보기 힘든 데라도 급작스레 사람들이 왕래하게 되면 뚜렷한 길이 생겨나게 된다. 그러나 한참 동안 그 길을 사람들이 왕래하지 않으면 그곳은 다시 띠풀로 덮여서 길을 알아볼 수 없게 된다. 지금 자네의 마음은 마치 띠풀로 확 덮어 버린 것같이 사악한 생각으로 막혀 있네."

原文 孟子謂高子曰 : "山徑之蹊間,이 介然用之而成路,하고 爲間不用, 則茅塞之矣.니라 今茅塞子之心矣.로다"

22. 사물을 판단하려면 확실한 근거를 알아야 한다

고자가 맹자에게 이런 말을 했다.
"우(禹)임금의 음악이 문왕의 음악보다 더 훌륭합니다."
맹자께서 이유를 물으셨다.
"무엇을 가지고 그렇게 말하는 것인가?"
고자는 이렇게 답했다.
"우임금의 쇠북 꼭지가 닳아빠진 것으로 그렇게 말할 수 있습니다."
맹자께서는 이렇게 말씀하셨다.
"그것을 가지고 우임금과 문왕의 음악의 우열을 가릴 수는 없다. 이를테면 성문에 이르는 길에 수레바퀴 자리가 난 것을 두 마리 말의 힘으로 그렇게 되었다고 할 수 있겠는가(그것은 수레가 오랫동안 그곳을 지나다녔기 때문에 그렇게 된 것에 불과한 것이다. 우임금의 쇠북은 문왕의 그것보다 훨씬 오랫동안 사용되었기 때문에 꼭지가 닳아빠진 데 불과하지, 결코 우임금의 음악이 문왕의 그것보다 우수하기 때문에 그렇게 된 것은 아니다)."

原文 高子曰 : "禹之聲,이 尚文王之聲.일소이다" 孟子曰 :

"何以言之?오" 曰:"以追蠡,니이다" 曰:"是奚足哉?리오 城門之軌,는 兩馬之力與?아"

23. 한번 결심한 것을 번복하는 것은 수치스러운 일이다

제나라에 기근이 들었을 때, 제자인 진진(陳臻)이 맹자에게 물었다. "제나라 사람들은 지난번 기근 때와 마찬가지로, 선생님께서 저들을 위해 제왕에게 말씀하셔서 당읍(棠邑)의 곡창을 풀어 구원해 줄 거라고 생각하고 있습니다. 아마 선생님께서 다시 그런 일을 하셔서는 안 될 것 같기는 합니다마는."

이 말을 들은 맹자께서는 다음과 같은 말씀을 하셨다.

"또다시 그런 일을 하는 것은 풍부(馮婦) 같은 인간이 되는 것이다. 진(晋)나라 사람 중에 풍부라는 자가 있었는데, 이 사람은 맨손으로 범을 때려잡는 일을 잘했다. 그런데 후에 그런 광포한 짓을 그만두고 선량한 선비가 되었다. 그후 한번은 이 풍부가 수레를 타고 들에 나갔는데, 그때 많은 사람들이 범을 쫓고 있는 것을 보았다. 그 몰리고 있던 범은 벼랑턱을 등에 지고 험악한 기세를 하고 버티고 있어서 사람들이 감히 그 범에게 근접하지 못했다. 그 사람들은 풍부가 수레를 타고 오는 것을 바라보고는 가까이 달려가서 그를 환영했다.

풍부는 여러 사람들이 자기를 환영하는 것에 놀라서 팔을 휘젓고 수레에서 내려와 그 무서운 범을 잡으러 나섰던 것이다. 그 범을 쫓던 여러 사람들은 좋아했으나, 선비들은 풍부의 사려 없음을 비웃었다(이와 마찬가지로 내가 제왕과 맞지 않아서 제나라를 떠나는 마당에 다시 나서서 제왕에게 그런 일을 권고한다면 분별 있는 사람들은 내가 사려 없는 짓을 한다고 비웃을 것이다).”

原文 齊饑,어늘 陳臻이 曰:“國人이 皆以夫子로 將復爲發棠,이라 하니 殆不可復?로소이까” 孟子曰:“是爲馮婦也.ㅣ로다 晉人에 有馮婦者, 善搏虎,러니 卒爲善士,하야 則之野,할새 有衆이 逐虎,하니 虎負嵎,어늘 莫之敢攖,하야 望見馮婦,하고 趨而迎之,한대 馮婦攘臂下車,하니 衆皆悅之,하고 其爲士者는 笑之.하니라”

24. 인간의 본성과 천명

맹자께서 이런 말씀을 하셨다.

“입이 좋은 맛을, 눈이 좋은 색을, 귀가 좋은 음성을, 코가 좋은 냄새를, 사지가 편안함을 추구하는 것은 인간의 본성이기는 하지만 그것이 충족되는가의 여부는 천명에 달려 있으므로, 자기가 구한다고 해서 그렇게 되어진다고는 정해져 있지 않다. 그래서 군자는 그런 것을 인간의 본성이라고 하지 않으며, 그런 욕구를 충족시키는 데 급급하지 않는다.

그런데 부자간에 인(仁)을, 군신간에 의를, 빈주(賓主)간에 예를, 현자가 지(智)를, 성인이 천도를 각각 지키는 일은 천명에 따르는 것이기는 하지만, 거기에는 본성에서 우러나오는 자발적인 의의가 있다. 그래서 군자는 그런 것을 천명이라고는 하지 않고 그런 것을 구현시키기 위해 자진해서 노력하는 것이다.”

原文 孟子曰:“口之於味也,와 目之於色也,와 耳之於聲

也,와 鼻之於臭也,와 四肢之於安佚也,는 性也,ㅣ나 有命焉,이라 君子不謂性也.ㅣ니라 仁之於父子也,와 義之於君臣也,와 禮之於賓主也,와 智之於賢者也,와 聖人之於天道也,는 命也,ㅣ나 有性焉,이라 君子不謂命也.ㅣ니라"

25. 선(善)·신(信)·미(美)·대(大)·성(聖)·신(神)의 정의

제나라 사람 호생불해(浩生不害)가 맹자에게 물었다.
"선생님의 제자인 악정자는 어떤 인물입니까?"
맹자께서 대답하셨다.
"그 사람은 선한 사람이고 또 신용 있는 사람이오."
"무엇을 선하다고 하고 무엇을 신용 있다고 하는 것입니까?"
호생불해는 이렇게 다시 묻고는 선과 신(信)의 뜻을 물었다.
"친근하고 싶어지게 하는 것을 선하다고 하고, 자신이 선한 덕성을 지니고 있는 것을 신용 있다고 하며, 선과 신의 덕성이 충만하게 채워져 있는 것을 아름답다고 하고, 충만하게 채워져 있으면서 광휘가 있는 것을 위대하다고 하며, 위대하면서 사람을 감화시키는 것을 성스럽다고 하고, 성스러우면서도 알아볼 수 없는 것을 신령하다고 하는 거요. 당신이 묻는 악정자는 앞의 두 가지, 즉 선과 신을 지니고 있고 뒤의 네 가지, 즉 미·대·성·신(神)에는 미흡한 인물이오."

原文 浩生不害問曰:"樂正子는 何人也?이꼬" 孟子曰:"善人也,ㅣ며 信人也.ㅣ니라" "何謂善,이며 何謂信?이니이꼬"

曰：“可欲之謂善,이요 有諸己之謂信,이요 充實之謂美,요 充實而有光輝之謂大,요 大而化之之謂聖,이요 聖而不可知之之謂神.이니 樂正子,는 二之中이요 四之下也.ㅣ니라”

26. 돌아오면 관대하게 받아들이라

맹자께서 이런 말씀을 하셨다.

“지금 세상 사람들을 보면, 묵가의 겸애설에 혐오감을 느껴 거기서 떠나면 으레 양주(楊朱)의 위아설(爲我說)로 쏠려 버린다. 그런가 하면 양주의 위아설에 혐오감을 느껴 떠나면 으레 유가의 인의윤상(仁義倫常)의 도를 신봉한다. 그 경로야 어찌 되었든, 우리 유가로 돌아왔으면 그 돌아온 사람을 순순히 받아줄 뿐이다. 이렇다 저렇다 하여 양(楊)·묵(墨)을 신봉했을 때의 일을 시시비비할 필요는 없는 것이다.

지금 우리 유가의 사람들 중에 양·묵을 신봉했던 사람들을 변박(辯駁)하는 것을 보면 그것은 마치 우리를 뛰쳐나갔던 돼지가 우리 속에 들어왔는데도 뛰쳐나갔던 것이 밉다고 해서 네 다리를 묶어 놓는 것과 같다(깨닫고 양·묵의 사상을 버리고 유가로 돌아왔으면 그만이지 그전의 일을 시비할 것은 없다).”

原文 孟子曰：“逃墨이면 必歸於楊,이요 逃楊이면 必歸於儒,니 歸,는 斯受之而已矣.니라 今之與楊墨辯者,는 如追放豚,하니 旣入其苙,이어든 又從而招之.로다”

27. 세납을 늦추어 주라

맹자께서 이런 말씀을 하셨다.

"나라에서 백성들에게 부과 징수하는 것에는 세 가지 종류가 있다. 천과 실의 징수, 곡물의 징수, 노역의 복무가 그것이다. 군자가 정치를 할 경우에는, 그 세 가지 가운데서 한 가지만을 적용하고 나머지 두 가지는 늦추어 주어 징수하거나 복무시키는 일을 하지 않는다.

그렇게 하는 이유는, 그 가운데의 두 가지를 적용하면 굶어죽는 시체가 생겨나고, 그 세 가지를 모두 적용하면 백성들이 살아갈 도리가 없어서 골육지친인 부자가 이산(離散)해 버리게 되는 것이기 때문이다."

原文 孟子曰 : "有布縷之征,과 粟米之征,과 力役之征.하니 君子用其一,이요 緩其二.니 用其二면 而民이 有殍,하고 用其三이면 而父子離.니라"

28. 국가의 세 가지 요소

맹자께서 이런 말씀을 하셨다.

"한 나라를 다스리는 제후에게는 지극히 소중하여 소홀히 다뤄서는 안 될 것이 세 가지 있다. 토지와 인민과 정사(政事)가 그것이다. 만약 제후가 구슬이나 옥 같은 희귀한 애완물을 보배로 여기고 그런 것에 탐욕을 부리면 무서운 앙화가 반드시 그에게 닥쳐올 것이다."

原文 孟子曰 : "諸侯之寶三,이니 土地,와 人民,과 政事.니라 寶珠玉者,는 殃必及身.이니라"

29. 재주만 믿으면 화를 입는다

한때 맹자에게 배운 적이 있는 분성괄(盆成括)이 제나라에서 벼슬을 하게 되었다. 이 소식을 들은 맹자께서 말씀하셨다.

"분성괄은 틀림없이 살해될 것이다."

그후 과연 분성괄이 남의 손에 살해되었다. 맹자의 예언이 적중한 것을 기이하게 여긴 나머지 문인(門人)들이 물었다.

"선생님께서는 어떻게 그 사람이 살해되리라는 것을 미리 아셨습니까?"

맹자께서는 문인에게 이렇게 설명하셨다.

"분성괄의 사람됨을 보면 군자가 따라야 하는 인의의 대도를 모르고 있어 재주만 믿고 교만하게 군다. 그러니 결국 자기 몸을 죽이기에 꼭 알맞을 뿐이다."

原文 盆成括이 仕於齊,러니 孟子曰 : "死矣,로다 盆成括.이여" 盆成括이 見殺,이어늘 門人이 問曰 : "夫子는 何以知其將見殺?이시니이꼬" 曰 : "其爲人也,ㅣ 小有才,요 未聞君子之大道也,하니 則足以殺其軀而已矣.니라"

30. 가는 자를 붙들지 않으며 오는 자를 막지 않는다

맹자께서 수종 인원들을 거느리고 등(滕)으로 가서 상궁(上宮)에

숙소를 잡았다. 맹자께서 유숙하는 숙소의 엇살창 위에 신 삼던 것이 놓여 있었는데, 그 숙소의 사람이 그 신을 찾아도 종내 눈에 띄지 않았다. 그 숙소의 어떤 사람이 맹자에게 그 신을 모르느냐고 물었다.

"어찌 그런 짓을 하는 겁니까? 선생의 수종자가 그 신을 몰래 숨겼지요?"

맹자께서 말씀하셨다.

"당신은 내 수종자들이 신을 훔치러 이곳에 왔다고 생각하시는 거요?"

그 사람은 약간 당황하여 이렇게 대답했다.

"아마 그렇지야 않겠습지요."

맹자께서는 다시 이렇게 말씀하셨다.

"대체로 내가 교수하는 과목을 만들어 사람을 가르치는 데 있어, 싫어져서 떠나가 버리는 사람은 못 가게 붙들지 않고, 배우겠다는 마음을 가지고 오기만 하면 그를 받아들였을 뿐이오. 그러니까 그 자들이 혹시 무슨 짓을 했을지도 모르겠소."

原文 孟子之滕,하야 館於上宮,이러니 有業屨於牖上,하야 館人이 求之弗得.하다 或이 問之曰:"若是乎從者之廋也.ㅣ여" 曰:"子以是로 爲竊屨來與?아" 曰:"殆非也,ㅣ라 夫予之設科也,는 往者를 不追,하며 來者,를 不拒,하사 苟以是心至,커든 斯受之而已矣.시니라"

31. 인의를 실천하는 이상적인 방법

맹자께서 이런 말씀을 하셨다.

"사람이면 누구나 다 차마 모질게 다루지 못해하는 마음을 지니고 있게 마련인데, 그러한 마음을 미루어 나가서 자기가 마구 모질게 다루던 대상에게까지 적용하는 것이 다름아닌 인(仁)인 것이다. 사람이면 누구나 다 수치스럽게 여기고 마음으로 꺼리는 일이 있는데, 지금까지 해오던 일에까지 그러한 마음을 미루어 나가 적용하는 것이 다름아닌 의인 것이다.

만약 사람이 남을 해롭게 하고 싶지 않은 마음을 길러서 채워 나갈 수 있다면, 그 사람은 이루 다 써낼 수 없을 정도의 충분한 인을 지니게 될 것이다. 만약 사람이 벽을 뚫고 들어가거나 담을 넘어 들어가거나 해서 남의 재물을 훔치는 일을 하지 않겠다는 마음을 길러서 채워 나갈 수 있다면, 그 사람은 이루 다 써낼 수 없을 정도의 충분한 의를 지니게 될 것이다. 만약 사람이 이놈 저놈하고 남의 멸시를 받지 않을 실력을 길러서 채워 나갈 수 있다면, 그 사람은 어디를 가거나 의를 행하지 않는 일이 없는 이상적인 의의 실천자가 될 것이다.

선비로서 자기가 나서서 말할 계제가 아닌데도 나서서 말한다면, 그것은 말하는 것을 가지고 부당한 이익을 핥아오는 것이 된다. 또 자기가 나서서 말해야 할 경우에 잠자코 말하지 않는다면, 그것은 말하지 않는 것을 가지고 부당한 이익을 핥아오는 것이 된다."

原文 孟子曰 : "人皆有所不忍,하니 達之於其所忍,이면 仁也.ㅣ요 人皆有所不爲,하니 達之於其所爲,면 義也.ㅣ니라 人能充無欲害人之心,이면 而仁을 不可勝用也.ㅣ며 人能充無穿踰之心,이면 而義를 不可勝用也.ㅣ니라 人能充無受爾汝之實,이면 無所往而不爲義也.ㅣ니라 士, 未可以言而言,이면 是는 以言餂之也.ㅣ요 可以言而不言,이면 是는 以不言餂之

也. ㅣ니 是皆穿踰之類也. ㅣ니라"

32. 자신의 덕을 올바로 닦으면 천하가 화평해진다

맹자께서 이런 말씀을 하셨다.
"나타내는 말이 비근(鄙近)하면서도 함축하는 뜻이 심원한 것이 좋다. 자신을 규율해 나가는 일은 간략하게 죄면서 그 정당한 도리가 적용되어 퍼져 나가는 범위가 넓은 것이 좋은 도이다. 군자의 말은 허리띠 아래에까지도 내려가지 않는 극히 비근한 것이지만, 거기에는 도가 존재하는 것이다. 군자가 자신을 규율해 나가는 일로 말하면, 자기 자신의 덕을 닦고 그로 말미암아 천하가 화평해지는 것이다. 대체로 자기 밭의 김매는 일을 내버려두고 남의 밭의 김을 매는 따위의 모순된 짓을 큰 병통으로 여기는데, 그것은 남에게 요구하는 것은 엄중하고, 자기가 맡아 하는 일은 대수롭지 않게 다루는 데서 오는 폐단인 것이다."

原文 孟子曰: "言近而指遠者,는 善言也. ㅣ요 守約而施博者,는 善道也. ㅣ니 君子之言也,는 不下帶而道存焉.이니라 君子之守,는 修其身而天下平.이니라 人病은 舍其田而芸人之田,이니 所求於人者重,이요 而所以自任者輕.이니라"

33. 법도에 맞게 사는 것을 즐거워하라

맹자께서 이런 말씀을 하셨다.
"요·순은 자기가 타고난 본성대로 행동하여도 인의의 대도에 어긋나지 않게 산 인물들이다. 은의 탕왕과 주의 무왕은 힘써 덕을 닦아 본성을 회복하여 인의의 대도에 어긋나지 않게 살았다. 동작·용의(容儀)·기거(起居)·진퇴(進退)가 자연적으로 예에 맞는 것은 성덕의 극치인 것이다(그런데 요·순과 탕·무는 모두 성덕의 극치를 발휘했다). 다시 말해서 죽음을 곡하고 슬퍼하는 것은 죽은 사람을 애도하는 충정에서 우러나서 그렇게 하는 것이지, 결코 살아 있는 유족이 좋게 여기게 하기 위한 것은 아니다.

덕에 따라 행하고 사악하게 굴지 않는 것은 고매한 인격에서 자연적으로 우러나서 좋게 되는 것이지, 결코 자기의 덕행이 인정되는 바 되어 작록을 얻자는 심사에서 그러는 것은 아니다. 말이 진실하고 자기가 말한 것을 반드시 실행하는 것은 참된 인격의 자연적인 발로이지, 결코 행실을 올바로 해서 사람들에게 틀림없는 사람이라는 인정을 받자는 목적에서 그렇게 하는 것은 아니다. 대체로 군자는 모든 일을 마땅히 행해야 할 법도대로 행하고, 그후에 돌아오는 부귀영달 같은 것은 천명에 맡겨 두고 자기에게 돌아오는 대로 살아갈 따름이지 그런 것을 얻는 데 급급해하지 않는다."

原文 孟子曰:"堯舜,은 性者也.ㅣ요 湯武,는 反之也.ㅣ니라 動容周旋이 中禮者,는 盛德之至也.ㅣ니 哭死而哀,는 非爲生者也.ㅣ며 經德不回,는 非以干祿也.ㅣ며 言語必信,은 非以正行也.ㅣ니라 君子는 行法하야 以俟命而已矣.니라"

34. 맹자가 원하는 것은 선왕(先王)의 법도

맹자께서 이런 말씀을 하셨다.

"제후를 비롯한 존귀한 인물들을 자기의 소신을 가지고 열복시킬 때에는 그들의 비위에 거슬릴까 두려워하지 말고, 자기의 소신대로 꿋꿋이 버텨나갈 일이다. 그들의 부귀로 말미암은 큰 위세는 보지 마라. 그런 경우에는 마땅히 다음과 같이 생각할 일이다.

집의 높이가 여러 인(仞)이 되는 어마어마하게 높고 서까래의 노출 부분이 수 척이 되는 고대광실 같은 집은, 비록 내가 뜻을 이뤄서 그런 집을 지을 수 있는 힘을 갖게 된다 해도 나는 짓고 살지 않는다. 사방 열 자가 되는 식탁에 진수성찬을 늘어놓고 식도락을 하며 시중드는 첩들을 수백 명씩 거느리고 사는 생활은, 비록 내가 뜻을 이뤄서 그런 생활을 할 수 있는 힘을 갖게 된다 해도 나는 그런 생활은 하지 않는다. 대판으로 즐기며 술을 마시고, 거마를 달려 사냥질을 하고, 천 승의 수레를 뒤따르게 하는 그러한 일은 비록 내가 뜻을 이뤄서 그러한 일을 할 수 있는 힘을 갖게 된다 해도 나는 그런 일은 하지 않는다.

그러니 그 존귀한 인물들에게 갖추어져 있는 위세를 드러내는 일들은 모두 내가 하지 않는 것들이고 나에게 갖추어져 있는 것들은 모두 옛 선왕들이 보여준 올바른 법도들이니, 내가 무엇 때문에 그들을 두려워할 것인가?"

原文 **孟子曰："說大人則藐之,**하야 **勿視其巍巍然.**이니라 **堂高數仞,**과 **榱題數尺,**을 **我得志**라도 **弗爲也.**ㅣ며 **食前方丈,**과 **侍妾數百人,**을 **我得志**라도 **弗爲也.**ㅣ며 **般樂飮酒,**와 **驅騁田獵,**과 **後車千乘,**을 **我得志**라도 **弗爲也.**ㅣ니 **在彼者**는 **皆我所不爲也,**ㅣ요 **在我者**는 **皆古之制也,**ㅣ니 **吾何畏彼哉?**리오"

35. 마음을 수양하려면 욕망을 적게 가져라

맹자께서 이런 말씀을 하셨다.

"마음을 선하게 보존하도록 수양해 나가는 데는 욕망을 적게 하는 방법보다 더 좋은 것이 없다. 만약 사람됨이 욕망이 적다면, 혹 선한 본심을 보존하지 못하는 경우가 있다고 해도 그 보존하지 못하는 정도가 적은 것이다. 이와 대조적으로, 만약 사람됨이 욕망이 많으면 혹 선한 본심을 보존하는 경우가 있다 해도 그 보존하는 정도가 적은 것이다(그러므로 마음을 선하게 보존하도록 수양하려면 무엇보다도 욕망을 적게 해야 한다)."

原文 **孟子曰: "養心**이 **莫善於寡欲.**하니 **其爲人也**ㅣ **寡欲,**이면 **雖有不存焉者**라도 **寡矣.**요 **其爲人也**ㅣ **多欲,**이면 **雖有存焉者**라도 **寡矣.**니라"

36. 증자는 부친이 즐기던 고욤을 먹지 않았다

증자의 부친 증석(曾晳)은 고욤을 즐겨 먹었는데, 증석이 죽은 후에 증자는 어버이 생각을 하여 차마 고욤을 먹지 못했다. 제자인 공손추가 맹자에게 물었다.

"회와 볶은 고기와 고욤 중 어느 쪽이 더 맛있습니까?"

맹자께서는 서슴지 않고 대답했다.

"그야 회와 볶은 고기겠지."

공손추는 다시 다그쳐 물었다.

"그렇다면 증자는 어버이 생각에서라고 하면서 무엇 때문에 맛

있는 회와 볶은 고기는 먹으면서 고욤은 먹지 않았습니까?"
맹자께서는 다음과 같이 설명해 주셨다.
"회와 볶은 고기는 누구나 다같이 좋아하는 것이므로 증자는 꺼리지 않고 먹은 것이다. 그러나 고욤은 자기 부친 혼자만 먹기를 좋아했던 것이었으므로 증자는 차마 먹지 못했던 것이다. 일반적으로 이름은 부르기를 꺼리지만 성은 부르기를 꺼리지 않는다. 그것은 성은 다같이 쓰는 것이기 때문에 부르기를 꺼리지 않는 것이고, 이름은 혼자만 쓰는 것이기 때문에 차마 입밖에 내어 부르지 못하는 것이다."

原文 曾晳嗜羊棗,러니 而曾子不忍食羊棗.하니라 公孫丑問曰 : "膾炙與羊棗孰美?니이꼬" 孟子曰 : "膾炙哉!인저" 公孫丑曰 : "然則曾子는 何爲食膾炙而不食羊棗?시니이꼬" 曰 : "膾炙는 所同也.ㅣ요 羊棗는 所獨也.ㅣ니라 諱名不諱姓,하나니 姓은 所同也,ㅣ요 名은 所獨也.ㅣ일새니라"

37. 군자는 상도(常道)로 돌아갈 뿐이다

만장이 맹자에게 이런 질문을 했다.
"공자께서 진(陳)나라에 계실 때 말씀하시기를 '내가 왜 고국인 노나라로 돌아가지 않겠는가? 노나라로 돌아가련다. 내 고장에 있는 선비들은 사람됨이 과격하고 단순하기 때문에 기상이 진취적이고 처음의 뜻을 잊지 않고 그것을 꾸준히 지켜 나간다(나는 그들이 있는 노나라로 돌아가련다)'라고 하셨습니다. 공자께서 진나라에 계시면서 왜 노나라의 과격한 선비들을 생각하셨는지요? 이 점을 좀 일러주십시오."

맹자께서는 다음과 같이 자세히 말씀해 주셨다.

"공자께서는 과불급 없이 중도를 가는 인물을 얻어서 가르치고 인도해 주고 하지 못할 지경이면, 틀림없이 과격한 사람과 고집이 센 사람을 택하실 것이다. 공자께선들 어찌 과불급 없이 중도를 가는 사람을 얻어서 가르치기를 원하지 않으셨겠는가? 다만 꼭 그런 사람을 얻어낼 수 없기 때문에 그 다음 가는 과격하고 고집 센 사람을 생각하였음에 불과한 것이다."

"감히 또 여쭈어 보겠습니다. 어떻게 되어야 과격한 사람이라고 할 수 있습니까?"

"금장(琴張)·증석(曾晳)·목피(牧皮) 같은 사람들이 바로 공자께서 과격한 사람이라고 하신 인물들이다."

"어떤 점을 가지고 그런 사람들을 과격하다고 하는 것입니까?"

"그들의 포부는 엄청나게 커서 '옛날 사람들은 이렇게 했다'하고 성현들을 이상과 모범으로 내세우기는 하지만 실제 그들의 행위를 공평하게 살펴보면 그들이 내세우는 주장을 만족하게 실천해 내지는 못하는 사람들이다. 또 그처럼 과격한 사람조차도 얻을 수 없을 때에는 불의부정을 한사코 하지 않는 사람을 얻어서 가르치고 인도하기를 원하게 되는 것으로, 그러한 사람이 바로 고집센 사람이다. 이 고집센 사람은 또 과격한 사람의 다음 가는 사람인 것이다."

만장은 또 다음과 같이 다른 질문을 했다.

"공자께서 이런 말씀을 하셨습니다. '우리 집 문 앞을 지나가면서도 내 집에 들어와 찾아 주지 않아도 내가 유감스럽게 생각하지 않는 사람이 있다면, 그것은 오직 항원(鄕原 : 위선자)뿐일 것이다. 항원은 덕을 해치는 인간이다'라고 하셨는데 어떻게 되어야 항원이라고 할 수 있는 것입니까? 말씀해 주십시오."
맹자께서 다음과 같이 설명해 주셨다.
"향원의 생각으로 말하면, 그런 엄청나게 큰 뜻을 가지고 어쩌자는 셈이냐? 자기가 하는 행동 같은 것은 고려하지 않고 떠들어대며, 자기가 한 말 같은 것은 고려하지도 않고 행동하고, 그러고서는 '옛날 성현은 이렇게 했다'하고 뇌까리면서, '그들의 하는 짓은 무엇하려고 그토록이나 고립적이고 냉랭하냔 말이다. 이 세상에 사람으로 태어난 이상 이 세상에 맞게 살 것이다. 그저 선하면 되는 것이 아닌가?'라고 하는 것이다. 그러고는 내시같이 음흉하게 세상에 아부하고 살아가는 인간이 향원인 것이다."
만장은 다시 다음과 같이 파고들었다.
"한 고을 사람들이 모두 원인(原人, 즉 진정한 善人)이라고 칭찬한다면 어디에 가더라도 원인이 아닐 수 없는데, 공자께서 도리어 덕을 해치는 인간이라고 하신 이유는 어디에 있습니까?"
맹자께서는 다음과 같이 자세히 설명해 주셨다.
"공자께서 말씀하신 향원이라는 인간은, 그를 비난하자고 하면 분명히 이것이라고 들고 나설 거리가 없고, 그를 풍자 공격하자고 하면 분명히 이것이라고 풍자 공격할 게 없으며, 세속의 침체한 습관에 동조하고, 추잡한 세속적인 작풍에 합류하며, 움직이지 않고 있으면 일견 충직하고 신용 있는 것 같고, 행동을 하면 일견 청렴결백한 것 같으며, 여러 사람들이 모두 그를 무척 좋아하고 자기 자신도 자기가 옳다고 생각하지만, 엄밀하게 비판하고 보면 그런 사람과는 요·순의 인의의 대도와는 함께 들어갈 수 없는 것이다. 그래서 덕을 해치는 인간이라고 말하는 것이다.

공자께서 이런 말씀을 하셨다. '나는 참된 것 같으면서도 참되지 않은 이른바 사이비한 것을 증오한다. 가라지를 증오하는 것은 그것이 작물의 싹과 혼동될까 두려워서이다. 말을 잘 둘러대는 인간을 증오하는 것은 그러한 인간이 정의에 사는 사람과 혼동될까 두려워서이다. 예리한 구변을 가진 인간을 증오하는 것은 그런 인간이 신의에 사는 사람과 혼동될까 두려워서이다. 정(鄭)나라의 음악을 증오하는 것은 그것이 아정(雅正)한 음악과 혼동될까 두려워서이다. 간색(間色)인 자줏빛을 증오하는 것은 그것이 정색(正色)인 주홍빛과 혼동될까 두려워서이다. 향원을 증오하는 것은 그런 인간이 유덕한 사람과 혼동될까 두려워서이다.'

군자는 만세 불변하는 상도로 돌아갈 따름인 것이다. 이 만세 불변하는 상도가 바로잡히게 되면 일반 평민들 사이에도 역시 선한 기풍이 진작되고, 평민들 사이에 선한 기풍이 진작되면 세상에 사악무도함이 없어져 버린다(그렇게 되면 세상이 태평해지는 것이다)."

原文 萬章이 問曰："孔子在陳하사 曰："盍歸乎來?리오 吾黨之士狂簡,하야 進取하되 不忘其初.라"하시니 孔子在陳,하사 何思魯之狂士?시니이꼬" 孟子曰："孔子不得中道而與之,인댄 必也狂獧乎!인저 狂者는 進取,요 獧者는 有所不爲也.ㅣ라 하시니 孔子豈不欲中道哉?시리오만은 不可必得,이라 故로 思其次也.ㅣ시니라" "敢問何如斯可謂狂矣.니이꼬" 曰："如琴張·曾皙·牧皮者,는 孔子之所謂狂矣.니라" "何以謂之狂也?니이꼬" 曰："其志嘐嘐然, 曰：'古之人, 古之人,이여' 하되 夷考其行而不掩焉者也.ㅣ니라 狂者를 又不可得,이어든 欲得不屑不潔之士而與之,하시니 是는 獧也,ㅣ니 是又其次也.ㅣ니라" "孔子曰：'過我門而不入我室,이라도 我不憾焉者,

는 其惟鄕原乎,인저 鄕原,은 德之賊也.ㅣ라'하시니 曰:何如斯可謂之鄕原矣?니이꼬" 曰:"'何以是嘐嘐也?하야 言不顧行,하며 行不顧言,이요 則曰:(古之人, 古之人,이여)하며 行何爲踽踽涼涼,이리오 生斯世也,하야 爲斯世也,엔 善斯可矣.라'하야 閹然媚於世也者,는 是鄕原也.ㅣ니라" 萬章曰:"一鄕이 皆稱原人焉,이면 無所往而不爲原人,이어늘 孔子以爲德之賊,은 何哉?이꼬" 曰:"非之, 無擧也.ㅣ요 刺之, 無刺也.하야 同乎流俗,하며 合乎汚世,하야 居之似忠信,하며 行之似廉潔,하야 衆皆悅之.어든 自以爲是, 而不可與入堯舜之道,니 故로 曰:'德之賊也.ㅣ라'하시니라 孔子曰:'惡似而非者.하나니 惡莠,는 恐其亂苗也.ㅣ요 惡佞,은 恐其亂義也.ㅣ요 惡利口,는 恐其亂信也.ㅣ요 惡鄭聲,은 恐其亂樂也.ㅣ요 惡紫,는 恐其亂朱也.ㅣ요 惡鄕原,은 恐其亂德也.ㅣ라'하시니라 君子는 反經而已矣.니 經正則庶民이 興,하고 庶民이 興,이면 斯無邪慝矣.리라"

38. 맹자는 아성(亞聖)이다

맹자께서 이런 말씀을 하셨다.

"요·순 때부터 탕왕 때까지 5백여 년이 지났다. 그 기간 중 우나 고요 같은 인물들은 직접 요·순을 눈으로 보고 성인임을 알고 받들었다. 그리고 탕왕 같은 임금은 요·순의 덕을 전해 듣고서 성인임을 알고 그 도를 받들어 행했다.

탕왕 때부터 문왕 때까지 또 5백여 년이 경과했다. 그 기간 중 이윤(伊尹)·내주(萊朱) 같은 인물들은 직접 탕왕을 눈으로 보고 성인임을 알고 받들었다. 그리고 문왕 같은 분은 탕왕의 덕을 전해 듣고 성인임을 알고 그 도를 받들어 행했다. 문왕 때부터 공자 때까지 또 5백여 년이 경과했다. 그 기간 중 강태공·산의생(散宜生) 같은 인물들은 직접 문왕을 눈으로 보고서 성인임을 알고 받들었다. 그리고 공자 같은 분은 문왕의 덕을 전해 듣고 성인임을 알고 그 도를 받들어 행했다.

공자 때부터 지금까지 백여 년이 경과했다. 이제 우리는 성인이신 공자의 시대에서 불과 백 년밖에 떨어져 있지 않고, 또 성인이신 공자께서 사시던 곳과 이토록이나 접근해 있다. 그런데도 지금 공자의 도를 이해하고 그것을 따르는 사람이 없는 것을 보니, 앞으로도 공자의 도를 이해하여 그것을 따라갈 사람이 없을 것 같다."

原文 **孟子曰："由堯舜至於湯,**이 **五百有餘歲,**니 **若禹皐陶則見而知之,**하고 **若湯則聞而知之.**하니라 **由湯至文王,**이 **五百有餘歲,**니 **若伊尹萊朱則見而知之,**하고 **若文王則聞而知之.**하니라 **由文王至於孔子, 五百有餘歲,**니 **若太公望散宜生則見而知之,**하고 **若孔子則聞而知之.**하시니라 **由孔子而來,**로 **至於今,**이 **百有餘歲,**니 **去聖人之世, 若此其未遠也,**ㅣ며 **近聖人之居, 若此其甚也,**ㅣ로대 **然而無有乎爾,**하니 **則亦無有乎爾!**로다"

색인(索引)

[ㄱ]

[ㄴ]

[ㄷ]

[ㅁ]

[ㅂ]

[ㅅ]

[ㅇ]

[ㅈ]

[ㅊ]

[ㅌ]

[ㅍ]

[ㅎ]

新完譯 한글판 孟 子

初 版 發 行●2002年 12月 5日
初版3刷 發行●2014年 4月 15日

譯著者●車 柱 環
發行者●金 東 求

發行處●明 文 堂(1923. 10. 1 창립)
서울시 종로구 윤보선길61(안국동)
우체국 010579-01-000682
전화 (영) 733-3039, 734-4798
(편) 733-4748
FAX 734-9209
Homepage www.myungmundang.net
E-mail mmdbook1@hanmail.net
등록 1977. 11. 19. 제1～148호

정가 15,000원
ISBN 89-7270-707-4 04140
ISBN 89-7270-052-5 (세트)

中國學 東洋思想文學 代表選集

공자의 생애와 사상 金學主 著 신국판
공자와 맹자의 철학사상 安吉煥 編著 신국판
老子와 道家思想 金學主 著 신국판
自然의 흐름에 거역하지 말라 莊子 安吉煥 編譯 신국판
仁과 中庸이 멀리에만 있는 것이드냐 孔子傳 김전원 編著
백성을 섬기기가 그토록 어렵더냐 孟子傳 安吉煥 編著
영원한 신선들의 이야기 神仙傳 葛洪稚川 著 李民樹 譯
中國現代詩研究 許世旭 著 신국판 양장
白樂天詩研究 金在乘 著 신국판
中國人이 쓴 文學概論 王夢鷗 著 李章佑 譯
中國詩學 劉若愚 著 李章佑 譯 신국판 양장
中國의 文學理論 劉若愚 著 李章佑 譯
梁啓超 毛以亨 著 宋恒龍 譯 신국판 값 4000원
동양인의 哲學的 思考와 그 삶의 세계 宋恒龍 著
東西洋의 사상과 종교를 찾아서 林語堂 著·金學主 譯
中國의 茶道 金明培 譯著 신국판
老莊의 哲學思想 金星元 編著 신국판
原文對譯 史記列傳精解 司馬遷 著 成元慶 編譯
新譯 史記講讀 司馬遷 著 진기환 譯 신국판
新完譯 淮南子(上,中,下) 劉安 編著 安吉煥 編譯 신국판
論語新講義 金星元 譯著 신국판 양장
人間孔子 李長之 著 김전원 譯

改訂增補版 新完譯 論語 張基權 譯著 신국판
中國古典漢詩人選❶ 改訂增補版 新譯 李太白 張基權 譯著
中國古典漢詩人選❷ 改訂增補版 新譯 陶淵明 張基權 譯著
개정증보판 中國 古代의 歌舞戲 金學主 著 신국판 양장
중국고전희곡선 元雜劇選 (사)한국출판인회의 이달의 책 선정도서(2002. 1·2월호) 金學主 編譯 신국판 양장 값 20,000원
修訂增補 樂府詩選 金學主 著 신국판 양장
修訂新版 漢代의 文人과 詩 金學主 著 신국판 양장
漢代의 文學과 賦 金學主 著 신국판 양장
改訂增補 新譯 陶淵明 金學主 譯 신국판 양장
改訂增補版 新完譯 書經 金學主 譯著 신국판
改訂增補版 新完譯 詩經 金學主 譯著 신국판
修訂增補 墨子, 그 생애·사상과 墨家 金學主 著 신국판 양장
중국의 희곡과 민간연예 金學主 著 신국판 양장
改訂增補版 新完譯 孟子(上·下) 車柱環 譯著 신국판
新完譯 論語-경제학자가 본 알기쉬운 논어- 姜秉昌 譯註 신국판
新完譯 한글판 論語 張基權 譯著 신국판
국내최초 한글판 완역본 코란(꾸란:이슬람의 聖典) 金容善譯註 신국판
戰國策 김전원 編著 신국판
宋名臣言行錄 鄭鉉祐 編著
基礎漢文讀解法 제34회 문화관광부 추천도서(2001. 11. 6) 崔完植·金榮九·李永朱·閔正基 共著
漢文讀解法 崔完植·金榮九·李永朱 共著 신국판
基本生活漢字 제33회 문화관광부 추천도서(2000. 11. 17) 최수도 엮음 4·6배판
東洋古典41選 安吉煥 編著 신국판
東洋古典解說 李民樹 著 신국판 양장